L'égalité des États membres de l'Union européenne

COLLECTION DROIT DE L'UNION EUROPÉENNE
DIRIGÉE PAR FABRICE PICOD

L'égalité des États membres de l'Union européenne

Sous la direction de
Edouard Dubout

Pour toute information sur nos fonds et nos nouveautés dans votre domaine de spécialisation, consultez nos sites web via www.larcier.com.

© Lefebvre Sarrut Belgium SA, 2022
Éditions Bruylant
Rue Haute, 139/6 - 1000 Bruxelles

Imprimé en Belgique

Dépôt légal:
Bibliothèque nationale, Paris : août 2022   ISSN 1782-7841
Bibliothèque royale de Belgique, Bruxelles : 2022/0023/092   ISBN : 978-2-8027-7195-1

Collection de droit de l'Union européenne – série colloques

Directeur de la collection: Fabrice Picod
Professeur à l'Université Panthéon-Assas (Paris II), Chaire Jean Monnet de droit et contentieux de l'Union européenne, directeur du Centre de droit européen et du master 2 Droit et contentieux de l'Union européenne, président honoraire de la Commission pour l'étude des Communautés européennes (CEDECE).

La collection droit de l'Union européenne, créée en 2005, réunit les ouvrages majeurs en droit de l'Union européenne.

Ces ouvrages sont issus des meilleures thèses de doctorat, de colloques portant sur des sujets d'actualité, des plus grands écrits ainsi réédités, de manuels et monographies rédigés par des auteurs faisant tous autorité.

Parus précédemment dans la même série :

1. Le mandat d'arrêt européen, sous la direction de Marie-Elisabeth Cartier, 2005.
2. L'autorité de l'Union européenne, sous la direction de Loïc Azoulai et Laurence Burgorgue-Larsen, 2006.
3. Les entreprises face au nouveau droit des pratiques anticoncurrentielles : le règlement n°1/2003 modifie-t-il les stratégies contentieuses ?, sous la direction de Laurence Idot et Catherine Prieto, 2006.
4. Les échanges entre les droits, l'expérience communautaire. Une lecture des phénomènes de régionalisation et de mondialisation du droit, sous la direction de Sophie Robin-Olivier et Daniel Fasquelle, 2008.
5. Le commun dans l'Union européenne, sous la direction de Pierre-Yves Monjal et Eleftheria Neframi, 2008.
6. Doctrine et droit de l'Union européenne, sous la direction de Fabrice Picod, 2008.
7. L'exécution du droit de l'Union, entre mécanismes communautaires et droits nationaux, sous la direction de Jacqueline Dutheil de la Rochère, 2009.
8. Les droits fondamentaux dans l'Union européenne. Dans le sillage de la Constitution européenne, sous la direction de Joël Rideau, 2009.
9. Dans la fabrique du droit européen. Scènes, acteurs et publics de la Cour de justice des communautés européennes, sous la direction de Pascal Mbongo et Antoine Vauchez, 2009.
10. Vers la reconnaissance des droits fondamentaux aux États membres de l'Union européenne ? Réflexions à partir des notions d'identité et de solidarité, sous la direction de Jean-Christophe Barbato et Jean-Denis Mouton, 2010.
11. L'Union européenne et les crises, sous la direction de Claude Blumann et Fabrice Picod, 2010.
12. La prise de décision dans le système de l'Union européenne, sous la direction de Marc Blanquet, 2011.
13. L'entrave dans le droit du marché intérieur, sous la direction de Loïc Azoulai, 2011.
14. Aux marges du traité. Déclarations, protocoles et annexes aux traités européens, sous la direction de Ségolène Barbou des Places, 2011.
15. Les agences de l'Union européenne, sous la direction de Joël Molinier, 2011.
16. Pédagogie judiciaire et application des droits communautaire et européen, sous la direction de Laurent Coutron, 2011.
17. La légistique dans le système de l'Union européenne. Quelle nouvelle approche ?, sous la direction de Fabienne Peraldi-Leneuf, 2012.
18. Vers une politique européenne de l'énergie, sous la direction de Claude Blumann, 2012.
19. Turquie et Union européenne. État des lieux, sous la direction de Baptiste Bonnet, 2012.
20. Objectifs et compétences dans l'Union européenne, sous la direction de Eleftheria Neframi, 2012.
21. Droit pénal, langue et Union européenne. Réflexions autour du procès pénal, sous la direction de Cristina Mauro et Francesca Ruggieri, 2012.
22. La responsabilité du producteur du fait des déchets, sous la direction de Patrick Thieffry, 2012.
23. Sécurité alimentaire. Nouveaux enjeux et perspectives, sous la direction de Stéphanie Mahieu et Katia Merten-Lentz, 2013.
24. La société européenne. Droit et limites aux stratégies internationales de développement des entreprises, sous la direction de François Keuwer-Defossez et Andra Cotiga, 2013.
25. Le droit des relations extérieures de l'Union européenne après le Traité de Lisbonne, sous la direction de Anne-Sophie Lamblin-Gourdin et Eric Mondielli, 2013.
26. Les frontières de l'Union européenne, sous la direction de Claude Blumann, 2013.
27. L'unité des libertés de circulation. In varietate concordia, sous la direction d'Édouard Dubout et Alexandre Maitrot de la Motte, 2013.
28. 1992-2012 : 20 ans de marché intérieur. Le marché intérieur entre réalité et utopie, sous la direction de Valérie Michel, 2014.

29. L'État tiers en droit de l'Union européenne, sous la direction d'Isabelle Bosse-Platière et Cécile Rapoport, 2014.
30. La protection des droits fondamentaux dans l'Union européenne. Entre évolution et permanence, sous la direction de Romain Tinière et Claire Vial, 2015.
31. L'Union européenne, une Fédération plurinationale en devenir ?, sous la direction de Jean-Christophe Barbato et Yves Petit, 2015.
32. L'Union européenne et le fédéralisme économique. Discours et réalités, sous la direction de Stéphane de La Rosa, Francesco Martucci et Edouard Dubout, 2015.
33. L'Union bancaire, sous la direction de Francesco Martucci, 2016.
34. La Banque centrale européenne. Regards croisés, droit et économie, sous la direction de Régis Vabres, 2016.
35. Le principe majoritaire en droit de l'Union européenne, sous la direction de Fabrice Picod, 2016.
36. Les catégories juridiques du droit de l'Union européenne, sous la direction de Brunessen Bertrand, 2016.
37. La fraude et le droit de l'Union européenne, sous la direction de Dominique Berlin, Francesco Martucci, Fabrice Picod, 2017.
38. Le Brexit. Enjeux régionaux, nationaux et internationaux, sous la direction de Charles Bahurel, Elsa Bernard et Marion Ho-Dac, 2017.
39. La démocratie dans l'Union européenne, sous la direction de Catherine Haguenau-Moizard et Christian Mestre, 2017.
40. Les organismes européens de coopération internationale, sous la direction de Géraldine Bachoué Pedrouzo et Romélien Colavitti, 2018.
41. L'effectivité du droit de l'Union européenne, sous la direction d'Aude Bouveresse et Dominique Ritleng, 2018.
42. Les dimensions de la reconnaissance mutuelle en droit de l'Union européenne, sous la direction de Claire Marzo, Maria Fartunova-Michel, 2018.
43. La circulation des automobilistes en Europe, sous la direction de Fabrice Picod, Francesco Martucci, 2019.
44. De Frontex à Frontex. Vers l'émergence d'un service européen des garde-côtes et garde-frontières, sous la direction de Constance Chevallier-Govers, Romain Tinière, 2019.
45. La conditionnalité environnementale dans l'UE, sous la direction de Hubert Delzangles, Francette Fines, 2019.
46. L'initiative citoyenne européenne, sous la direction d'Edouard Dubout, Francesco Martucci, Fabrice Picod, 2019.
47. Les réformes de la Cour de justice de l'Union européenne. Bilan et perspectives, sous la direction d'Anémone Cartier-Bresson, Delphine Dero-Bugny, 2020.
48. Coopération opérationnelle en droit pénal de l'Union européenne, sous la direction de Carole Billet, Araceli Turmo, 2020.
49. Union européenne et migrations, sous la direction de Myriam Benlolo Carabot, 2020.
50. Les dix ans de la Charte de droits fondamentaux de l'Union européenne. Bilan et perspectives, sous la direction de Romain Tinière, Claire Vial, 2020.
51. La charte des droits fondamentaux. Source de renouveau constitutionnel européen, sous la direction de Anastasia Iliopoulou Penot, Lamprini Xenou, 2020.
52. La famille dans l'ordre juridique de l'Union européenne / Family within the Legal Order of the European Union, Elsa Bernard, Marie Cresp, Marion Ho-Dac, 2020.
53. Démocratie et marché dans l'Union européenne, sous la direction d'Eric Carpano, Gaëlle Marti, 2021.
54. Union européenne et protection des investissements Europe, Asie-Pacifique et Amérique latine, sous la direction de Abdelkhaleq Berramdane, Michel Trochu, 2021.
55. L'extraterritorialité en droit de l'Union européenne, Edouard Dubout, Francesco Martucci, Fabrice Picod, 2021.
56. Europe de l'Est et l'Union européenne. Quelles perspectives ?, sous la coordination de Yves Petit, Jean-Denis Mouton, 2022.
57. Le juge, la loi et l'Europe, sous la direction de Fabrice Picod, Benoît Plessix, 2022.
58. Le droit européen de la consommation au XXIe siècle. État des lieux et perspectives, sous la coordination de Mathieu Combet, 2022.
59. L'État intégré, un nouveau type d'État européen. Le cas de la France, sous la direction de Béligh Nabli, 2022.
60. La gouvernance transfrontalière, sous la direction de Géraldine Bachoué-Pedrouzo, Romélien Colavitti, 2022.
61. Brexit, droits et libertés, sous la direction de Vanessa Barbé, Christina Koumpli, 2022.

SOMMAIRE

INTRODUCTION

PARTIE I
ASPECTS NORMATIFS

PARTIE II
ASPECTS INSTITUTIONNELS

PARTIE III
ÉCLAIRAGES

INTRODUCTION

L'ÉGALITÉ DES ÉTATS MEMBRES : RAISON D'ÊTRE DU DROIT DE L'UNION EUROPÉENNE ?

par

Édouard DUBOUT

Professeur à l'Université Panthéon-Assas (Paris 2)
Centre droit européen

Le retour de l'égalité

Le contexte, politique et juridique, particulièrement heurté des récentes crises qu'ont connu l'Union européenne et ses États membres explique probablement que le lien d'égalité qui les unit, peu étudié comme tel jusqu'à présent[1], apparaisse sur le devant de la scène.

Politiquement tout d'abord, les chocs asymétriques qui ont frappé distinctement les États membres de l'Union (en matière budgétaire, migratoire, et sanitaire), l'apparition d'une fracture Est/Ouest sur les questions démocratiques qui se superpose à la fracture Nord/Sud pour les questions économiques[2], la domination qui serait exercée par les États les

---

1. Seuls quelques articles ont été consacrés, de manière assez récente, à la question de l'égalité des États membres de l'Union européenne. Voy., sans prétendre à l'exhaustivité, C. D. Classen, « Die Gleichheit der Mitgliedstaaten und ihre Ausformungen im Unionsrecht », *EuR*, 2020, n° 3, pp. 255-269 ; F. Fabbrini, « After the OMT Case : The Supremacy of EU Law as the Guarantee of the Equality of the Member States », *German Law Journal*, 2015, vol. 16, n° 4, pp. 1003-1023 ; S. Jolivet, « L'égalité des États membres de l'Union européenne : vers une conception de l'égalité étatique autonome du droit international ? », *RUE*, 2015, n° 3, pp. 383-405 ; K. Lenaerts, « L'égalité des États membres devant les traités : la dimension transnationale du principe de primauté », *RUE*, 2020, n° 4, pp. 7-10 ; J. Lindeboom, « Is the Primacy of EU Law Based on the Equality of the Member States ? A Comment on the CJEU's Press Release Following the PSPP Judgement », *German Law Journal*, 2020, vol. 21, pp. 1032-1044 ; L. S. Rossi, « The Principle of Equality Among Member States of the European Union », in L. S. Rossi et F. Casolari (éds), *The Principle of Equality in EU Law*, Berlin/Heidelberg, Springer, 2017, pp. 3-43 ; J. Wouters et P. Schmitt, « Equality between Member States and Differentiated Integration in the EU », in L. S. Rossi et F. Casolari (éds), *The Principle of Equality in EU Law*, Berlin/Heidelberg, Springer, 2017, pp. 43-83.

2. I. Krastev, *Le destin de l'Europe*, Paris, Premier parallèle, 2017, 118 p.

plus puissants[3], ou encore les différenciations que le Brexit a fait apparaître comme l'antichambre de la désintégration[4], sont autant de facteurs qui mettent en cause la pérennité du projet européen. Si le conflit ukrainien menace l'Union européenne dans son ensemble, les risques qu'il fait peser concernent différemment les États membres selon leur situation militaire, géographique, ou encore énergétique. Plus les différences entre États s'accroissent, plus l'appel à l'égalité se fait pressant.

Juridiquement ensuite, un vent de défiance souffle depuis les juridictions nationales à l'égard du droit de l'Union européenne. L'arrêt de la Cour constitutionnelle allemande rendu en matière de compétence monétaire dans l'affaire *PSPP*, suivi par l'entrée en résistance du Conseil d'État français sur la question de la conservation des données[5], ainsi que par la menace de lui emboîter le pas du juge constitutionnel[6], sans compter l'opposition plus radicale de l'organe mis en place par le gouvernement polonais[7], ou encore les résistances des juges hongrois[8] et roumains[9], entretiennent un climat de contestation grandissante à l'égard de l'autorité du droit de l'Union et de son juge. Ce tournant critique est également perceptible au sein des études doctrinales européennes qui reprochent de plus en plus fréquemment au droit de l'Union européenne son biais (néo-)libéral et désintégrateur des appartenances collectives[10]. Le bien-fondé du respect du droit de l'Union européenne se cherche un nouveau souffle, et se tourne vers un appel au respect de l'égalité.

Rechercher la raison d'être de l'intégration européenne dans une idée d'égalité entre des entités *à la fois* souveraines et membres de l'Union européenne n'est toutefois pas dépourvu de toute ambivalence. D'un côté, en tant qu'ils conservent leur nature étatique, les États membres de l'Union européenne sont par définition des entités égales, et même – diront certains – qui continuent d'être souverainement égales au sens du droit international[11], sauf à perdre leur qualité d'État. Reconnaître expressément

---

3. C. DELAUME et D. CAYLA, *La fin de l'Union européenne*, Paris, Michalon, 2017, 254 p.
4. F. SCHIMMELFENNIG et T. WINZEN, *Ever looser Union ? Differentiated European Integration*, Oxford, OUP, 2020, 256 p.
5. CE (ass.), 17 avril 2021, *French Data Network e.a.*, req. n° 393099.
6. CC, 15 octobre 2021, *Société Air France*, 2021-940 QPC.
7. Trybunal Konstytucyjny, 7 octobre 2021, K 3/21.
8. Alkotmánybíróság, 7 décembre 2021, X/477/2021.
9. Curtea Constutională, 23 décembre 2021, www.ccr.ro/comunicat-de-presa-23-decembrie-2021.
10. L. AZOULAI, « Solitude, désœuvrement et conscience critique. Les ressorts d'une recomposition des études juridiques européennes », *Politique européenne*, 2015, n° 50, pp. 82-98.
11. Le rapport ambivalent entre égalité et souveraineté des États membres est étudié par Hugues Dumont et Cécilia Rizcallah dans le présent volume.

cette égalité, comme le fait désormais l'article 4, paragraphe 2, TUE, serait un pléonasme, pouvant expliquer l'absence d'étude approfondie sur cet aspect de la clause. D'un autre côté, en tant qu'ils sont membres de l'Union, les États européens sont égaux d'une certaine manière. Il n'existe pas un modèle unique d'égalité entre États membres d'une organisation[12]. Au contraire, le type d'égalité instauré varie selon chacune d'elle, de sorte que l'égalité des États membres de l'Union européenne se ramènerait à la spécificité de l'intégration européenne elle-même. Poser une telle égalité en tant qu'ils sont membres du même ensemble a, de nouveau, tout d'une évidence, mais dans ce cas quelle égalité choisir ? L'égalité des *États* ou l'égalité des *membres* de l'Union ?

L'ambivalence se poursuit au moment de déterminer la fonction de l'égalité des États membres dans le droit de l'Union européenne. D'une part, l'égalité revêt une fonction de préservation des États membres. À suivre la lettre de l'article 4, paragraphe 2, TUE selon laquelle « [l]'Union respecte l'égalité des États membres devant les traités », la garantie de l'égalité des États membres est un devoir qui s'impose aux institutions de l'Union européenne. Comprise de la sorte, l'égalité des États membres est un élément à ce point fondateur du fonctionnement institutionnel des Communautés puis de l'Union qu'il ne paraissait guère utile de le mentionner explicitement[13]. Ce qui explique probablement que ce ne soit que plus récemment que l'argument ait été ouvertement revendiqué par certains États membres afin de remettre en cause l'action des institutions de l'Union[14]. Mais d'autre part, l'égalité revêt aussi une fonction de préservation de l'intégration européenne. Il y a été fait

---

12. L'égalité en droit international de l'organisation des États est étudiée par Samantha Besson dans le présent volume.

13. Ainsi en est-il notamment de l'égalité de représentation au sein des principales institutions de l'Union (notamment de la composition du Conseil européen, la composition de la Cour de justice, le maintien « dérogatoire » de la composition de la Commission à un commissaire par État membre, etc.), ou encore de l'égalité devant les charges publiques dans la contribution au budget de l'Union (décision du Conseil européen de Fontainebleau de 1984 en matière budgétaire, dite du « rabais britannique », qui entérine l'idée « qu'aucun État membre ne supporte une charge budgétaire excessive au regard de sa prospérité relative »).

14. L'argument du respect de l'égalité des États membres a notamment été mobilisé afin de contester le pouvoir discrétionnaire de la Commission d'engager un recours en manquement contre certains États (concl. av. gén. Sharpston du 31 octobre 2019, *Commission c/ Pologne e.a.*, aff. jtes C-715/17, C-718/17 et C-719/17, EU:C:2019:917, spéc. pts 107 et s. ; la question de l'égalité des États membres devant la justice européenne est étudiée par Freya Clausen dans le présent volume), de pointer des différences de traitement entre États découlant d'actes législatifs européens (CJUE, 13 mars 2019, *Pologne c/ Parlement et Conseil*, aff. C-128/17, EU:C:2019:194, spéc. pt 119 ; CJUE, 3 décembre 2019, *République tchèque c/ Parlement et Conseil*, aff. C-482/17, EU:C:2019:1035, spéc. pt 161), ou encore de remettre en cause des procédures spécifiques relatives au respect des valeurs communes (concl. av. gén. Bobek du 23 septembre 2020, *Asociaţia « Forumul Judecătorilor din România » e.a.*, aff. jtes C-83/19, C-127/19 et C-195/19, spéc. pt 224).

appel par le président de la Cour de justice dans le cadre du développement de la confiance mutuelle afin d'éviter qu'un État membre ne puisse porter un jugement sur la législation d'un autre État membre[15], ou encore – en réponse à l'arrêt *PSPP* de la Cour constitutionnelle allemande[16] – dans l'objectif de consolider le principe d'uniformité d'application du droit de l'Union[17], voire celui de sa primauté sur le droit national[18]. Par la suite, dans le cadre du respect de l'État de droit, il sera insisté sur le fait que « le respect de l'égalité des États membres devant les traités […] exclut la possibilité de faire prévaloir, contre l'ordre juridique de l'Union, une mesure unilatérale, quelle qu'elle soit »[19]. Couplée avec une recherche d'équité et de solidarité, l'idée d'égalité des États membres est par ailleurs avancée à l'appui de la progression de certaines politiques communes, dont par exemple la réforme du « pacte migratoire » proposée par la Commission qui vise « à ce que tous les États membres contribuent à la solidarité »[20], ou encore celle – souvent présentée comme historique – de mutualiser les dettes au nom d'un « partage équitable des charges »[21].

S'il semble s'éloigner de la lettre de l'article 4, paragraphe 2, TUE, voire de son esprit général, cet usage intégratif de l'égalité des États membres renoue avec la jurisprudence des origines. Initialement, l'idée fut mise en avant dans l'arrêt *Commission c/ Italie* de 1973 à l'appui d'un recours en manquement dénonçant l'inapplication du droit communautaire, tout en établissant un lien avec le principe de non-discrimination au regard de la nationalité. Pour la Cour de justice, « le fait, pour un État, de rompre unilatéralement, selon la conception qu'il se fait de son intérêt national, l'équilibre entre les avantages et les charges découlant de son appartenance à la Communauté, met en cause l'égalité des États membres devant le droit communautaire et crée des discriminations à charge de leurs ressortissants »[22]. Elle y ajoute une référence à la solidarité en estimant que « ce manquement aux devoirs de solidarité acceptés par les États membres du fait de leur adhésion à la Communauté affecte jusqu'aux bases essentielles de l'ordre juridique

---

15. K. Lenaerts, « La vie après l'avis, Exploring the Principle of Mutual (yet not Blind) Trust », *CMLR*, 2017, vol. 54, n° 3, spéc. p. 805.
16. Bundesverfassungsgericht, 5 mai 2020, *PSPP*, 2 BvR 859/15.
17. CJUE, communiqué de presse n° 58/20 du 8 mai 2020.
18. K. Lenaerts, « L'égalité des États membres devant les traités : la dimension transnationale du principe de primauté », *op. cit.*
19. CJUE, 22 février 2022, *RS*, aff. C-430/21, EU:C:2022:99, spéc. pt 55.
20. Communication de la Commission du 23 septembre 2020, sur un nouveau pacte sur la migration et l'asile, COM/2020/609 final.
21. Conclusions du Conseil européen, 17 au 21 juillet 2020, EU/CO-10/20, spéc. pt 140.
22. CJCE, 7 février 1973, *Commission c/ Italie*, aff. 39/72, EU:C:1973:13, spéc. pt 24.

communautaire »[23]. L'évocation de l'interdiction de l'unilatéralisme dans les relations intra-européennes renvoie à une autre jurisprudence fondatrice consacrant l'interdiction pour les États de se faire « justice eux-mêmes », comme conséquence de leur transformation en « membres » de la Communauté puis de l'Union[24]. Mais par la suite, l'argument de l'égalité des États membres, utilisé dans un sens intégratif, n'a guère prospéré dans la jurisprudence[25], avant de resurgir à la faveur de l'article 4, paragraphe 2, TUE et du contexte actuel.

L'intégration européenne peut-elle espérer trouver dans l'idée d'égalité des États membres un nouveau souffle, malgré ou grâce à l'ambivalence qui l'entoure ? Pour éprouver la suggestion d'un tel renouvellement de sa raison d'être, on se demandera en premier lieu en quoi l'argument d'égalité des États membres introduit une rupture véritablement innovante dans l'effort de justifier le droit de l'intégration (I), avant de poser la question de savoir si elle pourrait être suffisante en vue de restaurer son intégrité (II).

I. UNE RAISON D'ÊTRE INNOVANTE ?

Longtemps la justification de l'intégration juridique européenne a reposé entièrement sur l'effectivité du respect de ses règles. La tentative de lui adjoindre un autre fondement, tiré d'une idée d'égalité, entend aller au-delà du respect du droit pour lui-même, en lui conférant une justification extérieure. En cela réside l'innovation. L'utilité d'une telle démarche interroge néanmoins.

A. *Extériorité*

L'argument d'égalité des États membres fait passer la justification du respect du droit de l'Union européenne d'une logique fonctionnelle à une logique substantielle.

---

23. CJCE, 7 février 1973, *Commission c/ Italie*, aff. 39/72, préc., spéc. pt 25.
24. CJCE, 13 novembre 1964, *Commission c/ Luxembourg et Belgique*, aff. jtes 90/63 et 91/63, EU:C:1964:80, *Rec.*, spéc. p. 1232.
25. On en retrouve brièvement trace dans le contentieux né de l'adhésion du Royaume-Uni : CJCE, 7 février 1979, *Commission c/ Royaume-Uni*, aff. 128/78, EU:C:1979:32, spéc. pt 12 ; CJCE, 29 mars 1979, *Commission c/ Royaume-Uni*, aff. 231/78, EU:C:1979:101, spéc. pts 9 et 17.

1. L'effectivité, justification fonctionnelle

Poser la question de la justification du respect du droit semble à première vue largement vain, du moins dans une posture positiviste classique. Si l'on considère comme étant du droit les règles que les tribunaux et acteurs sociaux reconnaissent comme tel et qu'ils appliquent effectivement[26], il n'est nul besoin de chercher plus loin un quelconque fondement à ce respect. L'effectivité de cette pratique des acteurs ferait-elle globalement défaut, que les énoncés envisagés perdraient leur juridicité. Voici qui explique simplement pourquoi le droit communautaire des origines, puis de l'Union européenne, s'est tout entier focalisé sur une recherche d'effectivité, voire d'efficacité (souvent assimilées), comme justification à son existence en tant qu'ensemble de nature juridique[27].

Les formules sont connues et n'ont que peu évolué au fil des ans. Ainsi se justifie notamment l'affirmation de l'effet direct dans le droit interne, dès lors qu'en son absence le respect du droit communautaire « risquerait d'être frappé d'inefficacité »[28]. De même, concernant la primauté, il est relevé que permettre aux tribunaux nationaux de recourir à des règles internes pour apprécier la validité du droit dérivé « aurait pour effet de porter atteinte à l'unité et à l'efficacité du droit communautaire »[29]. Enfin, plus récemment et selon une formule constante depuis lors, en l'absence d'harmonisation européenne, tout standard national de protection ne saurait compromettre « la primauté, l'unité et l'effectivité du droit de l'Union »[30], fût-il fondé sur une protection plus favorable des libertés et l'article 53 de la Charte des droits fondamentaux de l'Union européenne.

De ces formules fondatrices ressort une double assimilation entre unité et droit d'une part, et entre droit et effectivité d'autre part. Soit l'équation *unité = droit = effectivité*. L'unité ne saurait être atteinte sans des règles juridiques communes qui pour être considérées comme du droit doivent être effectivement respectées. Dans cette équation, la place du droit est centrale : son respect se justifie par lui-même. Il rend possible à la fois que l'unité se réalise effectivement, et que l'effectivité mène à l'unification.

---

26. H. HART, *Le concept de droit*, trad. M. Van de Kerchove, Bruxelles, Éd. des Facultés universitaires de Saint-Louis, 1976, spéc. p. 131.

27. Voy. A. BOUVERESSE et D. RITLENG (dir.), *L'effectivité du droit de l'Union européenne*, Bruxelles, Bruylant, 2018, 256 p.

28. CJCE, 5 février 1963, *Van Gend en Loos*, aff. 26/62, EU:C:1963:1 (« *would be ineffective* » selon la version anglophone).

29. CJCE, 17 décembre 1970, *Internationale Handelsgesellschaft*, aff. 11/70, EU:C:1970:114, spéc. pt 3.

30. CJUE, 26 février 2013, *Melloni*, aff. C-399/11, EU:C:2013:107, spéc. pt 60.

C'est parce que les règles communes revêtent la qualité de règles de droit qu'il se justifie de les respecter. À défaut, l'idée même de droit perdrait son sens.

2. L'égalité, justification substantielle

Chercher ailleurs que dans la qualité juridique même des règles européennes la justification de leur respect implique un changement majeur de perspective. Le respect du droit ne se justifierait plus pour lui-même, mais au nom d'une exigence extérieure, voire supérieure, qui lui conférerait une légitimité plus substantielle. Il est toutefois contestable de chercher une justification au-delà du respect du droit pour lui-même : quelle est cette exigence ? Et qui la pose ? Face à cette difficulté, ce n'est que timidement qu'un appel à l'égalité a été opéré en vue de justifier le respect du droit européen.

À vrai dire, l'appel à un argument d'égalité est présent dès la jurisprudence séminale de l'arrêt *Costa*, dans lequel la Cour de justice dégage une double justification à l'uniformité et à la primauté du droit communautaire[31] : d'une part, de façon classique, elle met en avant l'effet utile et le risque de « mettre en péril la réalisation des buts du traité visée à l'article 5(2) », mais, d'autre part, est également avancé le souci de ne pas « provoquer une discrimination interdite par l'article 7 »[32]. Certes, la discrimination en question justifiant le respect du droit communautaire concerne les ressortissants des États membres au regard de leur nationalité, et non les États membres en tant que tels, mais – dans le raisonnement de la Cour – un lien étroit relie les deux formes d'égalité, en ce sens que le non-respect du droit communautaire par un État membre risque potentiellement d'entraîner une différence de traitement entre ses sujets de droit et ceux des autres États soumis à un régime différent. Par ailleurs, le risque de rupture d'égalité justifiant le respect du droit communautaire est lui-même issu de ce droit, et plus précisément de l'ex-article 7 TCEE posant le principe de non-discrimination au regard de la nationalité. De ce point de vue formel, la justification issue de l'égalité prévue par l'article 7 TCEE ne se distingue guère de celle plus générale de la réalisation des objectifs prévus eux aussi par le traité à l'article 5, paragraphe 2, TCEE. Dit autrement, l'appel à l'argument d'égalité ne se distingue pas entièrement d'une logique fonctionnelle consistant à assurer l'effectivité des règles des traités.

---

31. Le lien entre égalité des États membres et l'arrêt *Costa* est mis en avant par Koen Lenaerts dans le présent ouvrage.
32. CJCE, 15 juillet 1964, *Costa*, aff. 6/64, EU:C:1964:66.

On retrouve cette forme d'hésitation à faire appel à un argument pleinement extérieur au respect du droit communautaire pour lui-même dans l'arrêt *Commission c/ Italie* de 1973, déjà évoqué, qui fait pour la première fois expressément référence à l'idée d'égalité des États membres en tant que telle[33]. La Cour de justice y combine l'interdiction pour un État membre de rompre unilatéralement « l'équilibre entre les avantages et les charges découlant de son appartenance à la Communauté » avec celle de ne pas « crée[r] des discriminations à charge de [ses] ressortissants »[34]. Il est vrai qu'en l'espèce la situation était spécifique, en ce qu'elle concernait le refus par le gouvernement italien de mettre en place un système de primes à l'abattage prévu par des règlements communautaires, ce qui risquait de pénaliser – selon la Cour – les producteurs nationaux eux-mêmes davantage que ceux des autres États membres. Cette situation spécifique explique probablement qu'il ne soit plus fait référence à l'interdiction de la discrimination au regard de la nationalité, telle que prévue par le traité, puisque le risque de discrimination est considéré comme pesant sur les propres nationaux de l'État membre. C'est alors l'idée générale d'égalité entre États qui justifie le raisonnement, et non pas sa formulation spécifique de non-discrimination en raison de la nationalité. Il est ainsi possible de considérer que le passage à une justification extérieure aux traités a véritablement lieu à ce moment.

Toutefois, on l'a dit, la formule de l'arrêt *Commission c/ Italie* n'a guère prospéré. Finalement, l'effort pour s'extraire d'une justification du respect du droit de l'Union européenne pour lui-même, ou en tant qu'il est du droit, doit plutôt être trouvé dans le communiqué de presse de la Cour de justice publié suite à l'arrêt de la Cour constitutionnelle allemande refusant d'appliquer un arrêt préjudiciel. Selon ce texte, au statut incertain mais confirmé depuis par la jurisprudence[35], « les juridictions nationales sont obligées de garantir le plein effet du droit de l'Union », ce qui revient à l'argument classique d'effectivité, mais il est ajouté que « ce n'est qu'ainsi que l'égalité des États membres dans l'Union créée par eux peut être assurée »[36]. Dans cette perspective, le respect du droit de l'Union est, certes, recherché de façon fonctionnelle pour asseoir son effectivité, mais il revêt également une dimension substantielle : celle de garantir une fin extérieure consistant à assurer une certaine égalité. L'équation s'enrichit d'un quatrième terme en devenant : *unité = droit = effectivité = égalité*. Le respect du droit devient justifié par une idée de fond, une substance. Mais en quoi, objectera-t-on, cela change-t-il réellement les choses ?

---

33. CJCE, 7 février 1973, *Commission c/ Italie*, préc.
34. *Ibid.*, spéc. pt 24.
35. CJUE, 22 février 2022, *RS*, aff. C-430/21, EU:C:2022:99, spéc. pts 55 et 88.
36. CJUE, communiqué de presse n° 58/20 du 8 mai 2020.

B. *(In)utilité*

Il a été reproché à l'argument d'égalité des États membres son manque d'apport véritable pour renforcer le respect du droit de l'Union européenne, voire justifier sa qualité même de droit.

1. Égalité et autorité

Pour ses promoteurs, recourir à un argument d'égalité afin de renforcer le respect du droit de l'Union européenne présenterait une utilité certaine en ce qu'il permettrait de répondre aux principales critiques généralement adressées à l'encontre de son autorité[37]. Toutefois, en vue de répondre à chacune d'elles, l'apport de l'argument d'égalité des États membres n'apparaît pas évident.

S'agissant, en premier lieu, de la critique de l'autorité du droit de l'Union européenne selon laquelle la *Kompetenz-Kompetenz* resterait à la disposition des États membres, ce qui conduirait à ce qu'une règle européenne adoptée en dehors des compétences attribuées, ou *ultra vires*, ne pourrait validement revendiquer une quelconque primauté. À cette limite avancée contre l'autorité du droit de l'Union, il est objecté que, en droit international, la règle *Pacta sunt servanda* et celle de l'égalité entre États parties à un traité multilatéral qui en découlerait (voire la précéderait), ne connaîtraient pas de dérogation en raison de la compétence que conserveraient ces États[38]. De cette façon, l'argument d'égalité des États membres pourrait permettre de surmonter celui des compétences d'attribution, en se situant encore au-delà de ce dernier. Il n'est toutefois pas entièrement convaincant de se référer au logiciel du droit international public et de l'égalité souveraine des États pour tenter de contrecarrer un contrôle de l'*ultra vires* par une juridiction constitutionnelle se plaçant, par hypothèse, en dehors d'une telle logique et jugeant sur le fondement de sa propre constitution. À s'en tenir à cette posture, il suffit de considérer que le droit de l'Union lui-même, sans remonter au droit international, interdit déjà tout contrôle de l'*ultra vires* par les juges nationaux. À cet égard, l'argument d'égalité devant les traités internationaux n'apparaît pas d'un apport véritable pour renforcer l'autorité du droit de l'Union et contrecarrer la critique issue de la répartition des compétences.

---

37. F. FABBRINI, « After the OMT Case : The Supremacy of EU Law as the Guarantee of the Equality of the Member States », *op. cit.*, spéc. p. 1014.

38. *Ibid.*, spéc. p. 1018.

S'agissant, en deuxième lieu, de la critique à l'autorité du droit de l'Union selon laquelle le droit primaire accorderait une place grandissante au respect de l'identité nationale des États membres[39], conformément à l'article 4, paragraphe 2, TUE qui y fait mention, ce qui autoriserait à s'écarter de son respect. À cette critique, il est rétorqué que le respect de l'égalité des États membres devant les traités précède formellement celui du respect de leur identité nationale dans la rédaction même de l'article 4, paragraphe 2, TUE[40]. Il est déduit de cette approche textuelle que le respect de l'égalité des États membres serait une condition, un préalable, au respect de leur identité nationale. À nouveau, il est permis d'être sceptique quant à cette présentation formaliste introduisant une suite logique entre égalité et identité des États membres, qui ne semble pas autrement étayée. En outre, l'on voit mal en quoi l'argument d'égalité des États membres permettrait de faire obstacle à ce que les juges nationaux fassent prévaloir l'identité nationale (et/ou constitutionnelle) de leur ordre juridique, à partir du moment où chaque État membre disposerait d'un droit égal de le faire.

S'agissant, en troisième lieu, de la critique de l'autorité du droit de l'Union européenne fondée sur le refus de toute codification du principe de primauté dans les traités qui marquerait le rejet des États membres d'admettre un tel principe. À ce dernier argument, il est répondu – à partir de l'exemple états-unien – que même dans un système juridique reconnaissant expressément la supériorité du droit commun sur le droit particulier des composantes, il serait nécessaire d'avancer une justification plus profonde à cette hiérarchie, en l'occurrence une idée d'égalité (des citoyens s'agissant du cas états-unien)[41]. Partant, l'absence de codification expresse de la primauté ne saurait être déterminante, dès lors qu'elle se fonderait implicitement sur une idée d'égalité qui l'impliquerait nécessairement. Pourtant, rien n'indique la nécessité du lien entre primauté et égalité. Un système impérial est fondé sur une primauté sans requérir d'égalité entre les composantes. À l'inverse, un système confédéral est fondé sur une égalité sans requérir de primauté sur les composantes. C'est pourquoi l'exemple états-unien n'est que partiellement éclairant[42] : dire que lorsque la primauté est expressément consacrée, elle aurait besoin d'être étayée par une idée d'égalité, ne signifie pas que cette

---

39. La question du respect de l'identité nationale est étudiée du point de vue allemand par Claus Dieter Classen dans le présent ouvrage.

40. F. FABBRINI, « After the OMT Case : The Supremacy of EU Law as the Guarantee of the Equality of the Member States », *op. cit.*, spéc. p. 1024.

41. *Ibid.*, spéc. p. 1025.

42. La question de l'égalité des États fédérés américains est étudiée par Idris Fassassi dans le présent volume.

idée d'égalité suffise à consacrer implicitement la primauté. Encore une fois, l'apport de l'argument d'égalité à l'autorité du droit de l'Union se montre discutable.

L'idée de rechercher une raison d'être au droit de l'Union dans un argument d'égalité a même été plus radicalement remise en cause.

2. Égalité et normativité

L'utilité de recourir à l'égalité des États membres pour renforcer le respect du droit de l'Union européenne peut être contestée comme n'étant qu'une fausse innovation.

D'une part, de façon générale et en dehors du contexte proprement européen, il a été reproché au concept d'égalité de n'être qu'une « coquille vide »[43]. Prescrivant de traiter identiquement ce qui est identique et différemment ce qui est différent, le principe d'égalité ne ferait que dissimuler dans le discours juridique un jugement de valeur préalable nécessaire pour départager ce qui est *déjà* considéré comme identique ou comme différent. De surcroît, le discours de l'égalité serait même trompeur en créant des revendications injustifiées et entretenant des confusions, dès lors que deux entités peuvent être considérées comme identiques sous un angle mais différentes sous un autre angle. C'est pourquoi, appliqué à l'égalité des États membres de l'Union européenne, le discours de l'égalité ne permettrait guère de dire sous quels aspects les États membres, ou certains d'entre eux, sont à considérer comme identiques ou différents. En lui-même, un tel principe ne paraît guère signifiant.

D'autre part, de façon plus spécifique à l'intégration européenne, il a été avancé que le respect du droit de l'Union européenne ne pourrait tout simplement pas être cherché en dehors de son effectivité[44], dans une idée substantielle d'égalité des États membres. Dit autrement, l'égalité ne serait autre que l'effectivité dissimulée, soit le respect du droit de l'Union pour lui-même (*cf. supra*). À l'appui d'une telle critique, il est tout d'abord possible d'avancer, dans la lignée de la critique précédente sur la vacuité du concept d'égalité, que la portée précise de ce que recouvre l'égalité des États membres, à quel point ils sont identiques ou différents, serait définie par le droit de l'Union lui-même, ce qui supposerait acquise au préalable

---

43. P. WESTEN, « The Empty Idea of Equality », *Harvard Law Review*, 1982, vol. 95, n° 3, spéc. p. 547.
44. J. LINDEBOOM, « Is the Primacy of EU Law Based on the Equality of the Member States ? A Comment on the CJEU's Press Release Following the PSPP Judgement », *op. cit.*

son effectivité. Ensuite, il semblerait qu'en pratique, l'argument d'égalité des États membres tel qu'il est principalement utilisé par la jurisprudence serait mis au service de l'uniformité d'application du droit de l'Union, ce qui se confondrait en définitive avec son respect effectif[45]. Cette critique n'est pas sans vigueur, et il faut reconnaître que dans une approche normativiste et positiviste du droit, l'égalité *devant* le droit (de l'Union européenne) se confond largement avec le respect de ce droit[46].

En réponse à ces critiques, il est néanmoins possible de soutenir que le passage à un argument d'égalité des États membres pour consolider les assises du droit de l'Union européenne implique un certain nombre de changements majeurs de perspective. Qu'ils soient suffisants pour restaurer l'adhésion au projet européen demeure néanmoins plus incertain.

II. Une raison d'être suffisante ?

La présentation de l'intégration européenne comme établissant une forme spécifique d'égalité entre ses États membres permet de combler certaines lacunes, voire de résorber certaines contradictions, et de participer ainsi à la légitimation du droit de l'Union européenne. Néanmoins, par d'autres aspects, l'argument d'égalité des États membres comporte encore des inconvénients en soulevant des questions qui restent, au moins partiellement, sans réponse.

A. *Avantages*

Trois avantages principaux peuvent être tirés d'une présentation de l'intégration européenne comme forme spécifique d'égalité entre États membres.

---

45. J. Lindeboom, « Is the Primacy of EU Law Based on the Equality of the Member States ? A Comment on the CJEU's Press Release Following the PSPP Judgement », *op. cit.*, spéc. p. 1038.
46. H. Kelsen, *Théorie pure du droit*, 2ᵉ éd., trad. Charles Eisenmann, Paris, LGDJ, 1999, spéc. p. 146 : « poser l'égalité devant la loi, c'est poser simplement que les organes d'application du droit n'ont le droit de prendre en considération que les distinctions qui sont faites dans les lois à appliquer elles-mêmes, ce qui revient à affirmer tout simplement le principe de régularité de l'application du droit en général ».

1. Équité

En premier lieu, l'argument d'égalité entre États membres appelle un dévoilement et développement des principes d'équité et de justice dans le droit de l'Union.

Toute idée d'égalité requiert de déployer, explicitement ou implicitement, un principe de justice. En ce que l'égalité consiste à répartir des gains ou des coûts, elle fait appel à une certaine forme de justice. Par exemple, il est fréquent d'entendre qu'une juste égalité devrait tenir compte des mérites afin de récompenser différemment les plus assidus ou les plus talentueux, là où d'autres préconisent d'insister sur les besoins en vue de supporter les plus dépourvus ou les plus nécessiteux. Il a même été soutenu qu'en l'idée d'égalité résiderait la vertu souveraine de toute philosophie morale ou politique, en ce qu'elle absorberait en son sein l'idéal, présenté à tort comme antagoniste, de liberté[47]. Contrairement à l'idée de liberté qui pourrait être pensée individuellement (ou de façon indépendante), l'idée d'égalité ne pourrait être conçue que relationnellement (ou de façon interdépendante), au sens où la maximisation de la liberté pour l'un entraînera le plus souvent une diminution de la liberté pour l'autre. En cela, grâce à sa dimension relationnelle, l'égalité offrirait un cadre analytique préférable à celui de la liberté (ou, dans le cas des États, à la souveraineté) pour penser la justice, rendre équitable l'interdépendance.

Organiser l'interdépendance, le relationnel, est précisément la fonction principale de l'intégration européenne et de son droit[48]. Affirmer qu'il existe un principe d'égalité des États membres injecte dans le droit de l'Union une idée de justice relationnelle, ou d'équité, tendant à garantir la distribution équitable des gains et des charges résultant de l'intégration européenne[49]. Pour l'instant, cette garantie d'équité entre États membres est encore timide dans le droit de l'Union européenne[50]. Longtemps, elle s'est ramenée à un équilibre institutionnel dans la production du droit de l'Union. La recherche d'équité pourrait néanmoins se développer sur la base d'un argument

---

47. R. DWORKIN, *La vertu souveraine*, trad. Jean-Fabien Spitz, Bruxelles, Bruylant, 2008, 360 p.

48. CJUE, 18 décembre 2014, *Adhésion à la CEDH*, avis 2/13, EU:C:2014:2454, spéc. pt 167 : « Ces caractéristiques essentielles du droit de l'Union ont donné lieu à un réseau structuré de principes, de règles et de relations juridiques mutuellement interdépendantes liant, réciproquement, l'Union elle-même et ses États membres, ainsi que ceux-ci entre eux ».

49. Concl. av. gén. TRSTENJAK du 10 juillet 2007, *Royaume-Uni c/ Conseil*, aff. C-77/05, EU:C:2007:419, spéc. pt 113.

50. La question de l'équité entre les États membres est abordée par Loïc Azoulai dans le présent volume.

de juste égalité entre États membres. Ainsi, en matière énergétique et environnementale par exemple, la Cour de justice a amorcé un contrôle consistant à s'assurer que « le législateur de l'Union a dûment tenu compte du potentiel de réduction des émissions dans chaque État membre et a cherché à établir une répartition équilibrée des efforts entre ceux-ci »[51]. Est signifié de la sorte que, contrairement aux critiques dont il est régulièrement l'objet, le droit de l'Union n'est pas qu'un outil de libéralisation, mais aussi le siège d'une redistribution entre les États et leurs citoyens selon certains principes de justice qu'il conviendrait de mieux dévoiler.

2. Transnationalité

En second lieu, l'argument d'égalité des États membres permet de dé-verticaliser la présentation de l'intégration européenne en concevant le droit de l'Union comme une forme d'arbitre impartial de relations horizontales entre égaux.

En considérant que le droit de l'Union vise à réaliser l'égalité des États membres est provoqué un déplacement dans la manière de se représenter la relation entre l'Union et ses États membres. Quand bien même un conflit opposerait formellement un État membre à l'Union, l'argument d'égalité signifie qu'en substance l'État opposant risque de porter atteinte aux intérêts des autres États membres, dont l'Union ne serait que le porte-parole de la volonté commune. En ce sens, l'intégration européenne n'aurait pas une dimension verticale ou *supra*-nationale comme on le lit souvent, mais avant tout une portée horizontale ou *trans*-nationale[52]. Telle est sa véritable et profonde originalité. L'intégration européenne ne consiste pas à faire prévaloir une volonté supérieure, dont l'imputabilité à un *demos* ou pouvoir constituant fait défaut, mais uniquement de s'assurer qu'un État membre intègre dans ses choix politiques les externalités négatives qu'ils entraînent pour les autres États membres et leurs citoyens, en vue de ne pas rompre arbitrairement une juste égalité entre eux. Ainsi, par exemple, le non-respect du droit de l'Union en matière de répartition de l'accueil des migrants lors de la crise migratoire est présenté avant tout comme une atteinte aux intérêts des autres États membres, et un manque de solidarité à leur égard[53].

---

51. CJUE, 13 mars 2019, *Pologne c/ Parlement et Conseil*, préc., spéc. pt 137.
52. K. LENAERTS, « L'égalité des États membres devant les traités : la dimension transnationale du principe de primauté », *op. cit.*
53. Concl. av. gén. BOT du 26 juillet 2017, *Slovaquie et Hongrie c/ Conseil*, aff. jtes C-643/15 et C-647/15, EU:C:2017:618, spéc. pt 242.

Dans cette perspective transnationale, le droit de l'Union fait office de tiers impartial à un arbitrage horizontal entre États (rendus ainsi égaux devant lui). La figure du tiers impartial a été réhabilitée récemment afin de justifier plus généralement le recours au droit comme moyen de faire société[54]. Le droit y est présenté non seulement comme une autorité tierce en mesure de résoudre des conflits, mais aussi comme une manière même de concevoir son existence, d'intérioriser grâce à la figure du tiers la co-existence avec autrui. À nouveau, l'idée d'interdépendance qui caractérise la constitution de l'espace européen sans frontière vient à l'esprit. Mais cette fois c'est son acceptabilité procédurale qui est en cause à travers l'impartialité du tiers garantissant l'égalité entre États. On trouve trace de cette posture d'impartialité dans le contentieux. Ce n'est qu'à cette condition d'impartialité que l'interdiction aux États de se faire justice eux-mêmes, précédemment évoquée en lien avec l'égalité[55], devient acceptable. De même, l'impartialité des institutions de l'Union est garante du respect de l'égalité entre États. L'exemple de la crise des dettes souveraines le montre. Dans l'arrêt *Weiss* qui a donné lieu à la résistance de la Cour constitutionnelle allemande, la Cour de justice s'en est tenue à un contrôle visant à s'assurer que les institutions de l'Union ont bien pris en compte « tous les éléments pertinents de la situation en cause » afin de motiver leurs décisions « avec soin et impartialité »[56]. Procéder autrement, ainsi que l'y incitait la juridiction de renvoi en sur-valorisant les intérêts d'une société nationale en particulier, l'aurait exposée à quitter sa posture d'impartialité, à rompre l'égalité transnationale.

3. Flexibilité

En troisième lieu, l'appel à une idée d'égalité entre États membres autorise à mieux appréhender, voire résoudre, la tension centrale de l'unité dans la diversité qui anime l'intégration européenne.

Il est bien connu, qu'en droit de l'Union européenne, l'égalité revêt une portée bidimensionnelle susceptible de requérir tant l'absence que l'existence (quoique plus rarement) d'une différence de traitement. Il n'y a guère de raison de l'envisager autrement s'agissant de l'égalité appliquée

---

54. F. Ost, *Le droit ou l'empire du tiers*, Paris, Dalloz, 2021, 350 p.
55. CJCE, 13 novembre 1964, *Commission c/ Luxembourg et Belgique*, aff. 90/63 et 91/63, préc.
56. CJUE, 11 décembre 2018, *Weiss*, aff. C-493/17, EU:C:2018:1000, spéc. pt 30.

aux États membres[57]. C'est pourquoi, au travers de l'idée d'égalité des États membres peut se justifier tant une recherche d'unité que le maintien d'une certaine diversité. Ainsi, par exemple, la différenciation dont bénéficient certains États membres n'a plus à être envisagée, sous l'angle de l'égalité, comme un phénomène dérogatoire, ou sous-optimal, qu'il conviendrait d'éviter, mais comme un aspect constitutif de l'Union européenne[58]. De même, comme l'a soutenu l'avocat général Sharpston, la situation culturelle spécifique d'un État peut expliquer sous l'angle de l'égalité pourquoi un traitement différent lui sera validement réservé[59]. Loin d'en faire un ordre rigide et autoritaire, sont de la sorte restituées la flexibilité de l'intégration européenne et sa sensibilité aux spécificités de ses États membres.

Reste que la portée bidimensionnelle et flexible de l'égalité entretient une forme d'incertitude sur les paramètres conduisant à considérer que la situation d'un (ou plusieurs) État(s) est à ce point spécifique qu'elle requiert un traitement différencié. On sait que la prise en compte de la spécificité ne se fait pas abstraitement, mais au regard des finalités concrètes poursuivies par une mesure donnée. C'est ce qui peut expliquer qu'une même catégorie d'États membres, par exemple celle des États adhérents, soit considérée comme étant dans une situation spécifique ou non selon la finalité concernée[60]. En outre, la spécificité peut jouer en faveur ou en défaveur des États jugés se trouver dans une situation spécifique. Par exemple, sous l'angle de la finalité d'accéder à la justice, un traitement spécifique peut être réservé aux États adhérents afin d'agir en annulation au-delà du délai normalement exigé afin qu'ils puissent contester des actes adoptés

---

57. Concl. av. gén. Bobek du 20 mai 2021, *Prokuratura Rejonowa w Mińsku Mazowieckim*, aff. jtes C-748/19 à 754/19, EU:C:2021:403, spéc. pt 154 : « l'égalité des États membres ne peut guère être envisagée sous l'aspect d'une égalité purement formelle, pour ne pas dire formaliste, en vertu de laquelle tous doivent être traités exactement de la même façon, quels que soient la situation et le contexte dans lesquels ils se trouvent. L'automaticité aveugle n'équivaut pas à l'égalité (matérielle), qui requiert certes que des situations identiques soient traitées de la même façon, mais également que des situations différentes ne soient pas traitées de manière identique ». Voy. également, concl. av. gén. Kokott du 25 mars 2021, *Commission c/ Suède*, aff. C-22/20, EU:C:2021:250, spéc. pt 35 : « Bien que la Cour n'ait pas encore précisé comment l'égalité des États membres doit être interprétée, il faut partir du postulat que la jurisprudence relative au principe de l'égalité de traitement vaut également pour eux. Ce principe requiert que des situations comparables ne soient pas traitées de manière différente et que des situations différentes ne soient pas traitées de manière égale, à moins qu'un tel traitement ne soit objectivement justifié ».

58. Le rapport entre égalité et différenciation est examiné par Bruno De Witte dans le présent volume. Un cas spécifique de différenciation en matière économique et monétaire est traité par Francesco Martucci.

59. Concl. av. gén. Sharpston du 11 avril 2019, *République tchèque c/ Parlement et Conseil*, aff. C-482/17, EU:C:2019:321, spéc. pt 138 (s'agissant de la Suisse et de sa neutralité militaire).

60. CJCE, 29 mars 1979, *Commission c/ Royaume-Uni*, préc.

avant leur adhésion[61]. En revanche, sous l'angle du respect des valeurs, il est possible de justifier que certains États adhérents en particulier soient soumis à des mécanismes spécifiques et des contraintes renforcées au motif qu'ils « ne se trouvent tout simplement pas objectivement dans la même situation que les autres États membres »[62]. On attend de tels constats présentés comme objectifs qu'ils soient davantage étayés, mais il est vrai que la portée bidimensionnelle de l'égalité offre un cadre flexible pour le faire.

On constate au regard des avantages qu'il procure que, loin d'être neutre ou inutile comme on a pu le lui reprocher, l'argument d'égalité des États membres entraîne de profonds changements dans la manière de penser et de présenter l'intégration européenne. Qu'il soit suffisant pour en re-légitimer pleinement l'existence n'est toutefois pas certain. L'argument d'égalité des États membres présente aussi certains inconvénients.

B. *Inconvénients*

Il est possible de pointer trois principaux inconvénients à recourir à un argument d'égalité des États membres pour saisir et justifier l'intégration européenne.

1. Utopie

C'est une évidence de constater que l'idée d'égalité des États membres relève d'une certaine fiction juridique.

Dans le monde réel, une très grande inégalité règne entre les États membres de l'Union européenne (petits/grands, anciens/nouveaux, riches/pauvres, centraux/périphérique(s)…). Quand bien même l'argument d'égalité autoriserait, voire imposerait, de tenir compte d'une certaine diversité entre eux (*cf. supra*), il demeure que supposer l'égalité de principe des États membres de l'Union ne peut se faire qu'au prix d'un aveuglement à l'infinité des différences qui les séparent dans la réalité. Fiction, l'argument juridique d'égalité des États membres de l'Union européenne peut même être considéré comme une dissimulation de l'inégalité qui animerait l'intégration

---

61. CJUE, 26 juin 2012, *Pologne c/ Commission*, aff. C-336/09 P, EU:C:2012:386.
62. Concl. av. gén. BOBEK du 23 septembre 2020, *Asociaţia « Forumul Judecătorilor din România » e.a.*, préc., spéc. pt 224.

européenne, à savoir la domination réelle – voire l'hégémonie – des États plus puissants. La crise économique et l'austérité imposée à certains États membres ont révélé, selon certains, « une structure hiérarchique où les pouvoirs de décision sont concentrés entre les mains d'un club de nations fondatrices [...] et où les inégalités ont tendance à se creuser plutôt qu'à se réduire »[63]. La réalité serait plutôt celle de l'inégalité. C'est d'ailleurs un tel utopisme, teinté d'hypocrisie, qui a alimenté la critique de l'idée d'égalité des États en droit international[64], jusqu'à entraîner son relatif délaissement[65].

Une difficulté supplémentaire survient par le fait que l'intégration européenne, bien loin d'aplanir les inégalités entre États membres, aurait tendance parfois à les aggraver, ainsi que le montre l'exemple de la crise migratoire. En faisant reposer sur certains États membres seulement, déjà fragilisés par la crise économique, l'ensemble de la charge de la politique migratoire européenne, le droit de l'Union européenne accentuerait une asymétrie que le système institutionnel de l'Union peine à résorber faute de parvenir à imposer une solidarité. Plus les disparités entre États membres sont importantes, plus des transferts de ressources apparaissent nécessaires. Or, en l'absence de solidarité (politique et financière), l'argument d'égalité (juridique) fait figure de simple incantation. Dans le cadre de la crise migratoire, ce n'est qu'une fois qu'un mécanisme exceptionnel de relocalisation a été adopté politiquement au sein des institutions européennes, qu'il a été possible de faire appel juridiquement à un « principe de solidarité et de partage équitable des responsabilités entre États membres » afin de rétablir l'égalité[66]. L'instauration d'une égalité réelle entre États membres semble, pour le moment, essentiellement renvoyée au processus institutionnel[67]. Et celui-ci demeure habité par de profondes contradictions sous l'angle de l'égalité.

---

63. E. BALIBAR, *Europe, crise et fin ?*, Lormont, Le Bord de l'eau, 2016, spéc. pp. 64 et 65.
64. L. A. VIOLA, D. SNIDAL et M. ZÜRN, « Sovereign (In)equality in the Evolution of the International System », in S. LEIBFRIED (éd.), *The Oxford Handbook of Transformations of the State*, Oxford, OUP, 2015, pp. 221-236.
65. Voy. la contribution de S. Besson dans le présent volume.
66. CJUE, 6 septembre 2017, *Slovaquie et Hongrie c/ Conseil*, aff. jtes C-643/15 et C-647/15, spéc. pt 252.
67. Concl. av. gén. KOKOTT du 25 mars 2021, *Commission c/ Suède*, aff. C-22/20, EU:C:2021:250, spéc. pt 40 : « il incombe donc aux États membres de prévenir dès le processus législatif les atteintes à l'égalité des États ou de contester celles-ci devant la Cour immédiatement après celui-ci ».

2. Antinomie

Une double contradiction anime la recherche d'égalité des États membres dans le fonctionnement institutionnel de l'Union européenne.

Une première antinomie concerne le principe démocratique et le titulaire de l'égalité[68]. Comment combiner, sans contradiction majeure, l'égalité des États membres avec l'égalité des citoyens de l'Union européenne ? Par hypothèse, l'égalité formelle de la règle « un État = une voix » paraît difficilement réconciliable avec l'égalité réelle de la règle « un citoyen = une voix », qui implique de différencier le poids respectif de chaque État dans le processus décisionnel. Il est bien connu que les systèmes de dégressivité proportionnelle des sièges au Parlement européen (article 14, paragraphe 2, TUE) et de pondération démographique des voix au Conseil (article 16, paragraphe 4, TUE) ont été précisément imaginés pour tenter de résorber cette contradiction[69]. Toutefois, l'hésitation qui les caractérise a été stigmatisée comme mettant l'Union européenne « en contradiction par rapport à l'idée qu'elle se fait d'elle-même en tant qu'Union des citoyens », ce qui ne pourrait s'expliquer, selon la critique de la Cour constitutionnelle allemande, que « par la qualité de l'Union européenne comme regroupement d'États souverains »[70]. Autrement dit, le maintien d'une référence à l'égalité des États au détriment d'une pleine égalité des citoyens serait la marque de l'absence de réelle légitimité démocratique de l'intégration européenne[71].

Une seconde contradiction provient de l'articulation entre l'égalité des États selon qu'ils agissent en tant que membres de l'Union ou en tant qu'États souverains dans le cadre des relations internationales[72]. Comment faire coexister une *double* égalité des États (européenne *et* internationale) sans que l'une l'emporte sur l'autre en cas de contradiction ? Un exemple de cette antinomie a été donné dans l'avis 1/19, dans lequel la Cour de justice était saisie de la question de savoir si, face à un accord mixte, nécessitant une décision du Conseil à la majorité, un accord informel préalable des États membres à l'unanimité pouvait être requis, dès lors qu'il serait en tout état de cause nécessaire à la pleine ratification de l'accord par l'ensemble des

---

68. La dimension démocratique de l'égalité des États membres dans le mécanisme institutionnel de l'Union européenne est abordée par Dominique Ritleng dans le présent volume.
69. J. HABERMAS, « Citizen and State Equality in a Supranational Political Community : Degressive Proportionality and the *Pouvoir Constituant Mixte* », JCMS, 2017, vol. 55, n° 2, pp. 171-182.
70. Bundesverfassungsgericht, 30 juin 2009, *Lisbonne*, 2 BvE 2/08, spéc. pts 287 et 288.
71. Ce reproche est critiqué par Francis Cheneval dans le présent volume.
72. L'égalité des États membres dans les relations extérieures de l'Union est analysée par C. Kaddous dans le présent volume.

États agissant dans le cadre de leurs compétences retenues[73]. Fallait-il, en d'autres termes (et bien que la question n'ait pas été posée en ces termes), privilégier l'égalité internationale des États souverains sur leur égalité européenne d'États membres ? Face à un tel dilemme, la réponse donnée maintient l'ambivalence sans parvenir à la surmonter, en considérant que l'accord unanime préalable des États souverains à la décision majoritaire des (mêmes) États membres ne saurait être ni imposé ni prohibé. À défaut, l'une des deux égalités l'emporterait sur l'autre.

3. Tautologie

En définitive, se pose la question du fondement même de l'égalité des États membres de l'Union européenne.

Si, comme l'exemple précédent le montre, l'égalité des États membres au sens du droit de l'Union entraîne l'application d'un statut et d'un régime différents de celui des États souverainement égaux au sens du droit international, c'est en raison de leur appartenance à l'ensemble commun. La qualité de « membre » fonde une forme (nouvelle) d'égalité entre États. La question qui se pose est celle du rapport circulaire, voire tautologique, entre cette nouvelle forme d'égalité et la qualité de « membre » : les États sont-ils égaux parce qu'ils sont « membres » de l'Union européenne, ou sont-ils « membres » de l'Union européenne parce qu'ils sont égaux ? La réponse à une telle question demeure insatisfaisante dans chacune des branches de l'alternative qu'elle suggère. Selon la première branche, l'égalité des États membres se fonde elle-même sur une appartenance préalable : une adhésion et un respect des valeurs qui la conditionne (art. 2 TUE). Dans ce cas, le respect des valeurs devient le fondement de l'égalité des États membres, et la véritable raison d'être de l'intégration européenne[74]. L'idée d'égalité est rendue secondaire, elle perd son potentiel justificatif de l'intégration pour s'effacer derrière les valeurs, sans pouvoir justifier les tensions que leur respect suscite. Selon la seconde branche de l'alternative, ce serait à l'inverse la nouvelle égalité des États devenus « membres » de l'Union qui conditionnerait leur appartenance à l'ensemble commun. En ce sens, toute rupture de cette égalité par un État aboutirait à une perte d'appartenance

---

73. CJUE, 6 octobre 2021, *Convention d'Istanbul*, avis 1/19.
74. Le lien entre l'égalité des États membres et le respect des valeurs est abordé par A. Iliopoulou-Penot dans le présent volume.

à l'Union, à son auto-exclusion de l'ensemble commun[75]. L'idée d'égalité (re)deviendrait autoritaire, elle ne se distinguerait plus d'un argument classique d'autorité qu'il s'agissait précisément de justifier.

PLAN DE L'OUVRAGE

À n'en pas douter, l'idée d'égalité des États membres, qui resurgit au moment où l'Union européenne s'impose comme un acteur politique majeur, offre des perspectives intéressantes de renouvellement de la présentation et de la compréhension des tensions qui animent la construction européenne. C'est toutefois à la condition que le potentiel qu'elle recèle soit davantage approfondi afin d'en dévoiler les principes de justice, les critères de mise en œuvre, ainsi que les liens avec l'appartenance des États à l'Union. Le présent ouvrage vise à fournir certains éléments d'approfondissement de l'argument d'égalité des États membres dans la théorie et la pratique du droit de l'Union européenne.

Dans une première partie, l'égalité des États membres est abordée sous l'angle normatif. Le président Koen Lenaerts l'envisage tout d'abord à travers le principe fondamental de primauté du droit de l'Union européenne dont il entend refonder le respect au nom de l'égalité, en vue notamment de répondre aux résistances récentes dont il a fait l'objet. Ensuite, le professeur Loïc Azoulai nous livre une lecture inédite du droit de l'Union sous l'angle du rapport entre égalité et équité, comme forme de justice distributionnelle dans la répartition des charges et des avantages entre États membres dans l'Union européenne. Puis, un aspect normatif particulièrement sensible concerne l'égal respect des valeurs de l'Union européenne, clef de voûte de l'appartenance des États membres à l'Union, qu'analyse la professeure Anastasia Iliopoulou-Penot en disséquant la construction jurisprudentielle qu'il a fallu déployer pour assurer un tel respect. En ouvrant sur le droit interne, la question des résistances spécifiques à l'égal respect du droit de l'Union par les États membres est traitée par le professeur Claus Dieter Classen, à partir de l'exemple allemand, afin de souligner la tension qui anime, au sein même de l'article 4, paragraphe 2, TUE, le respect de l'égalité des États et celui de l'identité nationale. Pour clore cette partie, la professeure Freya Clausen offre une analyse sous un angle contentieux de l'égalité des États membres devant la justice en montrant que le respect des normes du droit de l'Union sera d'autant plus facilité qu'une telle égalité sera respectée.

---

75. En ce sens, concl. av. gén. TANCHEV du 17 décembre 2020, *A.B. e.a.*, aff. C-824/18, EU:C:2020:1053, spéc. pt 84.

Dans une deuxième partie, l'ouvrage envisage l'égalité des États membres de l'Union européenne sous un angle institutionnel. Tout d'abord, le professeur Hugues Dumont et Cecilia Rizcallah explorent les significations, manifestations, et déclinaisons de la souveraineté dans une Union européenne composée d'États égaux. Ensuite, la question centrale du paradigme démocratique dans le fonctionnement institutionnel de l'Union européenne est traitée par le professeur Dominique Ritleng, afin de mesurer en quoi l'égalité des États membres peut être considérée comme une forme démocratique. Bien spécifique dans le fonctionnement institutionnel de l'Union est la question qu'explore la professeure Christine Kaddous de l'organisation du pouvoir international que se partagent l'Union et ses États membres, qui dans ce domaine sont à la fois égaux selon le droit de l'Union et selon le droit international. Par ailleurs l'égalité institutionnelle des États membres doit combiner avec leur diversité. Le professeur Bruno De Witte traite de cette relation entre égalité et diversité à travers la question de la différenciation des États membres dans l'Union européenne, à la fois moyen et menace pour une réelle égalité. Dans la continuité de cette réflexion générale, le professeur Francesco Martucci aborde un aspect particulier, devenu majeur, du droit institutionnel de l'Union européenne qu'est l'Union économique et monétaire, domaine d'intégration différenciée au sein duquel l'égalité des États membres prend des formes variables.

La troisième et dernière partie de l'ouvrage est conçue comme une ouverture destinée à fournir certains éclairages, puisés hors du droit de l'Union européenne, afin d'inscrire la question de l'égalité des États membres dans un débat plus vaste et d'en mettre en relief les points saillants au regard de la pensée juridique en général, mais aussi philosophique et politiste. La professeure Samantha Besson débute ces éclairages depuis le droit international institutionnel en voyant dans l'égalité des États membres de l'Union européenne une opportunité pour relancer une discussion qui s'était tarie sur la qualité démocratique des modes de représentation dans les organisations internationales. Dans le même esprit, mais en partant cette fois d'un prisme de philosophie morale et politique, le professeur Francis Cheneval défend l'idée *démoïcratique* d'une compatibilité, et même d'une valeur ajoutée, de l'égalité entre États membres lorsqu'elle est combinée avec une égalité entre citoyens. Prolongeant cette perspective fédérative, le professeur Idris Fassassi délivre une analyse comparative de l'égalité entre États fédérés dans le cadre états-unien en montrant les fondements et usages qui en sont faits par la jurisprudence constitutionnelle. Enfin, une approche politiste est proposée par la professeure Sylvie Struddel qui se place du point de vue citoyen afin d'analyser les différentes perceptions de l'Union européenne selon les contextes nationaux des États membres.

PARTIE I
ASPECTS NORMATIFS

LA PRIMAUTÉ DU DROIT DE L'UNION ET L'ÉGALITÉ DES ÉTATS MEMBRES DEVANT LES TRAITÉS

par

Koen LENAERTS[*]

PRÉSIDENT DE LA COUR DE JUSTICE DE L'UNION EUROPÉENNE

Je tiens à féliciter les organisateurs de ce colloque pour cette belle initiative qui vise à examiner en profondeur la portée et le contenu du principe de l'égalité des États membres devant les traités. À l'exception notable de quelques publications[1], ce principe, consacré à l'article 4, paragraphe 2, TUE, n'a pas attiré l'attention des académiques, à tout le moins au même niveau que l'autre principe consacré à cette disposition, à savoir le principe de l'identité nationale[2].

Cela dit, dans l'ordre juridique de l'Union, le principe d'égalité des États membres devant les traités revêt une importance fondamentale, étant donné qu'il donne une dimension transnationale au principe de primauté du droit de l'Union et, partant, sert à expliquer la nature même de ce droit. Ainsi qu'il ressort de la jurisprudence de la Cour de justice de l'Union européenne (ci-après la « Cour de justice » ou la « Cour »)[3], ce principe doit être compris en ce sens qu'il inclut l'*égalité en droit* de l'Union. Cela signifie, en substance, que toutes les dispositions du droit de l'Union ont le même sens et doivent être appliquées de la même manière dans l'ensemble de l'Union. Il en va ainsi indépendamment des dispositions nationales contraires.

---

[*] L'auteur s'exprime à titre personnel.

1. Voy., en ce sens, L. S. Rossi, « The Principle of Equality Among Members of the European Union », in L. S. Rossi et F. Casolari (dir.), *The Principe of Equality in EU Law*, Berlin/Heidelberg, Springer, 2017, pp. 3-43. Voy. également S. Jolivet, « L'égalité des États membres de l'Union européenne : vers une conception de l'égalité étatique autonome du droit international ? », *Revue du droit de l'Union européenne*, 2015, pp. 383-405.

2. S. Jolivet, « L'égalité des États membres de l'Union européenne : vers une conception de l'égalité étatique autonome du droit international ? », *op. cit.*, p. 384.

3. Voy., en ce sens, CJUE, 7 février 1973, *Commission c/ Italie*, aff. C-39/72, EU:C:1973:13, pt 24 ; CJUE, 7 février 1979, *Commission c/ Royaume-Uni*, aff. C-128/78, EU:C:1979:32, pt 12 ; et CJUE, 29 mars 1979, *Commission c/ Royaume-Uni*, aff. C-231/78, EU:C:1979:101, pt 9.

Trois conséquences directes découlent du principe d'égalité des États membres devant les traités. En premier lieu, ce principe implique une interprétation et une application uniformes du droit de l'Union. En deuxième lieu, l'interprétation uniforme du droit de l'Union ne peut être assurée que par une et une seule juridiction, à savoir la Cour de justice. En troisième et dernier lieu, seul le respect du principe de primauté est susceptible de garantir l'interprétation et l'application uniformes du droit de l'Union. Ces trois conséquences sont étroitement liées. Sans uniformité, il n'y a pas d'égalité des États membres devant la loi. Sans la Cour de justice, il n'y a pas d'uniformité. Sans primauté, il n'y a pas d'uniformité, ni donc d'égalité. Ce n'est qu'en assurant l'égalité, l'uniformité et la primauté que les citoyens européens auront accès à une justice égale pour tous et pour toutes.

L'objectif de ma contribution à ce colloque est, dans un premier temps, d'examiner le principe d'égalité des États membres devant les traités en tant que fondement de la dimension transnationale de la primauté du droit de l'Union (I). Dans un second temps, j'aimerais expliquer les raisons pour lesquelles j'estime que le rôle de la Cour de justice, en tant qu'interprète suprême du droit de l'Union, est essentiel pour assurer cette égalité (II).

I. SUR LA DIMENSION TRANSNATIONALE DE LA PRIMAUTÉ

Que le principe de primauté ait une dimension transnationale n'a rien de nouveau. Cette dimension puise en effet ses racines dans la célèbre affaire ayant donné lieu à l'arrêt *Costa c/ ENEL*, à l'occasion de laquelle la Cour de justice a énoncé le principe de primauté pour la première fois, il y a plus de cinquante ans[4].

Dans cette affaire, la Cour de justice a mis en avant trois justifications au soutien de la primauté du droit de l'Union[5]. Premièrement, elle a souligné que le droit de l'Union n'est pas un « droit étranger » aux ordres juridiques nationaux, mais que, au contraire, il fait, par sa nature même et en tant que tel, partie intégrante du droit interne de chaque État membre[6]. Le droit de l'Union est notre droit commun en tant qu'Européens. Il fait partie

---

4. CJUE, 15 juillet 1964, *Costa c/ ENEL*, aff. C-6/64, EU:C:1964:66.
5. Voy., à cet égard, I. PERNICE, « *Costa v ENEL* and *Simmenthal* : Primacy of European Law », in M. POIARES MADURO et L. AZOULAI (dir.), *The Past and Future of EU Law*, Oxford, Hart, 2010, p. 47.
6. Voy. CJUE, 15 juillet 1964, *Costa c/ ENEL*, aff. C-6/64, EU:C:1964:66, pt 1158, où la Cour de justice a jugé qu'« à la différence des traités internationaux ordinaires, le traité de la C.E.E. a institué un ordre juridique propre, intégré au système juridique des États membres lors de l'entrée en vigueur du traité et qui s'impose à leurs juridictions ».

intégrante du droit français comme du droit belge, allemand, grec, slovène, néerlandais, suédois, espagnol, italien, polonais, etc. Pour qu'il déploie pleinement ses effets en tant que *ius commune* de l'Europe, il doit primer sur les dispositions du droit national qui sont incompatibles avec lui. La dimension transnationale de sa primauté est donc primordiale pour garantir que toutes ses dispositions aient le même sens et soient appliquées de la même manière dans toute l'Union.

Deuxièmement, la Cour de justice a ancré le principe de primauté du droit de l'Union dans les principes de réciprocité et de non-discrimination, lesquels sont étroitement liés au principe d'égalité des États membres devant les traités. Ainsi, elle a mis en exergue la tension existant entre les engagements réciproques pris par les États membres, d'une part, et l'adoption éventuelle d'actions unilatérales, d'autre part. La primauté du droit de l'Union repose sur l'engagement réciproque et constant de tous les États membres de respecter les obligations imposées par ce droit[7]. Il serait contraire à la logique qui sous-tend l'ordre juridique de l'Union qu'un État membre sélectionne unilatéralement les engagements qu'il entend respecter, tout en manquant à ceux qui ne lui conviennent pas. La primauté du droit de l'Union va de pair avec le principe d'égalité des États membres devant les traités, puisque cette primauté exclut une application sélective et discriminatoire de ce droit, qui serait alignée sur les intérêts de chaque État membre. Tous les États membres n'ont donc d'autre choix que de respecter le droit de l'Union dans son intégralité, tant pour le meilleur que pour le pire. Cette idée est clairement reflétée dans l'arrêt *Commission c/ Italie*, dans lequel la Cour a dit pour droit qu'« en permettant aux États membres de profiter des avantages de [l'Union], le traité leur fait aussi l'obligation d'en respecter les règles… le fait, pour un État, de rompre unilatéralement, selon la conception qu'il se fait de son intérêt national, l'équilibre entre les avantages et les charges découlant de son appartenance à [l'Union], met en cause l'égalité des États membres devant le droit [de l'Union] et crée des discriminations à charge de leurs ressortissants et, en tout premier lieu, de ceux de l'État même qui se place en dehors de la règle [de l'Union] »[8].

---

7. Dans le passage clé de CJUE, 15 juillet 1964, *Costa c/ ENEL*, aff. C-6/64, EU:C:1964:66, pt 1159, la Cour a jugé que « cette intégration au droit de chaque pays membre de dispositions qui proviennent de source communautaire, et plus généralement les termes et l'esprit du traité, ont pour corollaire l'impossibilité pour les États de faire prévaloir, contre un ordre juridique accepté par eux sur une base de *réciprocité*, une mesure *unilatérale* ultérieure qui ne saurait ainsi lui être opposable » (souligné par nos soins).

8. CJUE, 7 février 1973, *Commission c/ Italie*, aff. C-39/72, EU:C:1973:13, pt 24.

À la suite de l'arrêt *Costa c/ ENEL*, précité, l'interdiction de l'unilatéralisme étatique s'est vue renforcée dans les affaires jointes ayant donné lieu aux arrêts *Commission c/ Belgique et Luxembourg*, par lesquels la Cour de justice a jugé que l'exception *non adimpleti contractus* n'avait pas de place dans l'ordre juridique de l'Union[9]. Ainsi, un État membre ne saurait refuser de se conformer au droit de l'Union, tel qu'interprété par la Cour, au seul motif qu'un autre État membre, notamment sa Cour constitutionnelle, a commis une violation de ce droit. Le principe d'égalité des États membres devant les traités doit être entendu comme visant à garantir l'égalité *devant la loi* par opposition à l'égalité *pour enfreindre la loi*.

Troisièmement, la Cour de justice a mobilisé deux arguments textuels à l'appui du principe de primauté du droit de l'Union. Elle a relevé que « lorsque le droit d'agir unilatéralement est reconnu aux États [membres], c'est en vertu d'une clause spéciale précise ». Les traités excluent les clauses d'*opt-out* implicites. Par ailleurs, elle a fait référence à la nature des règlements de l'Union, visés à l'ancien article 189 du traité CEE (actuellement, article 288 TFUE), qui ont « valeur obligatoire » et sont « directement applicables dans tout État membre ». « [Cette] disposition, qui n'est assortie d'aucune réserve », a jugé la Cour, « serait sans portée si un État pouvait unilatéralement en annihiler les effets par un acte législatif opposable aux textes [de l'Union] »[10].

La Cour en a conclu que, « issu d'une source autonome, le droit né [des traités] ne pourrait donc, en raison de sa nature spécifique originale, se voir judiciairement opposer un texte interne quel qu'il soit, sans perdre son caractère communautaire et sans que soit mise en cause la base juridique de [l'Union] elle-même »[11].

En tant que fondement « transnational » du principe de primauté, le principe d'égalité des États membres devant les traités ne saurait être interprété comme une simple reprise du principe d'égalité souveraine des

---

9. CJUE, 13 novembre 1964, *Commission c/ Luxembourg et Belgique*, aff. jtes C-90/63 et 91/63, EU:C:1964:80.
10. CJUE, 15 juillet 1964, *Costa c/ ENEL*, aff. C-6/64, EU:C:1964:66, pp. 1159 et 1160.
11. *Ibid.*, pt 594. Certains auteurs de doctrine se sont inspirés de ce passage de l'arrêt pour examiner le principe de primauté selon une optique dite « hamiltonien ». Voy., en ce sens, A. HAMILTON, « Federalist no 33 », in A. HAMILTON, J. MADISON et J. JAY, *The Federalist Papers*, Oxford, OUP, 2008, p. 157. Pour la version française de cet ouvrage, voy. trad. A. AMIEL, *Le Fédéraliste*, Paris, Classiques Garnier, 2012, p. 276. Voy., par exemple, J. LINDEBOOM, « Is the Primacy of EU Law Based on the Equality of the Member States ? A Comment on the CJEU's Press Release Following the PSPP Judgment », *German Law Journal*, 2020, vol. 21, p. 1032. Dans cette optique, la primauté ne serait pas seulement un *moyen* de garantir l'égalité des États membres devant les traités, mais plutôt une *fin* en soi puisqu'elle définit la nature spécifique du droit de l'Union.

États tel que reconnu en droit international. En effet, ce dernier principe se limite, ainsi que l'a relevé Hans Kelsen, à reconnaître aux États la même capacité d'assumer des obligations et d'acquérir des droits[12]. En tant que sujets de droit international, les États ont ainsi la même capacité juridique, sans nécessairement partager les mêmes valeurs. En revanche, le principe d'égalité devant les traités, tel que consacré à l'article 4, paragraphe 2, TEU, présuppose que les États membres se sont librement engagés à respecter, avec la même intensité, les valeurs sur lesquelles l'Union est fondée, et notamment l'État de droit[13]. Cet engagement met ainsi en place un « *level playing field* » de valeurs qui justifie que les États membres se reconnaissent mutuellement comme étant égaux devant le droit de l'Union[14], un tel engagement servant à distinguer les États membres des États tiers[15], et à renforcer l'autonomie de l'ordre juridique de l'Union[16].

Ainsi, des États européens qui partagent les mêmes valeurs peuvent créer non seulement un marché intérieur, mais également un espace sans frontières intérieures où leurs citoyens peuvent circuler librement et en toute sécurité. Ce droit de circuler va de pair avec la reconnaissance mutuelle des décisions judiciaires. Les décisions de l'État membre d'émission, adoptées par des juges indépendants, seront ainsi reconnues par l'État membre d'exécution comme s'il s'agissait de ses propres décisions. Il y a une égalité « transnationale » qui s'instaure au sein de l'Union. Toutefois, cette égalité ne saurait être établie ni maintenue que si les États membres respectent les règles du jeu, parmi lesquelles figure la primauté du droit de l'Union telle qu'interprétée par la Cour de justice.

Au cours des cinquante dernières années, la Cour de justice a itérativement confirmé la jurisprudence issue de l'arrêt *Costa c/ ENEL*. Elle a expressément rappelé que le droit de l'Union prévaut sur des normes administratives, sur des lois, voire sur des dispositions constitutionnelles,

---

12. H. KELSEN, « The Principle of Sovereign Equality of States as a Basis for International Organization », *Yale Law Journal*, 1944, pp. 207-220, spéc. p. 209.

13. Voy., en ce sens, CJUE, 20 avril 2021, *Repubblika*, aff. C-896/19, EU:C:2021:311, pts 61 et 62.

14. K. LENAERTS, « La vie après l'avis : Exploring the principle of mutual (yet not blind) trust », *CMLR*, 2017, pp. 805-840, spéc. p. 809.

15. CJUE, 30 avril 2019, *Accord ECG UE-Canada*, avis 1/17, EU:C:2019:341, pt 129 (« [le] principe de confiance mutuelle, notamment s'agissant du respect du droit à un recours effectif devant un tribunal indépendant, ne s'applique pas dans les relations entre l'Union et un État tiers »). Toutefois, un État-tiers peut gagner cette confiance s'il partage les mêmes valeurs que l'Union. Voy., en ce sens, CJUE, 2 avril 2020, *Ruska Federacija*, aff. C-897/19 PPU, EU:C:2020:262, pts 44 et 73.

16. Voy., en ce sens, K. LENAERTS, J. A. GUTIÉRREZ-FONS et S. ADAM, « Exploring the Autonomy of the European Union Legal Order », *Zeitschrift für ausländisches öffentliches Recht und Völkerrecht*, pp. 47-87.

qui s'avèrent incompatibles avec le droit de l'Union. Ainsi a-t-elle jugé, dans l'arrêt *Winner Wetten*, qu'« [il] ne saurait en effet être admis que des règles de droit national, fussent-elles d'ordre constitutionnel, portent atteinte à l'unité et à l'efficacité du droit de l'Union »[17].

Cela dit, si la primauté du droit de l'Union vise à protéger l'effet utile de ce droit, il n'en demeure pas moins que la protection de cet effet utile n'est pas absolue[18]. En effet, la primauté du droit de l'Union permet une mise en balance (« *balancing* ») entre, d'une part, l'effet utile du droit de l'Union et, d'autre part, des principes d'importance constitutionnelle reconnus par ce droit, tels que le principe de « *res judicata* »[19], le principe de sécurité juridique[20], ou encore le principe de légalité pénale[21]. De même, le respect du principe de primauté n'implique pas que le juge national est obligé de mécaniquement mettre en œuvre le droit de l'Union, si une telle mise en œuvre entraîne une violation des droits fondamentaux de la personne concernée, tels que consacrés par la Charte[22]. Notons toutefois que le principe de primauté exige que cette mise en balance soit une « question relevant du droit de l'Union », en ce sens que, en premier lieu, elle ne saurait inclure que des principes reconnus par l'ordre juridique instauré par les traités. En second lieu, elle doit suivre l'interprétation des principes en présence retenue par la Cour de justice. Ce n'est qu'en respectant cette double exigence qu'une telle mise en balance est susceptible de se conformer à l'égalité des États membres devant la loi[23].

---

17. CJUE, 8 septembre 2010, *Winner Wetten*, aff. C-409/06, EU:C:2010:503, pt 61. Voy. également CJUE, 15 janvier 2013, *Križan e.a.*, aff. C-416/10, EU:C:2013:8, pt 70 ; CJUE, 4 décembre 2018, *Minister for Justice and Equality et Commissioner of An Garda Síochána*, aff. C-378/17, EU:C:2018:979, pt 49 ; CJUE, 2 mars 2021, *A.B. e.a. (Nomination des juges à la Cour suprême – Recours)*, aff. C-824/18, EU:C:2021:153, pt 148 ; et CJUE, 22 juin 2021, *Latvijas Republikas Saeima (points de pénalité)*, aff. C-439/19, EU:C:2021:504, pt 135.

18. Voy., en ce sens, M. DOUGAN, « General Report », in M. BOTMAN et J. LANGER (dir.), *National Courts and the Enforcement of EU Law*, The XXIX FIDE Congress in the Hague, vol. 1, La Haye, Eleven International Publishing, pp. 31-59, spéc. p. 40.

19. CJUE, 10 juillet 2014, *Impresa Pizzarotti*, aff. C-213/13, EU:C:2014:2067.

20. CJUE, 11 décembre 2007, *Skoma-Lux*, aff. C-161/06, EU:C:2007:773.

21. CJUE, 5 décembre 2017, *M.A.S. et M.B.*, aff. C-42/17, EU:C:2017:936.

22. CJUE, 19 décembre 2019, *Deutsche Umwelthilfe*, aff. C-752/18, EU:C:2019:1114. Voy., en ce sens, M. BOBEK, « Institutional Report », in M. BOTMAN et J. LANGER (dir.), *National Courts and the Enforcement of EU Law, op. cit.*, pp. 61-92, spéc. pp. 70 et 71.

23. Ceci vient à démontrer que l'effet utile du droit de l'Union sert certes à expliquer la primauté de ce droit. Toutefois, un tel effet n'explique pas toutes les dimensions de ce principe, cette mise en balance devant être appréhendée à la lumière du principe d'égalité des États membres devant les traités.

À ce jour, aucune disposition des traités ne consacre formellement le principe de primauté du droit de l'Union. Il n'existe pas une « *Supremacy Clause* » à l'instar de celle prévue à l'article VI de la Constitution américaine[24]. Si l'insertion d'une telle clause donnerait assurément davantage de visibilité à ce principe[25], le besoin ne s'en est toutefois pas fait ressentir. En effet, les États membres n'ont jamais cherché à écarter, à nuancer ou à réformer le principe de primauté du droit de l'Union – tel qu'affirmé par la Cour de justice – par le biais d'une modification des traités. Les « Maîtres des traités » ont, au contraire, toujours confirmé cette primauté, démontrant par là que les États membres restent déterminés à la respecter. Cette détermination continue à trouver une expression concrète dans la déclaration 17 annexée à l'acte final du traité de Lisbonne, laquelle indique que « [la] Conférence rappelle que, selon une jurisprudence constante de la [Cour de justice], les traités et le droit adopté par l'Union sur la base des traités priment le droit des États membres, dans les conditions définies par ladite jurisprudence ».

Plus important encore, en codifiant le principe d'égalité des États membres devant les traités à l'article 4, paragraphe 2, TUE, le traité de Lisbonne a donné un nouvel élan au principe de primauté tel qu'affirmé par la Cour de justice. Compte tenu du lien indissoluble qui existe entre l'égalité des États membres devant les traités, l'interprétation uniforme du droit de l'Union et la primauté de ce droit, il est permis d'affirmer que le principe de primauté a, désormais, été incorporé dans le texte même des traités, l'article 4, paragraphe 2, TUE faisant en quelque sorte office de « clause de primauté ». L'insertion, dans les traités, d'une disposition qui comporterait une clause de primauté supplémentaire serait donc, dans une certaine mesure, redondante.

Le principe de primauté du droit de l'Union ne vise pas seulement à résoudre les conflits bilatéraux entre deux ordres juridiques, mais constitue, d'abord et avant tout, un principe fondateur garantissant que tous les États membres, quels que soient leur taille, leur orientation politique ou leur pouvoir économique, soient traités de la même manière devant la loi. En

---

24. L'article VI, § 2, de la Constitution américaine dispose que « [la] présente Constitution, ainsi que les lois des États-Unis qui en découleront, et tous les traités déjà conclus, ou qui le seront, sous l'autorité des États-Unis, seront la loi suprême du pays ; et les juges dans chaque État seront liés par les susdits, nonobstant toute disposition contraire de la Constitution ou des lois de l'un quelconque des États ». Traduction en français obtenue à partir du site www.worldbook.com.

25. Telle était peut-être l'intention des auteurs du projet de traité établissant une Constitution pour l'Europe. Son article I-6, intitulé « Droit de l'Union », énonçait que « [la] Constitution et le droit adopté par les institutions de l'Union, dans l'exercice des compétences qui sont attribuées à celle-ci, priment le droit des États membres ».

outre, en tant qu'interprète suprême des traités, la Cour de justice a le dernier mot sur ce qu'est le droit de l'Union. La Cour de justice – et seule la Cour de justice – peut garantir qu'une disposition du droit de l'Union ait le même sens dans l'ensemble de l'Union.

II. Le rôle de la Cour de justice

Pour que le droit de l'Union s'applique de manière uniforme, une et une seule juridiction doit avoir le dernier mot quand il s'agit de dire ce qu'est le droit de l'Union. Il ne s'agit là ni d'une innovation européenne, ni d'une caractéristique propre à l'ordre juridique de l'Union. En effet, le respect de l'État de droit qui implique, à son tour, le respect des décisions judiciaires définitives est une caractéristique propre des sociétés qui se veulent démocratiques. Les juridictions constitutionnelles se prononcent en dernier lieu sur la portée de la Constitution. De la même manière, au sein de l'ordre judiciaire de chaque État membre, les juridictions suprêmes ou de cassation ont le dernier mot sur le sens et la portée des textes normatifs. Dans les systèmes normatifs ayant plusieurs niveaux de gouvernance, la Cour suprême fédérale a le dernier mot quant à l'interprétation du droit fédéral, tandis que l'interprétation définitive du droit de chaque État fédéré revient à la juridiction suprême de chacun de ces États.

Le fait que, en fin de compte, une et une seule juridiction aura le dernier mot sur l'interprétation du droit découle clairement des traditions constitutionnelles communes aux États membres. Tous les litiges doivent être résolus par une juridiction compétente qui statue en dernier ressort sur la loi applicable. Cela garantit la sécurité juridique. Conformément à ces traditions constitutionnelles, les auteurs des traités ont conféré à la Cour de justice le pouvoir ultime de dire le droit de l'Union. Notons, à cet égard, que dans sa décision du 21 avril 2021[26], le Conseil d'État français a, certes, interprété la Constitution nationale de manière à soumettre l'application du principe de primauté à des exigences constitutionnelles[27]. Toutefois, ce faisant, cette juridiction a clairement reconnu et accepté que la Cour de justice est l'interprète suprême du droit de l'Union[28].

---

26. Voy., CE, 21 avril 2021, décision n° 393099, FR:CEASS:2021:393099.20210421.
27. Voy., CE, 21 avril 2021, décision n° 393099, FR:CEASS:2021:393099.20210421, pts 5-7. Voy., en ce sens, V. SIZAIRE et J.-P. FOEGLE, « Les fausses notes du souverainisme juridique », *RDH*, 2021, pp. 1-10.
28. Voy., CE, 21 avril 2021, décision n° 393099, FR:CEASS:2021:393099.20210421, pt 8.

Il convient de relever que, selon les historiens, la délégation allemande a joué un rôle « hégémonique » lors de la définition du rôle de la Cour en tant qu'interprète suprême du droit de l'Union. Comme le relève Morten Rasmussen, lorsque les délégations discutaient sur le rôle que la Cour devait jouer dans le futur traité CECA, le chef de la délégation allemande Hallstein, soutenu par le délégué du ministère des Affaires étrangères Ophüls, a proposé de créer une Cour fédérale analogue au nouveau *Bundesverfassungsgericht* allemand qui assurerait le développement d'un *Rechtsstaat* européen. Ils étaient d'avis qu'une telle Cour fédérale créerait, au fil du temps, une conscience européenne et jouerait ainsi un rôle analogue à celui de la Cour suprême des États-Unis. Dès lors, la délégation allemande a insisté sur la nécessité de développer une jurisprudence uniforme rendue par une Cour ayant la compétence exclusive d'interpréter définitivement le traité[29].

La délégation allemande a trouvé un appui pour sa thèse parmi les autres délégations qui insistaient également sur la nécessité d'assurer l'État de droit au sein de l'Union en conférant à la Cour de justice le pouvoir ultime d'interpréter les traités. Ces considérations se sont cristallisées dans ce qui est maintenant l'article 19 TUE. Cette disposition prévoit que la Cour « assure le respect du droit dans l'interprétation et l'application des traités ». Assurer le respect du droit implique l'obligation pour la Cour de parvenir à une interprétation uniforme du droit de l'Union. Une telle interprétation uniforme exige que la Cour ait *le dernier mot* quand il s'agit d'interpréter les traités, et *le seul mot* quand il s'agit de constater l'invalidité de dispositions du droit dérivé de l'Union.

Il serait contraire au principe de l'égalité des États membres devant les traités et, surtout, à l'esprit même de ces traités, qu'une juridiction nationale se substitue à la Cour de justice. Une juridiction nationale ne saurait écarter l'interprétation du droit de l'Union retenue par la Cour, afin d'avancer la sienne, sans violer ce principe.

CONCLUSIONS

Le principe de primauté n'est pas seulement un moyen de résoudre les conflits bilatéraux entre deux ordres juridiques, mais constitue avant tout un principe de base garantissant que tous les États membres, indépendamment de leur taille, de leur conception politique ou de leur puissance économique,

---

29. M. RASMUSSEN, « The Origins of a Legal Revolution : The Early History of the European Court of Justice », *Journal of European Integration History*, 2008, pp. 77-98, spéc. pp. 83 et 84.

soient traités de manière égale en droit. En tant qu'« arbitre des traités »,
la Cour a le dernier mot quant à la question de savoir ce qu'est le droit de
l'Union. En effet, la Cour – et seule la Cour peut garantir qu'une disposition
du droit de l'Union a la même signification dans l'ensemble de l'Union.

Si un État membre met en cause la primauté du droit de l'Union telle
qu'interprétée par la Cour et s'engage dans une ligne d'action unilatérale, il
va à l'encontre des autres États membres et de leurs peuples qui continuent
à respecter les traités sur une base réciproque. Une telle ligne d'action
unilatérale envoie également le message selon lequel le droit de l'Union
ne s'applique pas avec la même force dans l'ensemble de l'Union et que
« certains États membres sont plus égaux que d'autres »[30].

---

30. Paraphrasant les termes célèbres écrits par G. Orwell, *Animal Farm*, Secker and
Warburg, 1945.

ÉGALITÉ ET ÉQUITÉ ENTRE ÉTATS MEMBRES DE L'UNION EUROPÉENNE

Professeur à l'École de Droit de Sciences Po

I. Égalité et équité

L'affirmation de l'égalité des États membres devant les traités, consacrée à l'article 4, paragraphe 2, du traité sur l'Union européenne, implique-t-elle la recherche d'une répartition juste et équitable des avantages et des charges entre États membres ? Qu'il y ait égalité de position dans le système institutionnel de l'Union et égalité de sujétion au regard de l'application des règles dérivant des traités est une chose[1]. Autre chose est de savoir si cette égalité dans et devant les traités emporte une obligation de répartir le plus équitablement possible les avantages et les charges découlant naturellement de l'application des règles européennes. Notre étude pose le problème du rapport entre égalité constitutionnelle et égalité matérielle entre États membres.

Ce problème n'est pas résolu par la simple affirmation d'une solidarité de principe entre États membres. Si, en effet, le principe de solidarité comporte, d'une part, une notion de responsabilité collective des États membres à l'égard de l'Union et de ses réalisations et, d'autre part, l'idée d'assistance ou de concours mutuel entre États membres, elle ne contient pas de règle et de critères relatifs à la juste répartition des avantages et des

---

1. Sur cette notion d'égalité, voy. S. Jolivet, « L'égalité des États membres de l'Union européenne. Vers une conception de l'égalité étatique autonome du droit international ? », *RDUE*, 2015, n° 3, pp. 383-405 ; L. S. Rossi, « The Principle of Equality Among Member States of the European Union », in L. S. Rossi et F. Casolari (éds), *The Principle of Equality in EU Law*, Berlin/Heidelberg, Springer, 2017, p. 15.

charges[2]. La question de la part de ce qui revient ou de ce qui incombe à chacun, relativement à ce qui est dû aux ou par les autres, c'est ce qui relève de l'ordre de l'équité. Le respect de l'équité appelle parfois une correction de la stricte égalité de position entre États membres. La question est de savoir si le droit de l'Union est capable de corriger les formes de répartition inégale qui découlent des politiques européennes auxquelles participent également les États membres.

Cette question n'a pas reçu jusqu'ici beaucoup d'attention dans les études juridiques européennes. La raison en est qu'elle a longtemps été reléguée sur un autre plan, le plan de la « haute politique », soumise au règne des négociations intergouvernementales. En témoigne l'histoire de la correction budgétaire en faveur du Royaume-Uni, fameux *rabais britannique* reconduit chaque année depuis la décision du Conseil du 7 mai 1985 sur les ressources propres – rabais unanimement considéré comme étant à la fois politiquement inévitable et matériellement inéquitable[3]. Ce qui a contribué à cette inattention des juristes à la question de l'équité, c'est aussi qu'au moment où la question s'est posée plus précisément au juge communautaire, celui-ci l'a résolue en l'effaçant. Dans l'affaire *Commission c/ Italie*, jugée par la Cour de justice le 7 février 1973, l'Italie se plaignait de ce que les mesures de restriction de production de lait décidées par le Conseil étaient inadaptées aux besoins de l'économie et de la population italiennes[4]. Aussi le Parlement italien décida-t-il de ne pas les appliquer, arguant de la situation particulière qui caractérise l'agriculture et la production alimentaire nationales. Dans son arrêt, la Cour rejeta l'argument. Il lui suffit pour cela de considérer « qu'en permettant aux États membres de profiter des avantages de la Communauté, le traité leur fait aussi l'obligation d'en respecter les règles ». Dès lors que l'Italie a rompu « unilatéralement, selon la conception qu'il se fait de son intérêt national, l'équilibre entre les avantages et les charges découlant de son appartenance à la Communauté », elle a de fait mis en cause « l'égalité des États membres devant le droit communautaire ». L'appartenance à la Communauté emporte respect d'une « mesure décidée en commun », au sein du Conseil. Il eût été loisible au gouvernement de cet État d'agir et de faire valoir ses difficultés dans « le système institutionnel de la Communauté ». Ce qui est sanctionné est donc une action qui s'affranchit du système des institutions, ignorant les

---

2. Sur la solidarité, voy. l'étude complète et récente de K. Lenaerts et S. Adam, « La solidarité, valeur commune aux États membres et principe fédératif de l'Union européenne », *CDE*, 2021, p. 307.

3. Décision 85/257 du Conseil du 7 mai 1985 relative au système des ressources propres des Communautés. Voy. également Sénat, *Le rabais britannique*, rapport d'information n° 603, 2011.

4. CJUE, 7 février 1973, *Commission c/ Italie*, aff. C-39/72, EU:C:1973:13.

intérêts légitimes des autres États membres, et s'appropriant un « avantage indu » dans la mesure où la production italienne bénéficie par ailleurs de la libre circulation des marchandises au sein de la Communauté.

On le voit, ici, la question de l'équité s'efface derrière celle de l'appartenance institutionnelle. Le déséquilibre entre avantages et charges se résout dans et par le jeu institutionnel qui équilibre les positions au sein du Conseil, œuvre à l'établissement d'une politique commune et d'un marché commun. Or, une telle manière de raisonner apparaît aujourd'hui comme insuffisante. Elle ne parvient plus à contenir les multiples conflits de répartition et de justice qui ne cessent de naître du fonctionnement de l'Union et la mise en œuvre de ses règles. Cela tient, me semble-t-il, à une transformation majeure des données de l'intégration européenne. D'un côté, les interdépendances entre États membres, qu'elles soient données par la géographie des migrations, le fait du changement climatique ou les circulations médiatiques, ou qu'elles soient construites par les politiques et les systèmes normatifs institués par l'Union, n'ont cessé de s'étendre et de s'intensifier. De l'autre, les positions relatives des États membres, pour ce qui est des économies ou des idéologies politiques, n'ont cessé de s'éloigner et de diverger, à la suite de l'adhésion de nouveaux États membres et par l'effet des crises économique, migratoire et sanitaire qui ont secoué l'Union. La combinaison de ces deux processus fait apparaître deux faits élémentaires : les inégalités de conditions qui caractérisent la situation des États membres dans l'Union[5] ; la commune dépendance de ces États, pour ce qui concerne certaines ressources critiques, entre eux et à l'égard de puissances extérieures, à la fois partenaires commerciaux et rivaux systémiques[6]. Ces deux faits ne sont pas nouveaux. Mais les dernières crises les ont en quelque sorte révélés, et elles en ont accentué les traits. En a découlé la nécessité de renforcer la solidarité entre États membres de l'Union vis-à-vis de l'extérieur. De là vient aussi le besoin de corriger la répartition des avantages et des charges entre eux au sein de l'Union.

De fait, les mécanismes de correction se sont multipliés ces dernières années. Le droit de l'Union fourmille de ce qu'on appelle couramment des « clefs de répartition », c'est-à-dire des mécanismes, règles et critères

---

5. Voy., parmi une littérature abondante, B. PALIER, A. E. ROVNY et J. ROVNY, « European Disunion ? Social and Economic Divergence in Europe and their Political Consequences », in P. MANOW, B. PALIER et H. SCHWANDER (éds), *Welfare Democracies and Party Politics : Explaining Electoral Dynamics in Times of Changing Welfare Capitalism*, Oxford, OUP, 2018, p. 281.

6. Qualifiant ainsi la Chine : voy. Commission européenne et Haut représentant de l'Union pour les affaires étrangères et la politique de sécurité, « EU-China – A strategic outlook », JOIN(2019) 5 final, 12 mars 2019. Voy. plus généralement S. MEUNIER et K. NICOLAÏDIS, « The Geopoliticization of European Trade and Investment Policy », *JCMS*, 2019, vol. 57, p. 103.

gouvernant le partage des bénéfices ou des charges entre États de l'Union. On en trouve dans les textes en matière agricole, environnementale, sanitaire, dans le domaine de l'immigration ou en matière budgétaire. Le partage porte aussi bien sur des ressources financières, des vaccins, des quantités de production, des personnes ou des émissions polluantes. Il concerne des avantages (redistribution de ressources financières ou distribution de vaccins) aussi bien que des charges (accueil de demandeurs d'asile ou restrictions de production laitière). Il revêt les formes les plus diverses : quotas, contributions financières, prêts, droits d'accès, etc. Une enquête manque encore pour faire l'inventaire complet des différentes formules de partage inscrites dans le droit de l'Union.

Assurément, le problème de l'égalité entre États membres de l'Union se joue à présent, en partie, dans l'application et la contestation de ces mécanismes. Or, pour mener à bien une étude sur ce point, l'analyse traditionnelle de nature constitutionnelle, qui réfléchit en termes de répartition des compétences et de partage des responsabilités, ne saurait suffire ; il convient d'y ajouter une analyse distributionnelle, explorant l'impact du droit sur la répartition des ressources disponibles entre les personnes et les groupes sociaux soumis à ce droit[7]. Je suggère d'introduire ce type d'analyse plus largement dans l'étude du droit de l'Union[8]. L'enjeu n'est pas d'établir qui sont les gagnants et qui sont les perdants de l'intégration. Bien que cette perspective critique soit légitime, importante et utile, elle ne doit pas occulter la tâche essentielle qui est de mettre au jour les différentes conceptions qui organisent les processus de redistribution au sein de l'Union. Seule une telle analyse est susceptible de nous éclairer sur le sens actuel de l'intégration, parfois inaperçu des acteurs de l'intégration eux-mêmes, tout en évitant d'alimenter le phénomène rampant de la polarisation violente des opinions qui affecte les discours sur l'Europe et gagne désormais jusqu'au champ des études européennes. Je me propose ici de faire un premier pas vers cette analyse en parcourant certains des secteurs dans lesquels la question de la répartition s'est posée d'une manière litigieuse.

---

7. Voy. notamment P. Barrozo, « Critical Legal Thought : The Case for a Jurisprudence of Distribution », *University of Colorado Law Review*, 2021, p. 1044.

8. Il existe déjà quelques analyses en ce sens : voy. F. Nicola, « La Doctrine and the Missing Distributive Analysis », *Verfassungblog*, 2 septembre 2020, en ligne ; L. Díez Sánchez, *Integration through law and its Discontents : Unveiling the distributive impact of judge-made law in the EU*, thèse de l'Institut universitaire européen, 2021.

II. L'ÉVITEMENT DES CONFLITS

A. *Les conflits de justice distributive en matière agricole*

L'agriculture est traditionnellement un champ d'âpres négociations intergouvernementales. C'est qu'elle constitue un îlot de redistribution dans le cadre d'une intégration organisée suivant une logique non-redistributive, celle de l'ouverture des marchés nationaux. La redistribution prend historiquement la forme d'interventions par les prix et les quantités sur les marchés agricoles ou de paiements directs aux agriculteurs. Du fait de la structure et des modes de décision dont elle est le siège, la politique agricole commune est source de conflits de justice entre États membres. À la lumière du contentieux que cette politique a généré, il apparaît que deux catégories d'États s'estiment régulièrement défavorisées : ce sont, d'un côté, les États agricoles du sud de l'Europe (Italie, Espagne, Grèce et, dans une moindre mesure, Portugal), de l'autre, les États adhérant à l'Union européenne, à la suite des différentes phases d'élargissement que l'Union a connues[9].

Comment la Cour de justice a-t-elle résolu ces conflits ? Deux sortes de réponses ont été données. La première est classiquement « institutionnaliste ». Pour répondre à l'argument selon lequel certains intérêts nationaux ou commerciaux sont avantagés par un règlement de la Commission dans le secteur du sucre, elle renvoie au respect du « cadre des mécanismes de délibération collective créés en vue de la mise en œuvre de la politique agricole commune », lequel permet que « les États membres fassent valoir leurs intérêts » et « à la Commission d'arbitrer, par les mesures qu'elle prend, les éventuels conflits d'intérêt dans la perspective de l'intérêt général »[10]. Ce renvoi est une manière d'occulter les inégalités de condition résultant de l'application des règles communautaires. De deux choses l'une en effet : soit l'État concerné a agi dans le cadre institutionnel et il y a lieu de présumer que ses intérêts ont dûment été pris en considération par les institutions européennes agissant dans l'intérêt de tous[11] ; soit l'État en question est sorti délibérément du cadre institutionnel, ou a refusé d'y entrer, il convient alors de considérer qu'il a violé la règle d'égalité des États

---

9. Voy., sur ce point, les données établies et l'analyse développée par L. Díez Sánchez, *Integration through law and its Discontents: Unveiling the distributive impact of judge-made law in the EU*, préc.

10. CJUE, 14 mars 1973, *Westzucker c/ Einfuhr- und Vorratsstelle für Zucker*, aff. C-57/72, EU:C:1973:30, pt 17.

11. CJUE, 14 mars 2002, *Italie c/ Conseil*, aff. C-340/98, EU:C:2002:167, pt 77.

membres au regard de leurs obligations découlant des traités[12]. Dans les deux cas, l'équité est présumée, elle est intégrée au respect dû aux règles du jeu institutionnel.

L'autre réponse donnée par la Cour de justice repose sur le recours aux principes généraux du droit. On sait ce que le développement de cette technique prétorienne doit au contentieux agricole[13]. C'est au creux de ce contentieux que les principes structurels du droit communautaire, tels celui de la non-discrimination à raison de la nationalité, le principe de proportionnalité, le principe de confiance légitime ou encore ceux tirés des droits fondamentaux, ont été forgés. Or, il semble que, dans les affaires mettant en cause des conflits de redistribution, ces principes agissent comme un écran protecteur des règles adoptées en commun. L'action communautaire est rangée par le juge du côté du respect des principes généraux, c'est-à-dire du côté d'un ordre légal et rationnel, protégé du mélange confus d'intérêts nationaux et d'intérêts commerciaux qui s'exprime au niveau politique ou au sein du contentieux, placé au-dessus des « circonstances d'une nature particulière » pouvant s'opposer au plan du législateur européen[14].

C'est ce que vient par exemple illustrer l'arrêt *Espagne c/ Conseil* du 20 septembre 1988[15]. L'Espagne contestait la réduction de 3 % des quotas de production de lait garantis, décision adoptée peu après son adhésion à l'Union européenne. Cette réduction constituerait une violation des principes de confiance légitime et d'égalité de traitement. Étant placée dans une situation particulière, dans la mesure où elle n'a pu bénéficier des mécanismes de soutien en vigueur avant son adhésion, elle n'a pu logiquement contribuer aux excédents justifiant une réduction l'affectant singulièrement. La Cour admet que la politique agricole commune doit assurer « une répartition proportionnée des avantages et désavantages entre les intéressés, sans distinguer entre les territoires des États membres ». Il reste que la réduction de production laitière relève « d'un effort de solidarité auquel doivent participer de manière égale tous les producteurs de la Communauté ». L'exigence d'égalité revendiquée par un État membre en particulier n'est donc pas niée mais elle est en quelque sorte subsumée sous la perspective plus générale de l'établissement de la politique commune.

---

12. CJUE, 29 mars 1979, *Commission c/ Royaume-Uni*, aff. C-231/78, EU:C:1979:101.

13. Voy. D. Ritleng, *Le contrôle de la légalité des actes communautaires par la Cour de justice et le Tribunal de première instance des Communautés européennes*, thèse de l'Université de Strasbourg, 1998.

14. CJUE, 13 novembre 1973, *Wilhem Werhan Hansamühle e.a. c/ Conseil*, aff. jtes 63/72 à 69/72, EU:C:1973:121, pt 28.

15. CJUE, 20 septembre 1988, *Espagne c/ Conseil*, aff. 203/86, EU:C:1988:420.

Envisagés comme des acteurs du système institutionnel, il n'est pas douteux que les États membres occupent tous la même position dès leur entrée dans l'Union. Dès lors, leurs producteurs respectifs sont présumés souffrir et bénéficier également du système mis en place. En d'autres termes, c'est un équilibre global qu'il faut prendre en compte pour juger d'injustices locales. Et, de ce point de vue, peu d'injustices résistent à l'analyse.

Si tel est néanmoins le cas, il semble qu'il reste toujours la possibilité pour la Cour de justice de faire appel au marché commun. Dans une affaire *Azienda Agricola Disarò Antonio e.a.*, jugée le 14 mai 2009, était mis en cause le critère de répartition entre États membres instauré par un règlement laitier, attribuant à l'Italie une quantité de référence nationale correspondant environ à la moitié de ses besoins nationaux[16]. Mais, à nouveau, ce qui compte aux yeux de la Cour, c'est l'effort global pour faire face au déséquilibre entre l'offre et la demande des produits laitiers, au niveau de la Communauté dans son ensemble. Elle précise, en outre : « le mécanisme du marché agricole commun présuppose que les États membres dont la demande nationale de lait excède son offre peuvent l'importer surtout des États membres dont la demande est inférieure à l'offre ». Pour juger d'un éventuel déséquilibre, il importe de considérer que « la demande globale de lait dans la Communauté [ne] dépasse [pas] l'offre de celui-ci »[17]. Ainsi, à défaut d'une égalité de position au sein de l'organisation commune du marché du lait, l'égalisation des conditions d'accès aux productions par le jeu du marché intérieur est susceptible de rétablir l'équilibre. La Commission l'exprime devant la Cour de la manière suivante : « dans un marché commun, l'obligation d'importer du lait ne peut être, en soi, l'expression d'une disparité de traitement ». L'équité apparaît ici comme un résultat naturel du fonctionnement normal du marché intérieur. C'est donc le double jeu du fonctionnement de la politique agricole commune et du fonctionnement du marché intérieur qui assure que les situations d'injustice locales générées par le système agricole européen soient traitées équitablement.

Le résultat, c'est qu'il est rare que la Cour reconnaisse la nécessité de tenir compte dans ce domaine de la situation particulière d'un État membre et de ses producteurs. La chose est tout de même arrivée dans un arrêt *Espagne c/ Conseil* du 7 septembre 2006[18]. L'Espagne conteste des

---

16. CJUE, 14 mai 2009, *Azienda Agricola Disarò Antonio e.a.*, aff. C-34/08, EU:C:2009:304.

17. Il est intéressant de comparer cette analyse à celle développée par la Cour en matière d'approvisionnement en médicaments dérivés de plasma humain : voy. CJUE, 8 juin 2017, *Medisanus*, aff. C-296/15, EU:C:2017:431.

18. CJUE, 7 septembre 2006, *Commission c/ Espagne*, aff. C-310/04, EU:C:2006:521.

mesures de réduction d'aide au secteur du coton, mesures telles qu'elles seraient susceptibles de conduire à l'abandon d'une partie considérable de la production espagnole de coton brut, entraînant de désastreuses conséquences socio-économiques. Cette fois-ci, la Cour admet que le règlement mis en cause viole le principe de proportionnalité. Elle reconnaît que les effets potentiels de la réforme du régime d'aide au coton sur la situation économique des entreprises espagnoles concernées n'ont pas été correctement examinés par le législateur européen. Comment expliquer ce changement d'analyse ? Il est peut-être lié au contexte de cette affaire. Le régime contesté était en effet lui-même conçu comme une correction à l'application du régime général de paiement unique applicable aux autres produits agricoles. Il visait à soutenir deux États en particulier, la Grèce et l'Espagne, principaux pays de culture du coton en Europe. Remarquons toutefois que, dans cet arrêt, la Cour ne remet pas en cause le régime de soutien ; elle se contente de censurer la manière dont la décision a été adoptée : celle-ci n'a manifestement pas pris en considération tous les éléments pertinents de la situation qu'elle a entendu régir ; en particulier, le Conseil aurait dû tenir compte des coûts salariaux liés à la culture du coton ainsi que de la viabilité des entreprises concernées. L'injustice alléguée se résout ainsi en réaffirmation des critères de la justice procédurale régissant le processus de décision au niveau européen.

Juger les conflits de justice entre États membres, c'est, selon la Cour de justice, se placer du point de vue d'un équilibre global, c'est-à-dire du point de vue du bien commun européen ; c'est rechercher les bénéfices que la politique agricole commune est susceptible d'apporter, à présent et pour l'avenir, à l'ensemble de la « population agricole », visée à l'article 39, paragraphe 1, sous b), du traité sur le fonctionnement de l'Union européenne. Quitte à sacrifier, ici ou là, les arguments fondés sur l'allégation d'injustices locales ou nationales particulières.

B. *La répartition des charges en matière environnementale*

La même conception gouverne la jurisprudence de la Cour en matière environnementale. Cette politique est le siège d'une multitude de conflits de répartition de charges entre États membres. La lutte contre la pollution de l'air en est un exemple. Aux termes de la directive concernant la réduction des émissions nationales de certains polluants atmosphériques, un effort de réduction est imposé aux États membres. Il l'est au nom de « l'amélioration du bien-être des citoyens de l'Union », autre nom du bien commun européen[19]. Cet effort est réparti en fonction du potentiel de réduction de chaque État, compte tenu de son PIB et du niveau historique des émissions dans l'État concerné. Il est contesté par la Pologne, soutenue par la Hongrie et la Roumanie, devant la Cour[20]. Celle-ci n'a pas de mal à répondre à cette argumentation. Elle se fonde sur les deux considérations essentielles que sa jurisprudence a dégagées en matière agricole. La première est que la procédure suivie pour décider de la répartition était conforme aux critères de la justice procédurale : toutes les données pertinentes ont été prises en compte, les États membres avaient la possibilité de présenter leurs positions devant les institutions européennes, ils ont été régulièrement informés au cours du processus décisionnel. L'autre considération est que, au fond, « le législateur de l'Union n'est pas tenu de prendre en considération la situation particulière d'un État membre lorsque l'acte de l'Union concerné a des conséquences dans tous les États membres ». Ce qui importe, c'est la recherche d'un équilibre « à l'aune non pas de la situation particulière d'un seul État membre, mais de celle de l'ensemble de ceux-ci ». Dès lors, le fait que certains secteurs socio-économiques et certaines régions en Pologne sont susceptibles d'être particulièrement affectés par la mise en œuvre de cette directive n'est que peu de poids au regard des avantages socio-économiques globaux qui en découlent. La *charge disproportionnée* avancée par la Pologne n'est donc pas établie.

Comme le droit agricole, le droit environnemental de l'Union est le lieu de conflits qui sont résolus par la Cour d'une manière holistique. Ce mode d'analyse n'élimine pas les injustices ; il les intègre par avance aux bénéfices que l'intégration génère globalement pour l'ensemble des États membres. Il est clair qu'une telle analyse ne peut fonctionner qu'aussi longtemps que les institutions européennes et les États membres sont également convaincus du caractère globalement et mutuellement bénéfique du processus d'intégration. Or, c'est cette croyance que les crises de ces dernières années ont sensiblement érodée. De fait, celles-ci ont eu pour effet de faire peser des charges lourdement disproportionnées sur certains États membres. Elles ont créé des situations de détresse insoutenables pour certains individus, groupes de migrants ou groupes sociaux vivant sous un régime d'austérité socio-économique. Situations appelant une reconnaissance particulière. Au regard de ces situations, le langage institutionnaliste et holistique de la Cour de justice semble d'un secours limité.

---

19. Directive 2016/2284 du Parlement européen et du Conseil du 14 décembre 2016 concernant la réduction des émissions nationales de certains polluants atmosphériques, consid. n° 10.

20. CJUE, 13 mars 2019, *Pologne c/ Parlement européen et Conseil*, aff. C-128/17, EU:C:2019:194.

III. Les mécanismes de redistribution en période de crise

A. *Le mécanisme de relocalisation des migrants*

En matière d'immigration, la question qui se pose est celle de l'accueil et de la répartition de personnes, pour une grande part demandeurs d'asile affluant depuis 2015 aux confins orientaux et méridionaux de l'Union européenne. On conviendra qu'une telle question pose des problèmes spécifiques, d'ordre pratique mais aussi politique et éthique[21]. Des mesures provisoires ont été adoptées les 14 et 22 septembre 2015 par le Conseil sous la forme de décisions de relocalisation des demandeurs de protection internationale depuis l'Italie et la Grèce vers les autres États membres[22]. Il s'agit de répondre à l'urgence et aux insurmontables difficultés que connaissent alors ces deux pays pour gérer l'arrivée de ressortissants de pays tiers aux frontières extérieures de l'Europe. Il s'agit aussi de maîtriser le risque de circulation incontrôlée de migrants dans l'Union. Cette crise a ravivé le spectre de ce que la terminologie institutionnelle européenne a fixé à présent sous le terme de « mouvements secondaires ».

Ce n'est pas la première fois que les États membres étaient confrontés à un afflux soudain de migrants. Déjà dans les années 1990, dans le contexte de la guerre sur le territoire de l'ex-Yougoslavie, le Conseil avait, à la demande de l'Allemagne, adopté une résolution sur la répartition des charges en ce qui concerne l'accueil et le séjour à titre temporaire des personnes déplacées[23]. Résolution qui demeura sans effets contraignants. Mais celle-ci créait un cadre visant à secourir les personnes déplacées et menacées dans leur vie et leur santé. La répartition de ces personnes entre États membres était déterminée à partir d'une clef fondée sur la capacité d'accueil, calculée en fonction du PIB, de la taille de la population et du territoire de chaque État, mais aussi sur la contribution apportée par chaque État à la résolution de la crise sur le terrain.

---

21. Voy. M. J. Gibney, « Refugees and justice between states », *European Journal of Political Theory*, 2015, vol. 14, p. 448.
22. Décision 2015/1523 du Conseil du 14 septembre 2015 instituant des mesures de protection provisoires en matière de protection internationale au profit de l'Italie et de la Grèce ; décision 2015/1601 instituant des mesures de protection provisoires en matière de protection internationale au profit de l'Italie et de la Grèce.
23. Résolution du Conseil du 25 septembre 1995 sur la répartition des charges en ce qui concerne l'accueil et le séjour temporaire des personnes déplacées.

L'esprit dans lequel sont conçues les décisions de septembre 2015 est tout autre. La Cour de justice y voit l'expression d'« un principe de solidarité et de partage équitable des responsabilités entre les États membres », principe qui « régit la politique de l'Union en matière d'asile »[24]. À les lire de près, il s'agit d'instruments visant tout autant à secourir des personnes en difficulté qu'à sauvegarder un système, le système de régulation Dublin établissant les mécanismes de détermination de l'État responsable de l'examen d'une demande de protection internationale introduite dans l'un des États membres par un ressortissant de pays tiers[25]. Que, dans le contexte de l'afflux soudain de ressortissants de pays tiers franchissant irrégulièrement les frontières extérieures de l'Union européenne en 2015, ce système ait généré de flagrantes inégalités entre États membres, mettant sous une pression insupportable des États tels que la Grèce et l'Italie, cela n'est pas douteux. Mais ce système demeure, selon les institutions européennes, le meilleur garant de la stabilité et de la sécurité du territoire de l'Union dans son ensemble. On comprend dès lors que ce ne sont pas les besoins ou les préférences des personnes déplacées qui déterminent les modalités des mesures à prendre. Ces décisions sont clairement dominées par des impératifs d'efficacité et de responsabilité. Efficacité assurée par le fait qu'il s'agit d'un mécanisme de répartition chiffrée et obligatoire de personnes relocalisées selon des critères de capacité économique, démographique et sociale. Responsabilité du fait que les États aidés doivent se conformer à des obligations d'identification, d'enregistrement et de rétention des personnes concernées.

Le mécanisme de relocalisation a été vivement contesté par certains États membres, la Pologne, la Hongrie, la Slovaquie et la République tchèque. Ceux-ci considèrent qu'il fait peser sur eux une charge largement disproportionnée. Leur argument est double. Dans l'une de ces affaires, la Hongrie rappelle qu'elle est elle-même soumise à « une pression migratoire particulièrement forte », au même titre que les deux pays soutenus. Pression qu'on ne saurait nier : la Commission avait initialement proposé d'ajouter la Hongrie au nombre des États membres situés « en première ligne », éligible au mécanisme de soutien par la relocalisation. Mais il est vrai aussi que

---

24. CJUE, 6 septembre 2017, *République slovaque et Hongrie (soutenues par République de Pologne) c/ Conseil*, aff. jtes C-643/15 et C-647/15, EU:C:2017:631, pt 291 ; CJUE, 2 avril 2020, *Commission européenne c/ Pologne, Commission européenne c/ Hongrie, Commission européenne c/ République tchèque*, aff. jtes C-715/17, C-718/17 et C-719/17, EU:C:2020:257, pt 80.

25. Règlement 604/2013 du Parlement européen et du Conseil du 26 juin 2013 établissant les critères et mécanismes de détermination de l'État membre responsable de l'examen d'une demande de protection internationale introduite dans l'un des États membres par un ressortissant de pays tiers ou un apatride (« Dublin III »).

cet État avait refusé de figurer parmi les États membres bénéficiaires de la relocation. Pour répondre à cet argument, la Cour de justice reprend sa formule classique, dégagée en matières agricole et environnementale : le législateur de l'Union a pour tâche de rechercher un « équilibre entre les intérêts en présence », équilibre « prenant en considération non pas la situation particulière d'un seul État membre, mais celle de l'ensemble de ceux-ci ». Remarquons cependant qu'ici « l'ensemble » en question revêt la forme non pas d'une politique commune mais d'un système général de régulation et de partage des responsabilités. Ce système n'ignore pas tout à fait les situations particulières. Il est capable de s'adapter, de se corriger. C'est le sens des décisions de 2015. La Cour admet ainsi qu'il peut être nécessaire de prendre en compte des situations exceptionnelles d'urgence, pourvu que celles-ci doivent trouver leur résolution dans les mécanismes d'ajustement précisément prévus par les décisions de relocalisation[26]. Elle rejette cependant les écarts de situation qui se manifestent « hors système ».

L'autre branche de l'argument, avancée par la Pologne, porte sur la charge culturelle que la relocalisation ferait peser sur la société d'accueil. La disproportion tiendrait ici à la différence d'identité culturelle et linguistique entre la population locale et le groupe des migrants devant être relocalisés sur le territoire polonais, dans le contexte d'un État qui serait « presque ethniquement homogène » comme la Pologne[27]. D'une manière proche, la République tchèque soutient que cette relocalisation ferait peser sur son territoire des « menaces pour la sécurité publique »[28]. La Cour ne répond que brièvement à ces arguments sur le terrain des valeurs[29]. Ce qu'elle s'attache surtout à montrer, c'est leur caractère excessivement particulariste : la relocalisation procède d'une décision collective tenant compte à la fois des responsabilités partagées des États membres en matière de traitement des demandes d'asile et de leurs responsabilités propres en matière d'ordre public et de sauvegarde de la sécurité intérieure[30]. De ce point de vue, les liens culturels particuliers entre les personnes relocalisées et la société d'accueil ne constituent pas un élément déterminant. Le but de ce mécanisme de relocalisation n'est pas de faire droit aux expressions singulières, que

---

26. CJUE, 6 septembre 2017, *République slovaque et Hongrie (soutenues par République de Pologne) c/ Conseil*, aff. jtes C-643/15 et C-647/15, préc., pts 295-298.

27. *Ibid.*, pt 302.

28. CJUE, 2 avril 2020, *Commission c/ Pologne (Mécanisme temporaire de relocalisation de demandeurs de protection internationale)*, aff. jtes C-715/17, C-718/17 et C-719/17, ECLI:EU:C:2020:257, pt 138.

29. CJUE, 6 septembre 2017, *République slovaque et Hongrie (soutenues par République de Pologne) c/ Conseil*, aff. jtes C-643/15 et C-647/15, préc., pt 305.

30. CJUE, 2 avril 2020, *Commission c/ Pologne (Mécanisme temporaire de relocalisation de demandeurs de protection internationale)*, aff. jtes C-715/17, C-718/17 et C-719/17, préc., pt 147.

celles-ci procèdent des préférences des migrants ou de celles des groupes sociaux d'accueil. Le but est, tout en reconnaissant l'existence de situations particulièrement difficiles dans certains États membres, de préserver un « écosystème européen » en matière de gestion des migrations[31].

L'échec du mécanisme de relocalisation est patent[32]. Sa mise en œuvre a d'ailleurs été abandonnée. Le Pacte sur la migration et l'asile, présenté par la Commission européenne en septembre 2020, en prend acte. Il propose un nouveau mécanisme dit de « solidarité » qui autorise les pays hostiles à la relocalisation à s'engager différemment pour l'Union, notamment en organisant l'éloignement hors de l'Union des ressortissants de pays tiers en situation irrégulière, c'est-à-dire en poursuivant une action qui est sans effets sur l'équité du système de partage des responsabilités en matière d'asile qui demeure, lui, pratiquement inchangé.

B. *Les mécanismes d'assistance financière*

Il existe une convergence significative entre le mécanisme temporaire de relocalisation des migrants et les mécanismes d'assistance financière ponctuels institués par l'Union, à la suite de la crise économique et financière de 2008-2010, dans le cadre de l'Union économique et monétaire. Dans les deux cas, il s'agit de poser des règles de transfert en faveur de certains États membres (de personnes ici, de ressources financières là) en contrepartie de règles de responsabilité imposées à ces mêmes États (obligations de contrôle des migrants ici, obligations de maîtrise des finances publiques là). Les mécanismes d'assistance financière sont conçus, tout comme le mécanisme de relocalisation, comme des mesures de correction : ils visent à absorber les chocs de nature cyclique et fortement asymétriques qu'a connus la zone euro du fait de la crise économique et financière. De même que le mécanisme de relocalisation était une réponse aux externalités migratoires engendrées par l'existence d'un espace sans frontières intérieures, les mécanismes d'assistance financière apportent une réponse aux externalités négatives générées par les fortes interdépendances structurelles liant les États membres du fait de la création de l'euro et du système européen de banques centrales.

---

31. Le terme d'« écosystème », appliqué à ce domaine, est désormais couramment employé par la Commission européenne, parfois en lien avec celui d'« écosystème européen de la sécurité ».

32. Voy. E. THIELEMANN, « Why Refugee Burden-Sharing Initiatives Fail : Public Goods, Free-Riding and Symbolic Solidarity », *JCMS*, 2018, vol. 56, n° 1, p. 63.

Aussitôt adoptés, ces mécanismes ont été controversés. Au contentieux, les conflits ont pris la forme de disputes relatives à la répartition des compétences entre l'Union et ses États membres. Ce qui était en jeu, cependant, c'était bien la nature et la portée des transferts financiers entre États membres organisés par ces mécanismes. En Allemagne, on a pu craindre que l'Union ne se transforme en « Union de transfert », contraignant les États les mieux dotés et les plus vertueux en matière budgétaire à transférer des ressources à des États incapables de disposer de celles-ci avec responsabilité. Cette crainte est présente à l'arrière-plan du jugement rendu par la Cour de justice dans le premier grand arrêt rendu en la matière, l'arrêt *Pringle*[33]. Le litige portait sur les conditions de validité de l'accord conduisant à l'institution du mécanisme européen de stabilité[34]. Tout l'effort de la Cour consiste à démontrer que ce mécanisme ne doit point être conçu comme un simple mécanisme de transfert en faveur de certains États membres. C'est autre chose et bien plus que cela : un instrument « indispensable pour préserver la stabilité financière de la zone euro dans son ensemble et de ses États membres ». Le but est de consolider la situation des États en difficulté en tant que celle-ci conditionne la stabilité du système de la zone euro dans son ensemble. L'objectif est systémique. Cela justifie d'ailleurs que l'assistance ait pour contrepartie que les États bénéficiaires doivent se conformer à une « stricte conditionnalité » : respect des règles de discipline budgétaire et engagement pris à titre individuel pour la dette contractée. C'est une garantie pour que les situations particulières des États en difficulté entrent à nouveau dans le système.

Bien qu'il porte sur un mécanisme distinct, relevant de la politique monétaire et non de la politique économique, l'arrêt de la Cour dans l'affaire *Gauweiler* me semble relever de la même forme de stratégie argumentative[35]. L'un des problèmes soulevés dans cette affaire était de savoir si le programme d'achat d'obligations souveraines des États membres lancé par la Banque centrale européenne, le programme dit

---

33. CJUE, 27 novembre 2012, *Pringle*, aff. C-370/12, EU:C:2012:756. Voy. également la position de la Cour constitutionnelle fédérale d'Allemagne portant sur le traité instituant le mécanisme européen de stabilité : cette décision du 12 septembre 2012, précédant de peu l'arrêt de la Cour de justice, subordonnait la constitutionnalité du mécanisme au respect de l'objectif de stabilité des prix assigné à l'Union monétaire (2 BvR 1390/12, §§ 203-206).

34. Étaient mises en cause plus précisément, d'une part, la validité de la décision 2011/199 du Conseil européen, du 25 mars 2011, modifiant l'article 136 TFUE en ce qui concerne un mécanisme européen de stabilité pour les États membres dont la monnaie est l'euro et, d'autre part, l'interprétation du TUE et du TFUE ayant conduit à admettre la conclusion par certains États membres, en dehors du cadre de ces traités, du traité instituant le mécanisme européen de stabilité.

35. CJUE, 16 juin 2015, *Gauweiler e.a.*, aff. C-62/14, EU:C:2015:400.

« OMT », avait un caractère « sélectif » : autrement dit, s'il n'avait pas pour effet d'avantager indûment certains États membres tout en faisant peser une charge disproportionnée sur les autres. À cela la Cour répond que, certes, le programme « a pour objet de remédier aux perturbations de la politique monétaire du SEBC générées par la situation spécifique des obligations de certains États membres ». Pour autant, il n'a pas pour effet de privilégier, d'une manière sélective, la situation desdits États membres. C'est que ces situations ne sont prises en charge que dans la mesure où elles font partie d'un système global ; c'est ce système qui est le véritable objet de la protection. D'une part, la Cour rappelle que les écarts de situation entre les États soutenus et les autres ne tiennent « pas uniquement aux différences macroéconomiques entre ces États » mais ils « trouvent, en partie, leur origine dans l'exigence de primes de risque excessives pour les obligations émises par certains États membres, destinées à couvrir un risque d'éclatement de la zone euro ». En d'autres termes, leur difficulté résulte en réalité du fait qu'ils appartiennent à un ensemble plus vaste, la zone euro. D'autre part, la mise en œuvre du programme est conditionnée « au respect intégral des programmes d'ajustement structurel auxquels sont soumis les États membres concernés ». Autrement dit, le programme prévoit que ces situations particulières sont soumises à une trajectoire de « normalisation », elles n'ont pas vocation à perdurer. Le but est bien de préserver l'intégrité de la zone euro et « l'unicité » de la politique monétaire européenne. Tout comme l'arrêt *Pringle*, cet arrêt s'évertue à donner à un mécanisme ponctuel de soutien financier une consistance et une destination systémiques.

Il est vrai que l'arrêt *Weiss* portant sur un nouveau programme d'achats d'actifs du secteur public de certains États membres semble s'écarter de ce mode d'analyse[36]. Ce programme est analysé par la Cour de justice pour ce qu'il se donne, un programme ayant un objectif macroéconomique : un programme qui a pour objet de prévenir « le risque d'une baisse des prix à moyen terme, dans le contexte d'une situation de crise économique ». L'examen du caractère proportionné du programme est dès lors ramené à une seule chose : s'assurer de la solidité de l'analyse économique conduite par la Banque centrale européenne. Or, la Cour considère que le SEBC a pris soin d'être prudent dans la mise en œuvre du programme de façon, d'une part, à limiter le risque de pertes et à s'opposer au partage des pertes d'une banque centrale d'un État membre, d'autre part, à éviter les risques de dérapage budgétaire de la part des États membres concernés. Ce qui disparaît ainsi

---

36. CJUE, 11 décembre 2018, *Weiss e.a.*, aff. C-493/17, EU:C:2018:1000.

du raisonnement de la Cour de justice, c'est l'idée que le programme est une partie intégrante d'un système plus général de régulation et de partage des responsabilités. Ce qui disparaît, c'est la garantie conceptuelle que le programme n'est pas uniquement une forme de transfert de ressources, ainsi que les garanties juridiques qui en découlaient en matière de contrôle des finances publiques des États défaillants.

Osons une hypothèse. Il est possible que l'absence de telles garanties explique en partie la réaction vivement hostile de la Cour constitutionnelle allemande[37]. Réaction myope sans doute, qui ne voit que les charges que le programme implique pour les épargnants allemands et refuse d'en voir les coûts et bénéfices pour l'ensemble de la population européenne, cependant symptomatique d'une difficulté à admettre un mode de répartition qui intègre une dimension de transfert asymétrique. Il est vrai que l'arrêt *Weiss* s'écarte des arrêts précédents dans lesquels la Cour de justice était parvenue à légitimer les programmes d'assistance mais au prix d'un tour de force conceptuel et moyennant des conditions neutralisant le caractère sélectif du transfert.

À la différence du raisonnement holiste adopté en matière de politiques communes ayant des implications redistributives politique agricole (politique environnementale), le raisonnement systémique n'occulte pas les situations des États membres en difficulté. Un tel raisonnement est assurément mieux adapté à l'analyse de mécanismes ayant eux-mêmes pour objet de corriger les inégalités découlant du fonctionnement normal des systèmes de régulation institués par l'Union. Cependant, il apparaît aussi que ce raisonnement ne reconnaît la situation de certains États membres qu'en tant qu'elle a vocation à se fondre dans le système. Au terme de cette analyse, la question se pose donc de savoir si le droit de l'Union est capable d'aménager une reconnaissance pour une situation particulière mais sans la soumettre à la loi générale qui régit le domaine qu'il entend réguler.

IV. REDISTRIBUTION ET DÉPENDANCE

A. *Infrastructures énergétiques*

L'enquête nous mène vers un autre domaine de la régulation européenne. En matière énergétique, l'Union entend garantir aux citoyens de l'Union la sécurité de l'approvisionnement ainsi qu'un accès non-discriminatoire aux ressources énergétiques. Le dispositif mis en place repose sur la

---

37. Décision de la Cour constitutionnelle fédérale du 5 mai 2020, 2 BvR 859/15.

libéralisation et l'organisation du marché intérieur du gaz et de l'électricité. Assurer la libre circulation de ces deux ressources, c'est, selon l'Union, le meilleur moyen d'assurer un accès sûr et équitable à tous. Aux termes de la directive européenne créant des règles communes pour le marché intérieur du gaz naturel, cela passe par une égalisation des conditions de concurrence entre opérateurs sur le marché, un accès universel aux réseaux de transport et de distribution pour les utilisateurs, une coopération entre États membres en vue de promouvoir une forme de solidarité régionale et le développement d'interconnexions entre les réseaux de gaz des États membres[38]. L'article 36 de cette directive aménage toutefois une dérogation à la règle de l'accès universel aux réseaux au profit de « nouvelles grandes infrastructures gazières », manière de faciliter les investissements dans ces infrastructures et d'améliorer la sécurité d'approvisionnement dans l'Union.

Cette disposition est au centre de l'affaire *OPAL* ayant donné lieu à un jugement du Tribunal en 2019, suivi d'un jugement en pourvoi de la Cour de justice en 2021[39]. L'affaire prend naissance dans une décision de la Commission européenne approuvant une décision de l'autorité de régulation allemande en matière de réseaux énergétiques dont l'objet était d'autoriser, sur le fondement de l'article 36 de la directive, une restriction à l'accès au gazoduc OPAL, section du gazoduc Nord Stream I. Rappelons que le gazoduc OPAL relie, depuis la Russie, le nord de l'Allemagne à la République tchèque, sans passer par la Pologne. Le motif de cette décision était de protéger financièrement la société exploitant le gazoduc afin de promouvoir le développement de cette nouvelle infrastructure gazière. Cependant, la Pologne et certains pays d'Europe centrale y virent aussitôt une remise en cause de leur sécurité énergétique. Cette décision risquait, à leurs yeux, de limiter les volumes de transport du gaz passant par la Pologne et, de ce fait également, de mettre en cause les efforts de diversification dans les sources d'approvisionnement de l'Europe. À l'appui de son recours devant le juge européen, la Pologne invoqua l'article 194, paragraphe 1, sous b), du traité sur le fonctionnement de l'Union européenne. Article dont la formulation des plus générale paraissait pourtant difficilement se prêter à une telle action : « la politique de l'Union vise, dans un esprit de solidarité entre les États membres, à assurer la sécurité de l'approvisionnement énergétique dans l'Union ». La surprise fut que ce recours fut accueilli par le Tribunal, suivi par la Cour de justice.

---

38. Directive 2009/73 du Parlement européen et du Conseil du 13 juillet 2009 concernant des règles communes pour le marché intérieur du gaz naturel.

39. Trib. UE, 10 septembre 2019, *Pologne c/ Commission européenne*, aff. T-883/16, EU:T:2019:567 ; CJUE, 15 juillet 2021, *Allemagne c/ Pologne*, aff. C-848/19 P, EU:C:2021:598.

Selon la Commission, la décision prise relevait de l'application normale des règles du marché intérieur. Elle fut adoptée en considération de l'intérêt général européen. Rien, en outre, que ce soit dans le traité ou dans le droit dérivé, ne créerait d'obligation d'assistance particulière à un pays de l'Union en matière énergétique, hors circonstances exceptionnelles. Cette analyse a été clairement rejetée par le juge européen. Il lit dans l'article 194 TFUE autre chose qu'une garantie de la sécurité de l'approvisionnement « dans l'Union » en général ; l'article du traité prescrirait plutôt, suivant la formulation du gouvernement polonais, de « garantir la sécurité énergétique de l'Union dans son ensemble et de ses États membres individuellement ». En ajoutant le dernier membre de phrase à la formulation du traité, on voit que l'analyse change d'orientation : elle n'est plus uniquement centrée sur la protection d'un bien commun envisagé globalement à l'échelle de l'Union ; elle se préoccupe également de la protection de la collection des biens nationaux que constituent les capacités et les infrastructures énergétiques des États membres envisagés individuellement. Il en résulte concrètement que l'Union et les États membres sont tenus de tenir compte des intérêts des autres États membres lorsqu'ils sont amenés à prendre des décisions en matière énergétique.

C'est là un changement radical. Selon la Cour, la Commission ne pouvait s'en tenir à une mise en balance des intérêts effectuée « de manière globale ». Elle aurait dû se demander si sa décision « pouvait affecter les intérêts en matière d'énergie des États membres susceptibles d'être concernés » tels que la Pologne. Bien qu'elle se fonde sur un principe de solidarité, cette solution a toutes les apparences d'une solution d'équité, établie sur un plan transnational. Il ne s'agit pas de venir en aide à un État en particulier mais d'obliger les institutions et les États membres à internaliser les externalités négatives particulièrement graves que leurs décisions sont susceptibles de produire dans d'autres États membres[40].

---

40. Il est tentant de rapprocher ce régime d'équité de celui qui se dégage de la jurisprudence traditionnelle de la Cour de justice dans le domaine de citoyenneté de l'Union. Dans ce dernier domaine sont en cause les relations entre États membres et citoyens de l'Union, ressortissants des autres États membres de l'Union ou ressortissants nationaux ayant circulé dans l'Union. La jurisprudence oblige les États membres de la société d'accueil à prendre en charge les conséquences négatives de leurs décisions en termes d'accès aux droits et de protection sociale sur les citoyens provenant des autres États membres ou circulant dans l'Union. Ce régime d'obligation s'apparente à une forme d'« équité transnationale » (voy., en ce sens, L. Azoulai, « La formule des compétences retenues des États membres devant la Cour de justice de l'Union européenne », in E. Neframi (dir.), *Objectifs et compétences dans l'Union européenne*, Bruxelles, Bruylant, 2013, p. 356). Mais, dans ce domaine, on peut observer une tendance à modifier la répartition des charges entre États membres, déplaçant vers les États d'origine des citoyens concernés la charge des moyens de subsistance de leurs ressortissants les plus démunis : c'est l'effet de la ligne jurisprudence initiée avec l'arrêt Dano (CJUE, 11 novembre 2014, *Dano*,

Comment expliquer que le juge européen n'ait pas choisi de s'en tenir, dans ce cas, à la notion classique d'équilibre global dans l'Union ? Cela peut tenir, comme toujours, à la manière singulière dont ce contentieux s'est noué. Mais on peut aussi essayer d'avancer une explication plus générale et plus profonde. Il est possible que cette solution tienne à la manière d'envisager la matière : avant tout comme une question de sécurité mettant en cause des ressources critiques et vitales, pour lesquelles les Européens se trouvent dans une situation de forte dépendance vis-à-vis d'acteurs extérieurs. Tout se passe comme si la situation de dépendance vitale venait révéler celle des inégalités entre États membres. Dans cette affaire, il semble que le juge n'envisage pas la question du point de vue de la répartition de biens, avantages et désavantages, entre États membres. Il l'envisage comme une question de protection d'infrastructures critiques. On peut concevoir les infrastructures comme les éléments de base d'une société, sans lesquels la vie ou la vie en société est jugée impossible, indécente ou insoutenable[41]. Dans une directive de 2008, l'Union en donne une définition générale : « "infrastructure critique" : un point, système ou partie de celui-ci, situé dans les États membres, qui est indispensable au maintien des fonctions vitales de la société, de la santé, de la sûreté, de la sécurité et du bien-être économique ou social des citoyens, et dont l'arrêt ou la destruction aurait un impact significatif dans un État membre du fait de la défaillance de ces fonctions »[42]. Or, le propre des infrastructures est qu'elles ne se répartissent pas. On peut les interconnecter, on doit sans cesse les adapter et les améliorer mais on ne peut les redistribuer.

B. *Europe infrastructurelle ?*

Ce changement de cap a-t-il un avenir et une portée en dehors du domaine énergétique ? On ne peut nier qu'il existe aujourd'hui dans l'Union un ensemble d'initiatives visant à préserver l'existence d'infrastructures considérées comme essentielles à la stabilité des sociétés européennes.

---

aff. C-333/13, EU:C:2014:2358. Voy. l'analyse d'E. PATAUT, « Sécurité sociale, assistance sociale et libre circulation : remarques sur les frontières de la solidarité en Europe », in S. BARBOU DES PLACES, E. PATAUT et P. RODIÈRE (dir.), *Les frontières de l'Europe sociale*, Paris, Pedone, 2018, p. 169).

41. Sur la notion d'infrastructure, voy. P. N. EDWARDS, « Infrastructure and Modernity : Force, Time, and Social Organization in the History of Sociotechnical Systems », in T. J. MISA, P. BREY et A. FEENBERG (éds), *Modernity and Technology*, Cambridge, MIT Press, 2003, p. 185.

42. Directive 2008/114/CE du 8 décembre 2008 concernant le recensement et la désignation des infrastructures critiques européennes ainsi que l'évaluation de la nécessité d'améliorer leur protection, art. 2.

Bien qu'elles soient largement communes aux sociétés européennes, les infrastructures ont longtemps été tenues pour des éléments propres à la vie des nations, soustraites à l'emprise de l'Union. L'épisode de la pandémie Covid-19 semble avoir remis en cause cette préconception. La forte interdépendance existant entre les infrastructures opérant au niveau européen est apparue au grand jour. Durant cette période, l'Union s'est préoccupée de consolider les systèmes d'interconnexion qui forment la base des activités économiques et sociales en Europe. Cela concerne par exemple le système économique et financier européen, les systèmes d'information ou le système d'approvisionnement énergétique[43]. Elle a également agi au soutien des infrastructures scientifiques et des systèmes de soins des États membres[44].

Mais la forme peut-être la plus éclatante de ce nouveau paradigme infrastructurel est le plan de relance appelé « Next Generation EU »[45]. Le service juridique du Conseil tient à présenter ce plan comme un outil de reconstruction économique et sociale bénéficiant à l'ensemble des États membres et non comme un instrument d'assistance financière au profit de certains États membres[46]. En fait, ce plan a un double objectif : d'une part, répondre aux « besoins immédiats de financement visant à éviter une résurgence de cette crise »[47] ; d'autre part, répondre aux « besoins réels des États membres » pour financer les réformes et les investissements nécessaires en vue de rendre l'économie et la société européennes plus résilientes et moins dépendantes[48]. Deux dimensions se mêlent donc ici : celle du secours ponctuel en période de « situation économique exceptionnelle » et celle de la reconstruction et de la résistance face au risque d'effondrement des structures de base de l'Europe, dans un contexte de vulnérabilité et de dépendance. En témoigne le fait que les ressources provenant de l'instrument de l'Union pour la relance sont versées, pour 70 % de leur montant, en

---

43. Voy. ainsi, par ex., communication de la Commission, « Système économique et financier européen : favoriser l'ouverture, la solidité et la résilience », COM(2021) 32 final, 19 janvier 2021 ; également directive 2016/1148 du 6 juillet 2016 concernant des mesures destinées à assurer un niveau élevé commun de sécurité des réseaux et des systèmes d'information dans l'Union.

44. Voy. L. AZOULAI, « Infrastructural Europe : EU law and human life in times of the Covid-19 pandemic », *Revista de Derecho Comunitario Europeo*, 2020, n° 66, p. 343.

45. Sur la conception de ce plan, voy. B. DE WITTE, « The European Union's COVID-19 recovery plan : The legal engineering of an economic policy shift », *CMLR*, 2021, p. 635.

46. Avis du Service juridique du Conseil sur les propositions relatives à Next Generation EU, 24 juin 2020, doc. n° 9062/20 (https://data.consilium.europa.eu/doc/document/ST-9062-2020-INIT/fr/pdf).

47. Règlement 2020/2094 du Conseil du 14 décembre 2020 établissant un instrument de l'Union européenne pour la relance en vue de soutenir la reprise à la suite de la crise liée à la COVID-19, art. 1.

48. Règlement 2021/241 du Parlement européen et du Conseil du 12 février 2021 établissant la facilité pour la reprise et la résilience, consid. n° 37.

fonction de critères qui ne sont pas liés à la crise économique[49]. Il n'est pas douteux que la crise sanitaire a accentué les disparités économiques entre les États membres. Mais il importe surtout à l'Union de tirer profit de cette crise pour engager une transformation structurelle des économies nationales et européenne, suivant ce que le règlement européen appelle « des domaines d'action d'importance européenne », à savoir, essentiellement, la transition verte, la transformation numérique, la cohésion sociale, la santé et la résilience sociale et institutionnelle[50].

Ce plan s'apparente, pour une part, à un véritable programme européen de redistribution. Cependant, il n'est pas exempt de conditions et de conditionnalité, exigences imposées par les États dits « *frugaux* » pour en admettre le bien-fondé : son caractère exceptionnel et temporaire a été acté, les montants distribués se font pour une part sous forme de soutiens non remboursables mais pour une autre part sous forme de prêts, il est loisible aux États vigilants d'alerter les institutions en cas de déviance dans l'exécution des plans nationaux de réforme, la Commission est chargée de s'assurer que les États membres ont bien engagé des actions suivies d'effets en cas de déficit excessif. Ainsi le plan est-il marqué d'une profonde ambivalence : c'est un système de transfert financier au sein de l'Union doublé d'un mode d'encadrement et de régulation des responsabilités économiques et sociales des États membres.

Si l'Union a vocation à se réinventer, au moins en partie, comme entité redistributive et non uniquement régulatrice, si elle décide de prendre en charge, au moins pour partie, les infrastructures essentielles des sociétés européennes, alors les questions relatives aux inégalités de condition et celles relatives au partage entre États membres de l'Union n'en deviendront que plus vives et plus problématiques. Les études européennes auront besoin d'outils d'analyse pour traiter ces questions. Cela implique de mettre au jour les conflits redistributifs souvent voilés dans les débats politiques et juridiques ordinaires, porter attention aux modèles d'économie politique sous-tendant les règles juridiques européennes et les instruments techniques de l'Union, et surtout développer de nouveaux concepts plus substantiels d'égalité et de solidarité en Europe. Voilà un programme pour l'avenir.

---

49. Voy. art. 11 et annexe II du règlement 2021/241.
50. Art. 3 du règlement 2021/241.

ÉGALITÉ DES ÉTATS MEMBRES ET RESPECT DES VALEURS COMMUNES

par

Anastasia ILIOPOULOU-PENOT

Professeur à l'Université Panthéon-Assas (Paris 2)
Centre de droit européen

I. Deux visions antagonistes de l'égalité des États membres et de l'appartenance à l'Union

Le vocabulaire de l'*égalité entre États membres* connaît ces dernières années une montée en puissance remarquable en droit de l'Union. Son usage accru dans le discours des acteurs de la scène européenne intrigue et interroge. Il peut être compris comme traduisant la quête d'un nouveau récit de l'appartenance étatique à la construction européenne. À chaque époque son récit, après tout. Ainsi, si par le passé, l'accent a été le plus souvent placé sur la dimension verticale de ladite appartenance, à savoir la relation entre l'État et l'Union, il est désormais nécessaire d'insister sur les liens horizontaux entre États membres. Ces liens sont indispensables pour une alliance solide et durable. Dès lors, l'égalité entre États membres, au même titre que la solidarité et la confiance mutuelle, permet la mise en récit de la participation au devenir européen sous une nouvelle lumière.

Le besoin d'un récit renouvelé de l'appartenance à l'Union et le choix de l'égalité entre États membres s'expliquent, selon nous, par deux raisons qui présentent des liens entre elles. La première, c'est un effet collatéral du Brexit. Il fallait, en effet, éviter la propagation, au sein de l'Union, de l'idée fallacieuse et dangereuse ayant animé l'ensemble du processus qui a finalement conduit au retrait du Royaume-Uni. Selon cette idée, il serait possible pour un État de préserver les avantages de l'appartenance à l'Union sans les contraintes ; l'Union serait prête à accepter une différenciation exacerbée de ses États membres, afin d'éviter l'implosion[1].

La deuxième raison, c'est l'apparition d'une ligne de fracture de plus en plus marquée séparant l'Europe de l'Est de l'Europe occidentale. Les passes d'armes politiques et judiciaires concernent une variété de sujets, comme la prévention de la pollution atmosphérique[2], la lutte contre le changement climatique et les choix énergétiques[3], le travail détaché[4], l'immigration et la relocalisation des demandeurs d'asile[5]. Mais c'est la question des valeurs, plus particulièrement de l'État de droit, centre névralgique de l'intégration européenne, qui radicalise la confrontation et qui fait craindre une véritable rupture. De manière paradoxale, le respect des valeurs, conçu comme un facteur de rapprochement, d'égalisation des États, devient une source de division et de conflit profonds[6].

Dans leurs prises de positions, les autorités polonaises et hongroises, ainsi que des personnalités politiques, ont souvent recours au vocabulaire de l'égalité des États[7]. S'inspirant de l'égalité souveraine des États en droit international, elles revendiquent le droit de choisir et de développer librement leur système politique, économique, social et culturel, sans « ingérence » des institutions européennes. Cette ingérence se traduirait dans toute tentative de contrôle du respect des valeurs, systématiquement dénoncée comme un traitement discriminatoire visant les *nouveaux* États membres, suivant un argument déjà mobilisé avec un succès troublant dans le cadre du Conseil de l'Europe[8].

---

1. P. CORRE-DUMOULIN, « L'égalité entre États membres de l'Union européenne et la différenciation : de la compatibilité affirmée à l'inconciliabilité exacerbée », in L. POTVIN-SOLIS (dir.), *Le statut d'État membre de l'Union européenne*, Bruxelles, Bruylant, 2018, p. 531.
2. CJUE, 13 mars 2019, *Pologne c/ Parlement et Conseil*, aff. C-128/17, EU:C:2019:194.
3. Le compromis à ce sujet entre la Pologne et ses autres partenaires est exprimé dans les conclusions du Conseil européen des 10 et 11 décembre 2020.
4. CJUE, 8 décembre 2020, *Hongrie c/ Parlement et Conseil*, aff. C-620/18, EU:C:2020:1001 ; CJUE, 8 décembre 2020, *Pologne c/ Parlement et Conseil*, aff. C-626/18, EU:C:2020:1000.
5. CJUE, 6 septembre 2017, *Slovaquie et Hongrie c/ Conseil*, aff. jtes C-643/15 et C-647/15, EU:C:2017:631 ; CJUE, 2 avril 2020, *Commission c/ Pologne, Hongrie et République tchèque (Mécanisme temporaire de relocalisation de demandeurs de protection)*, aff. jtes C-715/17, C-718/17 et C-719/17, EU:C:2020:257.
6. R. COMAN, « Le clash des paradigmes ? Quand l'État de droit se heurte à l'essor des idées anti-libérales », *CDE*, 2019, p. 81.
7. Voy. par exemple, I. BOROS, « Vu de Hongrie. Le droit de veto garantit l'égalité entre les pays de l'UE », *courrierinternational.com*, 26 novembre 2020 ; M. MORAWIECKI, « We demand equality and respect for the Treaties », *euractiv.com*, 8 décembre 2020.
8. A. ALINCAI, « Quelle plus-value pour un mécanisme global de suivi du respect des valeurs européennes au sein de l'Union européenne ? À propos des procédures de suivi de l'Assemblée parlementaire du Conseil de l'Europe », *RTDE*, 2021, n° 3, p. 567.

Selon le gouvernement polonais, les réformes judiciaires controversées des dernières années ne sont qu'une mise en œuvre du droit souverain de l'État d'organiser son système judiciaire[9], conformément aux préférences de la majorité démocratiquement élue. Ce gouvernement n'a d'ailleurs pas hésité à détourner le courant du pluralisme constitutionnel[10] pour revendiquer sa différence quant à la façon de concrétiser les valeurs européennes, qui seraient largement indéterminées du fait de la variété des traditions constitutionnelles nationales. Le gouvernement polonais a également instrumentalisé la jurisprudence de la Cour constitutionnelle allemande relative au contrôle *ultra vires* et de l'identité afin d'appuyer son affirmation constante selon laquelle les réformes du système judiciaire sont une composante de l'identité constitutionnelle de la Pologne avec laquelle le droit de l'Union ne saurait interférer[11].

C'est une requête du gouvernement polonais qui se trouve à l'origine de la décision médiatisée du Tribunal constitutionnel polonais, du 7 octobre 2021[12]. Cette décision constate l'incompatibilité avec la Constitution polonaise des articles 1er, 4, paragraphe 3, et 19 TUE dans la mesure où leur interprétation par la Cour de justice de l'Union remet en cause la capacité de la Pologne de fonctionner comme un État souverain et démocratique[13]. Le Tribunal constitutionnel polonais déclare – car sa décision contient en réalité une déclaration politique[14] – que la jurisprudence de la Cour de justice

---

9. Voy., par exemple, Chancellery of the Prime Minister of Poland, « White Paper on the Reform of the Polish Judiciary », Warsaw, 7 mars 2018, notamment pts 176 et s.

10. R. D. KELEMEN et L. PECH, « The uses and abuses of constitutional pluralism : undermining the rule of law in the name of constitutional identity in Hungary and Poland », *Cambridge Yearbook of European Legal Studies*, 2019, p. 59. Voy. aussi les longues références du Premier ministre polonais au pluralisme constitutionnel et aux jurisprudences des juridictions constitutionnelles/suprêmes de plusieurs États européens pour « expliquer » la décision du Tribunal constitutionnel polonais, du 7 octobre 2021 (K 3/21) devant le Parlement européen : Chancellery of the Prime Minister of Poland, « Statement by Prime Minister Mateusz Morawiecki in the European Parliament », 19 octobre 2021.

11. *Ibid.*

12. Tribunal constitutionnel polonais, 7 octobre 2021, K 3/21.
Le gouvernement polonais a d'ailleurs suivi la même stratégie concernant la Cour européenne des droits de l'homme. Son recours a conduit à la décision du Tribunal constitutionnel polonais, 24 novembre 2021, 6/21, jugeant « qu'est contraire à la Constitution polonaise l'article 6.1 CEDH interprété comme s'appliquant au Tribunal constitutionnel et comme permettant à la Cour EDH de contrôler la procédure d'élection des juges de ce Tribunal ».

13. Pour des critiques polonaises de la décision du Tribunal, voy. Statement of (27) Retired Judges of the Polish Constitutional Tribunal, *VerfBlog*, 11 octobre 2021 ; Resolution No. 04/2021 of the Committee on Legal Sciences of the Polish Academy of Sciences of October 12, 2021, in regard to the ruling of the Constitutional Tribunal of October 7, 2021, *VerfBlog*, 15 octobre 2021 ; A. LAZOWSKI et M. ZIOLKOWSKI, « Knocking on Polexit's door ? Poland, the Constitutional Tribunal and the battle over the primacy of EU law », *ceps.eu*, 21 octobre 2021.

14. J. ATIK et X. GROUSSOT, « Constitutional attack or political feint ? – Poland's resort to lawfare in Case K 3/2 », *eulawlive.com*, 18 octobre 2021.

sur l'indépendance de la justice ne s'appliquera pas à la Pologne[15]. La lettre du Premier ministre polonais à l'attention de ses homologues européens et des institutions de l'Union présente l'acceptation de cette jurisprudence de la Cour de justice comme signifiant la fin de l'Union comme « une alliance d'États libres, égaux et souverains »[16]. Le Premier ministre polonais réitère ce discours dans sa déclaration devant le Parlement européen[17] et dans ses échanges avec la présidente de la Commission européenne[18]. L'exécutif polonais, avec l'appui du juge constitutionnel sous son influence, cherche alors à redéfinir de manière unilatérale les conditions de l'appartenance de la Pologne à l'Union. C'est ainsi que le discours appuyé, entre autres, par une référence à l'égalité des États membres, a conduit à une inégalité flagrante dans le respect des fondamentaux de l'intégration européenne.

La rhétorique des autorités polonaises et hongroises qui utilise les notions du droit de l'Union en les pervertissant, promeut une certaine vision idéologique de l'appartenance à l'Union[19]. Cette vision entre en conflit avec la signification de l'appartenance déduite de la lecture des traités comme des documents fondant non simplement une communauté d'intérêts, mais

---

15. Voy. deux commentaires qui situent la décision dans son contexte général, au-delà des réactions épidermiques au sujet de la primauté du droit de l'Union : F. MARTUCCI, « La Pologne et le respect de l'État de droit. Réflexions suscitées par la décision K 3/21 du Tribunal constitutionnel polonais », *JCP G*, 8 novembre 2021, p. 2043 ; S. PLATON, « Comment comprendre la décision du Tribunal Constitutionnel polonais ? », *legrandcontinent.eu*, 13 octobre 2021.

16. Chancellery of the Prime Minister of Poland, Letter from Prime Minister Mateusz Morawiecki to the Heads of Governments and the Presidents of the European Council, the European Commission and the European Parliament on relations between national law and European law, 18 octobre 2021 : « *the European Union is not and should not be a collection of better and worse countries. It does not and should not serve to pursue the interests of some Member States at the expense of others* [...] ».

17. Chancellery of the Prime Minister of Poland, Statement by Prime Minister Mateusz MORAWIECKI in the European Parliament, 19 octobre 2021 : « *Unfortunately, seeing some of the practices of EU institutions, many of the citizens of our continent are asking themselves today : Are there really any equality in the extremely different rulings and decisions made by Brussels and Luxemburg in respect of different Member States in similar circumstances, which in fact deepen the division into strong, old and new EU Member States, into strong and weak, rich and poor ?* ».

18. Voy. U. VON DER LEYEN, « Mateusz Morawiecki clash in European Parliament », *politico. eu*, 19 octobre 2021 : « *Morawiecki alleged discrimination against Poland and accused other EU countries of taking a selective approach in the adherence to fundamental principles and to the enforcement of EU rules* [...] ».

19. Ainsi qu'une vision du constitutionnalisme prenant des distances avec le modèle libéral, à laquelle il convient de s'opposer. Voy. A. VON BOGDANDY, P. BOGDANOWICZ, I. CANOR, M. TABOROWSKI et M. SCHMIDT, « Guest editorial. A potential constitutional moment for the European rule of law-the importance of red lines », *CMLR*, 2018, p. 983 : « *European decisions confronting the Polish Government are crucial to uphold a liberal and democratic self-understanding of European constitutionalism throughout Europe. Otherwise, the current Polish undermining of the independence of its judiciary is likely to count towards defining the European rule of law, facilitating similar developments in other places and compromising large parts of European foreign policy* ».

une « *polity* » construite autour des valeurs partagées. Le discours subversif polonais et hongrois a pu se développer au sein de l'espace politique européen face aux tergiversations des gouvernements nationaux et face aux hésitations des institutions de l'Union[20] devant la dégradation de l'État de droit d'abord en Hongrie, puis en Pologne[21]. Mais ce discours a aussi pu exister car il n'y avait pas jusqu'à un passé récent, des réponses claires à trois questions-clés :

– En premier lieu, quelles sont les exigences précises découlant de l'État de droit consacré comme valeur fondatrice de l'Union par l'article 2 TUE[22] ?

– En deuxième lieu, une différenciation au sujet du respect des valeurs, notamment de l'État de droit, est-elle possible[23] ?

– Enfin, en troisième lieu, l'Union a-t-elle un droit de regard autrement que par la voie étroite de l'article 7 TUE ?

Concernant les réponses à ces trois questions, les traités s'apparentent à « un accord incomplet »[24]. Il incombe au juge et au législateur européens de mettre de la chair sur les os du traité. Leur action ces dernières années dément catégoriquement l'idée selon laquelle l'article 2 TUE, qui assigne un idéal aux pouvoirs publics européens, n'aurait qu'une fonction de proclamation. L'œuvre jurisprudentielle et législative a progressivement révélé la capacité

---

20. Durant longtemps, la Commission s'est cantonnée à un dialogue des sourds avec la Pologne et la Hongrie. Son attitude a changé avec le déclenchement de la procédure de l'article 7 TUE contre la Pologne, en décembre 2017. Quant au Parlement européen, l'appartenance du Fidesj à sa plus grande famille politique, le PPE, a durant longtemps mis le gouvernement hongrois à l'abri des réactions de cette institution. Cela a changé avec la décision du Parlement européen d'activer la procédure de l'article 7 TUE contre la Hongrie, en septembre 2018. Toutefois, ces deux procédures n'ont pas avancé du fait des tergiversations au sein du Conseil de l'Union.

21. Concernant les motifs et l'historique de cette dégradation voy., pour la Pologne : D. ADAMSKI, « The Social Contract of Democratic Backsliding in the "New EU" Countries », *CMLR*, 2019, p. 623 ; W. SADURSKI, *Poland's Constitutional Breakdown*, Oxford, OUP, 2019, 314 p. ; pour la Hongrie : A. VON BOGDANDY et P. SONNEVEND (éds), *Constitutional Crisis in the European Constitutional Area : Theory, Law and Politics in Hungary and Romania*, Oxford, Hart, 2015, notamment le premier chapitre de cet ouvrage par L. SÓLYOM, « The Rise and Decline of Constitutional Culture in Hungary ». Voy. aussi P. CRAIG, « The Politics of Constitutional Meltdown », in M. TUSHNET et D. KOCHENOV (éds), *Research Handbook on the Politics of Constitutional Law*, à paraître.

22. Deux analyses doctrinales apportent une lumière précieuse en la matière. voy. E. CARPANO, « La définition du standard européen de l'État de droit », *RTDE*, 2019, p. 255 ; et V. RÉVEILLÈRE, « L'État de droit : le concept au travail en droit de l'Union européenne », *RAE*, 2019, n° 1, p. 17.

23. Répondant par la négative R. D. KELEMEN, « Is differentiation possible in rule of law ? », *Comparative European Politics*, 2019, p. 246.

24. P. CRAIG, « EU Membership : Formal and Substantive Dimensions », *Cambridge Yearbook of European Legal Studies*, 2020, p. 1.

de cette disposition de fonder des obligations juridiques[25], son aptitude à inspirer et à légitimer un certain nombre de solutions contraignantes pour tous les États membres. Pour utiliser les mots de la Cour, « l'article 2 TUE ne constitue pas une simple énonciation d'orientations ou d'intentions de nature politique, mais contient des valeurs [...] qui sont concrétisées dans des principes comportant des obligations juridiquement contraignantes pour les États membres »[26]. Cela implique désormais que l'idée de l'égalité des États membres devant les valeurs n'est ni vide ni nue. Cette idée participe pleinement à la mise en récit de l'appartenance étatique à l'Union.

Afin de mieux saisir cette mise en récit, il y a lieu de se référer à l'exposé de l'ordre constitutionnel de l'Union que constituent l'avis 2/13[27] et les arrêts jumeaux du 16 février 2022[28]. Ces œuvres de l'assemblée plénière de la Cour conçoivent l'Union « essentiellement comme un ensemble de mécanismes relationnels »[29], au sein duquel les valeurs communes « structurent les relations entre États membres »[30], sous-tendent la confiance mutuelle et constituent le ferment de l'identité collective. Pour reprendre les mots de la Cour, « les valeurs que contient l'article 2 TUE [...] définissent l'identité même de l'Union en tant qu'ordre juridique commun »[31]. Dans ce cadre, l'égalité des États membres, énoncée par l'article 4 TUE, peut être comprise comme désignant la capacité égale de participer à la vie de l'Union, à savoir la capacité de nouer et de préserver des relations avec celle-ci et avec les autres États membres[32]. Cette capacité implique une certaine homogénéité du statut des États membres, indépendamment de leur date d'adhésion, de leur puissance économique, politique et militaire.

---

25. Voy. les articles des deux juges à la Cour de justice : Th. Von Danwitz, « Values and the Rule of Law : Foundations of the European Union-An Inside Perspective from the ECJ », *Potchefstroom Electronic Law Journal*, 2018, p. 1 ; L. S. Rossi, « La valeur juridique des valeurs. L'article 2 TUE : relations avec d'autres dispositions de droit primaire de l'UE et remèdes juridictionnels », *RTDE*, 2020, p. 639.

26. CJUE, 16 février 2022, *Hongrie c/ Parlement européen et Conseil de l'Union*, aff. C-156/21, EU:C:2022:97, pt 232 ; CJUE, 16 février 2022, *Pologne c/ Parlement européen et Conseil de l'Union*, aff. C-157/21, EU:C:2022:98, pt 264.

27. CJUE, 18 décembre 2014, *Adhésion de l'UE à la CEDH*, avis 2/13, EU:C:2014:2454.

28. CJUE, 16 février 2022, *Hongrie c/ Parlement européen et Conseil de l'Union*, aff. C-156/21, EU:C:2022:97 ; CJUE, 16 février 2022, *Pologne c/ Parlement européen et Conseil de l'Union*, aff. C-157/21, EU:C:2022:98.

29. L. Azoulai, « L'effectivité du droit de l'Union et les droits fondamentaux », in A. Bouveresse et D. Ritleng (dir.), *L'effectivité du droit de l'Union européenne*, Bruxelles, Bruylant, 2018, p. 2.

30. *Ibid.*

31. CJUE, 16 février 2022, *Hongrie c/ Parlement européen et Conseil de l'Union*, préc., pt 127 (et 232) ; CJUE, 16 février 2022, *Pologne c/ Parlement européen et Conseil de l'Union*, aff. C-157/21, préc., pt 145.

32. L. Azoulai rappelle que « le sens premier de l'intégration européenne est d'établir une forme spéciale de relations entre États » : L. Azoulai, « Appartenir à l'Union. Liens institutionnels et liens de confiance dans les relations entre États membres », in *Europe(s), Droit(s) européen(s) – Une passion d'universitaire. Liber amicorum en l'honneur du professeur Vlad Constantinesco*, Bruxelles, Bruylant, 2015, p. 24.

La capacité égale de participer à la vie de l'Union est conditionnée par une qualité politique et constitutionnelle de l'État, exprimée dans l'identité démocratique et libérale exigée de l'État candidat pour entrer dans le cercle européen (et vérifiée à cette occasion). Le respect des valeurs consacrées par l'article 2 TUE, constitue alors, non seulement une condition d'adhésion, conformément à l'article 49 TUE, mais aussi une condition permanente d'appartenance[33]. Comme le rappelle la Cour de justice, ledit respect « ne saurait être réduit à une obligation à laquelle un État candidat est tenu en vue d'adhérer à l'Union et dont il pourrait s'affranchir après son adhésion »[34] ; les États membres « se sont engagés à respecter *de manière continue* »[35] les valeurs communes. Il s'agit d'une « *obligation de résultat* qui découle directement des engagements pris par les États membres les uns vis-à-vis des autres ainsi qu'à l'égard de l'Union »[36]. Considéré à l'aune de cette obligation, il nous semble que le mécanisme de coopération et de vérification applicable à la Roumanie depuis 2007 (et qui était également applicable à la Bulgarie entre 2007 et 2019)[37] ne doit pas être perçu comme contrevenant dans son esprit au principe d'égalité[38] mais comme un moyen d'établir une égalité *réelle* entre États membres en assurant qu'ils se soumettent tous de manière effective aux standards communs en matière d'État de droit.

S'il est possible de relativiser l'homogénéité du *statut*, découlant de l'appartenance à l'Union, ce que les différents mécanismes de différenciation permettent[39], cela n'est pas concevable concernant la *qualité constitutionnelle* de l'État, préalable indispensable de ladite appartenance.

---

33. Voy. aussi S. ADAM et P. VAN ELSUWEGE, « L'exigence d'indépendance du juge, paradigme de l'Union européenne comme Union de droit », *JDE*, novembre 2018, p. 334. Selon ces auteurs, l'article 49 TUE « montre que le *pactum* noué entre les États membres repose sur la prémisse selon laquelle [l]es valeurs [visées à l'article 2 TEU] sont effectivement respectées au moment de l'adhésion ». La conjonction du principe *pacta sunt servanda* et de la nature spécifique de l'« ordre juridique nouveau » créé par le traité justifie toutefois qu'un certain contrôle du respect de ces valeurs soit également exercé à l'égard des États membres eux-mêmes.

34. CJUE, 16 février 2022, *Hongrie c/ Parlement européen et Conseil de l'Union*, préc., pt 126 ; CJUE, 16 février 2022, *Pologne c/ Parlement européen et Conseil de l'Union*, préc., pt 144.

35. CJUE, 16 février 2022, *Hongrie c/ Parlement européen et Conseil de l'Union*, préc., pt 234 ; CJUE, 16 février 2022, *Pologne c/ Parlement européen et Conseil de l'Union*, préc., pt 147.

36. CJUE, 16 février 2022, *Hongrie c/ Parlement européen et Conseil de l'Union*, préc., pt 231. La Cour la qualifie de manière similaire d'obligation qui résulte directement de l'appartenance à l'Union : CJUE, 16 février 2022, *Pologne c/ Parlement européen et Conseil de l'Union*, préc., pt 284.

37. Concernant ce mécanisme, voy. CJUE, 18 mai 2021, *Asociaţia « Forumul Judecătorilor din România »*, aff. jtes C-83/19, C-127/19, C-195/19, C-291/19, C-355/19 et C-397/19 ; C. RIZCALLAH et M. LELOUP, « Le mécanisme de coopération et de vérification : une source supplémentaire de protection de l'État de droit en Roumanie au cœur d'un bras de fer relatif à la primauté du droit de l'Union », *RAE*, 2021, n° 2, p. 389.

38. Voy. V. CONSTANTINESCO, « Le statut d'État européen : quelle place pour l'autonomie et l'identité constitutionnelle nationales ? », *RAE*, 2013, n° 3, p. 447.

39. Voy. les contributions de B. de Witte et de F. Martucci dans cet ouvrage.

La Cour affirme que « même si, ainsi qu'il ressort de l'article 4, paragraphe 2, TUE, l'Union respecte l'identité nationale des États membres [...] de sorte que ces États disposent d'une certaine marge d'appréciation pour assurer la mise en œuvre des principes de l'État de droit, il n'en découle nullement que cette obligation de résultat peut varier d'un État membre à l'autre »[40]. En effet, la différenciation est un moyen de préserver l'autonomie nationale et d'accommoder la diversité dans la mesure où elle ne nuit pas à l'autonomie des autres États membres et à l'intégrité de l'Union dans son ensemble[41]. Or, la différenciation au sujet de l'État de droit sape l'autorité morale de l'Union et de l'ensemble de ses membres. Dans le même temps, elle empêche le fonctionnement de la gouvernance européenne, laquelle repose sur le droit, et menace, par conséquent, sa soutenabilité.

Le respect dû par l'Union, en vertu de l'article 4 TUE, à l'égalité des États membres devant les traités implique que celle-ci doit agir comme la garante des engagements respectifs. La méconnaissance des valeurs communes constitue une rupture d'égalité ; afin de rétablir l'égalité, l'Union se doit d'intervenir[42]. Comme l'affirme la Cour de justice, « l'Union doit être en mesure, dans les limites de ses attributions prévues par les traités, de défendre »[43] les valeurs de l'article 2 TUE. L'existence du mécanisme de sanction de l'article 7 TUE soutient cette construction. En effet, la possibilité de suspendre certains droits découlant de l'appartenance à l'Union, incluant le droit de vote au sein du Conseil, indique que la violation grave et persistante de la démocratie libérale entraîne l'incapacité de participer à la vie de l'Union. Tel est également le sens de la clause de suspension du mécanisme de mandat d'arrêt européen, prévue dans la même hypothèse[44]. En effet, la transgression des valeurs communes rompt les liens de confiance mutuelle, qui sous-tendent l'espace pénal européen.

---

40. CJUE, 16 février 2022, *Hongrie c/ Parlement européen et Conseil de l'Union*, préc., pt 233 ; CJUE, 16 février 2022, *Pologne c/ Parlement européen et Conseil de l'Union*, préc., pt 265. Au point suivant de ces arrêts, la Cour ajoute qu'« en effet, tout en disposant d'identités nationales distinctes [...] que l'Union respecte, les États membres adhèrent à une notion d'"État de droit" qu'ils partagent, en tant que valeur commune à leurs traditions constitutionnelles propres, et qu'ils se sont engagés à respecter de manière continue ».

41. R. D. KELEMEN, « Epilogue : A note of caution on differentiated integration », *Swiss Political Science Review*, 2021, p. 672.

42. Pour les raisons justifiant l'intervention de l'Union, voy. A. ILIOPOULOU-PENOT, « La justification de l'intervention de l'Union pour la garantie de l'État de droit au sein des pays membres », *RAE*, 2019, n° 1, p. 7.

43. CJUE, 16 février 2022, *Hongrie c/ Parlement européen et Conseil de l'Union*, préc., pt 127 ; CJUE, 16 février 2022, *Pologne c/ Parlement européen et Conseil de l'Union*, préc., pt 145.

44. Consid. 10 de la décision-cadre 2002/584/JAI du Conseil du 13 juin 2002 relative au mandat d'arrêt européen et aux procédures de remise entre États membres, *JOCE*, L 190, 18 juillet 2002, p. 1.

Si le mécanisme de l'article 7 TUE permet à l'Union de réagir aux phénomènes d'effritement de l'État de droit, rien dans le traité ne désigne ce mécanisme comme une voie d'action exclusive ni même privilégiée[45]. Comme l'indique désormais explicitement la Cour, « outre la procédure prévue à l'article 7 TUE, de nombreuses dispositions des traités, fréquemment concrétisées par divers actes de droit dérivé, confèrent aux institutions de l'Union la compétence d'examiner, de constater et, le cas échéant, de faire sanctionner des violations des valeurs que contient l'article 2 TUE commises dans un État membre »[46]. En effet, le juge et le législateur de l'Union ont su élaborer des mécanismes de défense de l'État de droit qui contribuent à la concrétisation de cette notion et qui complètent le dispositif de l'article 7 TUE, perçue parfois comme une « disposition morte »[47]. Leur œuvre, étudiée par la suite, permet de formuler une conception de l'égalité des États autonome de celle existant en droit international[48]. En effet, l'égalité des États membres, en tant que composante de l'ordre juridique de l'Union et lue en lien avec l'égalité des citoyens consacrée par l'article 9 TUE, exige le respect des valeurs communes[49] *ainsi que* le redressement effectif de leurs violations.

II. La garantie judiciaire du respect de l'État de droit

Face à l'échec du processus politique de réagir efficacement au *backliding* observé en Hongrie et en Pologne[50], c'est le juge de l'Union qui est intervenu en vue d'assurer l'« intégration par l'État de droit »[51]. L'œuvre jurisprudentielle à ce sujet[52] est notamment caractérisée par deux lignes jurisprudentielles nées en 2018.

---

45. Voy. R. Tinière, « La délicate question de la détermination des sanctions pour violation de l'État de droit », *RTDE*, 2019, n° 2, p. 293.

46. CJUE, 16 février 2022, *Hongrie c/ Parlement européen et Conseil de l'Union*, préc., pt 159 ; CJUE, 16 février 2022, *Pologne c/ Parlement européen et Conseil de l'Union*, préc., pt 195.

47. D. Kochenov, « Article 7 TUE : Un commentaire de la fameuse disposition "morte" », *RAE*, 2019, n° 1, p. 33.

48. Sur l'égalité des États comme notion autonome du droit de l'Union, voy. en général S. Jolivet, « L'égalité des États membres de l'Union européenne. Vers une conception de l'égalité étatique autonome du droit international ? », *RDUE*, 2015, n° 3, p. 385.

49. Voy. le commentaire « autorisé » de l'avis 2/13 par K. Lenaerts, « La vie après l'avis : exploring the principle of mutual (yet not blind) trust », *CMLR*, 2017, p. 805. Le Président Lenaerts distingue le principe d'égalité des États en droit de l'Union de celui du même nom en droit international public, se référant à l'engagement des États membres de l'Union de respecter les valeurs de l'article 2 TUE.

50. D'une part, la procédure de l'article 7 TUE n'a pas pu avancer au sein du Conseil. D'autre part, un dialogue des sourds s'est installé entre les gouvernements polonais et hongrois et les institutions de l'Union.

51. E. Dubout, « Integration through the Rule of Law ? La judiciarisation de l'État de droit dans l'Union européenne », *RAE*, 2019, n° 1, p. 51.

52. Pour une analyse détaillée et éclairante voy. L. Pech et D. Kochenov, *Respect for the Rule of Law in the Case Law of the European Court of Justice : A Casebook Overview of Key Judgments since the Portuguese Judges Case*, SIEPS, 2021, 234 p.

Par la première ligne jurisprudentielle, inaugurée par l'arrêt *Minister for justice and equality*[53], la Cour de justice reconnaît au profit des juridictions nationales un titre de compétence pour contrôler le respect de l'État de droit dans les autres États membres, en vérifiant l'indépendance des juridictions du pays d'émission d'un mandat d'arrêt européen. Plus précisément, un juge national peut refuser l'exécution d'un tel mandat, s'il constate le manque d'indépendance des juges du pays d'émission, lequel crée un risque concret de violation du droit fondamental à un procès équitable de la personne recherchée. Cette jurisprudence met en lumière la dimension horizontale de l'intégration européenne et les conséquences de la crise de l'État de droit sur le terrain de la coopération judiciaire en matière pénale. En effet, cette crise fragilise le principe de confiance mutuelle, ce qui met en péril le fonctionnement harmonieux de l'espace de liberté, de sécurité et de justice.

La jurisprudence *Minister for justice and equality I* a le mérite de faire des juges nationaux des acteurs contribuant à assurer l'égalité des États devant le respect de l'État de droit. Elle place, cependant, un fardeau considérable sur les épaules des juges nationaux dès lors qu'elle exige, outre l'évaluation de l'existence d'un défaut d'indépendance de la justice en raison de défaillances systémiques au regard de la situation générale de l'État d'émission (première étape du contrôle), une vérification *in concreto*, compte tenu des informations fournies par les autorités d'émission, d'un risque réel de violation du droit à un procès équitable qu'encourra la personne recherchée, dans les circonstances de l'espèce (deuxième étape du contrôle)[54]. Si la Cour de justice a maintenu l'exigence d'un examen en deux étapes dans l'arrêt *Openbaar Ministerie I*[55], elle a été interpellée de nouveau à ce sujet dans deux affaires sur renvoi préjudiciel de la Cour suprême d'Irlande[56] et du Tribunal d'Amsterdam[57]. Toutefois, en dépit de la nécessité d'une solution plus facilement praticable par les juges nationaux et, donc, plus opérationnelle, la Cour de justice n'a pas procédé à l'aménagement sollicité et continue de requérir un examen en deux étapes[58].

---

53. CJUE, 25 juillet 2018, *Minister for justice and equality (Défaillances du système judiciaire)*, aff. C-216/18 PPU, EU:C:2018:586.
54. La deuxième étape du contrôle a fait l'objet de critiques doctrinales soulignant son caractère impraticable.
55. CJUE, 17 décembre 2020, *Openbaar Ministerie I (Indépendance de l'autorité judiciaire d'émission)*, aff. C-354/20 PPU et C-412/20 PPU, EU:C:2020:1033.
56. CJUE, *Minister for justice and equality II*, aff. C-480/21.
57. CJUE, 22 février 2022, *Openbaar Ministerie II (Tribunal établi par la loi dans l'État membre d'émission)*, aff. C-562/21 PPU et C-563/21 PPU, EU:C:2022:100.
58. *Ibid.* La Cour précise les modalités de la vérification concrète et l'existence d'un risque réel d'atteinte au droit fondamental à un procès équitable de la personne recherchée (deuxième étape du contrôle).

Par ailleurs, le Tribunal de l'Union a transposé la logique de l'arrêt *Minister for justice and equality I* au droit de la concurrence et au réseau des autorités compétentes en la matière, en validant la démarche de la Commission européenne dans l'affaire *Sped-pro*[59]. En effet, le Tribunal souligne que le respect des exigences de l'État de droit est un facteur pertinent dont la Commission doit tenir compte, aux fins de la détermination de l'autorité de concurrence la mieux placée pour examiner une plainte. À cette fin, la Commission est fondée à appliquer par analogie l'analyse en deux étapes introduite par l'arrêt *Minister for justice and equality I* pour évaluer les effets concrets de la défaillance généralisée de l'État de droit dans un pays membre. Cela prouve que le respect de l'État de droit conditionne le fonctionnement de la construction juridique européenne dans son ensemble, dès lors que celle-ci repose sur les principes de reconnaissance mutuelle, de confiance mutuelle et de coopération loyale.

Ensuite, par la deuxième ligne jurisprudentielle, qui a pour point de départ l'arrêt *Associação Sindical dos Juízes Portugueses*[60], la Cour de justice se reconnaît compétente pour contrôler le respect par les États membres de leur obligation de garantir l'indépendance de leurs juridictions, lesquelles font partie intégrante de l'architecture juridictionnelle de l'Union. Cette obligation découle de l'article 19, paragraphe 1er, second alinéa, TUE, interprété comme concrétisant la valeur de l'État de droit[61]. La technique de la concrétisation, appliquée également à la valeur de la démocratie dans l'arrêt *Junqueras*[62], rend opérationnel l'article 2 TUE sur le terrain du contentieux, entraînant ainsi deux conséquences importantes.

D'une part, elle ouvre la voie à l'action en manquement par la Commission européenne. Cette voie a déjà conduit à la condamnation à trois reprises de la Pologne concernant ses réformes de la Cour suprême[63], des juridictions

---

59. Trib. UE, 22 février 2022, *Sped-pro c/ Commission*, aff. T-791/19, EU:T:2022:67.

60. CJUE, 27 février 2018, *Associação Sindical dos Juízes Portugueses*, aff. C-64/16, EU:C:2018:117 ; M. BONELLI et M. CLAES, « Judicial serendipity : how Portuguese judges came to the rescue of the Polish judiciary », *European Constitutional Law Review*, 2018, p. 622 ; S. PLATON et L. PECH, « Judicial independence under threat : the Court of justice to the rescue in the ASJP case », *CMLR*, 2018, p. 1827.

61. Voy. L. BLATIÈRE, « La protection évolutive de l'État de droit par la CJUE », *RDLF*, 2019, chron. n° 31 ; V. DAVIO et C. RIZCALLAH, « L'article 19 du Traité sur l'Union européenne : sésame de l'Union de droit. Analyse de la jurisprudence récente de la Cour de justice de l'Union européenne relative à l'indépendance des juges nationaux », *RTDH*, 2020, p. 156.

62. CJUE, 19 décembre 2019, *Procédure pénale c/ Oriol Junqueras Vies*, aff. C-502/19, EU:C:2019:1115. Ce sont les articles 10 et 14, § 3, TUE qui sont interprétées par la Cour comme concrétisant la valeur de la démocratie, énoncée par l'article 2 TUE.

63. CJUE, 24 juin 2019, *Commission c/ Pologne (Indépendance de la Cour suprême)*, aff. C-619/18, EU:C:2019:531. Était en cause la loi polonaise abaissant l'âge du départ à la retraite des juges de la Cour suprême. La possibilité de continuer à exercer les fonctions de

de droit commun[64] et du régime disciplinaire des juges[65], susceptibles de mettre à mal l'indépendance de la justice. Elle continue d'être utilisée par la Commission[66], y compris pour réagir à la décision du Tribunal constitutionnel polonais du 6 octobre 2021[67]. La Commission pourrait d'ailleurs trouver dans l'article 19 TUE, comme l'y invite la doctrine, le fondement d'un manquement regroupant l'ensemble des atteintes à l'indépendance de la justice, « afin d'en appréhender la dimension systémique »[68].

D'autre part, le message envoyé par l'arrêt *Associação Sindical dos Juízes Portugueses* a libéré la parole préjudicielle des juridictions nationales. Sollicitant l'interprétation de l'article 19 TUE[69], comme de l'article 47 de la charte des droits fondamentaux (consacrant le droit à un recours effectif)[70], plusieurs juges polonais ont appelé la Cour de justice au secours de leur indépendance. Une affaire hongroise a d'ailleurs conduit la Cour à affirmer (ce qui pourrait paraître comme une évidence) que l'article 267 TFUE établissant le mécanisme de renvoi préjudiciel s'oppose à une procédure disciplinaire engagée contre un juge national pour avoir effectué un tel renvoi[71].

Le mouvement jurisprudentiel s'est poursuivi avec l'extraordinaire inspiration qu'a offert la protection de l'environnement à *l'arbre vivant* du constitutionnalisme européen, pour la défense de son pôle du commun. L'inspiration se retrouve tant sur le plan du contentieux que sur le fond.

---

juge au-delà de cet âge était subordonnée à l'obtention d'une autorisation relevant de la décision discrétionnaire du président de la République.

64. CJUE, 5 novembre 2019, *Commission c/ Pologne (Indépendance des juridictions de droit commun)*, aff. C-192/18, EU:C:2019:924. Était en cause la réforme qui abaissait l'âge du départ à la retraite des juges des juridictions de droit commun polonaises et prévoyait la possibilité de continuer à exercer les fonctions de juge au-delà de l'âge nouvellement fixé moyennant autorisation du ministre de la Justice.

65. CJUE, 15 juillet 2021, *Commission c/ Pologne (Régime disciplinaire des juges)*, aff. C-791/19, EU:C:2021:596.

66. Voy., par exemple, l'affaire pendante C-204/21.

67. Voy. le communiqué de presse du 22 décembre 2022, « État de droit : la Commission ouvre une procédure d'infraction contre la Pologne pour violation du droit de l'Union par son Tribunal constitutionnel », https://ec.europa.eu/commission/presscorner/detail/fr/ip_21_7070.

68. Ainsi L. BADET, « À propos de l'article 19 TUE, pierre angulaire de l'action de l'Union européenne pour la sauvegarde de l'État de droit », *CDE*, 2021, n° 2, p. 58.

69. CJUE, 2 mars 2021, *A.B. e.a. (Nomination des juges à la Cour suprême-Recours)*, aff. C-824/18, EU:C:2021:153 ; CJUE, 6 octobre 2021, *W. Ż. (Chambre de contrôle extraordinaire et des affaires publiques de la Cour suprême – nomination)*, aff. C-487/19, EU:C:2021:798 ; CJUE, 16 novembre 2021, *Procédure pénale contre WB e.a.*, aff. jtes C-748/19 à C-754/19, EU:C:2021:931.

70. CJUE, 19 novembre 2019, *A.K. (Indépendance de la chambre disciplinaire de la Cour suprême)*, aff. jtes C-585/18, C-624/18, C-625/19, EU:C:2019:982.

71. CJUE, 23 novembre 2021, *Procédure pénale c/ IS (Illégalité de l'ordonnance de renvoi)*, aff. C-564/19, EU:C:2021:949.

Ainsi, d'une part, l'utilisation innovante, par le juge européen de référé, du mécanisme d'astreinte (prévu par l'article 279 TFUE), en combinaison avec les mesures provisoires, pour sauver la forêt de Białowieza[72] a préfiguré l'ascension d'une arme contentieuse redoutable au service de l'État de droit[73]. En effet, l'ordonnance du 20 novembre 2017 a prévu la possibilité pour la Cour d'imposer une astreinte en cas de non-exécution par la Pologne des mesures provisoires ordonnées dans le cadre d'un recours en manquement[74], à savoir en cas de non-cessation immédiate des opérations de gestion forestière active dans la forêt de Białowieza. La menace de sanctions financières a été à l'origine d'une victoire (certes limitée) pour l'État de droit lorsque la Pologne a été amenée à abroger, à la fin du mois de novembre 2018, la loi relative au départ à la retraite des juges de la Cour suprême. Cette loi avait fait l'objet d'un recours en manquement[75], assorti d'une demande de mesures provisoires sollicitant le rétablissement de la Cour suprême dans sa situation antérieure au 3 avril 2018 (date d'adoption de la loi litigieuse). La demande ayant été admise par la Cour le 19 octobre 2018[76], son inexécution aurait conduit à l'imposition d'une astreinte à la Pologne. Par ailleurs, plus récemment, la Cour de justice a franchi le pas et imposé des sanctions financières dans le cadre d'un recours en manquement visant la nouvelle loi polonaise modifiant l'organisation des juridictions de droit commun et de la Cour suprême, introduit par la Commission le 1er avril 2021[77]. En effet, une ordonnance du vice-président de la Cour du 27 octobre 2021[78] somme la Pologne de payer un million d'euros par jour[79] jusqu'à ce que cet État se conforme aux mesures provisoires ordonnées le 14 juillet 2021[80].

---

72. CJUE, gde ch., ord., 20 novembre 2017, *Commission c/ Pologne*, aff. C-441/17 R.

73. P. WENNERAS, « Saving a forest and the rule of law : Commission v. Poland », *CMLR*, 2019, p. 541 ; L. COUTRON, « La Cour de justice au secours de la forêt de Bialowieska. Coup de tonnerre dans le recours en manquement ! », *RTDE*, 2018, p. 321.

74. Ce recours a été très médiatisé en Pologne. La procédure a abouti à une condamnation de la Pologne : CJUE, 17 avril 2018, *Commission c/ Pologne (Forêt de Bialowieza)*, aff. C-441/17, EU:C:2018:255.

75. Le recours a abouti à une condamnation de la Pologne : CJUE, 24 juin 2019, *Commission c/ Pologne (Indépendance de la Cour suprême)*, aff. C-619/18, EU:C:2019:531.

76. CJUE, ord. vice-prés., 19 octobre 2018, *Commission c/ Pologne*, aff. C-619/18 R. Ces mesures provisoires sont en soi remarquables car elles visent à restaurer le *status quo ante*, en revenant sur la mise à la retraite des juges de la Cour suprême avec un effet rétroactif. Voy. le commentaire de D. SARMIENTO, « Interim revolutions », despiteourdifferencesblog.wordpress.com.

77. Aff. pendante C-204/21.

78. CJUE, ord. vice-prés., 27 octobre 2021, aff. C-204/21 R.

79. Le non-paiement de l'astreinte pourrait d'ailleurs être compensé par une retenue de la somme due. Voy. à ce sujet P. POHJANKOSKI, « Rule of law with leverage : Policing structural obligations in EU law with the infringement procedure, fines and set-off », *CMLR*, 2021, p. 1341.

80. CJUE, ord. vice-prés., 14 juillet 2021, aff. C-204/21 R.

Ensuite, d'autre part, l'arrêt *Repubblika*[81] formule explicitement en tant que *principe* l'exigence de *non-régression* de la protection de la valeur de l'État de droit, qui était implicite dans la jurisprudence précédente. Ainsi, un État a le devoir de préserver le niveau de protection de l'État de droit existant au moment de son adhésion à l'Union ; il ne saurait par conséquent modifier sa législation en matière d'organisation de la justice de manière à entraîner un recul dans les garanties de l'indépendance des juges[82]. Si, dans l'arrêt *Repubblika*, confirmé rapidement par les arrêts *Asociaţia « Forumul Judecătorilor din România »*[83] et *Commission c/ Pologne (Régime disciplinaire des juges)*[84], le principe de non-régression est lié à l'article 19 TUE, il trouve son fondement dans les articles 2 et 49 TUE, ce qui lui donne un potentiel formidable pour la défense des composantes de l'État de droit autres que l'indépendance de la justice et pour la défense des valeurs de l'article 2 TUE autres que l'État de droit[85]. Dans le même temps, le principe de non-régression soulève des questions intrigantes au regard de l'égalité des États membres, étant donné les différents moments d'adhésion et les différents standards appliqués avant et après 1990[86]. En dépit des incertitudes à cet égard, la *découverte* du principe de non-régression dans le respect des valeurs communes contribue indéniablement à la densification normative des articles 2 et 49 TUE et remet à l'ordre du jour l'idée d'une procédure de manquement systémique, formulée par la doctrine afin de compenser le manque d'efficacité de la procédure politique de l'article 7 TUE[87].

---

81. CJUE, 20 avril 2021, *Repubblika*, aff. C-896/19, EU:C:2021:311 ; M. LELOUP, « Repubblika : Anything new under the Maltese Sun ? : The ECJ rules on the system of the appointment of judges in Malta », *VerfBlog*, 21 avril 2021.

82. Voy. notamment les pts 63 et 64 de l'arrêt *Repubblika*.

83. *Cf.* CJUE, 18 mai 2021, *Asociaţia « Forumul Judecătorilor din România »*, aff. jtes C-83/19, C-127/19, C-195/19, C-291/19, C-355/19 et C-397/19, EU:C:2021:393.

84. CJUE, 15 juillet 2021, *Commission c/ Pologne (Régime disciplinaire des juges)*, aff. C-791/19, EU:C:2021:596.

85. Dans son arrêt rejetant le recours polonais contre le règlement 2020/2092, la Cour rappelle d'ailleurs sa compétence d'interpréter les valeurs de l'article 2 TUE : « [...] à supposer que la Cour soit appelée à interpréter [...] les notions de 'pluralisme', de 'non-discrimination', de 'tolérance', de 'justice' ou de 'solidarité', que contient l'article 2 TUE, elle n'exercerait, ce faisant [...] que les compétences qui lui ont été attribuées par les traités, en particulier par l'article 263 TFUE » : CJUE, 16 février 2022, *Pologne c/ Parlement européen et Conseil de l'Union*, préc., pt 329.

86. Voy. D. KOCHENOV, M. LELOUP et A. DIMITROVS, « Opening the door to solving the 'Copenhagen dilemma' ? All eyes on Repubblika v Il-Prim Ministru », *E.L. Rev.*, 2021, p. 692. Notons que, dans un entretien, le Président Lenaerts a souligné que les conséquences de l'appartenance à l'Union étaient beaucoup plus claires pour les nouveaux États membres que pour les pays fondateurs. Voy. « EU court president warns European project is in danger », *politico.eu*, 13 décembre 2021 : « *He noted that while some founding nations of the EU could consider that the powers of the union had now evolved further than they had originally anticipated, he cautioned that newer joiners – like Poland and Hungary – could not make that argument as the consequences of membership were far clearer when they entered* ».

87. K. L. SCHEPPELE, « Enforcing the Basic Principles of EU Law through Systemic Infringement Procedures », in C. CLOSA et D. KOCHENOV (dir.), *Reinforcing Rule of Law Oversight in the European Union*, Cambridge, Cambridge University Press, 2016, p. 105 ; plus récemment

En attendant ces évolutions, la Cour de justice identifie, à l'unisson avec la Cour européenne des droits de l'homme[88], dans un corpus jurisprudentiel qui ne cesse malheureusement de s'étoffer, une série d'atteintes à l'indépendance de la justice polonaise. Elle emploie la doctrine classique de la primauté, garantie essentielle de l'égalité des États membres[89], afin de dégager des effets inédits en vue de garantir l'indépendance judiciaire[90]. Plusieurs arrêts en témoignent. Ainsi, selon l'arrêt *A.B.*[91], le principe de primauté exige du juge *a quo* de laisser inappliquées les modifications d'origine législative ou constitutionnelle, qui seraient susceptibles de conduire à une absence d'apparence d'indépendance ou d'impartialité des juges[92]. Ensuite, selon l'arrêt *W.Ż.*[93], ce principe impose de tenir pour non avenue l'ordonnance d'une juridiction non indépendante rejetant le recours d'un juge contre une décision l'ayant muté sans son consentement, afin d'assurer le respect de

---

K. L. SCHEPPELE, D. KOCHENOV et B. GRABOWSKA-MOROZ, « EU Values Are Law, after All : Enforcing EU Values through Systemic Infringement Actions by the European Commission and the Member States of the European Union », *YEL*, 2020, p. 3.

88. Voy. la constatation d'une violation de l'article 6, § 1, CEDH dans les arrêts : Cour EDH, 7 mai 2021, *Xero Flor c/ Pologne*, req. n° 4907/18, concernant la composition du Tribunal constitutionnel ; Cour EDH, 22 juillet 2021, *Reczkowicz c/ Pologne*, req. n° 43447/19, au sujet de la chambre disciplinaire de la Cour suprême ; Cour EDH, 8 novembre 2021, *Dolinska-Ficek et Ozimek c/ Pologne*, req. nᵒˢ 49868 et 57511/19, au sujet de la chambre de révision extraordinaire de la Cour suprême et du Conseil national de la magistrature. L'argument relatif au traitement discriminatoire des nouveaux États membres revient dans la critique de ces arrêts faite par le Ministre polonais de la justice Zbigniew ZIOBRO, « The Ministry of Justice is against the use of double standards towards Poland », *www.gov.pl*, 10 novembre 2021. Voy. aussi la déclaration du Secrétaire d'État Sebastian Kaleta : « *The ECHR issued another verdict in which it challenges the Polish KRS under the bizarre principle that there are mature democracies that may have an extremely political way of selecting judges (Germany) and countries requiring guardianship (Poland)* » : S. KALETA, « European court presses Poland to take 'rapid action' on judicial independence », *politico.eu*, 8 novembre 2021.

89. Voy. F. FABBRINI, « After the OMT Case : The Supremacy of EU Law as the Guarantee of the Equality of the Member States », *GLJ*, 2015, p. 1003 : « *the supremacy of EU law is not an arbitrary imposition of supranational authority over the will of a member state. Rather, it is the guarantee that member states will remain equal under the EU Treaties* ». Voy. aussi K. LENAERTS, « L'égalité des États membres devant les traités : la dimension transnationale du principe de primauté », *RDUE*, 2020, n° 4, p. 7.

90. Editorial comments, « Clear and present danger : Poland, the rule of law and primacy », *CMLR*, 2021, p. 1635 : « *the principle of primacy is the most authoritative instrument by which EU law can be mobilized to try to resist these judicial reforms and preserve the independence and impartiality of the judiciary* […] ».

91. CJUE, 2 mars 2021, *A.B. e.a. (Nomination des juges à la Cour suprême-Recours)*, aff. C-824/18, EU:C:2021:153.

92. Voy. aussi CJUE, 19 novembre 2019, *A.K. e.a. (Indépendance de la chambre disciplinaire de la Cour suprême)*, aff. jtes C-585/18, C-624/18 et C-625/18, EU:C:2019:982 : le principe de primauté exige du juge *a quo* de laisser inappliquées les dispositions nationales réservant la compétence pour connaître des litiges au principal à une instance qui ne constitue pas un tribunal indépendant, de manière à ce que ceux-ci puissent être examinés par une juridiction indépendante, qui serait compétente dans le domaine concerné si ladite disposition n'y faisait pas obstacle.

93. CJUE, 6 octobre 2021, *W. Ż. (Chambre de contrôle extraordinaire et des affaires publiques de la Cour suprême – nomination)*, aff. C-487/19, EU:C:2021:798.

l'article 19, paragraphe 1er, second alinéa, TUE, doté de l'effet direct[94]. Il y a lieu d'ajouter à cette chaîne jurisprudentielle retentissante, l'arrêt rendu dans l'affaire hongroise *IS*[95], selon lequel le principe de primauté impose à une juridiction inférieure d'écarter la décision de la juridiction suprême qui constate, à la suite d'un pourvoi dans l'intérêt de la loi, l'illégalité d'une demande de décision préjudicielle introduite par cette juridiction inférieure, au motif que les questions posées ne sont ni pertinentes ni nécessaires pour la solution du litige au principal.

Dans le même temps, la Cour de justice est en train d'édifier, avec persévérance, pierre par pierre, le standard (substantiel et procédural) européen de l'État de droit applicable au et par le « pouvoir judiciaire européen »[96]. Elle le fait en interprétant l'article 19 TUE[97] en lien avec les articles 2 et 49 TUE ainsi que l'article 47 de la charte. La notion d'État de droit acquiert alors « une signification autonome dans l'ordre de l'Union »[98], commençant par ses implications concrètes pour l'indépendance de la justice[99] et pour la protection juridictionnelle effective des individus. En effet, la Cour articule un ensemble de principes et de définitions, qui donnent une consistance juridique claire à l'État de droit et qui lient de manière égale tous les États membres[100], à une époque où aucun pays n'est épargné de la tentation populiste et des attaques à la justice. C'est ainsi que la Cour de justice accomplit la noble tâche de garantir l'égalité des États membres,

---

94. Voy. le pt 159 de l'arrêt *W. Ż* : « [...] l'article 19, paragraphe 1, second alinéa, TUE met à la charge des États membres une obligation de résultat claire et précise et qui n'est assortie d'aucune condition en ce qui concerne l'indépendance devant caractériser les juridictions appelées à interpréter et à appliquer le droit de l'Union [...] ».

95. CJUE, 23 novembre 2021, *Procédure pénale c/ IS (Illégalité de l'ordonnance de renvoi)*, aff. C-564/19, EU:C:2021:949.

96. Expression de P. PESCATORE, *Le droit de l'intégration. Émergence d'un phénomène nouveau dans les relations internationales selon l'expérience des Communautés européennes*, Leyde, A.W. Sijthoff, 1972, réimpr. Bruxelles, Bruylant, 2005, p. 82.

97. La Cour n'a d'ailleurs pas (pour l'instant, en tout cas) posé des limites à l'invocation de cette disposition. Elle n'a alors pas suivi la voie suggérée par l'avocat général Bobek dans ses conclusions sous CJUE, 16 novembre 2021, *Procédures pénales c/ W.B. e.a.*, aff. jtes C-748/19 à C-754/19, EU:C:2021:931. Selon lui, « l'article 19, paragraphe 1, TUE crée une voie de recours extraordinaire pour des situations extraordinaires. Il n'a pas vocation à englober toutes les questions possibles liées à la justice nationale, mais seulement celles qui revêtent une certaine gravité et/ou un caractère systémique, auxquelles il est peu probable que l'ordre juridique interne offre une solution adéquate » (pt 147 des conclusions).

98. Concl. av. gén. Campos SANCHEZ-BORDONA, 2 décembre 2021, aff. C-156/21, *Hongrie c/ Parlement européen et Conseil de l'Union*, pt 273.

99. Le Président Lenaerts affirme que l'indépendance de la justice est un concept autonome du droit primaire de l'Union, qui véhicule l'« *integration through the rule of law* » : K. LENAERTS, « New Horizons for the Rule of Law Within the EU », *GLJ*, 2020, p. 2.

100. Si la majorité des arrêts au sujet de l'indépendance de la justice concernent la Pologne, il y a des affaires qui ont soulevé des interrogations quant à son respect au Portugal, en Hongrie, à Malte et en Roumanie.

mais aussi de leurs citoyens, devant les valeurs communes énoncées par le traité. Elle est d'ailleurs désormais rejointe dans cette entreprise par le législateur de l'Union.

III. Le choix législatif de la conditionnalité financière pour défendre l'État de droit

L'idée que l'égalité des États membres devant les valeurs communes n'est pas vide de contenu trouve un nouvel appui dans l'adoption par le législateur européen, en décembre 2020, d'un dispositif qui cherche à garantir le respect de l'État de droit en lien avec la bonne gestion financière des fonds de l'Union. Il s'agit du règlement 2020/2092 relatif à un régime général de conditionnalité pour la protection du budget de l'Union[101]. Ce dispositif complète utilement l'architecture juridique sophistiquée du Cadre Financier Pluriannuel 2021-2027 et de l'instrument pour la relance *Next Generation EU*[102] et contribue, comme ce dernier, à la densification du caractère constitutionnel de l'ordre juridique de l'Union[103]. Le règlement 2020/2092 constitue le premier instrument de droit dérivé cherchant à réagir à la crise de l'État de droit, après les réponses de *soft-law* mises en place par le Conseil en 2014, avec le dialogue annuel en son sein[104], et par la Commission en 2014, avec l'adoption d'un « nouveau cadre de l'Union pour renforcer l'État de droit »[105] et en 2019, avec l'établissement du mécanisme européen de protection de l'État de droit[106].

---

101. Règlement (UE, Euratom) n° 2020/2092 du Parlement européen et du Conseil du 16 décembre 2020 relatif à un régime général de conditionnalité pour la protection du budget de l'Union, *JOUE*, L 433 I, 22 décembre 2020, p. 1. Concernant son adoption voy. J.-V. Louis, « Editorial. Respect de l'État de droit et protection des finances de l'Union », *CDE*, 2021, n° 1, p. 3. Sur les différentes positions des institutions de l'Union, voy. A. Perego, « État de droit : le régime de conditionnalité pour la protection du budget de l'Union – une analyse », *RDUE*, 2021, n° 1, p. 163.

102. Sur les liens entre les trois dispositifs juridiques, voy. A. Iliopoulou-Penot, « L'instrument pour la relance *Next Generation EU* : 'Where there is a political will, there is a legal way' ? », *RTDE*, 2021, n° 3, p. 527.

103. Voy. P. Lindseth et C. Fasone, « Rule-of-Law conditionality and resource mobilization – the foundations of a genuinely 'constitutional' EU ? », *verfassungsblog.de*, 11 décembre 2020.

104. Présidence du Conseil de l'Union, *Garantir le respect de l'État de droit dans l'Union européenne*, 14 novembre 2014, doc. 15206/14.

105. Communication de la Commission au Parlement européen et au Conseil, 11 mars 2014, « Un nouveau cadre de l'UE pour renforcer l'État de droit », COM(2014) 158 final.

106. Communication de la Commission au Parlement européen et au Conseil, 3 avril 2019, « Poursuivre le renforcement de l'État de droit au sein de l'Union. État des lieux et prochaines étapes envisageables », COM(2019) 163 final ; communication de la Commission au Parlement européen, au Conseil, au Comité économique et social européen et au Comité des régions, 17 juillet 2019, « Renforcement de l'État de droit au sein de l'Union. Plan d'action », COM(2019) 343 final. Dans le cadre de ce mécanisme, applicable à l'ensemble

Même si le nouveau règlement ne fait pas référence dans son intitulé, comme cela était le cas dans la proposition de la Commission[107], à l'État de droit, il enrichit indéniablement la définition des contours de l'État de droit ainsi que l'arsenal des instruments de sa défense dans l'ordre juridique de l'Union. Son apport est utilement éclairé et sa légitimité renforcée[108] par les arrêts jumeaux du 16 février 2022, rejetant les recours en annulation introduits par la Hongrie et la Pologne[109]. La Cour révèle la logique constitutionnelle en œuvre derrière l'adoption du règlement 2020/2092, en affirmant[110] que le budget de l'Union constitue l'un des principaux instruments permettant de concrétiser le principe fondamental de solidarité. La mise en œuvre de ce principe, au moyen de ce budget, repose sur la confiance mutuelle entre les États membres dans l'utilisation responsable des ressources communes. Or, cette confiance mutuelle repose elle-même sur l'engagement de chacun des États membres de respecter de manière continue les valeurs de l'article 2 TUE, dont l'État de droit. Autrement dit, la Cour établit la connexion entre l'État de droit et le budget par le biais de la solidarité et de la confiance mutuelle entre États membres. C'est en ayant cette connexion à l'esprit qu'il faut lire le nouveau mécanisme de la conditionnalité horizontale.

Alors que la proposition de la Commission se référait, de manière plus vague, à une « défaillance généralisée de l'État de droit »[111], le règlement 2020/2092 « établit les règles nécessaires à la protection du budget de l'Union en cas de *violation des principes de l'État de droit* dans

---

des États, la Commission s'engage dans un dialogue avec les autorités et les parties prenantes nationales et établit un rapport annuel comportant une évaluation de chaque État membre. La Commission a déjà publié deux rapports, le premier pour l'année 2020 (présenté le 30 septembre 2020, COM(2020) 580 final) et le deuxième pour l'année 2021 (présenté le 20 juillet 2021, COM(2021) 700 final).
107. Proposition de règlement du Parlement européen et du Conseil, relatif à la protection du budget de l'Union en cas de défaillance généralisée de l'état de droit dans un État membre, présentée le 2 mai 2018, COM(2018) 324 final. Pour une analyse, voy. S. DE LA ROSA, « La "sanction budgétaire" risque-t-elle de faillir ? À propos du règlement portant protection du budget européen en cas de défaillance de l'État de droit », RAE, 2019, n° 1, p. 67 ; M. FISICARO, « Rule of Law conditionality in EU funds : the value of money in the crisis of European values », *European papers*, 2019, n° 3, p. 695 ; M. BLAUBERGER et V. VAN HÜLLEN, « Conditionality of EU funds : an instrument to enforce EU fundamental values ? », *Journal of European Integration*, 2021, p. 1.
108. T. NGUYEN, « The EU's new Rule of Law mechanism. How it works and why the 'deal' did not weaken it », Policy brief, Hertie School – Jacques Delors Centre, 17 décembre 2020.
109. CJUE, 16 février 2022, *Hongrie c/ Parlement européen et Conseil de l'Union*, aff. C-156/21, EU:C:2022:97 ; CJUE, 16 février 2022, *Pologne c/ Parlement européen et Conseil de l'Union*, aff. C-157/21, EU:C:2022:98.
110. CJUE, 16 février 2022, *Hongrie c/ Parlement européen et Conseil de l'Union*, pt 129 ; CJUE, 16 février 2022, *Pologne c/ Parlement européen et Conseil de l'Union*, pt 147.
111. Définie comme « une pratique ou omission répandue ou récurrente, ou une mesure des autorités publiques, qui porte atteinte à l'État de droit » (art. 2 de la proposition de la Commission).

un État membre »[112]. Afin de spécifier ces principes (et leurs violations), le législateur de l'Union puise l'inspiration dans des sources internes, comme les travaux de la Commission européenne et la jurisprudence de la Cour de justice. La référence faite à cette jurisprudence est significative car elle montre que le législateur de l'Union entérine l'interprétation prétorienne de l'article 19 TUE au sujet de l'indépendance judiciaire[113]. Le législateur européen s'appuie également sur des sources externes, à savoir les travaux des instances internationales, notamment de la Commission européenne pour la démocratie par le droit du Conseil de l'Europe (dite Commission de Venise). Ainsi, l'article 2, sous a), du règlement énumère sept principes relevant de la notion de l'État de droit[114]. Ensuite, l'article 3 fournit une liste non exhaustive des faits pouvant indiquer l'existence d'une violation de l'État de droit. Ces dispositions contribuent à concrétiser l'État de droit et à rendre ses exigences opposables aux États membres, tout en augmentant les garanties de leur traitement égal et la sécurité juridique. Par ailleurs, elles montrent que la notion de l'État de droit pourra faire l'objet de définitions élaborées par le législateur de l'Union dans des instruments normatifs relevant des domaines matériels particuliers[115].

Toutefois, en vue de contester la légalité du règlement 2020/2092, les gouvernements hongrois et polonais alléguaient une violation du principe de sécurité juridique, estimant que les principes de l'État de droit seraient de nature politique et que le contrôle de leur respect ne serait pas susceptible de faire l'objet d'une appréciation strictement juridique. La Cour écarte ces allégations soulignant que lesdits principes « tels que développés sur le fondement des traités de l'Union dans la jurisprudence de la Cour, sont ainsi reconnus et précisés dans l'ordre juridique de l'Union et trouvent leur source dans des valeurs communes reconnues et appliquées également par

---

112. Art. 1er, règlement 2020/2092.

113. En ce sens voy. J. LACNY, « The Rule of Law conditionnality under Regulation no 2092/2020 – Is it all about the money ? », *Hague Journal on the Rule of Law*, 2021, p. 79. Cet auteur estime que, par le biais de cette référence, les États membres au sein du Conseil expriment leur soutien à la jurisprudence au sujet de l'État de droit développée par la Cour de justice.

114. Ces principes sont : le principe de légalité, qui implique un processus législatif transparent, démocratique, pluraliste et responsable ; le principe de sécurité juridique ; le principe de l'interdiction de l'arbitraire du pouvoir exécutif ; le principe de protection juridictionnelle effective, y compris l'accès à la justice, assurée par des juridictions indépendantes et impartiales, également en ce qui concerne les droits fondamentaux ; le principe de la séparation des pouvoirs ; le principe de la non-discrimination et de l'égalité devant la loi.

115. Cette possibilité est admise par l'avocat général Campos Sanchez-Bordona, concl. av. gén. du 2 décembre 2021, sous l'aff. C-156/21, *Hongrie c/ Parlement européen et Conseil de l'Union*, pt 273 : « Bien que cette notion n'ait pas à ce jour fait l'objet d'un développement législatif systématique, il n'y aurait probablement pas d'obstacle à ce que cela se produise à l'avenir, dans les domaines relevant des compétences propres de l'Union ».

les États membres dans leurs propres ordres juridiques »[116]. Dès lors, selon la Cour, les États membres sont à même de déterminer avec suffisamment de précision le contenu essentiel ainsi que les exigences découlant de chacun des principes énumérés à l'article 2, sous a), du règlement 2020/2092[117].

Ensuite, le règlement 2020/2092 vient renforcer la boîte à outils à disposition de l'Union afin de réagir à des phénomènes de détérioration de l'État de droit. Ainsi, au terme d'une procédure en deux étapes[118], qui rappelle la phase précontentieuse de la procédure en manquement et qui garantit à deux reprises le droit de réponse de l'État accusé d'une violation de l'État de droit, la Commission peut proposer des mesures de correction financière que le Conseil de l'Union adopte *à la majorité qualifiée*, en principe dans un délai d'un mois (et exceptionnellement deux mois)[119]. Cette modalité d'adoption, qui remplace *la règle de la majorité qualifiée inversée*[120] retenue dans la proposition de la Commission, affaiblit le caractère technocratique de la procédure au profit de sa politisation[121]. Dans son recours en annulation contre le règlement 2020/2092, la Pologne dénonce une discrimination dans le fait que les petits et moyens États membres n'ont pas, au sein du Conseil, le poids pour faire adopter ou rejeter des décisions dont disposent les grands États, en vertu du système de calcul pour atteindre la majorité qualifiée. La Cour considère, toutefois, que le vote à la majorité qualifiée « n'est nullement spécifique à la procédure instituée par le règlement attaqué et est pleinement compatible avec les choix posés par les auteurs des traités »[122]. Selon la Cour, cette modalité de vote vise à assurer que les décisions du Conseil sont fondées sur une représentativité suffisante tant des États membres que de la population de l'Union, conformément à la valeur de démocratie énoncée à l'article 2 TUE.

---

116. CJUE, 16 février 2022, *Hongrie c/ Parlement européen et Conseil de l'Union*, préc., pt 237 ; CJUE, 16 février 2022, *Pologne c/ Parlement européen et Conseil de l'Union*, préc., pt 291.
117. CJUE, 16 février 2022, *Hongrie c/ Parlement européen et Conseil de l'Union*, préc., pt 240.
118. Art. 6, règlement 2020/2092. La procédure commence avec l'envoi par la Commission, d'une notification écrite à l'État membre concerné analysant les faits constitutifs de la violation de l'État de droit. L'État membre dispose du droit de répondre. Si la Commission a, par la suite, l'intention de soumettre une proposition de suspension, elle doit inviter une nouvelle fois l'État concerné à s'exprimer, notamment au sujet de la proportionnalité des mesures envisagées. Ce droit de réponse à deux reprises rallonge la procédure que la Commission souhaitait de plus courte durée.
119. La même procédure s'applique d'ailleurs pour la levée des mesures de suspension, si l'État membre concerné présente des mesures correctives.
120. Selon cette règle, la décision des corrections financières proposée par la Commission était réputée adoptée par le Conseil, sauf opposition de ce dernier à la majorité qualifiée.
121. Ainsi T. TRIDIMAS, « Editorial note : Recovery plan and rule of law conditionality : a new era beckons ? », *Croatian Yearbook of European Law and Policy/2020*, 2021, p. VII.
122. CJUE, 16 février 2022, *Pologne c/ Parlement européen et Conseil de l'Union*, préc., pt 309.

Par ailleurs, alors que la proposition initiale de la Commission traduit la volonté d'établir un instrument qui protège l'État de droit à travers le budget[123], le règlement finalement adopté constitue davantage un outil qui protège le budget à travers l'État de droit. Cela est souligné par l'introduction, à son article 4, paragraphe°1er, de l'exigence d'un lien « suffisamment direct » entre la violation de l'État de droit et les effets négatifs sur l'exécution budgétaire[124]. Si cette exigence conduit à réduire la portée du nouvel instrument[125], elle répond de manière satisfaisante aux réticences exprimées par le service juridique du Conseil[126] dans son examen de la proposition initiale de la Commission, quant à la possibilité même pour le législateur de l'Union d'adopter un mécanisme de conditionnalité horizontale[127].

En effet, la nécessité de démontrer un lien de causalité entre la violation de l'État de droit et l'affectation des intérêts financiers de l'Union constitue un élément clé qui a permis à la Cour d'écarter les deux arguments principaux (étroitement liés entre eux) mobilisés par la Hongrie et la Pologne dans le cadre de leurs recours en annulation visant le règlement 2020/2092. Plus précisément, ces pays ont contesté, d'une part, la pertinence de la base juridique dudit règlement, à savoir de l'article 322, paragraphe 1er, sous a), TFUE, normalement utilisée pour l'adoption des « modalités relatives à l'établissement et à l'exécution du budget »[128]. D'autre part, les gouvernements hongrois et polonais ont dénoncé le contournement de la procédure de l'article 7 TUE par le biais du règlement 2020/2092, qui sous couvert budgétaire, aurait le même objectif que l'article 7 TUE, à savoir la sanction du non-respect de l'État de droit. Autrement dit, le règlement établirait une procédure parallèle à celle de l'article 7 TUE avec des contraintes matérielles et procédurales allégées. La Cour de justice rejette ce double argument en

---

123. Cette vision était partagée par le Parlement européen. Voy. la résolution du Parlement européen du 7 octobre 2020 sur la création d'un mécanisme de l'Union pour la démocratie, l'état de droit et les droits fondamentaux, 2020/2072 (INI).

124. L'article 4, § 2, du règlement précise les domaines concernés par cette exigence d'un lien de causalité. Selon E. Canizzaro, il s'agit d'une « *probatio diabolica* » pour établir le fait déclencheur de la suspension, ce qui risque de rendre le mécanisme inopérant. Voy. son « Editorial. Neither representation nor values ? Or Europe's moment Part II », *European papers*, 2020, n° 3, p. 1101.

125. Tel est également l'effet de l'article 6, § 1er, et du considérant 17 du règlement 2020/2092, qui indiquent que le dispositif a un caractère subsidiaire par rapport à d'autres instruments et procédures permettant de protéger le budget.

126. Council of the EU, Opinion of the Legal Service, 25 octobre 2018, doc. 13593/18. Le contenu de cette opinion est partiellement accessible au public.

127. Concernant cet apport de l'opinion du service juridique du Conseil, voy. A. Baraggia et M. Bonelli, « Linking money to values. The new Rule of Law conditionality regulation and its constitutional challenges », *German Law Journal*, 2022, p. 131.

128. Conformément au texte de l'article 322, § 1er, sous a.

mettant l'accent, à l'instar de l'avocat général Campos Sanchez-Bordona[129], sur le lien entre la violation de l'État de droit et l'exécution du budget de l'Union, lequel détermine l'applicabilité du règlement 2020/2092. La Cour considère ainsi que ce règlement vise à protéger le budget de l'Union contre des atteintes découlant de manière suffisamment directe de violations des principes de l'État de droit, et non pas à sanctionner, en soi, de telles violations[130]. La Cour est alors en mesure de conclure que le règlement 2020/2092 a été adopté sur le bon fondement juridique, en tant qu'outil budgétaire, et qu'il n'entre pas en conflit avec l'article 7 TUE, dès lors qu'il a un objet distinct et qu'il poursuit une finalité différente.

Comme dans le cadre de leurs recours en annulation visant le règlement 2020/2092, les gouvernements hongrois et polonais ont, par le passé, systématiquement évoqué le risque de traitement discriminatoire de certains États membres, pour s'opposer à son adoption. Le texte du règlement répond à cette préoccupation. Son article 6, paragraphe 3, prévoit que la Commission doit s'appuyer sur des « informations pertinentes provenant de sources disponibles y compris les décisions, conclusions et recommandations des institutions de l'Union, d'autres organisations internationales pertinentes et d'autres institutions reconnues »[131]. Selon le considérant 16, la Commission doit procéder à une évaluation « qualitative approfondie » des faits susceptibles de constituer une violation de l'État de droit ; cette évaluation doit être « objective, impartiale et équitable ».

Les dispositions susvisées suffisaient à indiquer à la Commission la nécessité d'adopter un comportement transparent et respectueux du traitement égal des États membres, nécessité que la Cour de justice

---

129. L'avocat général s'appuie sur « l'interprétation de l'article 4, paragraphe 1, du règlement 2020/2092 au regard des critères d'interprétation littéral, systématique, téléologique et historique » pour affirmer que celui-ci « instaure un mécanisme de conditionnalité financière uniquement applicable aux violations graves de l'État de droit qui ont une incidence directe sur l'exécution du budget de l'Union » (concl. sous l'aff. C-157/21, pt 169).

130. CJUE, 16 février 2022, *Hongrie c/ Parlement européen et Conseil de l'Union*, préc., pts 119 et 171 ; CJUE, 16 février 2022, *Pologne c/ Parlement européen et Conseil de l'Union*, préc., pt 137.

131. Parmi ces institutions figurent, entre autres, les organes du Conseil de l'Europe, notamment la Commission de Venise. Dans son recours en annulation contre le règlement 2020/2092, la Pologne considère que la distinction faite par la Commission de Venise entre les *anciennes* et les *nouvelles* démocraties dans son rapport sur les nominations judiciaires peut « générer un risque sérieux que la Commission traite de manière différenciée les États membres en application de ce règlement » (CJUE, 16 février 2022, *Pologne c/ Parlement européen et Conseil de l'Union*, pt 274). À l'instar de l'avocat général, la Cour écarte cet argument en affirmant, d'une part, que « la Commission doit veiller à la pertinence des informations qu'elle utilise et à la fiabilité de ses sources, sous le contrôle du juge de l'Union » (pt 285) et d'autre part, que l'État concerné peut contester l'exactitude de ces informations, sous le contrôle du juge de l'Union (pt 287).

rappelle avec force dans ses arrêts du 16 février 2022[132]. Toutefois, le Conseil européen des 10 et 11 décembre 2020 avait associé, de manière douteuse[133], la mise en œuvre du règlement sur la conditionnalité à l'élaboration par la Commission des « orientations » relatives à l'évaluation des États membres. La version définitive de ces orientations (et donc l'application de l'instrument) devrait d'ailleurs attendre l'arrêt que rendrait la Cour de justice dans le cadre du recours en annulation susceptible d'être introduit contre le règlement sur la conditionnalité[134]. Tel était le compromis politique[135] réalisé en vue de lever les objections polonaises et hongroises à l'adoption du règlement sur la conditionnalité financière et du plan *Next Generation EU*. Ainsi, alors que ledit règlement est entré en vigueur le 1er janvier 2021, la Commission s'est abstenue de l'utiliser, ce qui lui a valu un recours en carence introduit par le Parlement européen[136]. Lorsque la Cour de justice donne son feu vert au règlement 2020/2092, la Commission s'empresse de déclarer qu'elle suit la situation dans tous les États membres et qu'elle procède à une évaluation approfondie de certains cas, tout en préparant les lignes directrices[137], finalement publiées en mars 2022[138]. Le *deal* du Conseil européen a alors produit l'effet escompté, à savoir une application retardée du règlement 2020/2092, sous couvert du traitement égal et impartial des États dans l'application du mécanisme de conditionnalité.

Par ailleurs, la volonté d'« accommoder » les préoccupations exprimées par la Pologne et la Hongrie au sujet de la critique de « deux poids, deux mesures » se trouve à l'origine de la clause de « frein d'urgence » introduite,

---

132. CJUE, 16 février 2022, *Hongrie c/ Parlement européen et Conseil de l'Union*, préc., pt 317 ; CJUE, 16 février 2022, *Pologne c/ Parlement européen et Conseil de l'Union*, préc., pts 285-287.

133. La doctrine a décrié la violation du principe d'équilibre institutionnel défini par les traités et d'autres aspects de la légalité européenne. Voy. A. ALEMANNO et M. CHAMON, « To save the Rule of Law you must apparently break it », *VerfBlog*, 11 décembre 2020 ; K. L. SCHEPPELE, L. PECH et S. PLATON, « Compromising the Rule of Law while compromising on the Rule of Law », *VerfBlog*, 13 décembre 2020 ; Editorial comments, « Compromising (on) the general conditionality mechanism and the rule of law », *CMLR*, 2021, p. 267.

134. Autrement dit, le Conseil européen, qui n'est pas législateur, vise à suspendre pendant plusieurs mois l'application du mécanisme de conditionnalité, en attendant l'arrêt de la Cour de justice se prononçant sur sa validité. Pourtant, les actes de l'Union bénéficient d'une présomption de légalité et le recours en annulation n'a pas d'effet suspensif automatique, en vertu de l'article 278 TFUE.

135. Pt 2 des conclusions adoptées par le Conseil européen lors de la réunion des 10 et 11 décembre 2020.

136. Aff. pendante C-657/21.

137. Déclaration de la présidente von der Leyen sur les arrêts de la Cour de justice de l'Union européenne concernant le règlement général sur la conditionnalité, 16 février 2022.

138. Communication de la Commission, Lignes directrices sur l'application du règlement (UE, Euratom) 2020/2092 relatif à un régime général de conditionnalité pour la protection du budget de l'Union, 2 mars 2022, COM(2022) 382 final.

sous pression du Conseil de l'Union, dans le règlement 2020/2092. Ainsi, selon le considérant 26 du règlement[139], « si, exceptionnellement, l'État membre concerné estime qu'il existe de graves violations [des] principes [d'objectivité, de non-discrimination et d'égalité de traitement des États membres], il peut demander la saisie du Conseil européen de la question. Dans de telles circonstances exceptionnelles, aucune décision concernant les mesures ne devrait être prise jusqu'à ce que le Conseil européen ait débattu de la question. Ce processus ne devrait, en principe, pas durer plus de trois mois après que la Commission a présenté sa proposition au Conseil ». Cette clause témoigne de l'immixtion de l'« arrangement » politique dans le droit. Elle fait écho aux conclusions du Conseil européen des 10 et 11 décembre 2020, qui se réfèrent rituellement au principe d'égalité de traitement des États membres dans l'application de la conditionnalité financière.

Demeure, toutefois, une interrogation quant aux effets de la conditionnalité financière au regard de l'égalité « substantielle » des États membres. Plus précisément, selon certains auteurs[140], cette conditionnalité constitue un outil asymétrique de gouvernance, avec un levier de pression plus puissant et une incidence plus prononcée sur les États membres les plus dépendants des fonds européens comparés aux États qui sont des contributeurs nets au budget de l'Union. Dans une logique similaire, la Hongrie invoque dans son recours contre le règlement 2020/2092, une violation du principe d'égalité du fait que les grands États membres pourront plus facilement assumer l'obligation de maintenir le financement des bénéficiaires finaux des fonds, dans l'hypothèse d'adoption des corrections financières. La Cour considère cette allégation « dépourvue de fondement », mettant l'accent sur « le strict respect du principe de proportionnalité » dans l'adoption des mesures en vertu du règlement 2020/2092, laquelle devra se fonder sur « une analyse individualisée à la fois objective et diligente de chaque situation »[141]. Quant à l'avocat général, il répondait brièvement que l'égalité était respectée dès lors que le règlement imposait à tous le même devoir de garantir le financement des bénéficiaires finaux[142]. Cette réponse épouse une logique

---

139. Le « frein d'urgence » ne se trouve pas dans le corps du règlement 2020/2092 car le Conseil européen, qui n'est pas titulaire de la fonction législative, ne peut ni remplacer ni suspendre le vote au sein du Conseil. Voy. A. DIMITROVS et H. DROSTE, « Conditionality Mechanism : What's In It ? », *VerfBlog*, 30 décembre 2020.
140. A. BARAGGIA et M. BONELLI, « Linking money to values. The new Rule of Law conditionality regulation and its constitutional challenges », *op. cit.* ; P. AURIEL, « Le régime général de conditionnalité, remède à la crise de l'État de droit ? », *RUE*, 2022, p. 106.
141. CJUE, 16 février 2022, *Hongrie c/ Parlement européen et Conseil de l'Union*, préc., pt 317.
142. Concl. av. gén. Campos SANCHEZ-BORDONA, du 2 décembre 2021, sous l'aff. C-156/21, *Hongrie c/ Parlement européen et Conseil de l'Union*, pt 326.

d'égalité *formelle* alors que l'argument hongrois se situait dans le registre de l'égalité *réelle* des États membres. Il sera important, dans l'avenir, d'explorer la tension entre les deux formes d'égalité dans la mise en œuvre du dispositif de la conditionnalité financière.

Car, *in fine*, c'est l'usage du règlement 2020/2092 par la Commission et le Conseil[143], dans le cadre fixé par l'arrêt d'assemblée de la Cour de justice, qui révélera son potentiel de redresser (et de prévenir) les violations de l'État de droit[144], notamment s'il est combiné à d'autres instruments de l'*enforcement* européen (en particulier la procédure de manquement)[145]. Cet usage révélera aussi (ou fera évoluer) la nature de ce dispositif dont la naissance a été frappée du sceau de l'ambivalence. En effet, « à cheval entre la conditionnalité financière et la garantie de l'État de droit »[146], le règlement 2020/2092 peut constituer les prémices d'une « véritable politique publique européenne »[147] ayant comme objet la défense de l'État de droit et réconfortant l'idée de l'égalité des États membres devant les valeurs. Espérons, dans tous les cas, qu'il permettra à l'Union de sortir du paradoxe consistant à « soutenir », par ses fonds, les régimes illibéraux qui menacent ses valeurs fondatrices[148].

IV. Une note finale d'optimisme mesuré

Certains signes permettent un optimisme mesuré quant à la réaction européenne face à la dégradation de l'État de droit en Pologne et en Hongrie. Tout d'abord, la décision du Tribunal constitutionnel polonais du 7 octobre 2021 a provoqué une levée des boucliers des gouvernements des autres États qui rappellent à l'ordre la Pologne. Cette décision fait d'ailleurs l'objet

---

143. Concernant la « double vie » possible du mécanisme, en fonction du champ d'application large ou restreint, voy. A. Jakab et L. Kirchmair, « How to quantify a proportionate financial punishment in the new EU Rule of Law mechanism ? », *VerfBlog*, 22 décembre 2020.

144. En faveur d'un potentiel élevé de la « suspension des subsides », voy., avant l'adoption du règlement 2020/2092, P. Oliver et M. Waelbroeck, « La crise de l'État de droit dans l'Union européenne : que faire ? », *CDE*, 2017, n° 2, p. 299 ; et après l'adoption du règlement, N. Kirst, « Rule of Law Conditionality : The Long-awaited Step Towards a Solution of the Rule of Law Crisis in the European Union ? », *European papers*, 2021/1, European Forum, Insight of 22 April 2021, p. 101. Pour une opinion très sceptique quant à l'efficacité du règlement, voy. A. Berramdane, « Conditionnalité budgétaire ou conditionnalité de l'État de droit », *RDUE*, 2015, n° 1, p. 155.

145. Editorial comments, « Compromising (on) the general conditionality mechanism and the rule of law », *CMLR*, 2021, p. 267.

146. Concl. av. gén. Campos Sanchez-Bordona, du 2 décembre 2021, sous l'aff. C-156/21, *Hongrie c/Parlement européen et Conseil de l'Union*, Intitulé IV.

147. E. Crabit et A. Perego, « L'État de droit : une politique de l'Union européenne », *RDUE*, 2019, n° 1, p. 7.

148. Ce paradoxe est qualifié de « *authoritarian equilibrium* » par R. D. Kelemen, « The European Union's authoritarian equilibrium », *Journal of European Public Policy*, 2020, p. 481.

d'une procédure de manquement annoncée par la Commission en décembre 2021. Ensuite, la contestation du règlement 2020/2092 devant l'Assemblée de la Cour de justice, a opposé les gouvernements polonais et hongrois au front uni des trois institutions de l'Union et de dix États membres[149]. La Commission a déjà déclaré qu'elle serait prête à utiliser ce règlement comme levier de pression et a finalement franchi le pas à l'encontre du gouvernement hongrois après les élections législatives en avril 2022[150]. Enfin, la décision de la Commission de ne pas approuver les plans pour la reprise polonais et hongrois a empêché les deux pays de recevoir, en décembre 2021, le premier versement auquel ils auraient normalement eu droit. Si la Commission a finalement, le 1er juin 2022, validé le plan polonais, en échange des engagements du gouvernement polonais en faveur de l'indépendance judiciaire[151], elle n'a pas débloqué les fonds de relance destinés à la Hongrie.

Ces signes peuvent traduire une prise de conscience de l'Europe, qui à l'instar de son réveil géopolitique constaté par Luuk Van Middelaar, constitue une « métamorphose douloureuse mais libératrice »[152]. Le Tribunal constitutionnel polonais a peut-être raison lorsqu'il affirme que l'intégration européenne « entre dans une nouvelle étape ». Lors de ce passage à la maturité, l'Union est en train d'apprendre une *leçon existentielle*. Si elle peut, comme toute construction de nature fédérale, accommoder la diversité concernant les modes d'organisation politique et judiciaire et les choix moraux des sociétés nationales, il y a des lignes rouges que ses membres ne peuvent pas franchir.

Il reste encore à l'Union deux épreuves majeures :

D'une part, ses institutions doivent maintenir une dynamique ferme en faveur de la défense de l'État de droit, en dépit des événements dramatiques aux portes de l'Europe exigeant l'unité des 27. La tentative biélorusse de déstabiliser les frontières polonaises par l'instrumentalisation des migrants

---

149. France, Allemagne, Benelux, Danemark, Finlande, Suède, Irlande, Espagne. Voy. J. MORIJN, « A closing of ranks. 5 key moments in the hearing in Cases C-156/21 and C-157/21 », *VerfBlog*, 14 octobre 2021.

150. Le commissaire européen chargé du budget et de l'administration, Johannes Hahn, a annoncé, le 27 avril 2022, sur Twitter, la notification faite par la Commission à la Hongrie.

151. Communiqué de presse de la Commission, « NextGenerationEU : la Commission européenne approuve le plan pour la reprise et la résilience de la Pologne, doté d'une enveloppe de 35,4 milliards d'euros », 1er juin 2022, https://ec.europa.eu/commission/presscorner/detail/fr/ip_22_3375.

Dans son communiqué de presse du 9 juin 2022, le Parlement européen a critiqué la décision de la Commission : https://www.europarl.europa.eu/news/fr/press-room/20220606IPR32324/le-plan-de-relance-polonais-ne-doit-pas-etre-approuve-selon-les-deputes.

152. L. VAN MIDDELAAR, « L'Europe et l'entrée dans l'Histoire : le récit », conférence au Collège de France, 14 mai 2021, disponible sur youtube.com.

et la guerre menée par la Russie en Ukraine compliquent certainement la démarche européenne consistant à mettre une pression sur les autorités hongroises et polonaises pour garantir le respect de l'État de droit. L'exercice d'équilibriste est délicat.

D'autre part, l'Union a besoin de convaincre du bien-fondé de sa position les sociétés polonaise et hongroise, jusqu'à présent caractérisées par le paradoxe de demeurer pro-européennes tout en soutenant le tournant illibéral de leurs gouvernements. Ainsi, parallèlement à l'action institutionnelle engagée pour faire face aux gouvernements illibéraux, l'Union doit préserver le contact avec les sociétés civiles et encourager la pression sociale au sein des pays concernés[153]. Car ce sont les citoyens de ces pays, également citoyens de l'Union, qui *in fine* doivent être à l'origine du changement de cap de leurs pays[154].

---

153. C'est le type d'action prônée par les partisans de l'approche confédéraliste. Voy. R. BELLAMY et S. KRÖGER, « Countering democratic backsliding by EU Member States : Constitutional pluralism and 'value' differentiated integration », *Swiss Political Science Review*, 2021, p. 619. Nous considérons, comme Nicolas Arens, que ce type d'action doit être combiné avec l'action institutionnelle forte prônée par les fédéralistes. N. ARENS, « Moving the equality along the dividing lines. The democratic issues of the differentiated integration in the European Union », *RAE*, 2021, n° 3, p. 511.
154. Une occasion sera donnée par les élections législatives en Hongrie en avril 2022.

ÉGALITÉ DES ÉTATS MEMBRES ET IDENTITÉ NATIONALE. LE CAS ALLEMAND

par

CLAUS DIETER CLASSEN

PROFESSEUR À L'UNIVERSITÉ DE GREIFSWALD, ALLEMAGNE

I. INTRODUCTION

Pourquoi traiter de la question de l'identité nationale dans le cadre d'une conférence sur l'égalité des États membres ? Deux raisons peuvent être identifiées. La première me semble être évidente : l'égalité des États membres suppose, entre autres, que les obligations découlant de droit européen soient les mêmes pour tous les États. Or, si chaque État peut invoquer son identité constitutionnelle pour s'opposer aux obligations européennes, cette égalité des obligations ne serait plus garantie[1].

Mais il y a encore une deuxième raison à présenter. Certes, les constitutions nationales diffèrent l'une de l'autre, et certains principes inhérents à l'identité nationale d'un État sont totalement incompatibles avec l'identité nationale d'un autre État. Dans ce contexte, on pourrait citer le fédéralisme allemand ou la laïcité française. Cependant, dans tous les États membres, l'identité nationale repose en large partie sur les valeurs communes évoquées par l'article 2 TUE – même si pour le moment un certain nombre d'États ne semblent plus très attachés à ces valeurs. Or, que faire si un État membre invoque l'identité nationale pour contrer les obligations européennes dans un cas où le principe en question est commun à tous les États membres ?

---

1. Voy. sur ce point les contributions de E. Dubout et de K. Lenaerts dans ce volume.

Vu d'Allemagne, on peut distinguer trois cas différents en ce qui concerne la relation entre l'identité nationale et le droit européen. Pour cette raison, après le rappel de quelques généralités sur l'identité nationale, ces trois cas seront présentés ci-après.

II. LA NOTION D'IDENTITÉ CONSTITUTIONNELLE

En Allemagne, on discute depuis longtemps de la préservation de l'identité constitutionnelle dans le cadre de l'intégration européenne, plus précisément depuis les discussions sur la Communauté européenne de défense en 1952-1954[2]. La raison est simple : la Loi fondamentale, la constitution allemande, limite le pouvoir de révision constitutionnelle. Selon l'article 79, alinéa 3 « toute modification de la présente Loi fondamentale qui toucherait à l'organisation de la Fédération en Länder, au principe de la participation des Länder à la législation ou aux principes énoncés aux articles 1er et 20, est interdite ». L'article 1er garantit la dignité de l'homme et le principe selon lequel les droits fondamentaux lient tous les pouvoirs de l'État en tant que droit directement applicable. L'article 20, quant à lui, garantit les principes de démocratie, de l'État de droit, de l'État fédéral, de l'État social et de la République.

Cet article 79, alinéa 3 est le fruit de l'expérience historique. C'est par une révision constitutionnelle formelle votée en mars 1933 qu'Adolf Hitler a obtenu le pouvoir de faire de l'Allemagne une dictature. D'ailleurs, jamais la Cour constitutionnelle n'a douté de son pouvoir de contrôler le respect de cette disposition[3]. On comprend dès lors les discussions permanentes autour du contenu exact de cette disposition. L'article 79, alinéa 3, LF se distingue ainsi largement de son homologue français, l'article 89, alinéa 5, de la Constitution de 1958. En France, on le sait, le Conseil constitutionnel refuse de contrôler le respect de cette norme[4], et la doctrine ne semble guère s'y intéresser.

---

2. Voy. sur les débats constitutionnels menés à l'époque, A. GAILLET, *La Cour constitutionnelle fédérale allemande. Reconstruire une démocratie par le droit (1945-1961)*, Paris, La mémoire du droit, 2021, n°s 244 et s. ; INSTITUT FÜR STAATSLEHRE UND POLITIK (dir.), *Der Kampf um den Wehrbeitrag*, 3 vol., Munich, Isar, 1952-1958.

3. À commencer avec Entscheidungen des Bundesverfassungsgerichts (BVerfGE) 30, 1 (24 et s.). Voy. ensuite dans le contexte allemand BVerfGE 84, 90 (120 et s.) ; 94, 12 (34 et s.) ; 94, 49 (102 et s.) ; 109, 279 (310 et s.).

4. C. const., 23 septembre 1992, 93-313 DC ; C. const., 26 mars 2002, 2003-469 DC. Cependant le Conseil d'État joue un certain rôle en amont de modifications de la Constitution ; voy. C. GESLOT, « L'office du Conseil d'État en matière de révision constitutionnelle », *RFDC*, 2021, n° 127, pp. 79 et s.

Si on poursuit la réflexion, la raison pour laquelle l'idée que l'identité constitutionnelle puisse représenter une limite pour l'intégration européenne est apparue assez rapidement en Allemagne. Si le pouvoir constitutionnel lui-même connaît certaines limites, il est évident que le pouvoir d'intégration, c'est-à-dire le pouvoir de transférer certains pouvoirs à une Communauté ou à l'Union européenne, doit également pouvoir être limité.

D'ailleurs, la Cour constitutionnelle, depuis son fameux arrêt *Solange I* de 1974[5] s'est référée expressément à cette idée de réserve d'identité constitutionnelle. De même, en 1992, lorsqu'il a créé l'actuel article 23, ladite « clause européenne », le législateur constitutionnel allemand a prévu que l'Union doive garantir « une protection des droits fondamentaux substantiellement comparable à celle de la présente Loi fondamentale ». En plus, il y a inséré une référence expresse à l'article 79, alinéa 3, LF. La Cour constitutionnelle, surtout dans sa décision sur le traité de Lisbonne[6], a amplement concrétisé la signification de cette disposition dans le contexte de l'intégration européenne – là aussi à la différence du Conseil constitutionnel. Celui-ci en effet s'est contenté longtemps de se référer à l'identité constitutionnelle de la France sans en préciser le contenu ; assez récemment seulement il a concrétisé cette notion sur un seul point dans des termes d'ailleurs assez généraux[7].

D'ailleurs, le droit européen a repris cette idée de respect de l'identité constitutionnelle par le traité de Maastricht en 1992 (article F, alinéa 1er), disposition qui se trouve aujourd'hui à l'article 4, paragraphe 2, TUE. Il reste cependant que le contenu de cette obligation de respecter l'identité nationale n'est pas très clair. Certes, il s'agit d'une notion de droit européen, dès lors qu'elle est inscrite dans un texte européen. Formellement, il revient donc à la Cour de justice de la définir. Cependant, il est évident que la compétence de la Cour dans ce domaine doive connaître des limites, dès lors que, matériellement, la Cour ne peut pas définir l'identité nationale des États membres. On peut ainsi la décrire comme une notion cadre, dont le contenu est précisé par l'État membre[8].

En outre, une fois cette identité définie, la Cour cherche à trouver un équilibre entre les exigences de l'identité nationale et celles découlant du droit de l'Union. Dans la mesure où le principe invoqué par un État

---

5. BVerfGE 37, 271 (280).
6. BVerfGE 123, 267 (359 et s.).
7. C. const., 15 octobre 221, 2021-940 QPC, consid. 15.
8. Voy. V. SKOURIS, « Der Vorrang des Unionsrechts vor dem nationalen Recht », *Europarecht*, 2021, p. 3 (16 et s.).

membre trouve une parallèle dans les ordres juridiques d'autres États, il faut se demander s'il n'y a pas un principe général de droit européen, déduit des systèmes nationaux, qu'il faut prendre en considération. En plus, il faut noter une différence importante entre la conception européenne et la conception allemande. Pour la Cour de justice, il s'agit d'une obligation qu'il faut mettre en balance avec les exigences du droit européen. Pour la Cour constitutionnelle allemande, à l'inverse, il s'agit là d'une limite insurmontable.

III. IDENTITÉ NATIONALE ET DROIT EUROPÉEN : DIFFÉRENTS CAS DE FIGURES

Si l'on regarde de plus près l'identité nationale de chaque État, il faut distinguer trois cas de figure : la relation entre cette identité et le droit européen varie en effet, ainsi que je vais vous le présenter sur fond du droit constitutionnel allemand.

1. D'abord, il y a les aspects de l'identité nationale qui sont spécifiques pour chaque État. Comme exemples, on peut mentionner le fédéralisme allemand ou la laïcité française.

2. Ensuite, il y a les aspects de l'identité nationale qui reposent sur une valeur commune, mais qui, dans le contexte national, ont trouvé des expressions différentes dans les différents États membres. Deux exemples : la conception allemande de la démocratie sur laquelle je vais revenir, et la conception italienne de la prohibition d'une loi rétroactive en matière pénale.

3. Enfin, on peut conclure sur des aspects de l'identité nationale qui concernent uniquement l'intégration. Sur ce point, on peut mentionner l'idée allemande selon laquelle les mesures des organes européens prises *ultra vires* violent le principe de la souveraineté du peuple et dont, de ce fait, l'identité constitutionnelle exige un contrôle, exercé par la Cour constitutionnelle[9]. Mais, sur ce point aussi, l'Allemagne n'est pas isolée : récemment le gouvernement français a, devant le Conseil d'État, invoqué l'identité nationale pour refuser l'application complète de l'arrêt *La Quadrature du Net* rendu par la Cour de justice.

---

9. BVerfGE 134, 366 pt 26 ; 142, 123 pts 143 et s.

IV. L'IDENTITÉ CONSTITUTIONNELLE ALLEMANDE ET L'ÉGALITÉ DES ÉTATS MEMBRES DE L'UNION : L'EXPÉRIENCE ALLEMANDE

A. *Le fédéralisme allemand : un élément spécifique de l'identité constitutionnelle allemande*

Comme il a été mentionné déjà, le fédéralisme allemand est un élément spécifique de l'identité constitutionnelle allemande. Certes, à première vue, il paraît plus difficile de trouver une solution à un conflit lorsqu'il existe des exigences spécifiques rattachées à l'identité nationale d'un État que lorsque le problème se pose de la même manière partout. Cependant, on peut objecter que, au moins, la répartition des rôles est claire : l'État définit son identité, et la Cour doit se demander dans quelle mesure elle peut trouver, dans le droit de l'Union, des clauses qui permettent de respecter au mieux cette identité, ce que jusque-là elle a toujours réussi à faire.

Ainsi, quand l'Allemagne a invoqué ce principe dans le cadre d'une procédure préjudicielle – l'affaire *Digibet* jugée en 2014 – la Cour de justice n'a eu aucun mal à trouver une solution[10]. Cette affaire a soulevé la question de la conformité de règles allemandes relatives aux jeux de hasard avec la liberté de prestation de services. Depuis son arrêt *Gambelli* de 2003 la Cour de justice exige notamment que de telles restrictions soient cohérentes et systématiques[11]. Or, en Allemagne, ce sont les Länder qui sont compétents pour régler ces questions. Et si ceux-ci s'étaient accordés sur certaines règles, l'un d'eux avait un temps préféré appliquer des règles plus libérales.

Dans ce cadre, une entreprise située à Gibraltar, qui avait offert au public allemand certains jeux de hasard sur internet, avait été poursuivie en justice : elle avait alors invoqué la liberté de prestation de services, afin de dénoncer l'incompatibilité des règles allemandes avec le droit européen en raison de l'incohérence résultant des différences de législation d'un Land à l'autre. Pourtant, en se référant, entre autres, à la garantie de l'identité nationale des États membres[12], la Cour a conclu que les règles en question restaient compatibles avec l'article 56 TFUE, à condition qu'elles soient en tant que telles, c'est-à-dire prises individuellement pour chaque Land, proportionnelles – ce qu'a dû vérifier le tribunal national.

---

10. CJUE, 12 juin 2014, *Digibet*, aff. C-156/13, ECLI:EU:C:2014:1756.
11. CJUE, 6 novembre 2003, *Gambelli*, aff. C-243/01, ECLI:EU:C:2003:597, pt 67.
12. CJUE, 12 juin 2014, *Digibet*, préc., pt 34.

B. *La démocratie : une relation difficile entre la notion européenne et la notion allemande*

Si le fédéralisme allemand n'a, jusque-là, pas posé de problème majeur en ce qui concerne l'identité nationale allemande, il en va différemment en ce qui concerne la démocratie – alors même qu'il s'agit là d'une valeur européenne commune à tous les États membres (article 2 TUE) et même garantie au niveau européen (articles 9 et s. TUE). On sait par ailleurs qu'il existe un accord sur la nécessité que le gouvernement soit responsable devant le Parlement, ce qui est d'ailleurs expressément prévu à l'article 10, alinéa 2, TUE.

Il reste que l'Allemagne va un peu plus loin. À la différence du Conseil constitutionnel français, la Cour constitutionnelle allemande a développé une jurisprudence définissant le principe de démocratie de manière très détaillée[13]. Entre autres, la Cour considère en effet que, en principe, tous ceux qui exercent un pouvoir public doivent être responsables devant le Parlement. Et comme la Loi fondamentale ne prévoit qu'une responsabilité des ministres, on en conclut que toutes les autorités administratives doivent exercer leurs missions sous la tutelle d'un ministre. Des autorités administratives indépendantes ne sont donc constitutionnelles que dans des limites assez strictes[14]. Certes, il y a aussi des discussions en France sur ces autorités administratives ; mais il me semble que leur légitimité constitutionnelle ne soit pas remise en question par principe[15].

Ainsi, dans le cadre de la transposition de la directive 95/46 sur la protection des données, l'Allemagne a prévu que les autorités de contrôle soient soumises à un certain contrôle du ministre responsable. La Commission européenne a alors introduit une procédure de manquement, considérant que la directive avait prévu que ces « autorités exercent en toute indépendance les missions dont elles sont investies » (article 28, alinéa 1er). L'Allemagne s'est défendue en se référant au principe de démocratie. Il faut cependant remarquer qu'elle l'a fait en mentionnant non pas l'identité nationale, mais le principe européen de démocratie.

---

13. Pour une comparaison de ces jurisprudences, voy. C. D. Classen, « La notion constitutionnelle de démocratie en Allemagne et en France », *Ius Politicum*, 18 juillet 2017.

14. BVerfGE 83, 60 (74). Voy. cependant BVerfGE 107, 59 (92, 99) ; 111, 191 (216).

15. Voy. cependant C. const., 3 août 1993, 93-324, sur la Banque de France, et de manière générale C. Teitgen-Coly, « Les instances de régulation et la Constitution », *RDP*, 1990, pp. 153 et s. ; J.-Ph. Feldmann, « Les "autorités administratives indépendantes" sont-elles légitimes ? », *D.*, 2010, pp. 2853 et s. ; M. Lombard (dir.), *Régulation économique et démocratie*, Paris, Dalloz, 2006, 248 p.

Et c'est la raison pour laquelle il a été facile pour la Cour de répondre à cet argument. Elle a ainsi considéré que : « certes, l'absence de toute influence parlementaire sur ces autorités ne saurait se concevoir. Cependant, il convient de relever que la directive 95/46 n'impose en rien aux États membres une telle absence de toute influence parlementaire. Ainsi, d'une part, les personnes assumant la direction des autorités de contrôle peuvent être nommées par le Parlement ou le gouvernement. D'autre part, le législateur peut définir les compétences desdites autorités. En outre, le législateur peut imposer aux autorités de contrôle l'obligation de rendre compte au Parlement de leurs activités »[16]. La Cour a donc conclu que l'indépendance de l'autorité de contrôle ne les prive pas de leur légitimité démocratique ; ainsi l'Allemagne n'a pas pu justifier le contrôle ministériel sur lesdites autorités. De nouveau sans succès d'ailleurs, l'Allemagne a avancé la nécessité de préserver la légitimité démocratique pour justifier l'influence gouvernementale sur l'autorité de régulation nationale en matière de distribution de gaz et d'électricité en Allemagne dans une affaire jugée en 2021[17].

Cette interprétation allemande spécifique du principe de démocratie qui vient d'être mentionnée explique d'ailleurs pourquoi la Cour constitutionnelle allemande a tant de difficultés à accepter la politique de la Banque centrale européenne même si, pour un observateur étranger, cela peut être étonnant, lorsqu'on sait par ailleurs que la structure de la BCE est calquée sur le modèle allemand. Mais on ne doit pas oublier non plus que, à la différence de la BCE, la Bundesbank n'a jamais pris de mesures « non-conventionnelles »[18] ; son indépendance a posé donc moins de problèmes.

Un autre problème lié au principe de démocratie résulte du fait que, selon la Cour constitutionnelle allemande, un élément du principe de démocratie réside dans le pouvoir budgétaire du Parlement, pouvoir qui s'oppose à ce que l'Allemagne souscrive des obligations qui ne soient plus contrôlables. Ce problème a joué un certain rôle dans les discussions sur le Mécanisme européen de stabilité[19], mais aussi sur le contrôle de la politique de la BCE[20], ou encore sur le plan de relance européen *Next generation EU*[21]. Mais finalement, jusque-là, aucun problème concret n'est né de ces questions.

---

16. CJUE, 9 mars 2018, *Commission c/ Allemagne*, aff. C-518/07, ECLI:EU:C:2010:125, pts 43 et s.
17. CJUE, 2 septembre 2021, *Commission c/ Allemagne*, aff. C-718/18, ECLI:EU:C:2021:662, pts 124 et s.
18. Concl. av. gén. Cruz VILLALÓN dans l'aff. C-62/14, *Gauweiler*, ECLI:EU:C:2015:400, pts 106, 114 et s.
19. BVerfGE 132, 195 pts 131 et s. ; 135, 317 pts 179 et s.
20. BVerfGE 142, 123 pts 210 et s.
21. BVerfGE, 2 BvR 547/21 du 15 avril 2021, pts 98 et s.

Il n'en demeure pas moins que cet exemple montre avec évidence que, dans ces cas, il est bien difficile de répartir les compétences entre la Cour européenne et les cours nationales : la Cour de justice pourrait, assez facilement, être amenée à définir des principes qui font partie de l'identité nationale.

C. *Le contrôle* ultra vires *: un problème spécifique de l'intégration européenne*

Finalement, il y a des exemples ou l'identité constitutionnelle est invoquée dans une situation qui concerne spécifiquement l'intégration européenne. C'est ainsi que la Cour constitutionnelle allemande invoque la démocratie pour justifier son contrôle *ultra vires*. Le raisonnement est simple : l'Union européenne, y compris sa Cour de justice, repose sur le principe de la compétence d'attribution. Pour cette raison, selon la Cour constitutionnelle, tous les États membres doivent pouvoir contrôler si les organes de l'Union, y compris la Cour de justice, restent dans le cadre des compétences attribuées à l'Union. D'ailleurs, la même question aurait pu se poser si le Conseil d'État français avait suivi le gouvernement, lorsque celui-ci a souhaité qu'il ne respecte pas l'arrêt *La Quadrature du Net*, ce qu'il n'a pas fait[22].

Mais finalement, il n'est guère convaincant d'invoquer l'identité nationale dans une telle situation. Certes, lorsqu'une norme européenne provoque un conflit avec l'identité nationale de tous les États membres de l'Union, il faut d'abord essayer d'interpréter la norme européenne à la lumière des identités nationales : en effet, dans ce cas, il y a aussi un principe général de droit européen à prendre en considération.

Mais parfois, la norme européenne est claire et ne se prête pas à une telle interprétation. Dans ce cas, on ne peut que modifier la constitution nationale. D'ailleurs, cela a été fait après l'introduction du droit de vote aux élections locales par le traité de Maastricht : on sait que cela était incompatible avec le droit constitutionnel de l'époque dans beaucoup d'États membres, entre autres la France et l'Allemagne. Cela est aussi le cas en ce qui concerne la question du contrôle *ultra vires*. Certes, la Cour constitutionnelle allemande indique longuement, dans certains arrêts, que de nombreuses cours constitutionnelles ou supérieures nationales ont établi telles ou telles limites pour l'intégration européenne ; elle se réfère alors

---

22. CE, 21 avril 2021, *French Data Network*, req. n° 393099.

surtout au respect dû aux décisions de la Cour de justice, sachant que les limitations nationales sont inhérentes à la nature d'un État constitutionnel moderne et qu'elles sont donc compatibles avec le droit de l'Union[23]. Mais cela ne change rien au fait que cette idée est clairement incompatible avec les articles 19 TUE, 258 et s., et 344 TFUE. Il y a en outre de forts arguments en faveur de la position selon laquelle l'attitude de la Cour allemande méconnaîtrait le sens même du « transfert de droits de souveraineté » prévu aux articles 24, alinéa 1er et 23, alinéa 1er, LF. La Cour l'a d'ailleurs reconnu expressément dans sa décision *Solange I* dont certaines parties ont été révoquées plus tard, mais pas celle-ci : dans cette décision, elle considère que « l'article 24 n'habilite pas à un transfert de droit de souveraineté »[24]. De plus, le contexte systématique de l'article 24, alinéa 1er, LF plaide contre un tel contrôle, dès lors que son alinéa 3 commande à l'Allemagne de participer à des conventions établissant une juridiction arbitrale internationale ayant une compétence générale, universelle et obligatoire[25].

Ces critiques de la jurisprudence constitutionnelle allemande sont d'autant plus justifiées que les actes en question dans l'affaire *PSPP* – la décision de la BCE tout comme l'arrêt de la Cour de justice[26] – peuvent sans doute être critiqués sur tel ou tel point, mais n'en sont pas moins bien loin d'un acte manifestement illégal comme le serait, pour prendre un exemple tout à fait irréaliste – un mandat d'arrêt émis par la Commission à l'encontre du chef d'un gouvernement d'un État membre.

Reste alors le problème qui résulte du fait que la Cour allemande, pour justifier sa position, se réfère également à l'article 79, alinéa 3, LF. À la différence de la France[27] dans l'état actuel, l'identité constitutionnelle allemande correspond au noyau intouchable de la constitution. Pour l'heure cependant, il faut relever que le conflit autour de la politique de la BCE, né après la décision de la Cour constitutionnelle allemande du 5 mai 2020, a finalement trouvé une solution[28]. On peut espérer que le conflit autour du

---

23. BVerfGE 134, 366 pts 20 et s. ; 140, 317 pts 41 et s. ; 142, 123 pts 36 et s. ; BVerfG, 2 BvR 2216/20, 23 juin 2021, pts 73 et s.

24. BVerfGE 37, 271 (280).

25. Pour une critique détaillée, voy. C. D. CLASSEN, art. 23, n°s 57 et s., art. 24, n°s 14 et s., 52 et s., in H. V. MANGOLDT, F. KLEIN et C. STARCK (dir.), *Grundgesetz*, 7e éd., Munich, C.H. Beck, 2018, 8e éd. à paraître.

26. CJUE, 11 décembre 2018, *Weiss*, aff. C-493/17, ECLI:EU:C:2018:1000.

27. C. const., 15 octobre 2021, 2021-940 QPC, consid. 9.

28. BVerfGE 158, 89 pts 82 et s. (rejetant une demande en exécution de l'arrêt PSPP). Cette remarque ne concerne évidemment pas la question à savoir si et dans quelle mesure la Cour constitutionnelle allemande a violé les traités par sa décision du 5 mai 2020. La Commission a introduit un recours en manquement contre l'Allemagne terminé après une déclaration du gouvernement allemand selon laquelle dans le cadre des moyens dont elle dispose elle fera tout

dernier mot en matière de droit européen ne mènera pas à une situation ingérable. Mais cela suppose une bonne volonté de toutes parts, ce que l'on peut supposer en ce qui concerne l'Allemagne. Mais l'exemple de la Pologne montre qu'on ne peut pas en être toujours sûr.

Et en ce qui concerne enfin l'affaire *Quadrature du Net*, on peut certainement discuter autour de la question de savoir si les restrictions établies par la Cour de justice pour la préservation des données ne vont pas trop loin, étant donné le fait que le fondement des dispositions de l'Union se trouve à l'article 114 TFUE[29]. Certes, dans un marché intérieur les données peuvent circuler librement, et il s'ensuit que l'Union peut réglementer cette circulation. Mais en même temps, il faut prendre en considération des dispositions de l'article 4, paragraphe 2, phrases 2 et 3, TUE, lesquelles soulignent la compétence des États membres en matière de sécurité intérieure. Et si la Cour a atténué sa jurisprudence dans cet arrêt par rapport à ses arrêts antérieurs en la matière[30], le grand nombre de renvois de tribunaux – souvent supérieurs – de différents États membres[31] montre en évidence les doutes qu'on peut toujours émettre à l'égard de la jurisprudence de la Cour. Mais cela montre bien qu'il s'agit d'un côté d'un problème qui se pose de la même manière pour tous les États, et de l'autre qu'il s'agit d'une question de compétence et non d'identité nationale. Et, de toute façon, la Convention des droits de l'homme contient elle-même des limites pour la préservation des données[32].

V. BILAN ET PERSPECTIVES

Vu d'Allemagne, on peut donc conclure par un constat qui peut paraître étonnant et paradoxal. Les éléments très spécifiques de l'identité constitutionnelle des États membres n'ont jusque-là pas posé de problème sous l'angle de l'égalité des États. En revanche, plus les problèmes

---

pour assurer le respect du droit de l'Union y compris les compétences de la Cour de justice (texte : EuGRZ 2022, pp. 169 et s.).

29. Pour une critique, voy. I. CAMERON, « Annotation », *CMLR*, 2021, vol. 58, pp. 1457 et s.

30. CJUE, 21 décembre 2016, *Tele2 Sverige et Watson*, aff. jtes C-203/15 et C-698/15, ECLI:EU:C:2016:970.

31. Outre le renvoi du Conseil d'État, il y a des renvois provenant de Belgique (même arrêt), d'Angleterre (arrêt du 6 octobre 2020, *Privacy International*, aff. C-623/17, ECLI:EU:2020:790), d'Estonie (arrêt du 2 mars 2021, *Prokuratuur*, aff. C-746/18, ECLI:EU:2021:152), d'Allemagne (aff. C-793/19, *Space Net*, et C-794/19, *Telekom Deutschland*), d'Irlande (arrêt du 5 avril 2022, *Commissioner of the Garda Síochána*, aff. C-140/20) et de la Cour de cassation française (aff. C-339/20, *V.D.*, et C-397/20, *S.R.*).

32. Cour EDH, 25 mai 2021, *Centrum för Rättvisa c/ Suède*, req. n° 35252/08 ; et du même jour, *Big Brother Watch c/ Royaume-Uni*, req. n° 58170/13 e.a.

constitutionnels trouvent de parallèles dans d'autres États membres, c'est-à-dire que les États se trouvent dans une situation égale, plus il est difficile de trouver une solution, c'est-à-dire qu'on risque d'entrer en conflit avec cette égalité. C'est donc peut-être moins autour des identités constitutionnelles qu'autour des valeurs communes que l'on doit discuter.

L'avenir reste en outre bien incertain. On peut ici citer la jurisprudence de la Cour de justice en matière de droit de travail des églises[33], laquelle a bouleversé la jurisprudence traditionnelle de la Cour constitutionnelle allemande. En matière de choix du personnel, celle-ci a en effet toujours accordé une liberté relativement importante à l'Église lorsqu'il s'agissait de prendre en considération la religion des intéressés ou la compatibilité de leur mode de vie avec les obligations religieuses[34]. Dans ce contexte, c'est surtout un deuxième mariage après un divorce non reconnu par l'Église catholique qui a posé un problème[35]. Or, la Cour constitutionnelle a omis de faire un renvoi à la Cour de justice[36] ; et il a fallu attendre un renvoi de la Cour fédérale du travail pour conduire la jurisprudence de la Cour de justice mentionnée, revenant sur le droit allemand.

Pour certaines voix de la doctrine allemande, cette jurisprudence européenne constitue une violation de l'identité constitutionnelle allemande[37]. Pour justifier cette approche, elles se réfèrent à l'arrêt *Lisbonne* de la Cour constitutionnelle allemande, selon lequel, en raison de leur sensibilité, les décisions en matière de religion et autres doivent être prises au niveau national[38]. S'ajoute le recours au principe de démocratie (article 20 LF), lequel exige que lesdites décisions ne soient pas prises au niveau de l'Union européenne, trop éloignées des citoyens. Si l'on se concentre sur le seul droit de la religion, une telle démarche n'en constituerait pas moins une première, dès lors qu'une originalité du droit allemand serait au cœur du problème. Si, à l'inverse, on suit la Cour constitutionnelle et considère cette question sous l'angle du principe démocratique, on en revient au problème évoqué ci-dessus : une interprétation originale de ce principe par la Cour constitutionnelle fédérale allemande.

---

33. CJUE, 17 avril 2018, *Egenberger*, aff. C-414/16, ECLI:EU:C:2018:257 ; CJUE, 11 septembre 2018, *IR*, aff. C-68/17, ECLI:EU:C:2018:696.

34. BVerfGE 70, 138 ; 137, 273.

35. Cela a été surtout le cas dans l'affaire BVerfGE 137, 273.

36. Pour une critique, voy. l'annotation du second arrêt mentionné à la note 33, C. D. CLASSEN, « Urteilsanmerkung », *Juristenzeitung*, 2015, p. 199.

37. Voy. par exemple P. UNRUH, « Zur Dekonstruktion des Religionsverfassungsrechts durch den EuGH im Kontext des kirchlichen Arbeitsrechts », *Zeitschrift für evangelisches Kirchenrecht*, 2019, spéc. pp. 208 et s. et 213 et s.

38. BVerfGE 123, 267 (363).

L'ÉGALITÉ DES ÉTATS MEMBRES DEVANT LA JUSTICE EUROPÉENNE

Freya CLAUSEN

PROFESSEURE
RÉFÉRENDAIRE À LA COUR DE JUSTICE DE L'UNION EUROPÉENNE[*]

L'égalité des États membres et la justice européenne entretiennent des rapports étroits. Ce fut, en effet, la Cour de justice qui, dès 1973, consacra le principe d'égalité des États membres devant, jadis, le droit communautaire en tant que principe relevant des bases essentielles de l'ordre juridique communautaire[1]. « [Reposant] sur la solidarité entre États membres »[2], ce principe servit alors l'égale application de ce droit aux États membres et par ces derniers[3] sous le contrôle du juge. Depuis lors, l'égalité des États membres devant les traités fut constitutionnalisée à l'article 4, paragraphe 2, TUE, par le traité de Lisbonne[4]. C'est dans ce contexte que la présente contribution se propose de revenir à la justice européenne pour déterminer comment l'égalité des États membres est assurée par et devant les juridictions de l'Union, en s'interrogeant sur l'existence ainsi que sur les contours d'un éventuel principe d'égalité des États membres devant la justice européenne. À ce titre, il doit d'emblée être relevé que l'égalité des États membres devant la justice européenne se décompose en deux notions, celle d'égalité des États membres et celle d'égalité devant la justice.

---

[*] L'auteure s'exprime à titre strictement personnel.

[1]. CJCE, 7 février 1973, *Commission c/ Italie*, aff. 39/72, EU:C:1973:13, pts 24 et 25 ; CJCE, 7 février 1979, *Commission c/ Royaume-Uni*, aff. 128/78, EU:C:1979:32, pt 12 ; CJCE, 29 mars 1979, *Commission c/ Royaume-Uni*, aff. 231/78, EU:C:1979:101, pt 17.

[2]. S. JOLIVET, « L'égalité des États membres de l'Union européenne. Vers une conception de l'égalité étatique autonome du droit international ? », *RDUE*, 2015, n° 3, pp. 383-405, spéc. p. 398.

[3]. Voy. également en ce sens, *ibid.*, spéc. p. 385.

[4]. Voy., sur la genèse de cette disposition, dans le cadre du traité établissant une constitution pour l'Europe, M. BLANQUET, « Article I-5 », in L. BURGORGUE-LARSEN, A. LEVADE et F. PICOD (dir.), *Traité établissant une Constitution pour l'Europe : commentaire article par article*, t. 1, Parties I et IV : Architecture constitutionnelle, Bruxelles, Bruylant, 2007, pp. 96-106.

S'agissant de la première, il est communément admis qu'au-delà de la terminologie employée à l'article 4, paragraphe 2, TUE, l'égalité des États membres renferme, en droit de l'Union, un volet institutionnel d'égalité des États membres *dans* les traités et un volet plus substantiel d'égalité des États membres *devant* les traités[5]. Le premier volet renvoie à la question de l'égal poids des États membres au sein de l'Union, à leur égale représentation dans les institutions de celles-ci. Leur stricte égalité, reflétée par le principe « un État, une voix ou un siège », cède progressivement le pas à la pondération des voix ou sièges des États membres. Le second volet renvoie à l'égale soumission des États membres au droit de l'Union. Ainsi, l'égalité devant les traités requiert que « tous les États membres, quels que soient leur taille, leur orientation politique ou leur pouvoir économique, sont traités de la même manière devant la loi »[6] par les institutions de l'Union lors de l'application du droit de l'Union. Appliqué à la justice européenne, ce principe d'égalité des États membres pourrait ainsi se décliner en un volet institutionnel, requérant une forme d'égalité des États membres au sein de l'institution judiciaire de l'Union, et un volet contentieux, impliquant une égalité des États membres devant les juridictions de l'Union lors du procès.

À ce dernier titre, pourrait entrer en jeu la seconde notion susvisée, celle d'égalité devant la justice. Celle-ci rappelle, de prime abord, le principe d'égalité des justiciables devant la justice. Celui-ci renvoie, pour sa part, au droit des justiciables à un accès égal à la justice ainsi qu'au droit à la même justice[7]. Un tel principe est bien consacré dans le droit du contentieux de l'Union. Ainsi, les juridictions de l'Union reconnaissent un principe d'égalité des justiciables dans l'accès au juge[8] et dans leur traitement par le juge quant à l'application des règles de procédure et de fond[9]. Elles ont également forgé un principe d'égalité des armes des parties au procès. En tant que corollaire du procès équitable[10], ce principe profite à toute partie

---

5. Voy., s'agissant des réflexions doctrinales sur la notion d'égalité des États membres *devant* et *dans* les traités, S. Jolivet, « L'égalité des États membres de l'Union européenne. Vers une conception de l'égalité étatique autonome du droit international ? », *op. cit.*, spéc. pp. 384-385 et les références citées.

6. K. Lenaerts, « L'égalité des États membres devant les traités : la dimension transnationale du principe de primauté », *RDUE*, 2020, n° 4, pp. 7-10, spéc. p. 10.

7. L. Cadiet, J. Normand et S. Amrani Mekki, *Théorie générale du procès*, 2e éd., Paris, PUF, 2010, spéc. p. 160.

8. Voy., dans le domaine des délais de recours, CJCE, 4 février 1987, *Cladakis c/ Commission*, aff. C-276/85, EU:C:1987:57, pt 11.

9. Voy. explicitement, s'agissant des règles de présentation des pourvois, CJUE, 10 juillet 2014, *Grèce c/ Commission*, aff. C-391/13 P, EU:C:2014:2061, non publié, pt 45.

10. CJUE, 21 septembre 2010, *Suède e.a. c/ API et Commission*, aff. jtes C-514/07 P, C-528/07 P et C-532/07 P, EU:C:2010:541, pt 88.

à un litige[11], qu'il s'agisse d'une partie privée, d'une institution ou d'un État membre[12]. L'égalité des États membres devant la justice européenne peut-elle se résumer à cette égalité des justiciables ?

Or, tandis que le principe d'égalité des États membres, d'un côté, et celui d'égalité des justiciables, de l'autre côté, sont bien ancrés dans l'ordre juridique de l'Union, la jurisprudence des juridictions de l'Union offre peu d'illustrations explicites du jeu de l'égalité des États membres, et encore moins de cette égalité devant la justice. La terminologie même varie, le juge recourant, selon le cas, à la notion d'égalité des États membres[13], d'égalité entre les États membres[14], d'égalité de traitement des États membres[15] ou d'égalité de traitement entre ceux-ci[16]. Ces principes sont parfois rapprochés de celui de non-discrimination[17]. Les variations terminologiques ne paraissent guère avoir d'incidence sur la substance du principe d'égalité des États membres, qui sera seul au centre de cette contribution.

C'est dans ces conditions qu'il convient de déterminer si et, le cas échéant comment, l'égalité des États membres est assurée dans et devant la Cour de justice de l'Union européenne. Ce principe d'égalité des États membres devant la justice européenne, si tant est qu'il existe, est-il une simple déclinaison du principe d'égalité des justiciables devant la justice ou la qualité étatique de ses bénéficiaires colore-t-elle le principe d'égalité devant la justice d'une manière particulière ?

La réponse est nuancée. Sur un plan institutionnel, l'égalité des États membres au sein de la Cour de justice de l'Union européenne est strictement entendue et entourée de garanties singulières. Elle se distingue, sans équivoque ni grande surprise, de l'égalité des justiciables devant la justice (I). Sur un plan contentieux, devant la justice européenne, en revanche, l'originalité s'efface à mesure que l'égalité des États membres devant la justice se voit rapprochée de l'égalité des justiciables (II).

---

11. CJUE, 2 décembre 2009, *Commission c/ Irlande e.a.*, aff. C-89/08 P, EU:C:2009:742, pt 53.

12. Notons par ailleurs que la Cour de justice applique, de manière explicite, le principe de protection juridictionnelle effective aux États membres : CJUE, 9 juillet 2020, *République tchèque c/ Commission*, aff. C-575/18 P, EU:C:2020:530, pts 52 et 82.

13. Voy., par exemple, CJCE, 7 février 1973, *Commission c/ Italie*, préc., pt 24 ; CJUE, 13 mars 2019, *Pologne c/ Parlement et Conseil*, aff. C-128/17, EU:C:2019:194, pt 127.

14. CJCE, 16 décembre 1960, *Humblet c/ État belge*, aff. 6/60-IMM, EU:C:1960:48, *Rec.*, p. 1125, spéc. p. 1157.

15. Voy., par exemple, CJUE, 29 mars 2012, *Commission c/ Estonie*, aff. C-505/09 P, EU:C:2012:179, pt 84.

16. Voy., not., CJCE, 4 juillet 2000, *Commission c/ Grèce*, aff. C-387/97, EU:C:2000:356, pt 84.

17. À tout le moins dans certaines argumentations avancées devant les juridictions de l'Union : Trib. UE, 13 septembre 2010, *Espagne c/ Commission*, aff. jtes T-156/07 et T-232/07, EU:T:2010:392, non publié, pt 42.

I. L'égalité des États membres au sein de la Cour de justice de l'Union européenne

L'égalité des États membres au sein de la Cour de justice de l'Union européenne doit se concilier avec la nécessaire indépendance et impartialité de l'institution judiciaire de l'Union. Or, des considérations d'égalité des États membres sont, encore aujourd'hui, omniprésentes dans les règles et les débats entourant la composition des juridictions de l'Union. Revendiquée dans les débats politiques entre États membres, cette égalité est presque absolue à ce niveau (A), sans nul préjudice de la garantie des valeurs cardinales d'indépendance et d'impartialité de la justice. L'égalité des États membres est également reflétée dans et assurée par des règles régissant l'organisation et le fonctionnement de ces juridictions (B).

A. Une égalité revendiquée quant à la composition des juridictions de l'Union

Véritable *leitmotiv* de la composition des juridictions de l'Union, l'égalité des États membres se trouve au centre tant des débats que des règles entourant la composition de la Cour de justice et du Tribunal. Suivant en cela une revendication claire des États membres, ces juridictions sont composées sur la base d'une quasi entière égalité de ces derniers. Celle-ci ne connaît, et ne connut dans le passé, de pondération qu'à la marge.

Ainsi, conformément à l'article 19, paragraphe 2, premier alinéa, TUE, la Cour de justice est composée d'un juge par État membre. Cette disposition exprime l'égalité la plus stricte des États membres. Leur égale présence au sein de la Cour de justice est destinée à assurer une égale représentation, non pas des États membres car les juges sont indépendants, mais de l'ensemble des systèmes juridiques au niveau de la Cour de justice[18]. L'unique atténuation de cette égalité réside dans le nombre d'avocats généraux qui, déterminé par décision du Conseil, est actuellement fixé à onze[19]. Cinq postes d'avocats généraux sont attribués en permanence à cinq États membres (France, Allemagne, Italie, Espagne, Pologne), tandis que six postes sont pourvus par un système de rotation

---

18. Voy. égal. S. Jolivet, « L'égalité des États membres de l'Union européenne. Vers une conception de l'égalité étatique autonome du droit international ? », *op. cit.*, spéc. p. 395.

19. Décision 2013/336/UE du Conseil, du 25 juin 2013, portant augmentation du nombre d'avocats généraux à la Cour de justice de l'Union européenne, *JOUE*, L 179, 2013, p. 92.

mettant en jeu les autres États membres. Doublement dérogatoire à l'égalité des États membres, ce régime s'explique par des « considérations d'influence nationale »[20].

La composition du Tribunal est, davantage encore que celle de la Cour, également régie par des considérations d'égalité des États membres. Il est vrai que l'article 19, paragraphe 2, deuxième alinéa, TUE prévoit que le Tribunal compte *au moins* un juge par État membre, de telle sorte qu'une pondération du nombre de sièges, en rupture de l'égalité stricte, est envisageable. Toutefois, cette juridiction fut composée d'un juge par État membre jusqu'au 24 décembre 2015 et compte, depuis le 1er septembre 2019, deux juges par État membre. Ce n'est qu'au cours d'une brève période, assurant l'accroissement progressif du nombre des juges[21], que le Tribunal connut une forme de pondération de l'égalité des États membres. Il s'agissait là, toutefois, très clairement d'une période de transition destinée à rétablir une stricte égalité entre ces derniers.

À l'heure actuelle, la composition des juridictions de l'Union reflète ainsi, pour l'essentiel, une stricte égalité des États membres. Une pondération, autre que celle des postes d'avocats généraux, n'a jamais pu prendre pied de manière permanente. Toutes les phases de pondération de l'égalité des États membres qui ont existé, dans le passé, dans la composition des juridictions de l'Union en témoignent.

Ainsi, à l'origine, la Cour de la CECA fut composée de sept juges, autrement dit d'un juge par État membre et d'un septième juge supplémentaire. Cet aménagement de l'égalité des États membres fut compensé par une garantie des grands équilibres diplomatiques au sein de la jeune Communauté, assurée grâce à la distribution, entre les États membres fondateurs, des postes du septième juge, des avocats généraux, du greffier et du président de cette cour dans sa composition originale[22]. La pratique consistant à nommer un juge supplémentaire perdura dans la Cour de justice de la CEE

---

20. Ce système « consacre en réalité une forme d'élitisme national qui réserve aux seuls "grands États", de par leur taille, la possibilité de nommer en permanence un avocat général. Seules des considérations d'influence nationale expliquent le double régime » : L. CLÉMENT-WILZ, *La Cour de justice de l'Union européenne*, Paris, LGDJ, 2020, spéc. p. 142.

21. Régie par le règlement (UE/Euratom) 2015/2422 du Parlement européen et du Conseil, du 16 décembre 2015, modifiant le protocole n° 3 sur le statut de la Cour de justice de l'Union européenne, *JOUE*, L 341, 2015, p. 14).

22. L'approche retenue permit « de combiner le principe d'égalité entre les pays (un seul juge pour chacun d'eux, le second juge néerlandais étant désigné à titre de syndicaliste) avec le principe non écrit mais fondamental de la parité France-Allemagne : un avocat général français et un avocat général allemand, pas d'avocat général italien, mais la présidence de la Cour revenant à l'Italie ; un savant "équilibre diplomatique" était ainsi obtenu » : M. LAGRANGE, « La Cour de justice des Communautés européennes du plan Schuman à l'Union européenne », in *Mélanges*

jusqu'au milieu des années 1990. À quatre reprises, un juge supplémentaire fut nommé, de telle sorte que cette cour fut composée d'un nombre impair de juges, alors que les Communautés comptaient un nombre pair d'États membres[23]. La présence d'un juge supplémentaire, cette rupture d'égalité des États membres, parut nécessaire aux fins des délibérations de cette juridiction en formation plénière. Passagère, elle fut ainsi intrinsèquement liée aux besoins de fonctionnement de la juridiction.

Par contraste, une réelle rupture de l'égalité des États membres a, ensuite, pu être expérimentée au sein du Tribunal de la fonction publique, mis en place en 2004[24] et supprimé en 2016[25]. À la différence de celles de la Cour de justice et du Tribunal, la composition du Tribunal de la fonction publique n'a jamais été calquée sur le nombre d'États membres. Ce tribunal ne comptait que sept juges, nommés par le Conseil après avoir été choisis par un comité d'experts indépendants[26]. Alors que la gestion du contentieux de la fonction publique par le Tribunal de la fonction publique fut acclamée, les difficultés rencontrées aux fins de la désignation de ses juges causèrent sa suppression. Ces difficultés tenaient au point de savoir s'il convenait de reconduire les juges dont le mandat venait à terme ou, au contraire, privilégier une rotation des sièges entre les États membres. L'unanimité, requise au sein du Conseil pour la désignation de nouveaux juges, n'a pu être atteinte[27].

Ces difficultés furent, enfin, exacerbées dans les débats ayant entouré, de manière récurrente, la composition du Tribunal. Furent écartées, successivement, des propositions de l'institution judiciaire de l'Union

---

Fernand Dehousse. La construction européenne, Paris-Bruxelles, Nathan-Labor, 1979, vol. 2, pp. 127-135, spéc. p. 129.

23. L. N. BROWN et T. KENNEDY, *The Court of Justice of the European Communities*, 5ᵉ éd., Londres, Sweet & Maxwell, 2000, spéc. pp. 47 et 48. Au cours de cette période, il y a eu quatre juges additionnels, tirés au sort : Grévisse (France), Bahlmann (Allemagne), Diez de Valesco Vallejo (Espagne) et La Pergola (Italie).

24. Par la décision 2004/752/CE, Euratom du Conseil, du 2 novembre 2004, instituant le Tribunal de la fonction publique de l'Union européenne, *JOCE*, L 333, 2004, p. 7.

25. Avec effet au 1ᵉʳ septembre 2016, par le règlement (UE, Euratom) 2016/1192 du Parlement européen et du Conseil, du 6 juillet 2016, relatif au transfert au Tribunal de la compétence pour statuer, en première instance, sur les litiges entre l'Union européenne et ses agents, *JOUE*, L 200, 2016, p. 137, dont l'article 1ᵉʳ abroge la décision 2004/752, préc.

26. Voy., s'agissant des modalités de désignation de ces juges, la décision 2005/150/CE du Conseil, du 18 janvier 2005, relative aux conditions et aux modalités régissant la présentation et le traitement des candidatures en vue de la nomination des juges du Tribunal de la fonction publique de l'Union européenne, *JOUE*, L 50, 2005, p. 7.

27. K. BRADLEY, « Création et suppression du Tribunal de la fonction publique », in D. DERO-BUGNY et A. CARTIER BRESSON, *Les réformes de la Cour de justice de l'Union européenne. Bilan et perspectives*, Bruxelles, Bruylant, 2020, pp. 103-112, spéc. p. 110.

de constituer le Tribunal de sept juges à l'origine[28], de lui adjoindre cinq juges supplémentaires pour faire face au contentieux de la propriété intellectuelle en 1999[29], ou encore d'augmenter, à partir de 2011, le nombre de ses juges de douze ou neuf pour faire face à l'arriéré préoccupant et aux délais de jugement parfois excessifs de cette juridiction[30]. Si d'autres explications ont pu être envisagées[31], c'est pour l'essentiel l'incapacité des États membres à s'accorder sur une méthode permettant de sélectionner les juges additionnels, notamment par le biais d'une rotation, qui condamna cette dernière proposition à l'échec[32]. En l'absence de volonté politique des États membres de renoncer à leur stricte égalité, le blocage d'une réforme structurelle nécessaire n'a pu être résolu que grâce au doublement du nombre des juges du Tribunal moyennant suppression du Tribunal de la fonction publique et réintégration de son contentieux dans les compétences du Tribunal[33].

De tels débats sur la composition des juridictions de l'Union, les difficultés ayant entouré les propositions de rompre la stricte égalité des États membres quant au nombre de juges ainsi que les prétentions de chaque État membre quant au nombre de « ses » juges induisent la conclusion que la composition des juridictions de l'Union se présente, pour les États membres, comme un sujet hautement sensible et que « le système de l'Union n'a pas [encore] atteint la maturité suffisante pour abandonner le principe de l'égalité entre les États membres »[34], entendu comme une égalité stricte. Pour autant, la revendication de stricte égalité au niveau du nombre de juges nommés au titre de chaque État membre est regrettable, dans la mesure où elle a pu empêcher ou retarder la réalisation des réformes nécessaires, et discutable, dans la mesure où les juges, fussent-ils même nommés au titre de chaque État membre, sont en toute hypothèse indépendants de ces derniers et exercent leur mandat européen en toute indépendance et impartialité. Dans

---

28. E. Bocquillon Lepka, « Tribunal de l'Union européenne. – Composition. – Organisation et fonctionnement. – Compétences », *J.-Cl. Europe Traité*, fasc. 300, 2021, § 17.
29. À propos de cette proposition, voy. L. Clément-Wilz, *La Cour de justice de l'Union européenne, op. cit.*, spéc. p. 43.
30. À propos de ces propositions, voy. *ibid.*
31. « Les crispations constatées au Conseil sur la nomination des juges du Tribunal de la fonction publique et sur les modalités de désignation des juges supplémentaires du Tribunal résultent peut-être aussi de la perte d'influence globale des États membres sur l'organisation de l'institution Cour de justice » : S. Gervasoni, « Le statut contentieux de l'État membre », in L. Potvin-Solis (dir.), *Le statut d'État membre de l'Union européenne : 14e journées Jean Monnet*, Bruxelles, Bruylant, 2018, pp. 491-507, spéc. p. 504.
32. D. Hadrousek, « Solving the EU's General Court », *E.L. Rev.*, 2015, pp. 188-206, spéc. pp. 189 et 190.
33. Règlement 2016/1192, préc.
34. L. Clément-Wilz, *La Cour de justice de l'Union européenne, op. cit.*, spéc. p. 43. Renvoyant, à ce sujet, à D. Hadrousek, « Solving the EU's General Court », *op. cit.*, spéc. p. 196.

cette optique, la revendication étatique d'égalité paraît parfois fondée sur la conception erronée que les juges sont des représentants des États membres au titre desquels ils ont été nommés. Une évolution aurait pu être d'autant plus envisagée que des considérations d'égalité des États membres ne sont pas étrangères au fonctionnement des juridictions de l'Union.

B. *Une égalité garantie dans le fonctionnement des juridictions de l'Union*

Au stade de l'organisation et du fonctionnement des juridictions de l'Union, aucune disposition ne vise, explicitement, à garantir l'égalité des États membres[35]. Néanmoins, il nous semble que tant le régime d'attribution des affaires aux juges rapporteurs et aux formations de jugement que le régime linguistique sont les garants implicites de cette égalité.

En premier lieu, l'égalité des États membres paraît indirectement assurée par les règles d'attribution des affaires aux juges rapporteurs et aux formations de jugement, prises dans l'intérêt d'assurer l'indépendance des juges. Cette attribution relève de règles objectives, sur l'application desquelles les États membres n'ont guère d'emprise[36].

Concrètement, au sein de la Cour de justice, le président de la juridiction désigne un juge rapporteur et le premier avocat général désigne, corrélativement, un avocat général pour chaque affaire[37]. L'attribution aux formations de jugement est effectuée par la réunion générale, autrement dit par la Cour dans son ensemble, sur proposition du juge rapporteur, l'avocat général entendu[38]. Au niveau du Tribunal, le président de la juridiction attribue les affaires aux chambres sur la base de plusieurs tours de rôle et dans le respect de la spécialisation partielle mise en place[39] et, ensuite, sur

---

35. Ajoutons simplement que, réunis au sein du Conseil, les États membres sont appelés à participer à la révision du statut de la Cour de justice de l'Union européenne, pour sa plus grande partie via la procédure législative ordinaire (art. 281, 2ᵉ al., TFUE), et approuvent les règlements de procédure de la Cour de justice et du Tribunal (respectivement, art. 253, 6ᵉ al., et art. 254, 5ᵉ al., TFUE).

36. Sous réserve de la possibilité, pour tout État membre, de demander qu'une affaire soit traitée par la grande chambre : art. 16, 3ᵉ al., du statut de la Cour de justice de l'Union européenne.

37. Respectivement, art. 15 et 16 du règlement de procédure de la Cour de justice.

38. Art. 25, 59 et 60 du règlement de procédure de la Cour de justice.

39. Voy. la décision du Tribunal, prise lors de sa conférence plénière du 4 octobre 2019, portant « Critères d'attribution des affaires aux chambres », *JOUE*, 2019, C 372, p. 2. S'agissant de la spécialisation, voy. notre étude, « Quelle place pour la spécialisation au sein des juridictions de l'Union européenne », in D. DERO-BUGNY et A. CARTIER BRESSON, *Les réformes de la Cour de justice de l'Union européenne. Bilan et perspectives, op. cit.*, pp. 131-149.

proposition du président de la chambre, à un juge rapporteur[40]. En pratique, le juge désigné au titre d'un État membre ne se verra jamais attribuer, en tant que juge rapporteur, les affaires issues d'un renvoi préjudiciel émanant d'une de ses juridictions, d'un recours en manquement contre cet État ou d'un recours direct formé par celui-ci[41], voire par une société implantée sur son territoire ou un de ses ressortissants[42]. En outre, une affaire ne sera jamais attribuée à un juge rapporteur et à un avocat général nommés au titre d'un même État membre. Il s'ensuit que le juge désigné au titre de l'État membre intéressé par une affaire ne siège pas systématiquement dans la formation de jugement appelée à statuer sur l'affaire en cause. Sa présence dans cette formation relève du hasard[43]. Aucun État membre ne peut exiger que le juge nommé à son titre siège dans telle ou telle affaire. Il ne saurait invoquer la nationalité d'un juge ou l'absence d'un juge de sa nationalité pour demander la modification de la composition d'une chambre[44].

Les règles d'attribution des affaires sont ainsi de nature à relativiser très substantiellement le poids que les États exercent, dans l'ordre international, sur la formation et la composition des juridictions appelées à statuer sur les procès interétatiques[45]. Inhérent à la nature intégrée de l'ordre juridique de l'Union sur lequel veillent les juridictions de l'Union et à la nature du contentieux de l'Union, lesdites règles assurent, outre l'indépendance de la justice européenne, l'égalité des États membres en créant une égale distance entre ces juridictions et ces États.

---

40. Art. 26 du règlement de procédure du Tribunal.

41. Cette pratique est, par essence, destinée à assurer l'indépendance de la justice européenne. Voy., à ce titre, G. GAJA, « Le rôle du juge ayant la nationalité d'un État membre intéressé à une affaire devant la Cour de justice », in V. CANNIZZARO et al. (éds), *Liber Amicorum in onore di Antonio Tizzano. De la Cour CECA à la Cour de l'Union : le long parcours de la justice européenne*, Turin, Giappichelli, 2018, pp. 371-375, spéc. pp. 374 et 375.

42. Cette pratique de non attribution des affaires au juge rapporteur de l'État intéressé s'applique de manière moins stricte devant le Tribunal. Aussi peut-on voir une affaire intéressant une grande société établie dans un État membre traitée par un juge rapporteur désigné au titre de ce même État. Voy., par exemple, l'affaire ayant donné lieu à l'arrêt du 12 décembre 2018, *Servier e.a. c/ Commission*, aff. T-691/14, EU:T:2018:922.

43. J. MALENOVSKÝ, « Les éléments constitutifs du mandat des juges de la Cour de justice à l'épreuve du temps : l'iceberg commence à fondre », *Il Diritto dell'Unione Europea*, 2011, pp. 801-836, spéc. p. 808. L'ancien juge explique néanmoins que, du fait de la règle d'attribution des affaires, « les juges provenant des États membres impliqués dans un nombre plus élevé d'affaires introduites à la Cour de justice (Allemagne, Italie, Pays-Bas ou Belgique) participent plus souvent que d'autres juges au traitement d'affaires dans lesquelles "leur" État est présent » (*ibid.*, spéc. p. 809).

44. Art. 18, 4e al., du Statut de la Cour de justice de l'Union européenne.

45. À ce dernier titre, « [l]e principe de l'égalité des armes dans le procès interétatique trouve son application, contrairement au principe analogue propre au droit interne, non seulement dans les rapports entre les parties au litige *devant* un tribunal, mais également *au sein de* ce tribunal » : J. MALENOVSKÝ, « Les éléments constitutifs du mandat des juges de la Cour de justice à l'épreuve du temps : l'iceberg commence à fondre », *op. cit.*, spéc. p. 810.

En second lieu, le régime linguistique témoigne d'une forme d'égalité des États membres par l'entremise des langues officielles de l'Union. Tout d'abord, toutes ces langues sont susceptibles d'être choisies par un requérant en tant que langue de procédure[46]. Ensuite, chaque État membre a, dans toute affaire, le droit de se défendre et la liberté de plaider en sa propre langue[47]. Enfin, les arrêts et ordonnances publiés au Recueil le sont dans toutes les langues officielles[48]. L'ensemble des langues officielles sont ainsi formellement mises sur un pied d'égalité, reflet indirect de l'égalité des États membres.

En pratique, toutefois, ce constat doit être nuancé du fait de l'usage de la seule langue française en tant que langue de travail des juridictions de l'Union. Si le recours à une langue de travail unique et commune relève des nécessités pratiques, il est porteur, à tout le moins, d'une double atténuation de l'égalité des États membres[49].

Premièrement, si l'on admet que toute langue, tout langage juridique, est véhicule de concepts juridiques, l'on peut supposer que l'usage d'une langue en tant que langue de travail est susceptible de conférer une certaine prééminence aux concepts juridiques qu'elle emploie[50]. Cette prééminence ne doit, toutefois, pas être surestimée. Dans l'interprétation du droit de l'Union, le juge de l'Union accorde, en effet, une égale valeur à toutes les langues officielles[51] et interprète les dispositions de ce droit à la lumière de leur libellé, mais aussi du contexte légal dans lequel elles s'inscrivent et des objectifs qu'elles poursuivent. Il peut, le cas échéant, disposer d'analyses de droit comparé des droits nationaux, grâce aux notes de recherche préparées par la direction de la Recherche et documentation de la Cour de justice

---

46. Voy. le régime linguistique fixé pour la Cour de justice, aux articles 36 à 42 de son règlement de procédure et, pour le Tribunal, aux articles 44 à 49 de son règlement de procédure.

47. Art. 37, § 1, sous a), et art. 38, § 4, du règlement de procédure de la Cour de justice et art. 46, § 4, du règlement de procédure du Tribunal.

48. Art. 40 du règlement de procédure de la Cour de justice et art. 48 du règlement de procédure du Tribunal, lus en combinaison avec l'art. 1er du règlement n° 1 du Conseil portant fixation du régime linguistique de la [CEE], *JOCE*, 1958, n° 17, p. 385, tel que modifié.

49. Notons, au passage, que, sur un plan plus pratique, du fait de l'emploi du français comme langue de travail, les affaires en langue française bénéficient de délais de traitement plus brefs, autrement dit d'une justice plus rapide, eu égard à l'absence de nécessité de traductions.

50. Un tel constat paraît d'autant plus plausible eu égard au fait que l'emploi de la langue française explique également une certaine surreprésentation, parmi les collaborateurs des juges, avocats généraux et greffes, de personnels francophones formés dans le système juridique français.

51. CJCE, 27 octobre 1977, *Bouchereau*, aff. 30/77, EU:C:1977:172, pt 14 ; CJUE, 26 avril 2012, *DR et TV2 Danmark*, aff. C-510/10, EU:C:2012:244, pt 45 ; CJUE, 19 septembre 2013, *Brey*, aff. C-140/12, EU:C:2013:565, pt 74.

de l'Union européenne[52]. En outre, les demandes de décision préjudicielle comportent parfois des développements consacrés aux droits d'autres États membres[53]. Enfin, les États membres jouissent de l'égal droit de participer, en tant qu'intéressés, à toutes les procédures préjudicielles[54] et d'un statut d'intervenants privilégiés aux recours directs[55]. Ils peuvent ainsi, lorsqu'ils l'estiment nécessaire, apporter des éclaircissements sur leur droit national et chercher à peser sur l'interprétation des notions du droit de l'Union[56].

Deuxièmement, les arrêts et ordonnances prononcés par les juridictions de l'Union font l'objet d'une politique de publication sélective, parfois partielle. Or, seuls les arrêts et ordonnances publiés au Recueil sont traduits dans toutes les langues officielles de l'Union. Les arrêts et ordonnances non publiés ne sont, en revanche, disponibles qu'en langue française, en tant que langue de travail des juridictions de l'Union, et dans la langue de procédure de l'affaire. La rupture de l'égale valeur des langues qui s'ensuit est tolérable dans la mesure où, également dans l'intérêt de l'accessibilité de la jurisprudence, sont publiés l'ensemble des arrêts et ordonnances qui apportent de nouvelles pierres à l'édifice de la jurisprudence et du droit de l'Union.

Au niveau de l'organisation et du fonctionnement des juridictions de l'Union, l'on peut ainsi observer une certaine prise en compte, plus implicite qu'explicite, des considérations prises de l'égalité des États membres. Celle-ci tend, à tout le moins implicitement, à assurer l'égale distance de ces juridictions vis-à-vis des États membres et, sous réserve des nécessités pratiques, l'égale valeur accordée à leurs langues.

En définitive, les règles régissant la composition des juridictions de l'Union, qui sont fondées, pour l'essentiel, sur une stricte égalité des États membres, ainsi que les illustrations susvisées relatives au fonctionnement de ces juridictions, qui garantissent cette égalité moyennant des adaptations nécessaires pour des raisons pratiques. Elles singularisent l'égalité des États membres devant la justice européenne par rapport à l'égalité des (autres) justiciables. Il en va différemment de l'égalité des États membres devant la

---

52. Voy., à cet égard, le descriptif des tâches incombant à cette direction sur le site de la CJUE : https://curia.europa.eu/jcms/jcms/Jo2_11968/ (dernière consultation le 5 décembre 2021).
53. Ce sont, ainsi, parfois des constats de divergences d'approche entre les juridictions issues de plusieurs États membres qui conduisent à des renvois préjudiciels. Voy., par exemple, CJUE, ord., 14 janvier 2021, *Airhelp*, aff. C-264/20, non publiée, EU:C:2021:26, pt 14.
54. Art. 23, 1er et 2e al., statut de la CJUE.
55. Art. 40, 1er al., statut de la CJUE.
56. Voy., par ailleurs, U. EVERLING, « The Member States of the European Community before their Court of justice », *E.L. Rev.*, 1984, pp. 215-241.

justice européenne appliquée au procès. Sur ce plan, l'originalité s'estompe et les États membres paraissent égaux, devant la justice européenne, presque au même titre que tout autre justiciable.

II. L'égalité des États membres devant la Cour de justice de l'Union européenne

Devant les juridictions de l'Union, « [l]'égalité de droit [des États membres] devrait logiquement se traduire par l'uniformité du régime juridique applicable [à ces] États »[57]. Les États membres bénéficient d'un statut contentieux privilégié. De l'opposition de ce statut privilégié au statut contentieux d'État tiers[58], mais aussi à celui de tous les autres requérants ordinaires, découle son unicité intrinsèque. Il convient néanmoins de se demander si, au-delà de la reconnaissance de ce statut privilégié, les juridictions de l'Union appliquent un principe d'égalité des États membres devant la justice. Comment le juge de l'Union tient-il compte et assure-t-il cette égalité dans le(s) procès ?

La jurisprudence des juridictions de l'Union offre peu d'illustrations d'un tel principe d'égalité des États membres devant la justice européenne. Son analyse attentive permet néanmoins de constater que, dans le sillage du principe d'égalité des justiciables, le juge de l'Union a forgé un principe d'égalité des États membres quant à l'accès à ce juge (A) et promeut l'égalité des États membres dans l'application, au fond, du droit de l'Union (B).

A. *L'égalité des États membres quant à l'accès au juge de l'Union*

Privilégié, l'accès des États membres au juge de l'Union est aussi égal. Cette égalité dans l'accès au juge est, de prime abord, reflétée dans la nature obligatoire et générale de la compétence des juridictions de l'Union[59].

---

57. L. Dubouis, « Conclusions générales », in L. Potvin-Solis, *Le statut d'État membre de l'Union européenne : 14ᵉ journées Jean Monnet, op. cit.*, spéc. p. 619.
58. L'État tiers étant un requérant non-privilégié : CJUE, 22 juin 2021, *Venezuela c/ Conseil (Affectation d'un État tiers)*, aff. C-872/19 P, EU:C:2021:507, pt 53.
59. Une différenciation peut être admise par le traité. L'on songe alors à la juridictionnalisation partielle et progressive des domaines relevant de l'espace de liberté, de sécurité et de justice grâce à un régime de justiciabilité facultative inscrit à l'article 35 TUE, version Amsterdam. Instaurant une procédure préjudicielle propre au titre VI du TUE, version Amsterdam, cette disposition subordonna la compétence préjudicielle de la Cour de justice à une déclaration d'acceptation par l'État membre en laissant d'ailleurs le choix quant à la détermination des juridictions habilitées à effectuer des renvois préjudiciels. Voy., à ces propos : C. Blumann, « Aspects institutionnels »,

Dans leur jurisprudence, les juridictions de l'Union se sont, pour leur part, explicitement référées à l'égalité des États membres quant à l'accès au juge en leur qualité tant de requérant que de défendeur. Un principe d'égalité des États membres dans l'accès au juge de l'Union paraît de ce fait exister. Il nourrit des liens étroits avec celui d'égalité des justiciables quant à l'accès au juge.

En premier lieu, s'agissant de l'État membre requérant, le principe d'égalité quant à l'accès au juge ressort à tout le moins de deux illustrations jurisprudentielles explicites. Celles-ci ont trait à des problématiques de computation du délai du recours en annulation, lequel, selon une jurisprudence constante, est d'ordre public dans l'intérêt de la sécurité juridique et de « la nécessité d'éviter toute discrimination ou traitement arbitraire dans l'administration de la justice »[60]. Ces problématiques fournissent ainsi, logiquement, un terrain fertile à l'apparition d'un principe d'égalité des États membres dans l'accès au juge de l'Union.

Une première illustration se situe dans le contexte de l'adhésion, en 2004, de nouveaux États membres à l'Union. La Pologne a formé des recours en annulation partielle de règlements adoptés, sur le fondement de l'acte d'adhésion, entre la date de signature du traité d'adhésion ainsi que de cet acte d'adhésion et la date d'entrée en vigueur de ceux-ci. Ces règlements étaient appelés à s'appliquer prioritairement aux nouveaux États membres à partir de leur adhésion à l'Union et n'ont pris effet qu'à la date d'entrée en vigueur et sous réserve de l'entrée en vigueur du traité d'adhésion. Tandis que le Tribunal rejeta ces recours comme irrecevables pour cause de tardiveté[61], la Pologne revendiqua son égal droit de contester ces règlements de la même manière que les « anciens » États membres en qualité de requérant privilégié. Or, au moment de l'adhésion, lorsque la Pologne accéda à ce statut de requérant privilégié, le délai de recours, computé à compter de la publication de ces règlements, était déjà venu à échéance[62].

RTDE, 1997, pp. 721-749, spéc. p. 747 ; C. CURTI GIALDINO, « Schengen et le troisième pilier : le contrôle juridictionnel organisé par le traité d'Amsterdam », *RMUE*, 1998, n° 2, pp. 89-121 ; F. PICOD, « Le développement de la juridictionnalisation », in J. RIDEAU (dir.), *De la Communauté de droit à l'Union de droit*, Paris, LGDJ, 2000, pp. 261-286, spéc. p. 278.

60. CJCE, 4 février 1987, *Cladakis c/ Commission*, préc., pt 11 ; CJUE, ord., 16 novembre 2010, *Internationale Fruchtimport Gesellschaft Weichert c/ Commission*, aff. C-73/10 P, EU:C:2010:684, pt 52.

61. Trib. UE, 10 juin 2009, *Pologne c/ Commission*, aff. T-257/04, EU:T:2009:182, pts 32-62 ; Trib. UE (ord.), 10 juin 2009, *Pologne c/ Commission*, aff. T-258/04, non publiée, EU:T:2009:183, pts 40-71.

62. Trib. UE, 10 juin 2009, *Pologne c/ Commission*, aff. T-257/04, préc., pt 34 ; Trib. UE, ord., 10 juin 2009, *Pologne c/ Commission*, aff. T-258/04, préc., pt 42.

C'est dans ces conditions que, par deux arrêts prononcés en grande chambre, la Cour de justice reconnut au profit des nouveaux États membres un droit d'agir en annulation, en qualité d'État membre et endéans un délai de deux mois commençant à courir à compter de la date de leur adhésion à l'Union, contre de tels règlements[63]. La Cour de justice retint ainsi une approche extensive de la recevabilité et détermina, de manière purement prétorienne, le point de départ du délai de recours d'un tel recours en marge des dispositions de l'article 263 TFUE. Cette approche fut appuyée, outre sur les exigences inhérentes à l'Union de droit, sur des considérations prises de l'égalité des États membres devant les traités. La Cour de justice considéra que tous les nouveaux États membres pouvaient désormais prétendre à cette égalité vis-à-vis des anciens États membres[64]. Si le fondement retenu de cette solution a pu être critiqué[65], il n'en demeure pas moins qu'il se dégage de ces arrêts que la Cour de justice consacre l'égalité des (anciens et nouveaux) États membres quant à l'accès au juge.

Une seconde illustration, plus résiduelle, est fournie par trois ordonnances non publiées du Tribunal. Celui-ci se référa explicitement à la garantie de l'égalité des États membres destinataires d'une seule et même décision. Cette décision, par laquelle la Commission imposa à ces États membres des corrections financières au titre des différents fonds agricoles, fut attaquée par un seul d'entre eux, le Portugal. Ce dernier fit valoir, devant le Tribunal, qu'une computation du délai de recours à compter de la date de notification de cette décision à chaque État membre destinataire plutôt qu'à compter de sa date de publication générerait une inégalité des États membres. Jugeant que le délai de recours devait courir à compter de la notification individuelle, le Tribunal souligna que « l'application du critère de la notification en tant que point de départ du délai de recours, en soi, garantit l'égalité de traitement entre les États membres destinataires de la décision attaquée »[66]. En effet, même si la date de notification individuelle

---

63. CJUE, 26 juin 2012, *Pologne c/ Commission*, aff. C-335/09 P, EU:C:2012:385, pts 50 et 51 ; CJUE, 26 juin 2012, *Pologne c/ Commission*, aff. C-336/09 P, EU:C:2012:386, pts 38 et 39.

64. CJUE, 26 juin 2012, *Pologne c/ Commission*, aff. C-335/09 P, préc., pts 48 et 49 ; CJUE, 26 juin 2012, *Pologne c/ Commission*, aff. C-336/09 P, préc., pts 36 et 37. Voy., égal., concl. Cruz Villalón dans l'affaire C-336/09 P, EU:C:2011:860, pts 29-42 et 52. Voy., pour un avis différent quant aux implications de l'égalité des États membres, concl. Maduro dans l'affaire *Pologne c/ Conseil*, aff. C-273/04, EU:C:2007:361, pt 26.

65. L. Coutron, « La protection juridictionnelle de l'État adhérent », in I. Bosse-Platière et C. Rapoport (dir.), *L'État tiers en droit de l'Union européenne*, Bruxelles, Bruylant, 2014, pp. 141-158, spéc. p. 157.

66. Trib. UE (ord.), 19 avril 2016, *Portugal c/ Commision*, aff. T-550/15, non publiée, EU:T:2016:237, pt 40 ; Trib. UE (ord.),19 avril 2016, *Portugal c/ Commission*, aff. T-555/15, non publiée, EU:T:2016:238, pt 40 ; Trib. UE (ord.),19 avril 2016, *Portugal c/ Commision*, aff. T-556/15, non publiée, EU:T:2016:239, pt 40.

peut varier d'un État membre à un autre, *l'application du même critère* à l'ensemble des États membres permet d'assurer leur égalité. En cela, le principe d'égalité des États membres quant à l'accès au juge, en particulier quant à la recevabilité de recours, s'apparente comme une simple déclinaison du principe selon lequel les délais de recours sont destinés à assurer, outre la sécurité juridique, l'égalité des justiciables[67].

Ces rares précédents explicites indiquent que les juridictions de l'Union reconnaissent un principe d'égalité des États membres quant à l'accès au juge. Ce principe, qui paraît essentiellement être le reflet de l'égalité des justiciables devant le juge, requiert que l'ensemble des États membres soient soumis aux mêmes règles régissant leur accès au juge de l'Union. Ce n'est que dans des situations fort particulières[68], telles que celle rencontrée dans les deux arrêts susvisés de la Cour de justice, que le juge mobilise exceptionnellement l'égalité des États membres quant à l'accès au juge dans un sens plus constructif, pour remédier à une lacune de protection juridictionnelle.

En second lieu, à l'inverse, il apparaît que le principe d'égalité des États membres ne peut guère être brandi par ces derniers pour s'opposer à l'introduction de recours en manquement à leur encontre. La Cour de justice écarte, systématiquement, la pertinence de ce principe en tant qu'objection à la recevabilité d'un tel recours.

Ainsi, c'est sans succès que le principe d'égalité des États membres fut opposé par des États membres défendeurs à la recevabilité d'un recours en manquement au motif que la Commission n'avait pas introduit de tel recours à l'encontre d'un autre État membre se trouvant dans une situation similaire[69]. Tranchant à première vue avec l'approche retenue à l'égard de l'État membre requérant, cette fermeté de la Cour de justice s'explique essentiellement par la nature discrétionnaire du pouvoir de la Commission pour entamer des procédures en constatation de manquement[70]. Par ailleurs, elle est en parfaite cohérence avec la jurisprudence selon laquelle, au fond, « un État membre ne saurait justifier l'inexécution des obligations qui lui incombent en vertu du traité par la circonstance que d'autres États membres manqueraient également à leurs obligations [découlant du droit de l'Union] », de telle sorte

---

67. Voy. la jurisprudence citée à la note n° 60 de la présente contribution.
68. « [E]*ine sehr spezielle Situation* » selon l'expression de C. D. CLASSEN, « Die Gleichheit der Mitgliedstaaten und ihre Ausformungen im Unionsrecht », *EuR*, 2020, n° 3, pp. 255-270, spéc. p. 256.
69. Voy., en ce sens, CJCE, 4 mai 1995, *Commission c/ Grèce*, aff. C-79/94, EU:C:1995:120, pt 10 ; CJUE, 2 avril 2020, *Commission c/ Pologne e.a. (Mécanisme temporaire de relocalisation de demandeurs de protection internationale)*, aff. jtes C-715/17, C-718/17 et C-719/17, EU:C:2020:257, pts 75 et 76. Voy. égal., CJUE, 3 mars 2016, *Commission c/ Malte*, aff. C-12/14, EU:C:2016:135, pt 25.
70. Voy. la jurisprudence citée à la note précédente.

que, dans l'ordre juridique de l'Union, la mise en œuvre de ce droit par les États membres ne saurait être soumise à une condition de réciprocité[71]. L'inégalité apparente face au choix discrétionnaire de la Commission de former, ou non, un recours en manquement ne saurait, en d'autres termes, remettre en cause l'entière égalité dans la soumission au droit de l'Union[72] !

Cela étant, une ouverture semble devoir être notée. Face à la ferveur avec laquelle des États membres contestent les choix de la Commission de former des recours en manquement à leur encontre, la Cour répond parfois au fond à l'argument pris de l'inégalité, en comparant la situation de l'État membre défendeur et celle des autres États membres afin de s'assurer que la Commission n'a pas dépassé les limites de sa marge d'appréciation[73]. En ce sens, des auteurs avaient déjà laissé entendre que l'abus manifeste, par la Commission, de son pouvoir discrétionnaire ou, en d'autres termes, le harcèlement contentieux constitueraient la limite à ce pouvoir[74]. L'égalité de traitement trouve ainsi son chemin dans l'appréciation de la recevabilité des recours en manquement, à tout le moins par le biais de raisonnements à titre surabondant[75] et dans les conclusions d'avocats généraux[76].

---

71. CJCE, 26 février 1976, *Commission c/ Italie*, aff. 52/75, EU:C:1976:29, pt 11 ; CJUE, 11 juillet 2018, *Commission c/ Belgique*, aff C-356/15, EU:C:2018:555, pt 106. Voy. égal., sur ce rapprochement, concl. Sharpston dans les affaires *Commission c/ Pologne e.a. (Mécanisme temporaire de relocalisation de demandeurs de protection internationale)*, aff. jtes C-715/17, C-718/17 et C-719/17, EU:C:2019:917, pts 111-113.

72. Celle-ci étant par ailleurs assurée par la possibilité pour tout justiciable d'invoquer le droit de l'Union contre un État membre devant les juridictions nationales (CJCE, 5 février 1963, *Van Gend en Loos*, aff. 26/62, EU:C:1963:1, *Rec.*, p. 3, spéc. p. 25) et la possibilité d'engager la responsabilité de ce dernier devant les juridictions nationales en l'absence de tout arrêt ayant constaté son manquement au droit de l'Union (CJCE, 5 mars 1996, *Brasserie du pêcheur et Factortame*, aff. jtes C-46/93 et C-48/93, EU:C:1996:79, pts 94-96 ; CJCE, 24 mars 2009, *Danske Slagterier*, aff. C-445/06, EU:C:2009:178, pt 37) ou d'arrêt préjudiciel laissent entrevoir l'existence d'une violation du droit de l'Union (CJUE, 26 janvier 2010, *Transportes Urbanos y Servicios Generales*, aff. C-118/08, EU:C:2010:39, pt 38).

73. CJUE, 2 avril 2020, *Commission c/ Pologne e.a. (Mécanisme temporaire de relocalisation de demandeurs de protection internationale)*, préc., pts 77-82. Dans d'autres circonstances, la Cour de justice évite la question. Ainsi, face à une allégation implicite d'inégalité de traitement du fait de la fixation de délais trop brefs au cours de la procédure précontentieuse, la Cour apprécie la durée raisonnable de ces délais sans se prononcer sur la problématique de l'égalité des États membres : CJUE, 6 octobre 2020, *Commission c/ Hongrie (Enseignement supérieur)*, aff. C-66/18, EU:C:2020:792, pts 45-55.

74. Le principe d'égalité des États membres s'opposerait à l'ouverture systématique de procédures en manquement à l'encontre de certains États membres, tandis que d'autres États membres en restent épargnés : C. Franzius, « EUV Art. 4 [Föderative Grundsätze] », in M. Pechstein, C. Nowak et U. Häde (éds), *Frankfurter Kommentar zu EUV, GRC und AEUV*, Tübingen, Mohr Siebeck, 2017, spéc. § 22 ; S. Schill, « EUV Art. 4 [Prinzipien der föderativen Struktur] », in E. Grabitz, M. Hilf et M. Nettesheim (éds), *Das Recht der Europäischen Union : EUV/AEUV*, 73e éd., Munich, Beck, 2021, spéc. § 10 ; R. Streinz, « Art. 4 [Beziehungen zwischen der Union und den Mitgliedstaaten] », in R. Streinz (éd.), *EVU/AEUV*, 3e éd., Munich, Beck, 2018, spéc. § 13.

75. CJUE, 2 avril 2020, *Commission c/ Pologne e.a. (Mécanisme temporaire de relocalisation de demandeurs de protection internationale)*, préc., pts 77-82.

76. Voy., pour un examen du point de savoir si la Commission avait manifestement abusé de son pouvoir discrétionnaire en traitant différemment certains États membres, concl. Sharpston, *op. cit.*, pts 115-121.

En définitive, en termes d'accès au juge, l'égalité des États membres n'est, pour l'essentiel, qu'une déclinaison du principe d'égalité des justiciables. Elle implique que tous les États membres sont soumis aux mêmes règles de droit régissant leur accès, privilégié, au juge de l'Union. Elle se voit limitée seulement par la discrétion dont jouit la Commission quant à l'enclenchement de procédures en constatation de manquement. Un constat similaire s'impose à l'égard de l'application du droit de l'Union par le juge.

B. *L'égalité des États membres dans l'application du droit par le juge de l'Union*

Dans l'exercice de son office, le juge de l'Union est confronté à l'égalité des États membres sous toutes ses facettes. Il veille à la garantie de cette égalité, tout en la conciliant avec les impératifs de cet office. Ce constat se vérifie dans au moins trois situations.

Le juge de l'Union est, en premier lieu, naturellement le garant du respect de l'égalité des États membres devant les traités par les autres institutions, par les organes et par les organismes de l'Union dans le cadre du contrôle de légalité des actes pris par ces derniers. À ce titre, il examine les moyens d'illégalité pris de la violation alléguée de ce principe[77]. Rarement invoqués[78], ces moyens sont souvent écartés par le juge[79].

Le juge de l'Union veille, en deuxième lieu, à l'égalité des États membres dans le cadre de l'interprétation du droit de l'Union. Il se saisit du principe d'égalité des États membres à l'appui de ses méthodes d'interprétation.

---

77. Un tel moyen est voué à l'échec si la différence de traitement critiquée découle du droit primaire (voy. les exemples et explications fournis par S. JOLIVET, « L'égalité des États membres de l'Union européenne. Vers une conception de l'égalité étatique autonome du droit international ? », *op. cit.*, spéc. pp. 399 et 400) ou en cas de différence de situations (voy., par ex., CJUE, 23 octobre 2007, *Pologne c/ Conseil*, aff. C-273/04, EU:C:2007:622, pts 86-88). Les États membres mis en minorité lors des votes au sein du Conseil tendent à invoquer ce type d'argumentation, qui « n'est que très rarement accueilli[e] » : L. COUTRON, « Les recours formés par les États en minorité », in F. PICOD (dir.), *Le principe majoritaire en droit de l'Union européenne*, Bruxelles, Bruylant, 2016, pp. 227-254, spéc. p. 239.

78. Voy. également, en ce sens, C. D. CLASSEN, « Die Gleichheit der Mitgliedstaaten und ihre Ausformungen im Unionsrecht », *op. cit.*, spéc. pp. 268 et 269.

79. Sur ces questions, nous nous permettons de renvoyer à la belle analyse menée par L. Azoulai dans sa contribution au présent ouvrage.

Sur un plan conceptuel, le juge de l'Union relie l'interprétation uniforme du droit de l'Union au « principe d'égalité »[80], en ce compris l'égalité des États membres. Cette égalité sert de vecteur, de justification au besoin d'interprétation uniforme, en même temps qu'elle est servie par l'application uniforme du droit de l'Union dans l'ensemble des États membres[81]. Les implications de cette approche sont puissantes : elles peuvent conduire le juge de l'Union à interpréter une disposition de l'Union relevant d'un ensemble réglementaire à la lumière de dispositions non applicables à l'État membre concerné par l'affaire. En témoigne l'arrêt *The International Protection Appeals Tribunal e.a.* du 14 janvier 2021. L'affaire préjudicielle, émanant d'une juridiction irlandaise, portait sur l'interprétation de dispositions relevant du régime européen commun d'asile. En principe, et sauf *opt in*, l'Irlande ne participe pas à ce régime dès lors que celui-ci, constitué de plusieurs actes, a été mis en place en application des dispositions du titre V de la troisième partie du TFUE[82]. En l'occurrence, si l'Irlande avait décidé de transposer les dispositions de la directive 2013/33[83], sur l'interprétation desquelles portaient les questions préjudicielles, elle n'avait pas fait d'*opt in* pour la directive 2013/32[84]. Néanmoins, pour des motifs d'égalité, la Cour de justice estima nécessaire d'interpréter les dispositions de la première à

---

80. Selon la jurisprudence, « il découle des exigences tant de l'application uniforme du droit de l'Union que du principe d'égalité que les termes d'une disposition du droit de l'Union, qui ne comporte aucun renvoi exprès au droit des États membres pour déterminer son sens et sa portée, doivent normalement trouver, dans toute l'Union, une interprétation autonome et uniforme, qui doit être recherchée en tenant compte non seulement des termes de celle-ci, mais également du contexte de la disposition et de l'objectif poursuivi par la réglementation en cause » : CJCE, 18 janvier 1984, *Ekro*, aff. 327/82, EU:C:1984:11, pt 11 ; CJUE, 7 novembre 2019, *K.H.K. (Saisie conservatoire des comptes bancaires)*, aff. C-555/18, EU:C:2019:937, pt 38.

81. Sur ces liens entre l'interprétation et l'application uniformes du droit de l'Union, d'une part, et l'égalité des États membres devant les traités, d'autre part, C. D. Classen, « Die Gleichheit der Mitgliedstaaten und ihre Ausformungen im Unionsrecht », *op. cit.*, spéc. p. 267 ; C. Calliess, « Art. 4 [Zuständigkeiten der Union, nationale Identität, loyale Zusammenarbeit] », in C. Calliess et M. Ruffert (éds), *EU-Vertrag (Lissabon)*, 6ᵉ éd., 2022, §§ 16-18 ; K. Lenaerts, « L'égalité des États membres devant les traités : la dimension transnationale du principe de primauté », *op. cit.*, et « No Member State is More Equal than Others. The Primacy of EU law and the Principle of the Equality of the Member States before the Treaties », *VerfBlog*, 8 octobre 2020, https://verfassungsblog.de/no-member-state-is-more-equal-than-others/ (dernière consultation le 2 octobre 2021). Voy. égal. la contribution approfondie de K. Lenaerts au présent ouvrage. Voy., pour une critique, J. Lindeboom, « Is the Primacy of EU Law Based on the Equality of the Member States ? A Comment on the CJEU's Press Release following the PSPP Judgment », *German Law Journal*, 2020, vol. 21, n° 5, pp. 1032-1044.

82. Conformément aux dispositions du protocole n° 21 sur la position du Royaume-Uni et de l'Irlande à l'égard de l'espace de liberté, de sécurité et de justice, *JOUE*, C 202, 2016, p. 295.

83. Directive 2013/33/UE du Parlement européen et du Conseil, du 26 juin 2013, établissant des normes pour l'accueil des personnes demandant la protection internationale, *JOUE*, L 180, 2013, p. 96.

84. Directive 2013/32/UE du Parlement européen et du Conseil, du 26 juin 2013, relative à des procédures communes pour l'octroi et le retrait de la protection internationale, *JOUE*, L 180, 2013, p. 60.

la lumière de celles de la seconde[85]. Sur ce plan, le principe d'interprétation uniforme, justifié par des considérations d'égalité, peut atténuer une différenciation obtenue par un État membre.

Lors de l'exercice d'interprétation, l'égalité (des langues) des États membres est implicitement servie par l'égale valeur accordée à l'ensemble des versions linguistiques des dispositions du droit de l'Union[86]. Par contraste, l'égalité (des droits nationaux) des États membres se trouve quelque peu atténuée dans la méthode de cristallisation des principes généraux du droit de l'Union, lorsque le juge sélectionne, parmi les solutions divergentes des droits nationaux, celle qui s'intègre le mieux dans l'ordre juridique de l'Union[87].

Toujours en lien avec l'interprétation du droit de l'Union, l'égalité des États membres est enfin mobilisée explicitement par la jurisprudence relative à la limitation des effets d'un arrêt préjudiciel dans le temps. La règle selon laquelle une telle limitation « ne peut être admise que dans l'arrêt même qui statue sur l'interprétation sollicitée […] garantit *l'égalité de traitement des États membres et des autres justiciables* face au droit de l'Union et remplit par là même les exigences découlant du principe de sécurité juridique »[88]. L'affirmation est intéressante à un double titre. D'une part, elle relie, à l'instar de la jurisprudence relative à l'interprétation autonome, l'égalité des États membres à l'application uniforme du droit de l'Union. D'autre part, en rapprochant « l'égalité de traitement des États membres et des autres justiciables face au droit de l'Union », elle indique que le principe d'égalité des États membres n'est en définitive qu'une facette de l'égalité des justiciables, tant devant le droit de l'Union que devant la justice européenne.

Le juge de l'Union est, en troisième lieu, confronté à l'égalité des États membres lorsqu'il statue au fond dans le contentieux du manquement étatique.

---

85. CJUE, 14 janvier 2021, *The International Protection Appeals Tribunal e.a.*, aff. jtes C-322/19 et C-385/19, EU:C:2021:11, pts 57-60.

86. Voy. *supra*, sous I, B.

87. Voy., en particulier, CJCE, 12 juillet 1957, *Algera e.a. c/ Assemblée commune*, aff. jtes 7/56 et 3/57 à 7/57, EU:C:1957:7. Voy., à ce sujet, P. PESCATORE, « Le recours, dans la jurisprudence de la Cour de justice des Communautés européennes, à des normes déduites de la comparaison des droits des États membres », *RIDC*, 1980, pp. 337-359 ; K. LENAERTS, « Le droit comparé dans le travail du juge communautaire », in F. VAN DER MENSBRUGGHE (dir.), *L'utilisation de la méthode comparative en droit européen*, Namur, Presses universitaires de Namur, 2003, pp. 111-168.

88. CJUE, 26 octobre 2021, *PL Holdings*, aff. C-109/20, EU:C:2021:875, pt 61. Voy. déjà, CJCE, 6 mars 2007, *Meilicke e.a.*, aff. C-292/04, EU:C:2007:132, pt 37 ; CJUE, 23 avril 2020, *Herst*, aff. C-401/18, EU:C:2020:295, pt 57. Soulignements ajoutés.

D'une part, la Cour de justice écarte les moyens de défense des États membres pris de l'inexécution de leurs obligations par d'autres États membres. Selon une jurisprudence ancienne, déjà mentionnée, un État membre ne saurait justifier l'inexécution des obligations qui lui incombent en vertu du droit de l'Union par la circonstance que d'autres États membres manqueraient également à leurs obligations[89]. En d'autres termes, il n'y a pas d'égalité entre les États membres dans l'illégalité. Derrière cette affirmation se cache un principe d'égale soumission des États membres au droit de l'Union, dont le juge de l'Union assure le contrôle.

D'autre part, c'est le calcul des sanctions pécuniaires, qu'il s'agisse d'une astreinte et/ou d'une somme forfaitaire, sur le fondement de l'article 260, paragraphes 2 ou 3, TFUE, qui pose de la manière la plus accrue la question de l'égalité des États membres devant la justice européenne.

La Cour de justice jouit dans ce contexte d'un large pouvoir discrétionnaire pour déterminer, dans chaque cas d'espèce, la nature et le montant des sanctions pécuniaires appropriées[90]. Elle n'est liée ni par les propositions de sanction de la Commission, qui ne constituent qu'une base de référence utile[91], ni par les communications émises par la Commission[92] aux fins de la détermination des sanctions qu'elle propose[93]. Tandis que de telles communications servent, outre la transparence, la prévisibilité et la sécurité juridique[94], l'égalité des États membres[95], la Cour de justice n'a pas adopté

---

89. Voy., en particulier, CJCE, 26 février 1976, *Commission c/ Italie*, préc., pt 11 ; CJCE, 19 novembre 2009, *Commission c/ Finlande*, aff. C-118/07, EU:2009:715, pt 48.

90. Voy., pour une illustration récente, CJUE, 12 novembre 2019, *Commission c/ Irlande*, aff. C-261/18, EU:2019:955, pt 112.

91. Voy., en ce sens, s'agissant des propositions d'astreintes, CJCE, 4 juillet 2000, *Commission c/ Grèce*, préc., pt 89 ; CJUE, 12 novembre 2019, *Commission c/ Irlande*, préc., pt 132.

92. Communication de la Commission, « Mise en œuvre de l'article 228 du traité CE », SEC/2005/1658, actualisée par la communication de la Commission, « Modification de la méthode de calcul des sommes forfaitaires et des astreintes journalières proposées par la Commission dans le cadre des procédures d'infraction devant la Cour de justice de l'Union européenne », *JOUE*, C 70, 2019, p. 1.

93. Voy., not., CJCE, 12 juillet 2005, *Commission c/ France*, aff. C-304/02, EU:C:2005:444, pt 85.

94. CJCE, 4 juillet 2000, *Commission c/ Grèce*, préc., pt 87 ; CJCE, 12 juillet 2005, *Commission c/ France*, préc., pt 85.

95. CJCE, 4 juillet 2000, *Commission c/ Grèce*, préc., pt 84. Au regard du principe d'égalité des États membres, l'on peut toutefois s'étonner d'un aspect du calcul de ces propositions. Dans ses propositions, la Commission tient compte, afin d'évaluer la *capacité de paiement* des États membres, outre de leur PIB respectif, de leur *poids institutionnel* respectif. Aussi, jusqu'en 2019, la Commission prit-elle en considération le nombre de voix au sein du Conseil (voy., pour une critique, concl. av. gén. FENELLY dans l'affaire *Commission c/ Grèce*, aff. C-197/98, EU:1999:597, pt 40 ; B. MASSON, « "L'obscure clarté" de l'article 228 § 2 CE », *RTDE*, 2004, n° 4, pp. 639-668, sous II-B-1) ! Ce facteur ayant été écarté par la Cour eu égard aux nouvelles modalités de vote au sein du Conseil (CJUE, 14 novembre 2018, *Commission c/ Grèce*, aff. C-93/17, EU:C:2018:903, pts 136-142), la Commission a néanmoins réintroduit un

de document analogue. Elle a néanmoins établi, par sa jurisprudence, un nombre de facteurs pertinents aux fins de la détermination des sommes forfaitaires[96] et astreintes[97] qu'elle prononce, fixant ainsi la méthode et le cadre de l'exercice de son pouvoir d'appréciation.

Or, si elle suit usuellement cette méthode et ce cadre, la Cour de justice ne donne guère à voir ses calculs concrets, ne fait pas état des barèmes ou des coefficients utilisés à cette fin[98] et ne met point en perspective la sanction infligée à un État membre par rapport aux sanctions infligées à d'autres États membres se trouvant dans une situation similaire ou ayant commis un manquement d'une gravité similaire. L'opacité et le manque de prévisibilité des calculs ont pu être regrettés dans une Union de droit[99]. L'impression d'aléa[100] qui règne sur la fixation des sanctions pécuniaires rend vaine toute tentative de comparer les montants infligés à différents États membres[101] et peut, de ce fait, jeter un doute sur la garantie de l'égalité des États membres au stade de la détermination des sanctions pécuniaires. Cela étant dit, au vu de la grande variété des situations de manquement rencontrées par la Cour de justice, il paraît pratiquement impossible d'assurer une correspondance parfaite entre les sanctions prononcées, qui doivent rester adaptées aux circonstances individuelles de chaque cas d'espèce. L'application des mêmes critères sert, à ce titre, de rempart contre des inégalités arbitraires.

Ce sont ces considérations qui expliquent que l'argument de l'égalité des États membres n'est qu'exceptionnellement abordé par la Cour de justice dans ce contexte. Rarement soulevé, il ne donne lieu à aucune appréciation explicite par la Cour[102] ou se trouve rapidement écarté, dans

---

facteur reflétant le poids institutionnel des États membres (Communication de la Commission, « Modification de la méthode de calcul des sommes forfaitaires et des astreintes journalières proposées par la Commission dans le cadre des procédures d'infraction devant la Cour de justice de l'Union européenne », préc.).

96. Voy., pour un rappel, CJUE, 12 novembre 2019, *Commission c/ Irlande*, préc., pts 113 et 114 ainsi que jurisprudence citée.

97. *Ibid.*, pt 131.

98. Th. VAN RIJN, « Les sanctions pécuniaires de l'article 260 TFUE : 5 ans après le traité de Lisbonne », *CDE*, 2015, nᵒˢ 2-3, pp. 557-589, spéc. pp. 570 et 572.

99. D. BLANC, « Les procédures du recours en manquement, le traité, le juge et le gardien : entre unité et diversité en vue d'un renforcement de l'Union de droit », in S. MAHIEU (dir.), *Contentieux de l'Union européenne. Questions choisies*, Bruxelles, Larcier, 2014, pp. 429-461, spéc. p. 444, citant A. RIGAUX, *Europe*, 2013, nᵒˢ 8/9, comm. 334, p. 19. *Adde*, I. KILBEY, « The interpretation of Article 260 TFEU (ex 228 EC) », *E.L. Rev.*, 2010, nᵒ 3, pp. 370-386, spéc. p. 377.

100. Th. VAN RIJN, « Les sanctions pécuniaires de l'article 260 TFUE : 5 ans après le traité de Lisbonne », *op. cit.*, spéc. pp. 572 et 573, s'agissant du calcul des astreintes.

101. *Ibid.*, p. 578, s'agissant cette fois de la somme forfaitaire.

102. CJUE, 25 juin 2014, *Commission c/ Pologne*, aff. C-76/13, EU:2014:2029, comp. pt 42 et pts 48-77.

une affaire pourtant emblématique, au motif « qu'il appartient à la Cour, dans chaque affaire, d'apprécier, eu égard aux circonstances de l'espèce, les sanctions pécuniaires à arrêter »[103]. En d'autres termes, un tel argument est voué à l'échec dès lors que l'appréciation des sanctions pécuniaires appropriées est nécessairement fonction de chaque cas d'espèce et que l'application du même cadre méthodologique, fût-il abstrait, constitue une garantie suffisante de l'égalité des États membres devant le juge du manquement. La situation n'est, en fin de compte, guère différente du maniement de l'égalité des justiciables par le juge de l'Union du plein contentieux, notamment en matière d'amendes infligées pour violation du droit de la concurrence.

Malgré ces nuances et réserves, l'analyse de la jurisprudence des juridictions de l'Union fait apparaître que l'égalité des États membres, au stade contentieux, est un principe inhérent à la justice européenne. Rarement explicitée, cette égalité se présente, pour l'essentiel, comme une facette du principe d'égalité des justiciables devant le juge[104] et reflète, à ce titre, un principe directeur du procès. Cette conception de l'égalité des États membres *devant* la justice européenne, facette de l'égalité des justiciables, est également le signe d'une certaine banalisation du statut privilégié des États membres devant cette justice[105]. Mais l'égalité des États membres devant la justice européenne renferme aussi un volet institutionnel, qui se concrétise dans la composition des juridictions de l'Union sur la base d'une stricte égalité entre les États membres et, moins ostensiblement, dans leur fonctionnement.

La garantie de cette égalité des États membres dans et, plus encore, devant la justice européenne est, en fin de compte, un vecteur d'indépendance et d'impartialité de la justice européenne, valeurs cardinales de l'État de droit. À ce titre, le respect, univoque mais aussi visible, de l'égalité des États membres devant la justice est un enjeu d'autant plus crucial à l'heure où ces valeurs mêmes sont remises en cause par et dans des États membres. Dans ce contexte, et au-delà des aspects institutionnels et contentieux abordés

---

103. CJCE, 12 juillet 2005, *Commission c/ France*, préc., pt 85. Voy., à ce propos, A. Rigaux, « Manquement sur manquement : la France expérimente le cumul des sanctions pécuniaires », *Europe*, 2005, n° 10, étude 10, pp. 9-12, §§ 4 et 13.

104. Ceci n'est pas sans rappeler l'idée que l'égalité des États membres devant les traités est, « en quelque sorte, [...] l'équivalent de l'égalité devant la loi des différents citoyens, mais appliqué cette fois aux États » : J.-C. Barbato, « Les États membres sont-ils encore des États au sens traditionnel du terme ? », in J.-C. Barbato et Y. Petit (dir.), *L'Union européenne, une Fédération plurinationale en devenir ?*, Bruxelles, Larcier, 2015, pp. 181-204, spéc. pp. 188 et 189, note de bas de page n° 548.

105. Voy., s'agissant de l'idée d'une banalisation du statut privilégié des États membres, S. Gervasoni, « Le statut contentieux de l'État membre », *op. cit.*

dans cette brève étude, ce triptyque doit guider le dialogue ô combien nécessaire mais parfois difficile entre la Cour de justice et les juridictions suprêmes des États membres[106].

---

106. Voy., sur ce dernier point, les interrogations que le communiqué de presse n° 58/20 de la Cour de justice de l'Union européenne, du 8 mai 2020, en réaction à l'arrêt rendu par la Cour constitutionnelle allemande le 5 mai 2020 portant sur le programme PSPP de la Banque centrale européenne a suscitées en termes tant d'égalité des États membres devant la justice européenne que d'impartialité de cette dernière à leur égard : J. LINDEBOOM, « Is the Primacy of EU Law Based on the Equality of the Member States ? A Comment on the CJEU's Press Release following the PSPP Judgment », *op. cit.*

PARTIE II
ASPECTS INSTITUTIONNELS

LES RELATIONS ENTRE L'ÉGALITÉ ET LA SOUVERAINETÉ DES ÉTATS MEMBRES DE L'UNION EUROPÉENNE : DES COMPLÉMENTARITÉS À GÉOMÉTRIE VARIABLE ET DES TENSIONS GÉRABLES

par

Hugues DUMONT

PROFESSEUR ÉMÉRITE INVITÉ À L'UNIVERSITÉ SAINT-LOUIS – BRUXELLES
VICE-RECTEUR HONORAIRE À LA RECHERCHE

et

Cecilia RIZCALLAH*

PROFESSEURE À L'UNIVERSITÉ SAINT-LOUIS – BRUXELLES
CHERCHEUSE À L'INSTITUT DE DROIT EUROPÉEN DE LA KULeuven

INTRODUCTION

Faut-il le rappeler ? Les concepts d'égalité et de souveraineté innervent le droit international public moderne. Il est en effet acquis de très longue date que les rapports entre États reposent sur le principe d'égalité juridique. Tous les États sont considérés comme ayant la même capacité juridique sur la scène internationale ; « ils peuvent, quelles que soient […] leur force et leur richesse, revendiquer les mêmes droits et sont tenus des mêmes obligations »[1]. La souveraineté, pour sa part, constitue l'un des attributs essentiels des États, qui les distingue des autres entités publiques et

---

* Ce projet a été partiellement soutenu par le programme de recherche et d'innovation Horizon 2020 de l'Union européenne, dans le cadre de la convention de subvention n° 851621.
1. A. CHRÉTIEN, *Principes de droit international public*, Paris, Librairie Maresq Ainé, 1893, p. 163. Voy., dans le même sens, H. KELSEN, *General Theory of Law and the State*, Cambridge, Harvard University Press, 1945, p. 252.

privées[2]. À vrai dire, c'est le concept de souveraineté qui implique celui de l'égalité : parce que chaque État est souverain, c'est-à-dire exempt de toute subordination à l'égard d'une puissance étrangère, chacun est juridiquement l'égal de tous les autres. « Souverainement égaux, ou également souverains, les États sont mutuellement dans une situation de parité légale »[3].

Si l'on passe du droit international public à la théorie des formes fédératives, on doit signaler d'emblée que l'égalité y revêt aussi la portée d'un principe cardinal. Transcendant les différentes espèces que l'on peut recenser à l'intérieur du genre fédératif[4], tout comme les principes de la loyauté fédérale[5] et de la solidarité entre les composantes, il requiert « un niveau minimum d'égalité » statutaire entre les parties, qui tempère l'autonomie des acteurs de la fédération[6].

Il va de soi que ces concepts d'égalité et de souveraineté, ainsi que les liens qu'ils entretiennent ne vont pas rester intacts une fois immergés dans le contexte juridique et politique propre à l'Union européenne que nous qualifions de *Fédération plurinationale*, une espèce appartenant au genre fédératif, mais qui se distingue tant des États fédéraux que des confédérations d'États. Toute la question qui nous occupe est de déterminer en quoi et jusqu'où égalité et souveraineté sont affectées par cette immersion.

On sait que certains juristes considèrent que le concept de souveraineté doit être effacé de la compréhension que l'on doit avoir de l'Union européenne. Les États auraient perdu leur souveraineté et l'Union ne l'aurait pas acquise pour autant. Le thème qui nous a été assigné n'aurait alors aucun sens. Notre premier point sera donc dédié à la thèse inverse selon laquelle le concept de souveraineté conserve une pertinence et une

---

2. H. DUMONT et M. EL BERHOUMI, *Droit constitutionnel. Approche critique et interdisciplinaire*, Bruxelles, Larcier, 2021, p. 70.

3. J. COMBACAU et S. SUR, *Droit international public*, Paris, Montchrestien, 2012, p. 237.

4. Il y va, selon une formule devenue canonique, d'une articulation entre deux ou plusieurs ordres juridiques (des « niveaux de gouvernement », disent les anglophones) qui combine des éléments de régulation partagée (*shared rule*) par des institutions communes et d'autorégulation (*self rule*) par les entités constitutives. Voy. D. J. ELAZAR, *Exploring Federalism*, Tuscaloosa, The University of Alabama Press, 1987, pp. 12 et s. ; H. DUMONT et M. EL BERHOUMI, « Les formes juridiques fédératives d'association et de dissociation dans et entre les États », *Droit et Société*, 2018, n° 98, pp. 15-36.

5. « Une alliance fédérale implique nécessairement un niveau minimal de confiance entre les parties, ce qui présuppose qu'elles agissent dans un esprit de loyauté fédérale les unes à l'égard des autres et par rapport au principe fédéral lui-même » (J.-F. GAUDREAULT-DESBIENS, « Towards a Deontic-Axiomatic Theory of Federal Adjudication », in A. LEV [dir.], *The Federal Idea. Public Law between Governance and Political Life*, Oxford/Portland, Hart/Bloomsbury, 2017, pp. 100-102).

6. J.-F. GAUDREAULT-DESBIENS, « Towards a Deontic-Axiomatic Theory of Federal Adjudication », *op. cit.*, pp. 100-102.

utilité, même si l'on doit soutenir qu'il en ressort transformé du fait de l'intégration européenne. Nous distinguerons les différentes facettes qui caractérisent la souveraineté des États membres : formelle et matérielle, positive et négative, et nécessairement inclusive. Nous évoquerons ensuite brièvement les principales facettes que le principe d'égalité entre États membres présente dans le droit de l'Union européenne (I).

Nous serons alors armés conceptuellement pour examiner les relations qui se nouent entre nos deux principes en distinguant les deux faces du sujet selon que l'on aborde l'égalité des États membres *dans* les traités ou leur égalité *devant* les traités (II). Sous l'angle de la première, nous verrons se dessiner des relations de complémentarité à géométrie variable (II, A). Du point de vue de la seconde, les relations sont plus tendues, mais ces tensions sont gérables à certaines conditions (II, B).

I. LES FACETTES DE LA SOUVERAINETÉ ET DE L'ÉGALITÉ DES ÉTATS MEMBRES DANS L'UNION EUROPÉENNE

Dans notre esprit, la distinction entre ce que nous appelons la souveraineté formelle négative et la souveraineté matérielle positive des États membres demeure incontournable et éclairante. Pour disposer de tous les concepts utiles à notre investigation, nous allons la présenter en l'intégrant dans la définition que nous donnons au concept de Fédération plurinationale qui nous semble qualifier adéquatement la nature juridique de l'Union (A). Nous nous mettrons ensuite à l'écoute des objections que notre théorie peut se voir opposer et nous répondrons à ces objections (B).

Dans un troisième temps, en épousant un point de vue davantage horizontal – celui des relations qui se nouent entre les États – nous développerons la distinction qu'il y a encore lieu de faire entre les modes d'exercice exclusif et inclusif de la souveraineté territoriale (C).

Nous terminerons cette mise au point de nos prémices conceptuelles en distinguant les facettes que prend le principe d'égalité des États membres de l'Union, tantôt dans les traités, tantôt devant ceux-ci (D).

A. *L'Union articule un pôle plurinational soucieux de préserver la souveraineté formelle négative des États membres avec un pôle fédératif qui met en commun une part de leur souveraineté matérielle positive*

Nous cherchons à saisir la nature juridique de l'Union européenne par le concept de Fédération plurinationale. Nous définissons celui-ci comme une union volontaire, durable et dotée de la personnalité juridique, qui associe par un *pacte constitutionnel* des États attachés à la maîtrise de leur nationalité, de la délimitation de leur territoire et de l'exercice de leur *souveraineté formelle négative*, mais ayant consenti au remplacement de leur *souveraineté matérielle positive* dans les seules matières qu'ils ont décidé librement de transférer à l'union par une co-souveraineté, une mise en commun de ces souverainetés au service des citoyens de l'union.

Par *souveraineté formelle négative*, nous visons le pouvoir dit du dernier mot qui s'exprime en particulier par le droit de veto dont chaque État membre dispose lors des révisions du pacte[7] et là où le principe de l'unanimité est encore applicable dans le processus décisionnel de l'Union, ainsi que par son droit de retrait unilatéral[8]. Par *souveraineté matérielle positive* d'un État membre, nous entendons le pouvoir d'adopter ou de faire adopter des décisions conformes à ses vœux. Enfin, nous qualifions les traités fondateurs de *pacte constitutionnel* parce qu'il s'agit bien d'un pacte fait de traités conclus entre des États formellement souverains, et non pas d'une Constitution unilatéralement décrétée par *un* peuple souverain, mais d'un pacte *constitutionnel* parce que leur objet est matériellement constitutionnel et parce qu'ils remplacent la souveraineté matérielle positive des États dans plusieurs domaines sensibles par cette co-souveraineté qu'ils instituent[9].

Autrement dit, comme les pactes fédératifs des confédérations, mais à la différence des Constitutions fédérales, le pacte constitutionnel de la Fédération plurinationale se révise à l'unanimité des États membres et, à la différence des premiers comme des secondes, il est réversible. Il s'agit donc bien d'un contrat, d'un pacte respectueux du caractère plurinational

---

7. Voy. art. 48 TUE.
8. Voy. art. 50 TUE.
9. Pour un commentaire plus complet, voy. H. Dumont, « L'Union européenne, une Fédération plurinationale fondée sur un pacte constitutionnel », in J.-C. Barbato et Y. Petit (dir.), *L'Union européenne, une Fédération plurinationale en devenir ?*, Bruxelles, Bruylant, 2015, pp. 35-65 ; A. Bailleux et H. Dumont, *Le pacte constitutionnel européen*, t. 1er, *Fondements du droit institutionnel de l'Union européenne*, Bruxelles, Bruylant, 2015, nos 540-552.

de la Fédération en question puisqu'il laisse la souveraineté formelle, dans sa version négative, c'est-à-dire le pouvoir ultime de s'opposer, dans les mains des États membres, ceux-ci disposant à la fois du droit de veto sur la révision du pacte et donc sur l'attribution des compétences conférées à l'Union et du droit de sécession sous la forme d'un droit de retrait (négocié, mais en dernière instance unilatéral). À cet égard, la Fédération plurinationale se distingue à la fois des confédérations qui refusent de faire clairement tomber la souveraineté formelle d'un côté ou de l'autre, et des États fédéraux qui l'attribuent au pouvoir constituant de l'État fédéral.

En revanche, dans les matières qu'ils ont transférées à l'Union conformément à la logique fédérative, la souveraineté matérielle positive des États membres, c'est-à-dire leur faculté d'obtenir des décisions conformes à leurs attentes dans des domaines-clés comme la monnaie, le contrôle des frontières, la politique de l'immigration, la coopération policière et judiciaire en matière pénale et la politique budgétaire, est remplacée par la co-souveraineté, le *pooling* de souverainetés. Il en va de même dans les confédérations d'États, mais l'ampleur des transferts opérés au profit de l'Union dans les matières qui relevaient de la souveraineté matérielle des États et la fréquence du recours au principe de majorité au sein du Conseil représentatif des États membres, combinées avec le maintien de la souveraineté formelle dans les mains de ceux-ci, est une disjonction des facettes formelle et matérielle de la souveraineté caractéristique et propre à la Fédération plurinationale.

Ce concept de Fédération plurinationale n'entend pas décrire une sorte d'essence intemporelle. Il fournit des caractéristiques qui sont comme des bornes délimitant un espace sur une ligne continue entre un pôle plurinational et un pôle fédératif. Le premier vise les identités nationales des États membres qui ont vocation à perdurer, avec leurs attributs en matière de souveraineté formelle et de contrôle de certaines prérogatives relevant de leur souveraineté matérielle. Le second désigne la communauté politique et juridique que forme l'Union dans sa dimension intégrée. Selon la manière dont la Fédération plurinationale conçoit et articule ses traits contractuels, donc plurinationaux, et ses traits constitutionnels, donc fédératifs, en fonction des politiques de ses institutions et de ses États membres, elle peut évoluer très différemment. Le concept ainsi compris constitue un instrument précieux, d'une part, pour discerner les traits majeurs et les enjeux, les facteurs d'équilibre et de déséquilibre, ainsi que les lignes d'évolution du droit de l'Union *de lege lata* et, d'autre part, pour explorer des pistes de réforme *de lege ferenda* selon certains idéaux qui ne sont pas d'emblée irréalistes.

B. Les objections de Julien Barroche et d'Édouard Dubout : la souveraineté en suspens

En s'appuyant sur une lecture contestable des travaux d'Olivier Beaud[10], certains auteurs soutiennent aujourd'hui que l'Union européenne est une Fédération dont l'originalité résiderait dans la disparition de la souveraineté. Dans cette ligne, les travaux de Julien Barroche[11] et d'Édouard Dubout[12] doivent être présentés parce qu'ils ont le mérite de nous opposer de sérieuses objections. Ces deux auteurs partagent avec notre approche l'idée que le fédéralisme rend le mieux compte de la complexité de l'Union européenne (sans verser dans un point de vue militant en faveur du fédéralisme)[13]. Ils qualifient aussi l'Union européenne de Fédération. Mais ils l'entendent au sens où Olivier Beaud a défini ce terme (et ce malgré les réserves de Beaud lui-même[14]), c'est-à-dire une union volontaire et durable de communautés politiques qui laisse la question de la souveraineté en suspens[15], ce qui nous semble pertinent pour définir les anciennes confédérations d'États, mais pas pour qualifier l'Union européenne puisque celle-ci situe clairement les attributs de la souveraineté formelle dans les mains des États.

Si Julien Barroche soutient ce point de vue, c'est parce qu'il croit pouvoir récuser la distinction que nous faisons, avec beaucoup d'autres constitutionnalistes, entre les facettes formelle et matérielle de la souveraineté. Le concept de souveraineté, écrit-il, doit être compris au-delà de l'approche juridique, à partir du « lien indéfectible et consubstantiel entre les plans formel et matériel »[16]. Il n'ignore pas que la procédure de révision des traités à l'unanimité et le droit de retrait unilatéral sont des

---

10. Voy. O. BEAUD, *Théorie de la Fédération*, Paris, PUF, 2007 ; ID., « Peut-on penser l'Union européenne comme une Fédération ? », in F. ESPOSITO et N. LEVRAT (éds), *Europe : de l'intégration à la Fédération*, Louvain-la-Neuve/Genève, Bruylant-Academia/Publications de l'Institut européen de l'Université de Genève, 2010, pp. 71-103.

11. Voy. J. BARROCHE, « L'Europe au risque de ses paradoxes », *Incidence*, 2014, n° 9, pp. 113-153 ; ID., « La nature juridico-politique de l'Union européenne », *Annuaire 2014 de droit de l'Union européenne*, 2015, pp. 145-166 ; ID., « Théories fédéralistes et Union européenne », *Civitas Europa. Revue juridique sur l'évolution de la nation et de l'État en Europe*, 2017, vol. 38, pp. 217-246 ; ID., « Une succession de traités peut-elle tenir lieu de constitution ? », in C. JOUIN (dir.), *La Constitution matérielle de l'Europe*, Paris, Pedone, pp. 211-229.

12. E. DUBOUT, *Droit constitutionnel de l'Union européenne*, Bruxelles, Bruylant, 2021, n°s 49, 71-97, 212-221, 411-417.

13. Voy. J. BARROCHE, « Théories fédéralistes et Union européenne », *op. cit.*, p. 338.

14. Rappelées par *ibid.*, p. 352, note 47.

15. J. BARROCHE (« Théories fédéralistes et Union européenne », *op. cit.*, p. 351) et E. DUBOUT (*Droit constitutionnel de l'Union européenne*, *op. cit.*, n° 74) rappellent que Carl Schmitt théorisait déjà la notion de Fédération comme une union dans laquelle la souveraineté demeure « pendante ».

16. J. BARROCHE, « Théories fédéralistes et Union européenne », *op. cit.*, p. 346.

arguments classiquement avancés pour considérer que les États membres de l'Union demeurent formellement souverains. Mais il considère que cette approche est précisément trop formelle. « Quid d'un État qui aurait transféré l'ensemble de ses compétences matérielles ? », objecte-t-il[17].

Pour lui, tirer du principe de l'unanimité requise pour réviser les traités la conséquence du maintien de la souveraineté formelle entre les mains des États membres, c'est accorder trop d'importance à la souveraineté négative, c'est-à-dire une faculté d'empêcher. L'essentiel, c'est que l'exercice positif de « la participation des États à la révision des traités » (qu'il qualifie d'ailleurs d'exercice du pouvoir constituant des États membres[18]) « s'exerce dans un cadre collectif »[19], et non individuellement. En réalité, écrit-il, « la constitution de chaque État membre comprend une dimension européenne sur laquelle aucun n'a prise à titre individuel – si ce n'est par le biais d'une simple faculté d'empêcher, d'une souveraineté négative »[20]. Julien Barroche invoque à l'appui de cette analyse la pratique qui a permis de surmonter les « non » danois, irlandais, français et hollandais. Il ajoute : « la codification juridique du pouvoir de révision démontre [...] que les États n'interviennent plus vraiment au titre d'une antériorité chronologique par rapport à l'Union mais sur le fondement d'une propriété constitutionnelle de l'ordre juridique européen »[21]. Il en va de même pour lui du droit de retrait : ce droit « participe d'un statut ; il est prévu et organisé par le droit de l'Union lui-même »[22].

Conclusion de l'auteur : « les États, loin d'être protégés ou renforcés, s'échappent en quelque sorte à eux-mêmes en ce qu'ils ne sont plus véritablement les seuls maîtres de leur propre qualification »[23]. Ainsi, en devenant membres de l'Union, les États changent « de nature »[24]. Il en irait ainsi non seulement en raison de la codification européenne des procédures de révision et de retrait et en raison des atteintes à leur souveraineté matérielle, mais aussi parce que les traités affectent les compétences des États membres au-delà du strict partage opéré par les traités : le partage « ne fait pas signe vers une séparation des deux ordres européen et nationaux mais vers une simultanéité ou une superposition qui suppose l'action de

---

17. J. BARROCHE, « Théories fédéralistes et Union européenne », *op. cit.*, p. 347.
18. L'expression est aussi retenue, mais non sans nuances, par E. DUBOUT, *Droit constitutionnel de l'Union européenne, op. cit.*, nos 38-44.
19. J. BARROCHE, « Théories fédéralistes et Union européenne », *op. cit.*, p. 348.
20. *Ibid.*, p. 348.
21. *Ibid.*, p. 348.
22. *Ibid.*, p. 349.
23. *Ibid.*, p. 349.
24. *Ibid.*, p. 351.

concert – de la préparation de la décision ou de la norme à son application et à son interprétation. Un espace commun de compétences a progressivement pris forme qui s'origine en définitive dans une représentation des États membres comme un Tout : une totalité de pouvoirs indivis s'exerce désormais en commun au niveau européen de l'Union »[25]. Et d'ajouter que les traités affectent la substance institutionnelle des États membres en mettant au service de l'Union 1° les exécutifs nationaux du fait de leur représentation dans le Conseil européen et le Conseil des ministres, 2° les administrations nationales en raison de l'absence d'administration propre à l'Union et donc de la nécessité d'y recourir pour la mise en œuvre des décisions européennes, 3° les Parlements nationaux du fait de leur insertion dans la procédure d'alerte précoce, ainsi que 4° les juges nationaux eu égard à leur statut de juges de droit commun de l'ordre juridique de l'Union tenus d'appliquer la jurisprudence sur la primauté de l'arrêt *Simmenthal*.

Julien Barroche conclut : si au départ, le fédéralisme européen est né des États, ceux-ci ayant eu « l'intention de maintenir leur existence », les effets induits par leur construction se sont révélés « supranationaux et anti-étatiques »[26]. Des États membres, va jusqu'à écrire l'auteur, il ne reste que des appareils fonctionnels, « ne serait-ce que pour exécuter le droit de l'Union »[27]. Les États seraient niés en tant qu'institutions. Quant à l'Union, elle n'est pas devenue un État pour autant, mais elle pratique le mimétisme étatique et entre les États et l'Union, s'est constituée la « sphère intermédiaire » selon la terminologie de Luuk van Middelaar[28], cette sphère où s'exprime « la volonté des États d'assumer leurs responsabilités vis-à-vis des décisions communes, y compris dans l'hypothèse où certains d'entre eux ont été mis en minorité »[29].

Édouard Dubout est plus nuancé. Il ne cache pas un certain malaise conceptuel. À juste titre, il veut rendre compte de la « multiplicité » des « revendications concurrentes des différentes autorités » qui se partagent « l'espace européen » en se considérant « chacune comme de nature "constitutionnelle" », par le concept de « pluralisme constitutionnel »[30]. D'un côté, il définit celui-ci « comme une recherche d'invalidation du pouvoir du dernier mot ». En cela, précise-t-il, le pluralisme constitutionnel

---

25. J. BARROCHE, « Théories fédéralistes et Union européenne », *op. cit.*, p. 351.
26. *Ibid.*, p. 353.
27. *Ibid.*, p. 352.
28. Voy. L. VAN MIDDELAAR, *Le passage à l'Europe. Histoire d'un commencement*, Paris, Gallimard, 2012, pp. 37-66.
29. J. BARROCHE, « Théories fédéralistes et Union européenne », *op. cit.*, p. 351.
30. E. DUBOUT, *Droit constitutionnel de l'Union européenne, op. cit.*, n° 46.

« s'oppose à la souveraineté, au sens juridique du pouvoir du dernier mot de définir ultimement ce qu'est le droit »[31]. Mais, de l'autre côté, il reconnaît que « n'est pas entièrement clarifié le point de savoir si [le] concept de souveraineté devrait être pleinement abandonné ou, au contraire, substantiellement modifié afin de tenir compte de la nature ambivalente du phénomène fédératif en général et européen en particulier »[32].

Après avoir présenté notre propre thèse, il lui oppose « un autre discours » qu'il présente lui-même comme « plus politique que juridique » : « dans un contexte de globalisation et d'interdépendance mondiale, il paraît réducteur de ramener l'idée de souveraineté à une question juridique d'origine du transfert de compétence, de procédure de révision, ou encore de modalités d'exercice du droit de retrait. Il faut bien plutôt penser que la souveraineté désigne aussi une forme d'identité, à la fois politique et axiologique, une capacité à développer un certain mode de vie, dans un monde fait d'émergence de nouvelles structures à visée hégémonique, de nature tant publique que privée. Dans ce contexte inédit, il est difficile de considérer que les États membres de l'Union et leurs citoyens puissent demeurer isolément souverains »[33]. Et l'auteur de se montrer assez séduit par l'idée politique d'une souveraineté européenne avancée par le président Macron pour désigner la quête d'une forme d'autonomie de l'Union vis-à-vis des grandes puissances mondiales[34]. Mais, à la différence de Julien Barroche et à juste titre, à nos yeux, Édouard Dubout ne dénonce aucun « projet de dilution de [l']existence des États membres ». Il voit plutôt la construction européenne comme procédant « de la nécessité » de leur « conserver […] une certaine puissance dans un monde global »[35].

En ce qui concerne la procédure de révision des traités, il oppose à la thèse du maintien de la souveraineté des États membres déduite du principe d'unanimité qui s'y applique, la même objection que Julien Barroche : « la ratification ultime s'apparente plutôt à un veto et ne permet

---

31. E. DUBOUT, *Droit constitutionnel de l'Union européenne, op. cit.*, n° 47.
32. *Ibid.*, n° 89.
33. *Ibid.*, n° 95.
34. Signalons au passage l'essai aussi stimulant que discutable de reconstruction du concept de souveraineté visant à l'appliquer à l'Union européenne de J.-Ch. BARBATO, « La souveraineté européenne : être réaliste et demander l'impossible ? », in J.-Ch. BARBATO, S. BARBOU DES PLACES, M. DUPUY et A. MOINE (dir.), *Transformations et résilience de l'État. Entre mondialisation et intégration. Liber amicorum en hommage à Jean-Denis Mouton*, Paris, Pedone, 2020, pp. 53-70. Pour une promotion du concept de souveraineté européenne intégrée dans une approche de philosophie politique, voy. aussi C. SPECTOR, *No Demos ? Souveraineté et démocratie à l'épreuve de l'Europe*, Paris, Seuil, 2021, pp. 165 et s.
35. E. DUBOUT, *Droit constitutionnel de l'Union européenne, op. cit.*, n° 96.

guère de modifier (sauf à la marge) le contenu de la révision »[36]. Il ajoute quelques « arguments pratiques » qui l'incitent à voir dans la composition et le rôle de la Convention prescrite par l'article 48, paragraphe 3, du TUE « un effort de parlementarisation » du mécanisme. D'une part, tout État qui serait en désaccord avec le consensus qui émergerait des travaux de ladite Convention devrait s'y justifier publiquement. D'autre part, il lui semble qu'il sera « difficile politiquement de s'écarter de la volonté des parlements démocratiquement élus ». Il estime en outre que l'article 48, paragraphe 5, du TUE entrouvre la porte « à un mode majoritaire de révision des traités »[37].

Quant à la procédure de retrait, il reconnaît avec la Cour de justice qu'elle fait droit au « choix souverain »[38] de l'État sécessionniste, mais, comme Julien Barroche, il insiste sur sa nature « hybride, mi-nationale mi-européenne »[39], l'article 50, paragraphe 2, du TUE instituant une obligation de négociation de l'accord de retrait. Le déroulement du Brexit le conduit à ajouter que « la difficulté à scinder l'accord de retrait lui-même de la relation post-retrait illustre à quel point la cessation de la participation à l'Union s'avère en pratique complexe et loin d'être aussi "souveraine" qu'on le laisse croire »[40].

Si nous pouvons rejoindre nos contradicteurs, c'est seulement pour relativiser notre distinction entre les facettes formelle et matérielle de la souveraineté – leurs observations sont tout à fait pertinentes à cet égard –, mais non pour l'écarter purement et simplement. En croyant pouvoir s'en débarrasser, ils en arrivent à ne plus distinguer l'Union européenne des vieilles confédérations d'États caractérisées, comme Olivier Beaud l'a bien montré, par une mise en suspens de la souveraineté. Or ils sont bien obligés de reconnaître que la souveraineté négative des États reste intacte dans l'Union, non seulement en droit, mais aussi en fait. La qualification de formelle attribuée à cette facette de la souveraineté ne doit pas induire en erreur. Les formalismes juridiques sont susceptibles de se traduire dans la réalité politique la plus concrète. Le pouvoir du dernier mot n'épuise pas le concept de souveraineté. Il n'en représente qu'une facette. Mais celle-ci est effective et non « fictionnelle »[41] quand un État décide de s'opposer à une décision de l'Union régie par la règle de l'unanimité, de faire échec à une révision des traités ou de quitter l'Union. Il est vain de sous-estimer

---

36. E. DUBOUT, *Droit constitutionnel de l'Union européenne, op. cit.*, n° 414.
37. *Ibid.*, n°s 413 et 414.
38. CJUE, 10 décembre 2018, *Wightman*, aff. C-621/18, spéc. pts 50 et 56.
39. E. DUBOUT, *Droit constitutionnel de l'Union européenne, op. cit.*, n° 219.
40. *Ibid.*, n° 220.
41. *Ibid.*, n° 95.

l'importance de ce pouvoir d'empêcher ou de se retirer. Édouard Dubout a bien raison de prendre en compte à côté du droit pur les données politiques pertinentes pour situer le droit dans son contexte. Mais, précisément, les éléments de parlementarisation de la procédure de révision des traités et la porte entrouverte en direction d'un mode majoritaire de révision qu'il souligne ne sont-ils pas politiquement dérisoires par rapport au pouvoir du dernier mot de la conférence intergouvernementale prescrite par l'article 48, paragraphe 4, du TUE ? De même, la réalité du Brexit est là pour nous rappeler que l'exercice du droit de retrait est une possibilité effective qui conduit l'État qui décide souverainement de l'activer à refaire coïncider les facettes formelle et matérielle de sa souveraineté. Comme Édouard Dubout le relève lui-même, l'obligation de négociation de l'accord de retrait que pose l'article 50, paragraphe 2, du TUE ne doit pas être confondue avec une obligation de conclusion[42]. Politiquement, la simple possibilité du retrait unilatéral imprime une contrainte décisive pour la tournure des négociations.

Quant au tableau final que Julien Barroche dresse du « tout indivis » formé par l'Union et les États, il sous-estime la portée du principe des compétences d'attribution et l'immense contentieux portant sur les bases juridiques que l'Union doit toujours trouver pour agir. Ce que Barroche et Dubout éprouvent, douloureusement en ce qui concerne le premier et sereinement pour le second, c'est au fond l'hostilité de l'Union au concept d'État-nation. Mais ils ne devraient pas présupposer qu'un État cesse d'en être un quand il s'éloigne du modèle de l'État-nation[43].

Nous partageons ainsi la deuxième branche de l'alternative par laquelle Édouard Dubout révélait, avec une grande honnêteté intellectuelle, son hésitation à « pleinement abandonner » le concept de souveraineté. L'abandonner, ce serait se priver d'un instrument pertinent pour décrire le droit et la réalité politique de l'Union, mais il faut prendre toute la mesure d'« une modification des concepts par la pratique »[44]. Il faut soigneusement distinguer les facettes de la souveraineté et éviter de verser dans la bipolarité des erreurs qui consistent soit à surestimer, soit à sous-estimer la portée de sa facette formelle.

---

42. Voy. E. DUBOUT, *Droit constitutionnel de l'Union européenne, op. cit.,* n° 219.

43. Voy. sur ce thème H. DUMONT et M. EL BERHOUMI, « La para-légalité, un concept utile pour différencier les États plurinationaux des États-nations », in J.-Ch. BARBATO, S. BARBOU DES PLACES, M. DUPUY et A. MOINE (dir.), *Transformations et résilience de l'État. Entre mondialisation et intégration. Liber amicorum en hommage à Jean-Denis Mouton, op. cit.,* pp. 249-266.

44. E. DUBOUT, *Droit constitutionnel de l'Union européenne, op. cit.,* n° 45.

Pour rendre compte du sort réservé à l'égalité et à la souveraineté des États membres de l'Union, nous continuons donc à penser que nos concepts de pôle plurinational, de pôle fédératif, de souveraineté formelle négative et de souveraineté matérielle positive sont éclairants. Il nous reste à ajouter une dernière distinction fondamentale à nos yeux : celle qui oppose deux versions de l'exercice de la souveraineté étatique, la version exclusive et la version inclusive. Cette distinction est éclairante notamment quand on aborde la souveraineté des États membres dans sa dimension horizontale, c'est-à-dire non pas dans les rapports que les États nouent avec l'Union, mais dans ceux qu'ils entretiennent les uns vis-à-vis des autres en conformité avec les postulations du pacte constitutionnel européen.

C. *Le passage de la souveraineté territoriale exclusive à l'exercice en commun d'une souveraineté inclusive dans l'espace européen*

Le principe de souveraineté entretient en droit international un lien consubstantiel avec celui de territorialité. En effet, c'est ce dernier qui est supposé délimiter les pouvoirs souverains étatiques, chaque État étant appelé à détenir une compétence complète et exclusive à l'intérieur de ses frontières nationales. Comme le souligne Lucia Serena Rossi, les principes de souveraineté et d'égalité des États supposent en principe que chacun de ceux-ci soit immunisé contre les effets de l'exercice de leurs compétences par les autres États[45].

L'on parlera donc classiquement de « souveraineté territoriale »[46]. La souveraineté externe fait référence à l'indépendance – *en droit* – de l'État, en ce sens que celui-ci est supposé être exempt de toute subordination à un autre État. Couplée avec le principe de territorialité, la souveraineté externe implique donc que chaque État est le maître au sein de son territoire.

Traditionnellement, la souveraineté territoriale externe est considérée comme étant *exclusive*. Cette exclusivité découle directement du principe d'égalité souveraine entre États et du principe de non-intervention[47]. En théorie, ce modèle implique que chaque État exerce sa « compétence » (*jurisdiction* en anglais), à l'intérieur de son territoire, à l'exclusion de toute autre autorité. La compétence territoriale étatique est à la fois « prescriptive » (*prescriptive*

45. L. S. ROSSI, « The Principle of Equality Among Member States of the European Union », in L. S. ROSSI et F. CASOLARI (éds), *The principle of equality in EU law*, New York, Springer, 2017, p. 5.
46. P. DAILLIER *et al.*, *Droit international public : formation du droit, sujets, relations diplomatiques et consulaires, responsabilité, règlement des différends, maintien de la paix, espaces internationaux, relations économiques, environnement*, Paris, LGDJ, 2009, p. 511.
47. C. RYNGAERT, *Jurisdiction in international law*, Oxford, OUP, 2008, p. 29.

jurisdiction) et « coercitive » (*enforcement jurisdiction*)[48]. La première catégorie vise « le pouvoir qu'a un État d'édicter des règles générales ou individuelles, à travers ses organes législatifs, exécutifs ou juridictionnels »[49]. La seconde renvoie au pouvoir de l'État en droit international « de mettre en œuvre une règle générale ou une décision individuelle par des actes matériels d'exécution qui peuvent aller jusqu'à la contrainte étatique »[50]. La compétence coercitive implique ainsi le recours à la puissance étatique pour assurer l'exécution d'une obligation. Le moyen ultime qui relève de cette compétence est le recours à la force[51], mais elle inclut aussi d'autres actes matériels tels que des mesures d'enquête ou d'instruction[52].

Le principe de territorialité connaît de longue date de nombreuses exceptions et tempéraments[53]. En 1964, Frederick Mann soulignait déjà que « *it should, indeed, be obvious that the principle of territorial jurisdiction has to be reconsidered for practical rather than doctrinal reasons. [...] The complications of modern life are responsible for the steadily increasing reluctance to "localise" facts, events or relationships* »[54]. Ces exceptions et tempéraments inévitables, à l'ère de la globalisation, invitent à envisager une autre version de la souveraineté territoriale, non plus exclusive, mais inclusive.

Suggérée par Ulrich Beck, la notion de souveraineté inclusive vise à proposer une alternative au modèle quelque peu dépassé des relations internationales où l'autorité apparaît comme étant territorialement compartimentée entre des États nationaux et dont l'exercice serait mutuellement exclusif[55]. Le nouveau paradigme de la souveraineté inclusive vise en effet à rendre compte du phénomène fréquent où les États s'unissent pour répondre à des enjeux transnationaux, et où ils exercent leurs souverainetés au-delà de leurs frontières territoriales de manière coopérative[56]. Pour reprendre les termes d'Ulrich Beck,

---

48. Voy., sur cette distinction, F. A. MANN, *The Doctrine of Jurisdiction in International Law*, Boston, Brill, 1964, p. 16 ; E. GRABANDT et P.-J. SLOT, « Extraterritoriality and Jurisdiction », *CMLR*, 1986, pp. 545-565.

49. B. STERN, « Quelques observations sur les règles internationales relatives à l'application extraterritoriale du droit », *AFDI*, 1986, p. 11.

50. *Ibid.*, p. 11.

51. L. LEBON, *Territorialité et l'Union européenne*, Bruxelles, Bruylant, 2015, p. 159.

52. E. FRIEDEL-SOUCHU, *Extraterritorialité du droit de la concurrence aux États-Unis et dans la Communauté européenne*, Paris, LGDJ, 1994, pp. 13 et 14.

53. Voy., not., H. RUIZ FABRI, « Immatériel, territorialité et État », in *Archives de Philosophie du Droit*, t. 43, *Le droit et l'immatériel*, Paris, Sirey, 1999, pp. 187-212.

54. F. A. MANN, *The doctrine of jurisdiction in international law*, *op. cit.*, p. 36.

55. U. BECK, *Whats globalization ?*, New York, John Wiley & Sons, 2015, p. 232.

56. *Ibid.*, p. 232. Sur la notion de souveraineté inclusive en matière de protection des droits fondamentaux, voy. H. DUMONT et I. HACHEZ, « Repenser la souveraineté à la lumière du droit international des droits de l'homme », in I. RIASSETTO, L. HEUSCHLING et G. RAVARAN (coord.), *Liber amicorum Rusen Ergec*, Luxembourg, Pasicrisie luxembourgeoise, 2017, pp. 105-143.

« *inclusive sovereignty means that the surrender of sovereignty rights is accompanied by a gain in the political power to mould events, on the basis of transnational cooperation* »[57]. Le concept de souveraineté demeure néanmoins pertinent, étant donné que les États continuent à exercer une autorité effective, même si les effets de celle-ci ne sont plus toujours entièrement limités à leur territoire.

Le paradigme de la souveraineté inclusive suppose donc l'existence de tempéraments au principe de souveraineté territoriale, par « le haut », mais aussi « par le côté »[58]. « Par le haut », parce que les États sont, du fait de la conclusion de certains traités internationaux, « dépossédés » dans certains cas de la maîtrise de l'interprétation de traités de droit international auxquels ils ont consenti au profit d'organes de contrôle indépendants, dont les décisions s'imposent à eux et qui tempèrent, ainsi, leur autorité territoriale exclusive[59]. Dans le cadre de ce type de coopération, les États « perdent » donc le bénéfice d'une autorité ultime et complète sur leur territoire national, au bénéfice de l'exercice, par l'organisation internationale, d'une autorité commune aux États qui la composent. « Par le côté », également, parce que les États sont – dans le respect de certaines limites – en mesure d'exercer leur compétence de manière extraterritoriale, c'est-à-dire sur la base d'autres critères de rattachement que celui de son territoire national et, donc, potentiellement, au sein du territoire d'un autre État[60]. Ici, la souveraineté territoriale exclusive est relativisée par des situations où « tout ou partie du processus d'application d'une norme se déroule en dehors du territoire de l'État qui l'a émise »[61]. Cette extra-territorialité peut résulter d'une norme de droit international à laquelle les États concernés ont consenti, mais aussi des ordres juridiques nationaux des États membres qui prévoient l'effet extraterritorial de certaines de leurs normes, dans le respect du droit international[62].

---

57. U. BECK, *Whats globalization ?*, *op. cit.*, p. 239.
58. H. DUMONT, « Au-delà du principe de territorialité : fédéralisme, intégration et subsidiarité », *Administration publique. Revue du droit public et des sciences administratives*, 1999, t. 1, p. 94.
59. H. DUMONT et I. HACHEZ, « Repenser la souveraineté à la lumière du droit international des droits de l'homme », *op. cit.*, p. 110.
60. P. DAILLIER *et al.*, *Droit international public*, *op. cit.*, p. 513.
61. B. STERN, « Une tentative d'élucidation du concept d'application extraterritoriale », *Revue québecoise de droit international*, 1986, p. 51.
62. Sur la tolérance de l'extraterritorialité par le droit international, voy. en particulier l'arrêt *Lotus* de la Cour permanente de justice internationale, 7 septembre 1927, *Lotus* (France c/ Turquie), Publications de la Cour permanente de justice internationale, Série A, n° 10, p. 19 ; voy. égal., B. STERN, « Une tentative d'élucidation du concept d'application extraterritoriale », *op. cit.*, p. 51.

En droit de l'Union européenne, nous verrons ci-dessous que le principe d'égalité entre États membres devant les traités peut être à l'origine de la relativisation de l'exclusivité de la souveraineté territoriale, que ce soit par le haut ou par le côté. En effet, le principe d'égalité entre les États membres fonde, notamment, les principes de primauté et de coopération loyale. Par ailleurs, il sous-tend également le principe de confiance mutuelle qui entraîne à son tour le décloisonnement des ordres juridiques nationaux au sein de l'Union européenne. Ces phénomènes seront démontrés dans la deuxième partie de cette étude.

D. *Les facettes de l'égalité des États membres dans l'Union européenne*

Le principe d'égalité joue un rôle central dans l'ordre juridique de l'Union européenne. Il s'y manifeste à travers diverses règles[63]. Comme l'a observé Koen Lenaerts, ces différentes manifestations peuvent être rangées en deux grandes catégories, selon que le principe d'égalité joue un rôle de principe structurel du droit de l'Union, ou celui de principe protégeant les citoyens européens[64]. Sans ignorer ce deuxième volet, nous nous intéresserons prioritairement au premier, du moins à l'une de ses manifestations, celle qui impose l'égalité entre les États membres de l'Union européenne. Le principe d'égalité entre les États membres doit être tenu pour un de ces principes structurels de l'ordre juridique européen[65].

Ce principe comporte deux dimensions : d'une part, l'égalité des États membres *dans* les traités qui proscrit, en règle, de les y différencier statutairement et, d'autre part, l'égalité *devant* les traités en vertu de laquelle le droit de l'Union s'impose d'égale manière à l'ensemble des États membres.

La première dimension a trait au statut et aux droits reconnus aux États membres dans l'architecture européenne établie par les traités. Comme nous l'avons souligné d'emblée, le principe d'égalité des États en droit international suppose qu'ils se voient en principe reconnaître les mêmes

---

63. Voy., pour une étude approfondie, K. LENAERTS, « L'égalité de traitement en droit communautaire. Un principe unique aux apparences multiples », *CDE*, 1991, n°s 1 et 2, pp. 3-42.

64. *Ibid.*, p. 22.

65. L. FROMONT, « Le principe d'égalité entre États membres de l'Union à l'aune de la nouvelle gouvernance économique européenne », in E. BRIBOSIA *et al.*, *L'Europe au Kaléidoscope*, Bruxelles, Université libre de Bruxelles, 2019, p. 183 ; D. SIMON, *Le système juridique communautaire*, 3e éd., Paris, PUF, 2001, p. 368.

droits et obligations[66]. Les principes d'égalité et de souveraineté sont intimement liés : quelles que soient la taille et la puissance politique des États, ils sont placés sur un pied d'égalité d'un point de vue procédural[67]. Dans le droit primaire de l'Union, nous allons constater que l'égalité des États membres est mise en œuvre de différentes manières. Elle se présente d'abord dans sa dimension formelle lorsqu'un traitement strictement identique est réservé par les traités aux États membres indépendamment des caractéristiques concrètes qui les différencient. C'est l'égalité formelle qui veut que chaque État compte pour un et qu'aucun ne compte pour plus qu'un. Mais l'égalité peut aussi prendre ces différences en considération. L'égalité apparaît alors dans une dimension plus substantielle ou matérielle qui la conduit à prévoir des distinctions de traitement en raison des différences concrètes que présentent les États membres, que ce soit en matière de taille, de population, de capacité contributive, de tradition constitutionnelle, etc. Ce traitement différencié permet d'éviter les « discriminations indirectes » qui résulteraient de l'application d'un régime unique à des situations matériellement différentes. On peut rappeler à cet égard que la Cour de justice considère classiquement que « le traitement différent de situations non comparables ne permet pas de conclure automatiquement à l'existence d'une discrimination »[68]. Enfin, l'égalité couplée avec le respect de l'autonomie institutionnelle des États peut encore exiger des abstentions de la part de l'Union. Ici, ce n'est pas un traitement différencié qui est prévu mais une obligation de *self restraint* de la part de l'Union européenne, de manière à ne pas empiéter dans des domaines où les États membres sont en droit de maintenir des spécificités.

La seconde dimension, l'égalité devant les traités, est désormais formellement énoncée par les traités dans l'article 4, paragraphe 2, du TUE issu du traité de Lisbonne[69] : « l'Union respecte l'égalité des États membres devant les traités ainsi que leur identité nationale, inhérente à leurs structures fondamentales politiques et constitutionnelles, y compris en ce qui concerne l'autonomie locale et régionale ». Son existence précède néanmoins cette formalisation. Dès 1991, Koen Lenaerts pouvait ainsi

---

66. Voy., sur ce principe, not., Ph. Kooijmans, *The Doctrine of Legal Equality of States : an Inquiry into the Foundations of International Law*, Leyde, Sijthoff, 1964 ; J. Kokott, « States, sovereign equality », *Max Planck Encyclopedia of Public International Law*, Oxford, OUP, 2011.

67. B. Kingsbury, « Sovereignty and Inequality », *Eur. J. Int. Law*, 2014, p. 600.

68. CJCE, 17 juillet 1963, *Gouvernement de la République italienne c/ Commission de la Communauté économique européenne*, aff. 13/63, ECLI:EU:C:1963:20 ; voy., dans le même sens, CJUE, 13 octobre 1992, *Espagne c/ Conseil*, aff. C-73/90, ECLI:EU:C:1992:382, pt 34 ; et CJUE, 23 octobre 2007, *République de Pologne c/ Conseil de l'Union européenne*, ECLI:EU:C:2007:622, pts 87 et 88.

69. Ce principe était déjà repris dans le projet de Constitution avorté à l'article I-5, 1.

affirmer que « l'égalité entre les États membres est constitutive de l'ordre juridique communautaire »[70]. Le principe d'égalité ne s'oppose néanmoins pas à ce que les États membres consentent – sur un pied d'égalité – à des différences de traitement notamment par le biais de l'établissement de mécanismes d'intégration différenciée[71]. De cet aspect du principe d'égalité entre les États membres découle notamment le principe d'uniformité du droit de l'Union qui s'oppose à ce que des exceptions soient concédées à certains États membres pour ce qui concerne l'application du droit de l'Union[72]. Ce principe requiert en effet que le droit de l'Union soit appliqué et interprété pareillement sur l'ensemble de l'espace européen[73]. La doctrine voit également dans le principe d'égalité un des fondements du principe de primauté du droit de l'Union sur le droit national, dans la mesure où l'égalité entre les États membres s'oppose à ce que ces derniers puissent refuser de manière arbitraire de respecter certaines des obligations découlant du droit de l'Union qui sont supposées s'imposer à tous de manière égale[74]. Le principe d'égalité des États membres devant les traités a aussi vocation à assurer l'égalité entre les citoyens européens, dans la mesure où, comme le souligne la Cour de justice, « le fait, pour un État, de rompre unilatéralement, selon la conception qu'il se fait de son intérêt national, l'équilibre entre les avantages et les charges découlant de son appartenance à la Communauté, met en cause l'égalité des États membres devant le droit communautaire et crée des discriminations à charge de leurs ressortissants et, en tout premier lieu, de ceux de l'État même qui se place en dehors de la règle communautaire »[75]. Enfin, nous y reviendrons, le principe d'égalité entre les États membres est également l'un des fondements du principe de confiance mutuelle qui s'impose aux États membres.

Avant d'entrer dans le vif du sujet, une double remarque s'impose encore à propos du texte de l'article 4, paragraphe 2, du TUE. Il est parfois soutenu que le principe de l'égalité des États tel qu'il est consacré dans cette

---

70. K. LENAERTS, « L'égalité de traitement en droit communautaire. Un principe unique aux apparences multiples », *op. cit.*, p. 22.

71. L. S. ROSSI, « The Principle of Equality Among Member States of the European Union », *op. cit.*, pp. 6 et 19.

72. Voy., not., CJCE, 29 mars 1979, *Commission des communautés européennes c/ Royaume-Uni de Grande Bretagne et d'Irlande du Nord*, aff. 231/78, ECLI:EU:C:1979:101, pt 9.

73. Sur le lien entre les principe d'uniformité et d'égalité, voy. K. LENAERTS, « No Member State is More Equal than Others. The Primacy of EU law and the Principle of the Equality of the Member States before the Treaties », billet de blog, *verfassungsblog*, 8 octobre 2020, disponible sur https://verfassungsblog.de/no-member-state-is-more-equal-than-others/. Sur le principe d'uniformité, voy., not., CJUE, 14 novembre 1985, *Neumann*, aff. 299/84, ECLI:EU:C:1985:463, pt 25.

74. K. LENAERTS, « No Member State is More Equal than Others. The Primacy of EU law and the Principle of the Equality of the Member States before the Treaties », *op. cit.*

75. CJCE, 7 février 1973, *Commission c/ Italie*, aff. 39/72, ECLI:EU:C:1973:13, pt 24.

disposition depuis le traité de Lisbonne, à la demande significative d'un petit État (le Portugal), couvre ces deux faces[76]. En toute logique, à moins de lui donner une valeur supra-constitutionnelle, il ne peut pas viser l'égalité *dans* les traités comme s'il s'imposait aux États quand ils révisent les traités. Maîtres de ceux-ci, précisément en raison de leur souveraineté, les États peuvent très bien y déroger. Tout au plus doit-on reconnaître dans la mention du principe par l'article 4, paragraphe 2, du TUE l'expression d'un souci politique des États et la portée d'une directive d'interprétation des traités. Mais cela n'empêche pas la doctrine de mesurer comment les États ont compris cette règle de l'égalité à laquelle ils souscrivent quand ils ont rédigé les traités, et c'est précisément ce que nous allons faire. En revanche, la lettre et la logique de l'article 4, paragraphe 2, du TUE visent bien l'égalité des États *devant* les traités. Quant à la notion de souveraineté, certains auteurs croient utile de signaler qu'elle « n'apparaît pas dans l'article 4, § 2, UE »[77]. Mais il serait juridiquement absurde qu'elle y figure. Ce serait inverser l'ordre des choses en prétendant que la souveraineté des États pourrait découler du traité, alors que celui-ci n'est que le produit de leur souveraineté. Accorder cette souveraineté aux États en vertu du traité, ce serait en réalité la nier.

II. Les corrélations et les tensions entre souveraineté et égalité des États membres dans l'ordre juridique de l'Union européenne

Nous nous proposons de démontrer que le principe d'égalité des États membres *dans* les traités entretient des liens de complémentarité à géométrie variable avec celui de leur souveraineté (A), tandis que les relations qui se nouent entre celle-ci et le principe de leur égalité *devant* les traités sont faites de tensions insolubles, mais gérables (B).

---

76. Voy., en ce sens, S. Jolivet, « L'égalité des États membres de l'Union européenne. Vers une conception de l'égalité étatique autonome du droit international ? », *RDUE*, 2015, n° 3, p. 385. Comp. avec les auteurs cités par S. Jolivet sous les notes 5, 7 et 8.

77. *Ibid.*, p. 386. Voy. aussi M. Blanquet, « article I-5 », in L. Burgorgue-Larsen, A. Levade et F. Picod (dir.), *Traité établissant une Constitution pour l'Europe : commentaire article par article*, t. 1, *Parties I et IV : Architecture institutionnelle*, Bruxelles, Bruylant, vol. II, 2004, p. 103.

A. *L'égalité dans les traités et la souveraineté des États membres :*
   une relation de complémentarité à géométrie variable

La sauvegarde du pôle plurinational de l'Union et de la souveraineté de ses États membres va de pair avec une conception strictement formelle de leur égalité, d'une part, dans la composition des institutions de l'Union autres que le Parlement européen (1, a) et, d'autre part, dans les procédures de révision des traités et certaines règles de fonctionnement du Conseil européen et du Conseil (1, b).

En revanche, la promotion du pôle fédératif de l'Union appelle un renvoi au second plan de la souveraineté des États membres et l'aménagement d'une égalité matérielle entre eux dans les règles de composition du Parlement européen (2, a). Le même souci joint à une conception matérielle positive de la souveraineté des États membres conduit à d'autres aménagements de leur égalité matérielle dans les règles de fonctionnement du Conseil et du Conseil européen (2, b).

Enfin, la sauvegarde du pôle plurinational et de la souveraineté matérielle des États membres se traduit encore par une auto-limitation des traités au nom de l'égal respect de leur autonomie institutionnelle (3).

1. La sauvegarde du pôle plurinational et de la souveraineté des États membres par leur égalité formelle

a. *Dans la composition des institutions de l'Union autres que le Parlement européen*

La composition du Conseil européen[78], du Conseil[79], de la Commission[80], de la Cour de justice[81], de la Cour des comptes[82] et de la Banque centrale européenne[83] est strictement égalitaire : chaque État membre y dispose d'un et un seul siège.

---

78. Voy. art. 15, § 2, TUE.
79. Voy. art. 16, § 2, TUE.
80. Voy. art. 17, § 4, TUE et décision du Conseil européen des 11 au 12 décembre 2008.
81. Voy. art. 19, § 2, TUE. En ce qui concerne les avocats généraux, voy. S. JOLIVET, « L'égalité des États membres de l'Union européenne. Vers une conception de l'égalité étatique autonome du droit international ? », *op. cit.*, p. 388 et la contribution au présent ouvrage de F. Clausen.
82. Voy. art. 285, al. 2, TFUE.
83. Voy. art. 283, § 1er, TFUE. Voy. la contribution au présent ouvrage de F. Martucci.

On se souvient qu'il n'en a pas toujours été ainsi au sein de la Commission. Jusqu'au traité de Nice, l'ancien article 213, paragraphe 1er, alinéa 4, du TCE précisait qu'elle devait comprendre « au moins un national de chacun des États membres, sans que le nombre de membres ayant la nationalité d'un même État » puisse être supérieur à deux. En pratique, les États les plus peuplés (Allemagne, France, Italie, Royaume-Uni) voyaient deux de leurs nationaux siéger à la Commission. *A priori* c'était une pratique étonnante pour une Commission composée de membres indépendants de leur État d'origine et censée représenter l'intérêt général. À la suite des élargissements, le traité de Lisbonne avait prévu qu'à partir du 1er novembre 2014, le nombre de commissaires devait se limiter au tiers des États membres. On avait pu y voir, outre l'heureuse manifestation d'un souci d'efficacité, une percée de la logique fédérale, les commissaires pouvant « plus difficilement se comporter en défenseurs d'intérêts nationaux »[84]. Mais la règle de l'égalité formelle était protégée à la marge à travers l'imposition d'« un système de rotation strictement égale entre les États membres permettant de refléter l'éventail démographique et géographique de l'ensemble des États membres ». On connaît la suite de l'histoire. Finalement, la balance s'est remise à pencher du côté du pôle plurinational de l'Union avec la restauration de la règle de l'égalité formelle en vertu de la décision du 2 mai 2013[85].

Relève aussi de la stricte égalité formelle des États le « système de rotation égale » des présidences du Conseil prévu par l'article 16, paragraphe 9, du TUE. Toutefois l'égalité s'enrichit là d'une exigence d'équilibre géographique puisque la présidence tournante doit être assurée « par des groupes prédéterminés de trois États membres pour une période de 18 mois. Ces groupes sont composés par rotation égale des États membres, en tenant compte de leur diversité et des équilibres géographiques au sein de l'Union »[86].

Enfin, en amont des institutions de l'Union, il va de soi que l'égalité formelle stricte des États et la logique plurinationale pure sont respectées par la composition des conférences des représentants des gouvernements des États membres chargés d'« arrêter d'un commun accord les modifications à apporter aux traités » selon l'article 48, paragraphe 4, du TUE. Mais il faut remarquer que cette préoccupation n'apparaît pas

---

84. J.-P. JACQUÉ, « Les réformes institutionnelles introduites par le traité de Lisbonne », in E. BROSSET *et al.* (dir.), *Le traité de Lisbonne. Reconfiguration ou déconstitutionnalisation de l'Union européenne ?*, Bruxelles, Bruylant, 2009, p. 64.

85. Décision 2013/272/UE du 22 mai 2013, *JOUE*, L 165, p. 98.

86. Décision 2009/881/UE du Conseil européen du 1er décembre 2009 relative à l'exercice de la présidence du Conseil, *JOUE*, L 315, p. 50, prise en vertu de l'article 236 du TFUE.

expressément dans la composition des conventions régies par l'article 48, paragraphe 3, du TUE. En effet, cette disposition se contente de prescrire la présence « de représentants des Parlements nationaux, des chefs d'État et de gouvernements des États membres, du Parlement européen et de la Commission ». Mais lors de la Convention qui a engendré le projet de traité qui prétendait établir une Constitution pour l'Europe, l'égalité formelle des États n'a pas été négligée. L'on comptait en effet deux parlementaires nationaux par État membre, un nombre équivalent de députés européens au nombre d'États membres, un représentant par État membre et deux membres de la Commission, ce qui donnait tout de même 46 représentants parlementaires contre 15 représentants gouvernementaux. L'on comprend que pareilles conventions ne peuvent que soumettre des recommandations aux conférences intergouvernementales.

b. *Dans les procédures de révision des traités et certaines règles de fonctionnement du Conseil et du Conseil européen*

C'est bien sûr la règle de l'unanimité avec le droit de veto qu'elle comporte qui protège le mieux à la fois la souveraineté formelle négative et l'égalité formelle des États membres. Aussi, encore en amont des institutions de l'Union, même le traité qui prétendait établir une Constitution pour l'Europe et a fortiori le traité de Lisbonne qui s'en est suivi ont maintenu cette règle d'airain dans les trois procédures de révision des traités lors de la procédure de ratification ou d'approbation des modifications envisagées par les États membres conformément à leurs règles constitutionnelles respectives[87]. Dans un espace politique où les identités nationales demeurent premières, l'Union ne disposant que des compétences que les États membres décident souverainement de lui attribuer, il est logique que chaque État garde la main sur ces transferts de compétence. Imagine-t-on une seconde que toute révision des traités modifiant par exemple la répartition des compétences entre l'Union et ses États membres puisse se faire à des majorités renforcées de sorte que des États comme l'Allemagne, la France ou l'Italie seraient tenus de s'incliner ou de quitter l'Union ? Ou de prévoir que les plus grands États conserveraient un droit de veto, auquel les moyens et petits États de l'Union devraient, eux, renoncer ? Vouloir traverser ce *Rubicon* pour transformer l'actuelle fédération plurinationale en un État fédéral sur le modèle des États-Unis d'Europe (dont la Constitution se révise à la majorité de trois

---

87. Voy. art. 48, § 4, al. 2, même si le § 5 envisage l'hypothèse où les quatre cinquièmes seulement des États membres ont ratifié les traités ; art. 48, § 6, al. 2, et § 7, al. 4.

quarts des États fédérés) serait le meilleur moyen de provoquer des crises mortelles pour l'intégration européenne. Les États membres de l'Union restent attachés à leur souveraineté formelle, et on peut les comprendre.

Même si le vote à la majorité qualifiée est devenu de droit commun[88], l'unanimité s'impose encore au sein du Conseil dans les domaines les plus sensibles pour la souveraineté matérielle des États membres tels que la politique étrangère et de sécurité commune, la coopération policière opérationnelle, la fiscalité, la sécurité sociale et les services publics, ainsi que les matières de type constitutionnel comme l'adhésion d'un nouvel État membre[89], les ressources propres[90], le cadre financier pluriannuel, l'extension des droits liés à la citoyenneté de l'Union[91], la procédure uniforme d'élection des députés européens[92], l'attribution de certaines compétences à la Cour de justice[93], le régime linguistique, les sièges des institutions, etc. Elle demeure exigée dans non moins de 72 occurrences, ce chiffre comprenant 26 actions nouvelles de l'Union depuis le traité de Lisbonne[94]. Mais nul n'ignore que l'on vote très rarement au sein du Conseil et que la recherche du consensus y est omniprésente dans les faits. Ce consensus ne doit pas être confondu avec un vote formellement unanime puisque précisément il peut être constaté par la présidence sans vote en profitant du silence de ceux qui ont des réticences, mais qui se résolvent à les taire au terme de la négociation. La règle de l'unanimité, là où elle est encore prescrite, conserve donc sa portée du seul fait que tout État qui y a intérêt peut l'invoquer et exiger un vote[95]. Des études de science politique ont démontré que cette seule possibilité pendant la négociation sur la décision à prendre, tout comme celle de demander

---

88. En vertu de l'art. 16, § 3, TUE.

89. Voy. art. 49 TUE, mais aussi la pratique qui diffère sensiblement des règles énoncées dans le texte : A. BAILLEUX et H. DUMONT, *Le pacte constitutionnel européen*, t. 1er, *Fondements du droit institutionnel de l'Union européenne, op. cit.*, nos 731-748.

90. Voy. art. 311 TFUE. Une approbation par tous les États membres est requise en outre.

91. Voy. art. 25, al. 2, TFUE. Une approbation par tous les États membres est requise en outre.

92. Voy. art. 223, § 1er, TFUE. Une approbation par tous les États membres est requise en outre.

93. Voy. art. 262 TFUE. Une approbation par tous les États membres est requise en outre.

94. Voy. C. BLUMANN et L. DUBOUIS, *Droit institutionnel de l'Union européenne*, Paris, LexisNexis, 2013, p. 269.

95. Curieusement, J.-P. JACQUÉ, « Le vote au Conseil de l'Union européenne », in M. BLANQUET (dir.), *La prise de décision dans le système de l'Union européenne*, Bruxelles, Bruylant, 2011, p. 64, écrit que « la notion de consensus n'est pas une règle juridique », alors qu'elle est conceptuellement claire et expressément prévue par l'article 15, § 4, du TUE en ce qui concerne le Conseil européen (voy. *infra*). Ce que le meilleur connaisseur du droit et de la pratique des institutions de l'Union veut certainement signifier par cette disqualification, c'est que la pratique politique de la règle du consensus *là où* l'unanimité ou la majorité (qualifiée ou non) est formellement requise par les traités est para-légale et ne peut jamais empêcher l'application de la règle formelle.

un vote formel à la majorité qualifiée, influence le comportement des négociateurs[96].

Il est à noter que l'exigence de l'unanimité, à la différence de celle du commun accord qui s'applique entre autres à la nomination des juges à la Cour de justice, est tempérée par la règle de l'article 238, paragraphe 4, du TFUE qui veut que les abstentions des membres présents ou représentés ne fassent pas obstacle à sa réalisation[97].

Quant au Conseil européen qui est devenu au moins *de facto* la haute autorité politique de l'Union, c'est formellement, en vertu d'une règle expresse du TUE, qu'il fonctionne dans le respect de la règle du consensus, sauf exception prévue par les traités[98]. Avec Jacques Keller qui a été pendant de longues années le secrétaire du Conseil et du Conseil européen, il faut remarquer que les États membres de taille moyenne reprochent parfois à cette règle du consensus de permettre aux grands États de disposer d'un poids prépondérant *de facto*[99]. Aussi, c'est la règle de l'unanimité, et non celle du consensus, qui est retenue par l'article 48, paragraphe 6, alinéa 2, quand le Conseil européen est invité à approuver un projet tendant à la révision de tout ou partie des dispositions de la troisième partie du TFUE relatives aux politiques et actions internes de l'Union ou s'il veut activer une des clauses-passerelles de l'article 48, paragraphe 7, du TUE qui permettent le basculement de l'unanimité à la majorité qualifiée ou de la procédure législative spéciale à la procédure législative ordinaire[100]. Cette règle de l'unanimité a aussi été retenue lorsqu'il entend modifier le nombre des commissaires[101] ou la répartition des voix au sein du Conseil des gouverneurs de la BCE[102].

---

96. Voy. S. NOWAK, *La prise de décision au Conseil de l'Union européenne. Pratique du vote et du consensus*, Paris, Dalloz, 2011 ; et S. NOWAK, « le grand retour de États », *Pouvoirs*, 2014/2, n° 149, pp. 19-27.

97. On sait que l'unanimité est entre autres requise par l'article 293, § 1er, du TFUE quand le Conseil statue sur une proposition de la Commission et amende cette proposition sans l'accord de la Commission. Sur la pratique qui a été suivie pour éviter les effets pervers possibles de la règle de l'article 238, § 4, à savoir une adoption suite à un grand nombre d'abstentions par une « majorité » inférieure à la majorité qualifiée, voy. J.-P. JACQUÉ, « Le vote au Conseil de l'Union européenne », *op. cit.*, p. 63 : l'acte doit alors « recueillir au moins la majorité qualifiée et n'avoir fait l'objet d'aucun acte négatif ».

98. Voy. art. 15, § 4, TUE.

99. J. KELLER-NOËLLET, « Neuf parmi vingt-sept. La politique européenne des États membres de taille moyenne. Comparaison et évaluation », in Chr. FRANCK (éd.), *Neuf parmi vingt-sept. Politiques européennes des États membres de taille moyenne*, Vienne, Diplomatische Akademie Wien, 2008, p. 124.

100. En revanche, la majorité simple suffit pour la convocation d'une convention : voy. art. 48, § 3, TUE.

101. Voy. art. 17, § 5, TUE.

102. Voy. art. 40, § 2, des statuts du SEBC. Une approbation par tous les États membres est requise en outre.

2. La promotion du pôle fédératif de l'Union par le passage
    au second plan de la souveraineté formelle des États membres
    ou la prise en considération de leur souveraineté matérielle
    positive et par l'aménagement de leur égalité matérielle
    dans le sens de l'équité

a. *Dans les règles de composition du Parlement européen*

La composition du Parlement européen nous met en présence d'une catégorie de règle qui conçoit l'égalité des États sous un angle matériel et fait passer leur souveraineté au second plan. C'est logique dans une institution qui prétend représenter les citoyens de l'Union[103], et non les États membres[104]. Le point de départ du raisonnement ne réside donc plus dans le principe de l'égalité formelle des États membres, mais dans celui de l'égalité des citoyens que l'article 9 du TUE consacre d'ailleurs expressément. Mais le pôle plurinational ne disparaît pas pour autant des règles de composition. Il intervient d'abord parce que le pôle fédératif n'est pas poussé au point d'instituer une circonscription électorale unique[105], ce qui est d'ailleurs assez rare même dans les États fédéraux. L'égalité entre les États membres intervient donc, mais elle est appréhendée non plus formellement, mais matériellement à travers le critère de la proportionnalité entre le nombre de sièges à pourvoir et la population de chacun des États, étant entendu que ceux-ci peuvent constituer des circonscriptions « en fonction de leurs spécificités nationales [...] sans porter atteinte au caractère proportionnel du mode de scrutin »[106].

Le pôle plurinational et l'égalité formelle des États interviennent ensuite en tant que correctifs de l'égalité entre les citoyens pour garantir une présence minimale des députés issus des plus petits États, compte tenu de la nécessité d'assurer un minimum de représentativité des élus qui en sont issus tant par rapport aux différents courants politiques qui y

---

103. Voy. art. 10, § 2, et 14, § 2, TUE.
104. On se souvient qu'avant 2007, les députés européens représentaient *de iure* « les peuples des États ».
105. Sur les débats auquel cette idée a donné lieu depuis 1998 et surtout en 2018 lorsque se posait la question du sort des sièges laissés vacants par les eurodéputés britanniques, voy. E. Duval, « L'élection et le statut des députés européens. Quelles perspectives pour un droit électoral et parlementaire pour l'Union », in L. Potvin-Solis (dir.), *Le principe électif dans l'Union européenne*, Bruxelles, Bruylant, 2021, pp. 351-355.
106. Art. 2 de la décision du Conseil du 20 septembre 1976 approuvant l'Acte portant élection des représentants à l'Assemblée au suffrage universel direct.

coexistent que par rapport aux collectivités politiques qui les composent le cas échéant[107]. Un plancher a donc été fixé, en l'occurrence de 6 sièges pour les circonscriptions nationales les moins peuplées.

Mais à partir de ce plancher, la prise en considération de la seule égalité des citoyens dans le cadre d'un système de représentation proportionnelle sans frein aurait engendré un Parlement pléthorique et ingérable. Deux autres seuils s'imposaient donc, des plafonds, pour limiter à la fois le nombre total de sièges à pourvoir dans le Parlement et le nombre de sièges à partager dans l'État le plus peuplé, en l'espèce respectivement 751 réduits à 705 depuis le Brexit et 96 pour l'Allemagne. C'est donc un système de proportionnalité dégressive qui a été retenu à l'intérieur de cette fourchette entre les seuils de 6 et de 96[108] de sorte que les États plus peuplés sont sous-représentés et les moins peuplés sont sur-représentés[109]. Par exemple, un député maltais représente 85.761 citoyens, tandis qu'un député allemand en représente 866.320.

L'égalité des États membres ressort de ces aménagements transformée en un principe d'équité dont on peut discuter à l'infini les implications concrètes quand on compare les nombres de sièges finalement attribués à chacun d'entre eux[110]. Ce n'est pas pour rien que le TUE a confié au Conseil européen le soin d'adopter « à l'unanimité » – il est vrai « sur initiative du Parlement européen et avec son approbation » – la décision qui fixe cette délicate répartition des sièges entre les États membres[111]. Quoi qu'il en soit, il est clair que « la juxtaposition de corps électoraux nationaux, la pondération étatique du nombre de parlementaires et la nationalisation politique du scrutin atténuent [l']affirmation » de l'article 14, paragraphe 2, du TUE qui fait des députés européens les représentants des citoyens de l'Union[112].

---

107. Sur cette dimension plurinationale des élections européennes, voy. D. Poinsignon, « Les seuils de représentativité aux élections européennes et les tensions constitutionnelles devant les juridictions nationales », in L. Potvin-Solis (dir.), *Le principe électif dans l'Union européenne*, *op. cit.*, pp. 315-342.

108. Voy. art. 14, § 2, TUE.

109. En 2021, les quatre États les plus peuplés (Allemagne, France, Italie et Espagne) qui représentent 57,65 % de la population totale de l'Union ne comptent que 310 sièges sur les 705 que compte le Parlement européen, soit bien moins que la majorité.

110. Comp. l'évaluation du système en vigueur d'un point de vue résolument fédéraliste de L. Matala, « Représentation et équité démocratique au Parlement européen », in L. Potvin-Solis (dir.), *Le principe électif dans l'Union européenne, op. cit.*, pp. 219-243.

111. Voy. art. 14, § 2, al. 2, TUE.

112. A. Moine, « La représentation parlementaire des citoyens européens », in L. Potvin-Solis (dir.), *Le principe électif dans l'Union européenne, op. cit.*, p. 204.

b. *Dans les règles de fonctionnement du Conseil
    et du Conseil européen*

Si la règle de l'unanimité au sein du Conseil protège, dans le droit fil du pôle plurinational de l'Union, à la fois l'égalité formelle des États membres et leur souveraineté formelle négative par la faculté qu'elle leur procure d'empêcher l'adoption de la décision qui contrarie leurs volontés, elle affaiblit ce que nous appelons la souveraineté matérielle positive[113] de chacun d'entre eux en rendant plus difficile la prise de décision qu'il souhaite voir aboutir. Simultanément, elle affaiblit l'exercice en commun de cette souveraineté en rendant la capacité collective de décision de l'Union vulnérable à l'opposition d'un seul État. On l'a constaté notamment pendant la longue période qui a suivi le compromis para-légal de Luxembourg de 1965 jusqu'à l'entrée en vigueur de l'Acte unique en 1987. Le droit de veto que le principe de l'unanimité engendre permet à l'État qui l'exerce de « camper sur ses positions en attendant que les autres s'y rallient »[114] ou de marchander des concessions sur d'autres sujets. Statuer systématiquement à l'unanimité revient aussi à saper le pouvoir d'initiative de la Commission, le Conseil pouvant alors toujours s'écarter de ses propositions[115].

C'est donc la règle majoritaire qui sert au mieux cette souveraineté matérielle positive, tout en renforçant le pôle fédératif de l'Union. Encore faut-il la modaliser pour assurer à la fois l'égalité matérielle des États membres à travers la recherche d'un équilibre entre grands, moyens et petits États, l'efficacité du dispositif pour éviter les sources de blocage du processus décisionnel qu'il pourrait receler et sa soutenabilité pour rendre les élargissements possibles sans devoir le renégocier sans cesse.

i. *Le cheminement laborieux de l'égalité des États membres
    dans les modes de votation au Conseil, de traité en traité*

Lors de la fondation de la CEE, les deux premiers soucis ont été rencontrés par un système de majorité qualifiée de voix pondérées. Les 17 voix étaient réparties entre les trois grands États (l'Allemagne, la France et l'Italie) qui en avaient chacun quatre, les deux moyens (la Belgique et les Pays-Bas)

---

113. La distinction entre souveraineté positive et négative nous a été suggérée par J.-M. FERRY, « Dépasser le 'malaise européen'. La voie cosmopolitique de l'intégration européenne », *Raison publique*, octobre 2007, n° 7, p. 17.

114. J.-P. JACQUÉ, *Droit institutionnel de l'Union européenne*, Paris, Dalloz, 2018, n° 582.

115. Voy. art. 293, al. 1ᵉʳ, TFUE.

qui en avaient deux et le plus petit (le Grand-Duché du Luxembourg) une. La majorité qualifiée était fixée à 12 voix sans requérir en outre la majorité des États puisque les 12 voix des trois grands pouvaient minoriser les trois petits. Cette pondération était fondée sur « des critères démographiques et économiques, combinés avec des règles d'équilibre politique »[116] conçues de manière telle que 1° le plus petit et les deux moyens États avaient proportionnellement chacun plus de poids que chacun des grands États membres ; 2° ni le groupe formé par le petit État et les deux moyens du Benelux, ni un grand État membre ne pouvait bloquer la prise de décision ; et 3° les voix additionnées des États du premier groupe égalaient celles d'un grand État membre. S'il y a lieu de discerner là une préoccupation pour l'égalité des États membres, on ne peut donc la comprendre que comme l'unanime et égale reconnaissance par chacun d'entre eux du caractère politiquement équilibré du mode de votation ainsi adopté dans le traité.

Lors des élargissements successifs, on a tenté de maintenir la logique relative de cet équilibre, en actualisant chaque fois la répartition des voix pondérées et le seuil de la majorité qualifiée. Mais l'arrivée d'un nombre croissant de petits et moyens États à partir de 1995 a produit un déséquilibre manifeste au profit des petits et moyens États et au détriment des grands. Alors qu'à l'origine, comme on l'a relevé, « les trois grands pouvaient faire à eux seuls la décision », on en était arrivé à une situation où 10 % de la population pouvaient former une minorité de blocage[117]. C'est ainsi qu'en 1995, avant l'élargissement à quinze, une décision du Conseil entérine le compromis dit de Ioannina qui permet à une minorité d'États membres qui se situe en-dessous du seuil de la minorité de blocage d'obtenir que la négociation se prolonge au sein du Conseil pour trouver un soutien plus large à la décision en discussion. Si ce compromis permettait de limiter la domination des petits et moyens États, il était loin de rétablir le déséquilibre au détriment des grands.

En combinant une nouvelle pondération des voix avec de nouvelles règles de calcul de la majorité qualifiée (dans l'Union à 15 : 169 voix sur 237 devant représenter au moins une majorité des États membres si le Conseil statue sur proposition de la Commission et 62 % de la population totale de l'Union), le traité de Nice a produit un système très complexe. Il s'est soucié 1° de renforcer le poids des grands États en conservant l'équilibre entre ceux-ci et sans remettre en cause le principe de la sur-représentation des petits États membres, 2° d'assurer un pouvoir votal comparable aux

---

116. J.-P. Jacqué, « Le vote au Conseil de l'Union européenne », *op. cit.*, p. 64.
117. C. Blumann et L. Dubouis, *Droit institutionnel de l'Union européenne, op. cit.*, p. 262.

États ayant un nombre proche d'habitants, 3° de veiller au soutien d'une large majorité de la population totale de l'Union et 4° d'éviter la formation trop aisée de minorités de blocage. De tout quoi les grands gagnants de l'opération se sont révélés être les États dits « moyens-grands » tels l'Espagne et la Pologne, et les nombreux petits États protégés par l'exigence de la majorité des États membres[118].

Comme on le sait, à la suite de la convention de 2003, le traité de Lisbonne a fait du vote à la majorité qualifiée le mode de votation de droit commun, ainsi que de la procédure de codécision la procédure législative ordinaire. Si l'on fait abstraction des nombreuses modalités qu'il a adoptées pour tempérer ou retarder la portée du nouveau système de vote qu'il a établi, on peut considérer que ce traité a amélioré le système de Nice. Il l'a d'abord rendu plus soutenable sous réserve de l'adhésion de la Turquie dont le poids démographique changerait la donne. L'abandon du régime des quotas de voix libère en effet les États de la lourde charge de se remettre à la recherche de l'équité en renégociant à chaque élargissement la répartition des voix entre les États.

Le nouveau dispositif est aussi plus lisible puisqu'il reflète clairement les deux pôles de la légitimité européenne : le pôle plurinational avec l'exigence d'une majorité de 55 % des États membres (soit 16 États sur 28, devenu 15 depuis le Brexit)[119] et le pôle fédératif avec celle d'une majorité de 65 % de la population[120]. Il est également plus transparent dans son souci d'équité, le premier quorum étant favorable aux petits États qui sont majoritaires dans l'Union[121], tandis que le second est avantageux pour les grands États. Mais pour éviter le pouvoir de blocage dont ceux-ci disposent potentiellement en raison de ce second seuil, il comprend la règle supplémentaire selon

---

118. Voy. C. BLUMANN et L. DUBOUIS, *Droit institutionnel de l'Union européenne, op. cit.*, pp. 263-266 et J.-P. JACQUÉ, *Droit institutionnel de l'Union européenne, op. cit.*, n°ˢ 592-595.

119. L'exigence supplémentaire « 55 % des membres du Conseil, *comprenant au moins quinze d'entre eux* » qui figure dans l'article 16, § 4, du TUE avait du sens à l'époque du défunt traité établissant une Constitution pour l'Europe parce que l'Union comptait vingt-cinq membres, mais a perdu tout intérêt dans l'Union à vingt-sept.

120. Les rédacteurs de la Convention ont affiché cet objectif de manière tout à fait explicite. Ainsi, G. Amato, J.-L. Dehaene et V. Giscard d'Estaing ont pu écrire dans *Le Monde* du 14 novembre 2003 que, « de même qu'on ne peut proposer une Europe où les droits des États seraient méconnus, de même il ne serait pas acceptable d'imaginer une Europe où le dogme de l'égalité entre les États aboutirait à une situation d'inégalité entre les citoyens ». Dès lors, « le recours à la double majorité a paru constituer […] la meilleure manière de prendre en compte la double légitimité de l'Union européenne : union de citoyens et union d'États » (cité par S. JOLIVET, « L'égalité des États membres de l'Union européenne. Vers une conception de l'égalité étatique autonome du droit international ? », *op. cit.*, p. 391).

121. En effet, aujourd'hui non moins de 14 États sur les 27 représentent chacun moins de 2 % de la population totale de l'Union.

laquelle une minorité ne peut bloquer l'adoption d'une décision si elle n'inclut pas au moins *quatre* membres du Conseil, faute de quoi la majorité qualifiée est réputée acquise[122]. Cela implique qu'une minorité composée de *trois* États mais représentant plus de 35 % de la population[123] ne peut pas bloquer une décision si elle recueille l'appui d'au moins 55 % des États. Le seuil de 65 % de la population est donc abaissé dans ce cas[124]. Cette minorisation potentielle de trois grands États qui sont forcément aussi parmi les principaux contributeurs au budget de l'Union demeure toutefois assez théorique.

Par ailleurs, lorsque le Conseil ne statue pas sur proposition de la Commission ou du Haut représentant pour la PESC, il faut 72 % des membres du Conseil représentant au moins 65 % de la population pour atteindre la majorité qualifiée[125]. Quant au compromis de Ioannina, une nouvelle version en a été adoptée pour renforcer les pouvoirs de négociation accordés à la minorité quand une majorité qualifiée est en voie de n'être atteinte que de justesse[126].

ii. *Les leçons à tirer du cheminement de l'égalité*
    des États membres dans les modes de votation au Conseil

On peut tirer cinq leçons du bref parcours que nous venons de retracer.

1° Somme toute, de quel côté le mode de votation adopté par le traité de Lisbonne a-t-il fait pencher la balance : du côté de la composante étatique et donc du pôle plurinational, ou du côté de la composante démographique et donc du pôle fédératif ? Pour certains, le critère prépondérant serait celui des 65 % de la population, parce que la probabilité serait faible de voir une décision soutenue par 65 % de la population, mais qui ne

---

122. Voy. art. 16, § 4, TUE. Voy. les autres modalités dans les art. 16, § 5, TUE ; 238, §§ 2 et 3, TFUE ; dans les protocoles n° 9 et n° 36, ainsi que dans la déclaration n° 7.

123. Par exemple, l'Allemagne, la France et l'Italie qui totalisent 47,09 % de la population de l'Union ou l'Allemagne, la France et l'Espagne qui en totalisent 44,07 % (selon les chiffres du calculateur des votes du Conseil européen et du Conseil au 1er janvier 2021, chiffres qui sont eux-mêmes issus de l'Office statistique de l'Union en vertu du règlement intérieur du Conseil [annexe III]). Sur le manque de règles communes pour l'établissement de ces chiffres qui sont actuellement communiqués par chaque État membre, voy. « Qualified majority voting in the Council : explaining and assessing the new rule(s) », in *The Treaty of Lisbon. Implementing the Institutional innovations*, Joint Study CEPS, Egmont and EPC, novembre 2007, pp. 57-80.

124. Voy. en ce sens, J.-P. JACQUÉ, *Droit institutionnel de l'Union européenne, op. cit.*, n° 597.

125. Voy. art. 238, § 2, TFUE. Voy. aussi art. 238, § 3, TFUE pour les cas où, en vertu des traités, tous les États ne prennent pas part au vote.

126. Voy. la déclaration n° 7 et le protocole n° 9.

répondrait pas en outre aux autres critères[127]. Pour d'autres, au contraire, « la composante étatique l'emporte sur la composante démographique »[128]. Les quatre plus grands États, l'Allemagne, la France, l'Italie et l'Espagne, totalisant actuellement à eux seuls 57,65 % de la population des États[129], la première thèse n'est pas convaincante mathématiquement. En pure théorie, il suffit de convaincre le cinquième dans la liste des États les plus peuplés, à savoir la Pologne[130], pour dépasser le seuil des 65 % de la population totale de l'Union. Le deuxième quorum exigé des 55 % du nombre d'États est donc décisif. Mais inversement, on peut facilement trouver 15 États membres qui sont loin de totaliser ensemble 65 % de la population de l'Union. À supposer même que les 22 plus petits États membres se coalisent, ils ne représenteraient que 34,03 % de la population européenne. L'exigence de réunir 65 % de la population les contraindrait donc à faire alliance avec au moins deux des plus grands États (l'Allemagne et la France ou l'Allemagne et l'Italie) pour s'adjoindre les 30,97 % manquants. Sous cet angle, le critère de la population est en effet décisif.

Si la composante étatique pèse lourd, c'est 1° en raison du correctif initial, mais devenu inopérant, de la nécessaire présence de 15 États parmi les 55 % d'États membres, 2° de l'exigence de réunir quatre États membres pour former une minorité de blocage et 3° de la réactivation du compromis de Ioannina. Va dans le même sens la règle qui veut que les abstentions au Conseil sont comptabilisées comme des oppositions lorsque le vote se fait à la majorité qualifiée. Les maîtres des traités n'ont pas voulu l'abandonner lors de la conférence intergouvernementale post-Convention. Souvent pratiquée par l'Allemagne, elle affaiblit de toute évidence la capacité collective de prendre des décisions (*beschlussfähigkeit*).

---

127. Voy. en ce sens J. Keller-Noêllet, « Neuf parmi vingt-sept. La politique européenne des États membres de taille moyenne. Comparaison et évaluation », *op. cit.*, p. 126 ; et « Qualified majority voting in the Council : explaining and assessing the new rule(s) », *op. cit.*, p. 64 : « *The dominant component of the three voting criteria is the 65 % population quota, as there is rather small probability that legislation would be different when passed based on the population criterion on its own compared to all three components of the rule* ».

128. Voy. C. Blumann et L. Dubouis, *Droit institutionnel de l'Union européenne, op. cit.*, p. 267, rejoint, non sans nuances, par S. Jolivet, « L'égalité des États membres de l'Union européenne. Vers une conception de l'égalité étatique autonome du droit international ? », *op. cit.*, p. 392.

129. L'Allemagne avec 18,54 %, la France avec 14,97 %, l'Italie avec 13,58 % et l'Espagne avec 10,56 % de la population totale de l'Union en 2021.

130. Elle compte 8,47 %.

2° Quant aux rapports de force entre grands, moyens et petits États, si on les compare aux équilibres produits par le système des voix pondérées de Nice, le bilan est plus clair. Le traité de Lisbonne a renforcé le poids des quatre plus grands et des sept plus petits États, tandis qu'il a fortement réduit le pouvoir votal des États de taille moyenne[131].

Pareilles évaluations doivent toutefois être fortement relativisées parce que l'essentiel se joue en amont dans l'ombre du vote potentiel et parce que les calculs mathématiques font abstraction de bon nombre de facteurs aussi importants que l'habileté des négociateurs, le jeu des coalitions ou l'ancienneté des appartenances à l'Union.

3° La négociation-marathon particulièrement tendue du traité de Nice en 2000 et les discussions non moins délicates qui ont conduit au traité de Lisbonne ont souligné l'extrême difficulté de trouver des critères objectifs et équitables pour traduire l'exigence de l'égalité matérielle des États membres dans les modes de votation au Conseil. Les seuils actuels de 55 % et de 65 % sont moins rationnels qu'issus d'un marchandage qui a le mérite d'avoir trouvé une issue jugée acceptable par tous les États.

4° Il faut reconnaître que la force des symboles dans l'esprit des chefs d'État et des gouvernements rend la recherche de critères objectifs et équitables particulièrement malaisée. Les péripéties des négociations de Nice, de la convention de Rome *bis* et de Lisbonne ont en effet montré jusqu'à quel niveau de crispation et même d'absurdité les États sont susceptibles de monter quand ils expriment leur attachement à tout ce qui peut symboliser leur puissance par comparaison avec celle de leurs *alter ego*. Comment qualifier autrement le combat de la France pour conserver à Nice le même nombre de voix que l'Allemagne ou celui de la Belgique par rapport aux Pays-Bas, dès lors que les services du Conseil ont démontré *ex post*, chiffres à l'appui, que « les écarts qui donnèrent lieu à ces batailles de tranchées n'avaient aucune influence, en réalité, sur le résultat des votes, sauf exceptions rarissimes. Et ce pour la bonne raison que ces écarts » sont « gommés par la composition aléatoire des majorités ou minorités »[132]. À Nice, combinée avec la majorité des voix pondérées, l'obligation de réunir une majorité d'États et le seuil démographique n'avaient pas non plus beaucoup d'incidences concrètes (respectivement seize et six cas sur trois

---

131. « Entre 40 et 50 % » selon P. PONZANO, « Les politiques européennes des États membres de taille moyenne », in Chr. FRANCK (éd.), *Neuf parmi vingt-sept. Politiques européennes des États membres de taille moyenne, op. cit.*, p. 131. Pour une mesure plus précise, voy. les calculs présentés dans « Qualified majority voting in the Council : explaining and assessing the new rule(s) », *op. cit.*, pp. 67-71.
132. Conversation de Hugues Dumont avec J. Keller-Noëllet.

millions de configurations possibles !¹³³). Ne sont pas moins révélateurs la volonté farouche, pendant la conférence intergouvernementale de 2003, de la part de l'Espagne et de la Pologne de « conserver un équilibre symbolique avec les États les plus peuplés »[134] (l'Allemagne, la France, le Royaume-Uni et l'Italie) et le combat de la Pologne pendant la négociation de Lisbonne qui a conduit à moduler dans le temps l'entrée en vigueur des nouvelles règles[135] et à renforcer le compromis de Ioannina dont l'usage semble rarissime, sinon inexistant en pratique.

5° Pour saisir correctement ce que postule en définitive la règle de l'égalité matérielle des États membres dans les traités en ce qui concerne les modes de votation au Conseil, il faut revenir sur le constat de la composition aléatoire des majorités ou minorités. Si la règle de l'égalité appelle un système propre à empêcher la domination des grands États sur les autres, elle suppose aussi l'absence d'autres phénomènes de domination structurelle qui condamneraient certains États à se retrouver systématiquement dans la minorité. En effet, un État ne peut supporter d'être mis en minorité à une occasion que s'il sait qu'il pourra faire partie de la majorité lors d'un prochain vote[136]. Autrement dit, la règle de l'égalité des États membres qui doit sous-tendre l'adoption de n'importe quel système de votation dans les traités, à peine de ne pas recueillir l'unanimité requise à cette fin, consiste dans l'égale chance ou malchance *a priori* pour chacun d'entre eux de se retrouver tantôt dans la majorité, tantôt dans la minorité.

Très heureusement, la combinaison des règles de calcul adoptées et de la variété des profils politiques, géographiques, économiques et culturels des États membres a permis le respect effectif de cette règle : il n'existe pas de majorités permanentes composées des mêmes États sur l'ensemble des questions débattues au sein du Conseil[137]. Lors des votes majoritaires, écrit Paolo Ponzano, conseiller principal pour les questions institutionnelles au Secrétariat général de la Commission, en 2008, « on retrouve en règle générale, selon les cas, l'un ou l'autre grand, moyen ou petit État membre qui est minorisé, tout comme il y a de grands, moyens ou petits États membres

---

133. Selon J.-P. Jacqué, *Droit institutionnel de l'Union européenne, op. cit.*, n° 593.

134. J.-P. Jacqué, *Droit institutionnel de l'Union européenne, op. cit.*, n° 596.

135. Le protocole n° 36 sur les dispositions provisoires qui permettait de revenir au système de Nice entre le 1er novembre 2014 et le 31 mars 2017 à la demande d'un membre du Conseil n'a jamais été appliqué dans les faits : Voy. M. Dony, *Droit de l'Union européenne*, Bruxelles, Editions de l'Université de Bruxelles, 2018, n° 238.

136. Voy., en ce sens, J.-P. Jacqué, *Droit institutionnel de l'Union européenne, op. cit.*, n° 578.

137. Voy. *ibid.*, n° 578.

dans les majorités qui se dégagent au cas par cas »[138]. Par ailleurs, s'il existe des affinités politiques, géographiques et culturelles qui rapprochent certains États membres, comme les ordo-libéraux, les « radins », les psychorigides de la discipline, les tenants de l'Europe du grand marché *versus* ceux de l'Europe-puissance, les amis de la PAC, les amis des fonds structurels, etc., ces affinités transcendent la distinction entre grands, moyens et petits États[139].

Si les États de taille moyenne[140] ont en commun de redouter « le directoire des grands » – ce n'est pas par hasard si la règle de l'égalité a été inscrite dans le TUE à la demande du Portugal –, il faut donc reconnaître que cette crainte tient largement du mythe. Largement, dès lors que les grands pays sont rarement d'accord d'emblée les uns avec les autres, mais pas tout à fait, car on ne peut nier « une certaine propension » de leur part à rechercher des compromis entre eux pour surmonter leurs divisions et les imposer ensuite aux autres États membres. Il est vrai que « la gamme des positions défendues par les grands recoupe largement celle que l'on retrouve » dans le reste de l'Union, mais ce n'est vrai que « jusqu'à un certain point »[141]. Les trios présidentiels du Conseil composés de manière à associer un grand, un moyen et un petit État – ils ont perdu l'importance qui étaient la leur initialement – ne compensent que modérément cette tendance.

On le voit, le souci d'honorer la règle de l'égalité des États membres dans les modes de votation à la majorité qualifiée peut donner lieu à des discussions infinies. Comme l'a parfaitement relevé Jean-Paul Jacqué, l'essentiel réside dans leur acceptabilité par la totalité des États sur fond

---

138. P. PONZANO, « Les politiques européennes des États membres de taille moyenne », *op. cit.*, pp. 131 et 132, note 3.

139. Voy. en ce sens J. KELLER-NOËLLET, « Neuf parmi vingt-sept. La politique européenne des États membres de taille moyenne. Comparaison et évaluation », *op. cit.*, pp. 123-129 ; et P. PONZANO, « Les politiques européennes des États membres de taille moyenne », *op. cit.*, pp. 132 et 133.

140. On compte aujourd'hui 4 grands États membres (l'Allemagne, la France, l'Italie et l'Espagne) dont la population respective s'échelonne entre plus de 18 % et plus de 10 % de la population totale de l'Union ; avec un score de 8,47 %, la Pologne occupe une position proche du plus petit des grands États, l'Espagne qui pèse 10,56 % ; 8 États moyens atteignent chacun un poids se situant entre plus de 2 % et moins de 10 % ; et 14 petits États couvrent chacun une population inférieure à 2 %. La notion des États de taille moyenne n'en n'est pas moins très hétérogène en raison d'une fourchette démographique qui va du simple à plus du triple si l'on y place la Pologne et de divers facteurs non démographiques de division qui ne sont pas moins signifiants : niveau de développement économique, puissance financière, niveau de l'engagement international, ancienneté de l'appartenance à l'Union, etc. Voy. en ce sens J. KELLER-NOËLLET, « Neuf parmi vingt-sept. La politique européenne des États membres de taille moyenne. Comparaison et évaluation », *op. cit.*, p. 123.

141. *Ibid.*, pp. 128 et 129.

de confiance mutuelle entre eux[142]. Ce principe de la confiance mutuelle sur lequel nous allons revenir quand nous examinerons l'égalité des États membres devant les traités postule ici que chaque État doit pouvoir compter sur l'aptitude des autres à tenir compte de ses intérêts quand il risque de subir une décision contre sa volonté par l'effet de sa minorisation. En pratique, on le sait, cet état d'esprit règne largement puisque les négociations préalables aux délibérations au sein du Conseil permettent le plus souvent au président de ne même pas devoir recourir à la procédure du vote[143]. Du reste, on sait qu'« environ 80 % des décisions sont en fait adoptées à l'unanimité bien que la majorité qualifiée soit requise »[144]. Si cet état d'esprit favorable au consensus fait défaut, il reste à l'État mis en danger la faculté de faire alliance avec ceux qui sont susceptibles de former avec lui une minorité de blocage pour amener les autres à faire les concessions qui lui permettront de rejoindre une majorité.

Ce climat de confiance mutuelle et les diverses garanties offertes par le mode de calcul des votations n'ont cependant pas empêché que le passage de l'unanimité à la majorité qualifiée dans certains domaines sensibles n'a été jugé acceptable par tous les États signataires du traité de Lisbonne que moyennant une manière de formalisation amendée du compromis de Luxembourg. Dans ce cas dûment identifié par les traités, un État peut demander que le vote n'intervienne pas pour des raisons de politique nationale vitale et que l'affaire soit renvoyée au Conseil européen dont nous savons qu'il travaille en principe selon la règle du consensus[145].

iii. *La règle de la majorité qualifiée au Conseil européen*

Quant au Conseil européen, les cas dans lesquels il statue à la majorité qualifiée, selon des modalités analogues à celles que nous venons de décrire pour le Conseil, méritent d'être relevés. Il s'agit en effet de la désignation des titulaires des fonctions les plus importantes, à savoir l'élection de son

---

142. Voy. J.-P. Jacqué, *Droit institutionnel de l'Union européenne, op. cit.*, n° 578.

143. Voy. les précisions à ce sujet dans J.-P. Jacqué, *Droit institutionnel de l'Union européenne, op. cit.*, n°ˢ 601-604.

144. *Ibid.*, n° 586.

145. Voy. art. 31, §§ 2 et 4, TUE, en matière de PESC, le Conseil européen devant alors trancher à l'unanimité ; et dans le TFUE l'art. 48, al. 2, dans le domaine de la sécurité sociale, le Conseil européen pouvant renvoyer lui-même l'affaire à la Commission ; les art. 82, § 3, et 83, § 3, en matière pénale avec la possibilité d'ouvrir une coopération renforcée en cas de blocage persistant. Voy. aussi les art. 86 et 87 TFUE pour le parquet européen, et la coopération policière, mais à partir d'une règle initiale d'unanimité.

propre président[146] ; la proposition d'un candidat à la fonction de président de la Commission et la nomination de la Commission après l'investiture parlementaire[147] ; la nomination du Haut représentant pour les affaires étrangères et la politique de sécurité[148] ; et la nomination des membres du directoire de la Banque centrale européenne[149]. Le Conseil européen adopte aussi à la majorité qualifiée la liste des formations du Conseil autres que celles fixées par le TUE lui-même et la décision relative à la présidence de ces formations dans le respect du principe de rotation[150]. Mais dans la pratique, à quelques notables exceptions près, c'est toujours le consensus qui est recherché[151].

3. La sauvegarde du pôle plurinational et de la souveraineté matérielle des États membres par une auto-limitation des traités au nom de l'égal respect de leur autonomie institutionnelle

Nous avons montré que la sauvegarde de la souveraineté formelle des États membres va de pair avec leur égalité formelle dans les traités, tandis que la version matérielle positive de leur souveraineté appelle une conception substantielle de cette égalité, et donc des pondérations soucieuses d'équité. Il nous reste à examiner une troisième manifestation de la règle de l'égalité des États dans les traités qui est liée à la protection de leur souveraineté. L'égalité se traduit cette fois par une obligation de *self restraint* ou de modulation souple des traités. L'on s'explique. Le respect de l'identité nationale des États, « inhérente à leurs structures fondamentales politiques et constitutionnelles, y compris en ce qui concerne l'autonomie locale et régionale », s'impose à l'Union quand elle exerce ses compétences en vertu de l'article 4, paragraphe 2, du TUE. Mais de toute évidence, les États se sont imposés ce respect en amont quand ils ont élaboré les traités. L'Union entend s'interdire toute ingérence dans les choix constitutionnels que les États ont souverainement posés dans leur ordre juridique interne en adoptant une forme monarchique ou républicaine, un régime parlementaire ou présidentiel à correctif parlementaire, un parlement monocaméral

---

146. Voy. art. 15, § 5, TUE.
147. Voy. art. 17, § 7, TUE.
148. Voy. art. 18, § 1, TUE.
149. Voy. art. 283, § 2, TFUE.
150. Voy. art. 236 TFUE.
151. Voy. J.-P. JACQUÉ, *Droit institutionnel de l'Union européenne, op. cit.*, n° 494 : l'élection des premiers et deuxième présidents du Conseil européen s'est faite à la majorité qualifiée avec les votes contraires du Royaume-Uni et de la Hongrie pour le premier et de la Pologne pour le second.

ou bicaméral, une structure unitaire plus ou moins décentralisée ou une structure fédérale, etc. Les maîtres des traités ont donc dû s'abstenir d'imposer aux États des règles du droit de l'Union qui présupposeraient une préférence quelconque pour l'un ou l'autre de ces principes d'organisation. L'égal respect de l'autonomie institutionnelle des États se traduit ainsi par un devoir d'abstention, d'auto-limitation, de *self restraint* des traités et de prise en considération de leurs différences institutionnelles.

Ainsi, la composition du Conseil européen prend en considération les particularités du régime semi-présidentiel français en associant des chefs d'État *ou* de gouvernement[152]. Les principes démocratiques énoncés dans l'article 10 du TUE en tiennent compte aussi, s'agissant de la responsabilité de ces dirigeants devant leurs parlements nationaux *ou* leurs citoyens[153].

L'article 233, paragraphe 1er, du TFUE a délibérément laissé au Parlement européen et au Conseil le choix entre l'élaboration d'une procédure électorale « uniforme dans tous les États membres » pour l'élection des membres du Parlement européen au suffrage universel et la rédaction de « principes communs à tous les États membres ». Si la décision du 20 septembre 1976 a choisi de se limiter à quelques principes communs, c'est dans le souci de ne privilégier le droit électoral d'aucun État membre. On peut bien sûr objecter que ce souci n'est pas fondé puisqu'il s'agit de la procédure d'élection d'une institution européenne, mais force est de constater l'attachement des États à leurs traditions électorales pour toutes les élections organisées sur leur territoire.

Quand les traités évoquent les contributions des parlements nationaux au bon fonctionnement de l'Union, ils s'astreignent aussi à une grande réserve. Ainsi, ils ne peuvent pas imposer ce qui serait souhaitable en soi, à nos yeux, pour réduire le relatif déficit démocratique de l'Union, à savoir que tous les parlements nationaux contrôlent l'action des représentants de leur État au sein du Conseil européen et du Conseil de façon aussi serrée qu'au Danemark. L'Union ne peut que prendre acte des différences de conception et de procédure qui séparent les États membres quant aux relations qui s'y nouent entre leurs parlements et leurs gouvernements respectifs. Elle a aussi dû s'abstenir de marquer une préférence entre les régimes monocaméraux et bicaméraux, comme en témoignent le protocole n° 1 sur le rôle des parlements nationaux dans l'Union[154] et le protocole

---

152. Voy. art. 15, § 2, TUE.
153. Voy. art. 10, § 2, TUE.
154. Voy. art. 8.

n° 2 sur l'application des principes de subsidiarité et de proportionnalité[155] qui évoquent du coup la notion de « système parlementaire national » pour couvrir les deux hypothèses.

Autre exemple encore, si l'article 16 du TUE compose le Conseil « d'un représentant de chaque État membre au niveau ministériel, habilité à engager le gouvernement de l'État membre qu'il représente et à exercer le droit de vote », c'est pour ménager la liberté des États fédéraux membres de l'Union de se faire représenter par un ministre régional.

Dans la même ligne, la formulation du principe de subsidiarité dans l'article 5 du TUE a dû se montrer très vague à propos de la pertinence du niveau régional pour apprécier le respect de ce principe, la portée de ce « niveau » étant très variable d'un État à l'autre. De même, le dispositif procédural du contrôle de subsidiarité organisé par le protocole n° 2 n'a pu évoquer que « le cas échéant » la consultation des « parlements régionaux possédant des pouvoirs législatifs »[156].

Quant aux règles de composition du Comité des régions, elles ont dû aussi être aménagées pour tenir compte de l'hétérogénéité du phénomène régional parmi les États membres de l'Union, à peine d'imposer un type de structure qui conviendrait à certains États et non aux autres. Il comprend des « représentants des collectivités régionales et locales qui sont *soit* titulaires d'un mandat électoral au sein d'une collectivité régionale ou locale, *soit* politiquement responsables devant une assemblée élue »[157].

Même si le fédéralisme asymétrique est à la mode, les États fédéraux ne pourraient pas se permettre des différences aussi profondes entre les systèmes institutionnels de leurs collectivités fédérées, à peine d'être des États « mosaïques »[158]. En revanche, la Fédération plurinationale européenne peut très bien s'en accommoder. Mais, comme on va le voir maintenant, elle ne peut pas se permettre des discordances trop profondes dans les valeurs qui la sous-tendent.

Nous avons ainsi montré que la souveraineté et l'égalité des États membres *dans* les traités entretiennent des liens de complémentarité à géométrie variable. Leur souveraineté formelle va de pair avec leur

---

155. Voy. art. 7.
156. Voy. art. 6 du protocole n° 2.
157. Voy. art. 300, § 3, TFUE.
158. Selon l'expression de F. DELPÉRÉE et M. VERDUSSEN, « L'égalité, mesure du fédéralisme », in J.-F. GAUDREAULT-DESBIENS et F. GÉLINAS (dir.), *Le fédéralisme dans tous ses États. Gouvernance, identité et méthodologie*, Bruxelles/Cowansville, Bruylant/Yvon Blais, 2005, p. 207.

égalité formelle, tandis que leur souveraineté matérielle appelle soit leur égalité substantielle par un dispositif de pondérations équitables, soit un égal respect de leur autonomie institutionnelle par un phénomène d'auto-limitation des traités. Nous allons à présent nous tourner vers l'égalité des États membres *devant* les traités. Les relations qu'elle entretient avec leur souveraineté vont se révéler bien plus tendues.

B. *L'égalité devant les traités et la souveraineté des États membres : une relation sous tension*

La seconde dimension du principe d'égalité entre les États membres exige qu'ils soient « égaux » *devant* les traités. Comme nous l'avons déjà relevé, elle est désormais explicitement consacrée à l'article 4, paragraphe 2, du TUE. Alors que le principe d'égalité des États en droit international public est présenté comme l'un des fondements de leur souveraineté, il apparaît en revanche que la manière dont il a été traduit en droit de l'Union peut directement entrer en tension avec la souveraineté des États membres entendue dans son acceptation traditionnelle, aussi bien dans le cadre des relations « verticales » entre l'Union et les États membres (1), que dans le cadre des relations « horizontales » que ces derniers nouent entre eux (2).

1. L'égalité devant les traités et l'exigence d'uniformité d'application du droit de l'Union : une limite à la protection souveraine, par les États membres, de leur identité nationale

Très tôt, le principe d'égalité devant les traités a été présenté par la Cour de justice comme constituant l'un des fondements du devoir de solidarité unissant les États membres[159], devoir qui lui-même sous-tend le principe de coopération loyale. La Cour de justice s'est en effet logiquement opposée au fait qu'un État membre rompe unilatéralement l'équilibre entre les avantages et les charges découlant de son appartenance à l'Union européenne et ce, précisément parce que cela mettrait en cause « l'égalité des États membres devant [le droit de l'Union européenne] », ainsi que la solidarité qui les unit[160]. Dans son célèbre arrêt *Costa c/ E.N.E.L.*, la Cour de justice a en ce

---

159. CJCE, 7 février 1973, *Commission c/ Italie*, aff. 39/72, ECLI:EU:C:1973:13, pt 24.
160. CJCE, 7 février 1973, aff. 39/72 préc., pt 24 ; voy. égal. CJCE, 7 février 1979, *Commission c/ Royaume-Uni et Irlande du Nord*, aff. C-128/78, ECLI:EU:C:1979:32, pt 12.

sens fondé le principe de primauté du droit de l'Union sur le fait que l'ordre juridique de celle-ci avait été accepté par les États membres « sur une base de réciprocité »[161].

Plus récemment, la Cour de justice a explicitement affirmé – par le biais d'un communiqué de presse, *instrumentum* original publié en réaction à l'arrêt *Weiss* de la Cour constitutionnelle allemande[162]– que le principe de primauté du droit de l'Union ainsi que le monopole de contrôle de validité des actes du droit de l'Union détenu par elle étaient indispensables à la sauvegarde de l'égalité des États membres de l'Union[163].

Or, les principes de coopération loyale et de primauté constituent une limite importante à la souveraineté des États membres. En effet, ils leur imposent de respecter le droit de l'Union, et réduisent dès lors la discrétion dont ils jouissent pour exercer leur compétence. Ces principes connaissent par ailleurs une vigueur inégalée en droit de l'Union, en ce qu'ils imposent aux États membres « une obligation spécifique, qui ne saurait se ramener à l'obligation de ne pas adopter un comportement ou un acte contraire au droit de l'Union », mais également « d'assurer, même dans l'exercice de leurs compétences souveraines, l'effectivité du droit de l'Union et de garantir la réalisation des buts de l'Union, du fait de leur appartenance à celle-ci »[164]. Comme le souligne M. Klamert, le principe de coopération loyale s'impose aux États membres en ce compris lorsqu'ils agissent dans leurs propres domaines de compétences[165]. En sous-tendant les principes de primauté et de coopération loyale, le principe d'égalité entre les États membres impose un « devoir de solidarité qui traduit une véritable prise de responsabilité de chaque entité engagée dans une entreprise fédérative dont elle reflète en ce sens la nature profonde »[166]. Le principe d'égalité entre les États membres s'oppose par ailleurs à ce que les États membres soumettent, d'une manière ou d'une autre, l'Union européenne à l'impôt, dans la mesure où il « interdit que l'un d'eux tire un avantage financier de la présence sur son territoire de

---

161. CJCE, 15 juillet 1964, *Costa c/ E.N.E.L.*, aff. C-6/64, ECLI:EU:C:1964:66, pt 3.

162. VerfG, Judgment of the Second Senate of 5 May 2020, 2 BvR 859/15, §§ 1-237, disponible sur http://www.bverfg.de/e/rs20200505_2bvr085915en.html.

163. Communiqué de presse n° 58/20 du 8 mai 2020, disponible sur https://curia.europa.eu/jcms/upload/docs/application/pdf/2020-05/cp200058fr.pdf.

164. S. Van Raepenbush, *Droit institutionnel de l'Union européenne*, 2ᵉ éd., Bruxelles, Larcier, 2016, p. 567, prenant appui sur CJUE, 5 mars 1994, *Van Munster*, aff. C-165/91, ECLI:EU:C:1994:359 et CJUE, 26 septembre 2000, *Engelbrecht*, aff. C-262/97, ECLI:EU:C:2000:492.

165. M. Klamert, *The Principle of Loyalty in EU Law*, Oxford, OUP, 2014, p. 24.

166. K. Lenaerts et S. Adam, « La solidarité, valeur commune aux états membres et principe fédératif de l'Union européenne », *CDE*, 2021, p. 375.

ces institutions et organes »[167]. Ce principe se distingue donc du principe classique d'égalité des États en droit international. Il s'assimile davantage en droit de l'Union à une « égalité statutaire », exigeant le « traitement identique des membres d'une même catégorie, bénéficiant du même statut »[168].

Force est donc de constater que le principe d'égalité entre les États membres peut, en droit de l'Union, avoir en quelque sorte un effet inverse par rapport à son aïeul en droit international public classique. En effet, le principe d'égalité des États membres devant les traités justifie que des limites soient reconnues à leurs droits souverains. Ils sont tenus de respecter les devoirs qui découlent de la participation à l'Union européenne afin de ne pas briser l'équilibre de leur participation. En d'autres mots, les États membres aliènent une part de « leur liberté politique originelle » en devenant membres de l'Union, et ceci ne peut être toléré « qu'à la condition [que cette aliénation] soit égale entre eux, et non que certains puissent être moins soumis que d'autres au respect des engagements du pacte commun »[169].

Toutefois, ce devoir de coopération ne lie pas seulement les États membres. Il lie aussi l'Union dans ses rapports avec ceux-ci. Le caractère réciproque du principe de coopération loyale a en effet été reconnu, d'abord par la jurisprudence[170] et ensuite explicitement par le traité de Lisbonne lui-même[171]. Néanmoins, il ne contient pas en lui-même dans sa dimension ascendante – en tout cas du point de vue du droit de l'Union – une obligation pour les institutions de l'Union de respecter les constitutions des États membres[172]. L'avocat général Cruz Villalón a souligné en ce sens que « ce serait une tâche à peine possible que de préserver cette Union, telle que nous la connaissons aujourd'hui, si l'on entendait la soumettre à une réserve absolue, à peine spécifiée, laissée pratiquement à la libre disposition de chacun des États membres, et prenant la forme d'une catégorie qualifiée d'"identité constitutionnelle", et ce a fortiori si on la considère comme différente de l'"identité nationale" inscrite à l'article 4, paragraphe 2,

---

167. Concl. av. gén. Cruz Villalon, du 2 juillet 2015, dans l'affaire *Commission européenne c/ Royaume de Belgique*, aff. C-163/14, ECLI:EU:C:2015:44, pt 2 ; concl. av. gén. Stix-Hackl, du 29 juin 2006, dans l'affaire *Commission c/ Belgique*, aff. C-437/04, ECLI:EU:C:2006:434, pt 41.

168. P. Corre-Dumoulin, « L'égalité entre États membres de l'Union européenne et la différenciation : de la compatibilité affirmée à l'inconciliabilité exacerbée », in *Le statut d'État membre de l'Union européenne*, Bruxelles, Bruylant, 2018, p. 537.

169. E. Dubout, *Droit constitutionnel de l'Union européenne, op. cit.*, pp. 223 et 224.

170. CJUE, 6 décembre 1990, *Zwartveld*, aff. C-2/88.

171. Art. 4, § 3, TUE.

172. voy., en ce sens, M. Kalmert, *The Principle of Loyalty in EU Law, op. cit.*, p. 20 et M. Claes, « Negotiating Constitutional Identity or Whose Identity is it Anyway ? », in M. Claes *et al.*, *Constitutional Conversations in Europe : Actors, Topics and Procedures*, Cambridge, Intersentia, 2012, p. 226 ; A. Von Bogdandy, « Founding Principles », in A. Von Bogdandy et J. Bast, *Principles of European Constitutional Law*, 2ᵉ éd., Oxford, Hart, 2009, p. 42.

TUE »[173]. Le droit de l'Union – et, en particulier, le principe d'égalité entre les États membres – s'oppose donc à l'existence de « réserves d'identités qui seraient conçues et interprétées de façon autonome par les États membres »[174]. C'est donc précisément pour cette raison que ledit principe peut entrer en tension avec la souveraineté des États membres, l'expression de cette dernière étant limitée par l'exigence de respecter le droit de l'Union.

Si ces enseignements sont largement acquis en droit de l'Union, l'on ne peut ignorer – dans une perspective de pluralisme juridique et également au vu de l'actualité – qu'ils peuvent être sujets à des contestations plus ou moins vigoureuses de la part des ordres juridiques des États membres. La tension qui peut exister avec les droits nationaux des États membres est d'ailleurs désormais explicitement ancrée dans les traités, qui imposent, dans ce cadre, à l'Union européenne de « respecter les identités nationales des États membres »[175].

Lorsque l'on s'intéresse au point de vue des États membres, force est d'observer que la plupart des Cours constitutionnelles nationales considèrent que le pouvoir du dernier mot demeure dans leurs mains – en raison précisément du principe de souveraineté nationale[176]. La soumission au droit de l'Union est donc conditionnée au respect, par celui-ci, des règles fondamentales de leur ordre juridique, ainsi que du principe d'attribution des compétences. La Cour constitutionnelle allemande apparaît comme l'une des chefs de file de l'expression de telles « réserves constitutionnelles ». Ainsi, dans son arrêt Lisbonne[177], la Cour de Karlsruhe confirme que l'ordre

---

173. Concl. av. gén. CRUZ VILLALÓN, du 14 janvier 2015, dans l'affaire *Gauweiler e.a.*, aff. C-62/14, ECLI:EU:C:2015:400, pt 59.

174. Concl. av. gén. CRUZ VILLALÓN, du 14 janvier 2015, préc., pt 60.

175. Art. 4, § 2, TUE.

176. Voy. not. H. DUMONT, « La traduction, ciment du 'Pacte constitutionnel européen' », *Rev. b. dr. const.*, 2010, n° 1, pp. 15-54 ; C. BLUMANN et L. DUBOUIS, *Droit institutionnel de l'Union européenne, op. cit.*, pp. 794 et s. ; et E. DUBOUT, *Droit constitutionnel de l'Union européenne, op. cit.*, n°s 35-37 et 272 et s.

177. C. const. (Allemagne), 30 juin 2009, arrêt relatif à la constitutionnalité du traité de Lisbonne, trad. fr. par extraits, *RTD eur.*, 2009, vol. 45, n° 4, pp. 799-824, avec une note de K. M. BAUER, pp. 824-843. Les citations de l'arrêt ci-dessous sont tirées de cette traduction. Voy. aussi e.a. les commentaires de A. VON UNGERN-STERNBERG, « L'arrêt Lisbonne de la Cour constitutionnelle fédérale allemande, la fin de l'intégration européenne ? », *Rev. dr. publ.*, 2010, n° 1, pp. 171-183 ; H. DUMONT, « La traduction, ciment du 'Pacte constitutionnel européen'. Une relecture du débat sur la primauté du droit européen par rapport aux Constitutions nationales (avec une postface sur l'arrêt Lisbonne de la Cour constitutionnelle allemande ») , *op. cit.*, pp. 15-54 ; ID., « La légitimité européenne dans la doctrine de la Cour constitutionnelle allemande. Un regard critique », in C. CHENEVIÈRE et G. DUCHENNE (dir.), *Les modes d'expression de la citoyenneté européenne*, Louvain-la-Neuve, Presses universitaires de Louvain, 2011, pp. 11-29 ; Y. PETIT, « L'architecture institutionnelle de l'Union européenne sous les *fourches caudines* de la Cour constitutionnelle de Karlsruhe. Observations sur l'arrêt *Lisbonne* du 30 juin 2009 », *Politeia*, 2012, n° 22, pp. 231-258. Sur cette jurisprudence et celle qui l'a prolongée ou nuancée, voy. aussi les références dans D. HANF, « Vers une précision de la *Europarechtfreundlichkeit* de la loi fondamentale. L'apport de l'arrêt 'rétention des données' et de la décision Honeywell du BVerfG », *CDE*, 2010, n°s 5-6, pp. 515 et s.

juridique européen reste un ordre juridique dérivé parce qu'il est produit par la volonté des États qui demeurent « les maîtres des traités »[178]. N'hésitant pas à contredire les affirmations classiques de la Cour de justice, la Cour allemande rappelle que les transferts sont réversibles[179]. Elle en conclut, à bon droit, que « l'Union européenne n'a pas encore franchi le seuil de l'État au sens du droit international ». Aux antipodes de la jurisprudence de la Cour de justice de l'Union qui entend se réserver le pouvoir du dernier mot sur la question de savoir si une institution européenne a violé ou non les règles répartitrices des compétences entre l'Union et les États, la Cour constitutionnelle allemande en déduit que c'est elle qui est compétente en dernière instance pour en contrôler le respect par l'Union[180]. La Cour s'empresse toutefois d'ajouter que ses éventuels actes de résistance à la primauté du droit de l'Union seront « exceptionnels », réservés à des excès de compétence « manifestes » de l'Union, au titre d'un *ultimum subsidium* si c'est « le seul moyen d'éviter une violation (« suffisamment caractérisée » précise-t-elle dans son arrêt *Honeywell*[181]) des principes fondamentaux de la Constitution ». Ceux-ci comprennent non seulement le principe des compétences d'attribution de l'Union, mais aussi la protection des droits fondamentaux[182], la démocratie et, plus largement, les principes relevant de l'identité constitutionnelle allemande. Soulignons que la position de la Cour constitutionnelle allemande a eu le mérite d'engranger à plusieurs reprises des dialogues féconds avec la Cour de justice, qui ont participé à des avancées majeures de l'intégration européenne[183].

---

178. § 231.

179. La Cour constitutionnelle allemande insiste massivement sur ce point : voy. not. les §§ 228, 233, 329 et 330.

180. § 235.

181. Cette expression signifie, d'une part, que « la violation des règles d'attribution de compétences par les institutions de l'Union est manifeste » et, d'autre part, que « l'acte attaqué affecte de manière significative la structure du système de répartition des compétences entre l'Union et les États membres eu égard au principe d'attribution et à la prééminence de la loi » (arrêt du 6 juillet 2010, pt 61, trad. par D. HANF, « Vers une précision de la *Europarechtfreundlichkeit* de la loi fondamentale. L'apport de l'arrêt 'rétention des données' et de la décision Honeywell du BVerfG », *op. cit.*, p. 540).

182. Relevons que le philosophe J. Habermas (*La constitution de l'Europe*, Paris, Gallimard, 2012) désapprouve les réserves de constitutionnalité fondées sur les règles répartitrices des compétences entre l'Union et ses États membres (p. 90), mais qu'il approuve en revanche celles fondées sur les droits de l'homme : « les États nationaux [...] sont les cautions d'un certain niveau de justice et de liberté que les citoyens, à bon droit, veulent voir préserver » (p. 102).

183. L'on peut à cet égard bien sûr penser à la consécration de la protection des droits fondamentaux dans l'Union européenne. Voy., à ce propos, C. RIZCALLAH, « La protection des droits fondamentaux dans l'Union européenne : l'immuable poids des origines ? », *CDE*, 2015, pp. 399-427.

Des remises en cause de la primauté du droit de l'Union plus récentes, opérées par d'autres « cours constitutionnelles »[184], s'exposent davantage à la critique. L'on songera en particulier aux arrêts des Cours constitutionnelles roumaine[185] et polonaise[186] qui contestent la primauté du droit de l'Union, notamment dans le domaine de la protection de l'État de droit et de l'indépendance de la justice. Ce faisant, elles viennent à la rescousse de réformes controversées de leurs systèmes judiciaires, alors que la protection de l'indépendance des juges nationaux est une condition de viabilité de l'Union européenne, aussi bien sur le plan de son identité que de son fonctionnement[187]. On distinguera donc ces prises de position de celles adoptées par la Cour constitutionnelle allemande, notamment dans le récent arrêt *Weiss*[188], où les valeurs fondatrices de l'Union européenne ne sont point remises en cause par la juridiction nationale. C'est d'ailleurs au contraire principalement pour assurer le respect de ces valeurs – et, notamment, les droits fondamentaux – que la *Bundesverfassungsgericht* a érigé des réserves constitutionnelles, ainsi que pour contrôler le respect du principe d'attribution des compétences[189].

Si le conflit entre le droit de l'Union et les droits nationaux ne peut être radicalement résolu lorsque l'on adopte la perspective du pluralisme juridique – dans la mesure où cette perspective exige de prendre en compte les points de vue des différents ordres juridiques –, il nous semble qu'un compromis, fondé sur une « éthique de la traduction » qui animerait les

---

184. C'est à dessein que nous mettons ces termes entre guillemets, en particulier pour ce qui concerne la « Cour constitutionnelle » polonaise, dans la mesure où il n'est plus acquis qu'une telle qualité peut être reconnue à cet organe et aux « juges » qui la composent. Ces derniers n'ont, en effet, pas été nommés selon une procédure conforme aux exigences découlant de l'État de droit, et la grande chambre de la Cour européenne des droits de l'homme a dénié à cet organe la qualité de « tribunal établi par la loi » au sens de l'article 6, § 1, de la convention (Cour EDH, 7 mai 2021, *Xero Flor w Polsce sp. z o.o. c/ Pologne*, req. n° 4907/18. Sur cet arrêt, voy. M. LELOUP, « The ECtHR Steps into the Ring », http://verfassungsblog.de).

185. Décision n° 390 du 8 juin 2021 concernant l'exception d'inconstitutionnalité des dispositions des articles 881-889 de la loi n° 304/2004 sur l'organisation judiciaire et de l'ordonnance d'urgence du gouvernement n° 90/2018 concernant certaines mesures pour l'opérationnalisation de la Section des enquêtes sur les infractions pénales au sein du pouvoir judiciaire. Publié dans le *Journal officiel* de la Roumanie, partie I, n° 612 du 22 juin 2021 (voy., sur cette décision, B. SELEJAN-GUTAN, « A Tale of Primacy Part. II. The Romanian Constitutional Court on a Slippery Slope », https://verfassungsblog.de/a-tale-of-primacy-part-ii/).

186. Décision K3/21 du 7 octobre 2021 portant l'évaluation de la conformité à la Constitution polonaise de certaines dispositions du traité sur l'Union européenne.

187. Voy., sur cette question, C. RIZCALLAH et V. DAVIO, « L'article 19 du Traité sur l'Union européenne : sésame de l'Union de droit – Analyse de la jurisprudence récente de la Cour de justice de l'Union européenne relative à l'indépendance des juges nationaux », *RTDH*, 2020, pp. 156-186.

188. BVerfG, 5 mai 2020, 2 BvR 859/15, §§ 1-237, disponible sur http://www.bverfg.de/e/rs20200505_2bvr085915en.html.

189. Voy., dans le même sens, F. MARTUCCI, « La Pologne et le respect de l'État de droit : quelques réflexions suscitées par la décision K 3/21 du Tribunal constitutionnel polonais », *Le Club des Juristes*, 2021, disponible à l'adresse suivante : https://blog.leclubdesjuristes.com/la-pologne-et-le-respect-de-letat-de-droit-quelques-reflexions-suscitees-par-la-decision-k-3-21-du-tribunal-constitutionnel-polonais/.

dialogues entre la Cour de justice et les cours constitutionnelles nationales, peut être trouvé. Comme l'a bien montré notamment Jean-Paul Jacqué[190], la Cour de justice et les cours constitutionnelles sont condamnées à dialoguer. Cela implique dans notre esprit pour chacune une aptitude à entendre, à comprendre et à traduire les attentes de l'autre dans un langage recevable pour elle, dans un esprit de coopération loyale et dans les limites du « traductible ». C'est ainsi que l'on peut interpréter le propos de l'avocat général M. Poiares Maduro quand il écrit que, « de même que le droit communautaire prend en compte l'identité constitutionnelle des États membres, de même le droit constitutionnel national doit s'adapter aux exigences de l'ordre juridique communautaire »[191].

Ce compromis repose, ou du moins devrait reposer, sur la mise en balance des deux principes potentiellement contradictoires que sont la protection de chaque identité nationale (le pôle plurinational) et l'application uniforme du droit de l'Union (le pôle fédératif). Pour que cette mise en balance tende vers la meilleure concordance pratique[192], les quatre balises suivantes peuvent être proposées. *La première* – particulièrement pertinente au vu des positions récentes de certaines « cours constitutionnelles » : un État membre ne peut pas invoquer son identité nationale à l'encontre des valeurs fondamentales contenues dans l'article 2 du TUE (État de droit, démocratie et droits de l'homme)[193]. *La deuxième* : seules les structures constitutionnelles fondamentales des États membres sont relevantes[194], étant entendu que les règles constitutionnelles irrévisables, du moins là où elles existent, en offrent de bons indices. *La troisième* : les grands

---

190. Voy. J.-P. JACQUÉ, « Droit constitutionnel national, Droit communautaire, CEDH, Charte des Nations unies. L'instabilité des rapports de système entre ordres juridiques », *Revue française de Droit constitutionnel*, 2007, vol. 69, p. 20.

191. Concl. av. gén. M. POIARES MADURO, dans CJCE, 16 décembre 2008, *Michaniki*, aff. C-213/07, § 33. Dans l'affaire *Arcelor* (CJCE, 16 décembre 2008, *Société Arcelor c/ Premier ministre*, aff. C-127/07), il précise toutefois que, « le droit communautaire ayant [...] intégré les valeurs constitutionnelles des États membres, les constitutions nationales doivent adapter leurs prétentions à la suprématie, afin de respecter l'exigence existentielle de primauté du droit communautaire dans son champ d'application. Cela ne signifie pas que les juridictions nationales ne jouent aucun rôle dans l'interprétation à donner aux principes généraux et droits fondamentaux communautaires. Il est au contraire inhérent à la nature même des valeurs constitutionnelles de l'Union en tant que valeurs constitutionnelles communes aux États membres qu'elles doivent être précisées et développées par la Cour en dialogue constant avec les juges nationaux, notamment ceux qui sont chargés de l'interprétation authentique des constitutions nationales. L'instrument approprié de ce dialogue est le renvoi préjudiciel [...] » (§ 17 des concl.).

192. Voy., en ce sens, A. VON BOGDANDY et S. SCHILL, « Overcoming Absolute Primacy : Respect for National Identity under The Lisbon Treaty », *CMLR*, 2011, n° 48, p. 1441.

193. Voy., en ce sens, *ibid.*, p. 1430.

194. A. von Bogdandy et S. Schill épinglent les principes de base de l'organisation de l'État (le fédéralisme, le régionalisme, les pouvoirs locaux, la forme républicaine ou monarchique, etc.), la souveraineté, le principe démocratique, les symboles de l'État, la dignité humaine, les droits fondamentaux et l'État de droit (*ibid.*, p. 1432).

principes du constitutionnalisme démocratique étant aussi proclamés dans l'article 2 du TUE, les conflits devraient demeurer exceptionnels, quoique c'est évidemment leur interprétation qui peut donner lieu à des divergences non négligeables. Un bon exemple de ce conflit d'interprétations apparaît dans l'arrêt de la Cour de justice du 9 mars 2010 au sujet de la légitimité démocratique qui conditionne l'admissibilité des fonctions imparties à des autorités administratives indépendantes par la directive 95/46 dans le domaine de la protection des données à caractère personnel[195]. La Cour y récuse l'interprétation que le gouvernement allemand procurait au principe démocratique qui est consacré à la fois par la Loi fondamentale allemande et par l'article 2, paragraphe 1er, du TUE. Elle y substitue sa propre interprétation, non sans prétendre fonder celle-ci dans un examen des systèmes constitutionnels nationaux[196]. *La quatrième* : il faut tout faire des deux côtés pour éviter le *clash* au nom du principe de coopération loyale de l'article 4, paragraphe 3, du TUE. Les cours constitutionnelles sont priées de ne pas se départir d'une certaine *Europarechtsfreundlichkeit*[197]... À vrai dire, elles montrent plus souvent les dents qu'elles ne mordent réellement, mais les choses pourraient changer si chacun n'y met pas du sien. L'exemple de l'arrêt rendu le 31 janvier 2012 par la Cour constitutionnelle tchèque sur les « retraites slovaques »[198] par lequel elle a déclaré inconstitutionnel et *ultra vires* l'arrêt *Landtova*[199] de la Cour de justice en témoigne.

Les conclusions récemment rendues par l'avocate générale Kokott dans l'affaire *V.M.A.* illustrent la manière dont une telle mise en balance peut être opérée dans le cadre ci-avant développé[200]. L'avocate générale souligne

---

195. CJUE, 9 mars 2010, *Commission européenne c/ République fédérale d'Allemagne*, aff. C-518/07.

196. Pour une justification, dans une perspective moniste, de « l'autonomie notionnelle » ainsi conférée au principe de démocratie par la Cour de justice, voy. A. PLIAKOS, « Le contrôle de constitutionnalité et le droit de l'Union européenne : la réaffirmation du principe de primauté », *CDE*, 2010, n°s 3-4, pp. 510-514. Dans le sens inverse, pour une justification de la résistance des cours constitutionnelles sur des questions aussi essentielles, voy. E. SLAUTSKY, « De la hiérarchie entre Constitution et droit international », *Administration publique*, 2009, n° 3, pp. 227-242 ; H. DUMONT, « La traduction, ciment du 'Pacte constitutionnel européen' », *op. cit.* ; ID., « La Constitution : la source des sources, tantôt renforcée, tantôt débordée », in *Les sources du droit revisitées*, vol. 4, *Théorie des sources du droit*, Limal/Bruxelles, Anthemis/Publications des Facultés universitaires Saint-Louis, 2013, pp. 101-189.

197. Sur cette notion dont les contours demeurent encore un peu flous dans la jurisprudence de la Cour constitutionnelle allemande, voy. not. D. HANF, « Vers une précision de la *Europarechtfreundlichkeit* de la loi fondamentale. L'apport de l'arrêt 'rétention des données' et de la décision Honeywell du BVerfG », *op. cit.*, pp. 515-549.

198. Voy. J. ZEMANEK, « L'arrêt de la Cour constitutionnelle tchèque du 31 janvier 2012, *Les retraites slovaques XVII* : le principe de l'égalité de traitement – un motif de rébellion contre la Cour de justice de l'Union européenne ? », *CDE*, 2012, n° 3, pp. 709-732.

199. CJUE, 22 juin 2011, *Landtová*, aff. C-399/09.

200. Concl. av. gén. J. KOKOTT, du 15 avril 2021, dans l'affaire *V.M.A.*, aff. C-490/20, ECLI:EU:C:2021:296.

en effet que « l'obligation pour l'Union de respecter l'identité nationale des États membres peut en effet être comprise comme une obligation de respecter la pluralité de conceptions, et, partant, les différences qui caractérisent chaque État membre »[201]. Cette obligation connaît néanmoins des limites : « dans l'obligation de coopération loyale » et, en outre, « ne peut être protégée au titre de l'article 4, paragraphe 2, TUE qu'une conception de l'identité nationale qui est conforme aux valeurs fondamentales de l'Union consacrées notamment à l'article 2 TUE »[202].

Que faire alors en cas de conflit irréductible ? Selon la perspective du pluralisme, ni la Cour de justice de l'Union ni les cours constitutionnelles nationales ne sont en mesure d'avoir à coup sûr le dernier mot, même si tant la première que la plupart des secondes prétendent en détenir le pouvoir[203]. Le dialogue doit donc continuer. Si certains exemples démontrent que, conduit de manière raisonnable, celui-ci peut amener chacun à infléchir sa propre jurisprudence dans le sens du progrès[204], les récents développements peuvent néanmoins conduire à davantage de pessimisme.

La position de certaines « cours constitutionnelles » visant à utiliser les réserves constitutionnelles de manière à rejeter la primauté des valeurs de l'article 2 du TUE sur le droit national semble en effet peu à même à entrer dans un dialogue fécond avec les instances européennes. Nous l'avons déjà démontré ailleurs, le respect de ces valeurs – et en particulier de l'État de droit et du principe de l'indépendance de la justice[205] – est une exigence tenant à l'ADN de l'Union européenne, ainsi qu'une condition indispensable pour son bon fonctionnement. Le respect de ces valeurs fait donc partie du « non-négociable », qui a au demeurant été accepté souverainement et sans condition par les États membres lors de leur adhésion à l'Union européenne[206]. Il n'existe à notre estime d'autres issues, pour ceux qui ne voudraient plus respecter ces règles du jeu, que de solliciter la possibilité

---

201. Concl. av. gén. J. Kokott, du 15 avril 2021, préc., pt 71.

202. *Ibid.*, pt 73.

203. Dans les affaires les plus délicates où chacun y a mis du sien, la Commission nous semblerait mal inspirée en poussant trop loin une procédure en constatation de manquement pour violation du droit de l'Union contre l'État qui, pris dans un conflit de loyautés, donnerait préférence aux arrêts de sa Cour constitutionnelle.

204. Nous songeons notamment à l'amélioration de la jurisprudence de la Cour de justice de l'Union en matière de protection des droits fondamentaux, poussée dans le dos par les menaces de résistance de la Cour constitutionnelle allemande : voy. not. H. Dumont, « La traduction, ciment du 'Pacte constitutionnel européen' », *op. cit.*, pp. 27 et s.

205. C. Rizcallah et V. Davio, « L'article 19 du Traité sur l'Union européenne : sésame de l'Union de droit – Analyse de la jurisprudence récente de la Cour de justice de l'Union européenne relative à l'indépendance des juges nationaux », *op. cit.*, pp. 156 et s.

206. Le respect de ces valeurs fait en effet clairement partie des conditions d'adhésion (voy., art. 49 TUE).

de sortir de l'Union européenne prévue à l'article 50 du TUE. On le sait, il n'existe en revanche pas de mécanisme pour exclure un État membre de l'Union européenne. De quelle arme dispose alors l'Union européenne face à ce type de récalcitrants ? Si la procédure prévue à l'article 7 du TUE a clairement montré ses limites en matière d'efficacité, on peut observer une efficacité certaine de l'action de la Cour de justice de l'Union européenne – notamment via le mécanisme des astreintes[207] – et, l'avenir nous le dira – le nouveau mécanisme financier de conditionnalité au respect de l'État de droit pourra peut-être soutenir l'action de l'Union en la matière[208]. Force est néanmoins d'observer, à la lumière de ce qui se déroule depuis plusieurs années, qu'au-delà de l'existence de certains outils, l'inefficacité de l'action de l'Union dans la protection de ses valeurs doit sans doute être attribuée à un manque de volonté politique dans le chef des États membres et de la Commission.

2. L'égalité devant les traités et le principe de confiance mutuelle : la conversion des souverainetés territoriales exclusives en souverainetés inclusives

Comme l'a souligné Édouard Dubout, l'État-nation devient par le biais de l'intégration européenne, l'« État membre d'une communauté politique plus vaste, disons 'transnationale' »[209]. La dimension transnationale de l'intégration européenne résulte de sa vocation à établir un « espace européen sans frontières »[210]. D'abord poursuivie dans le domaine économique par la création du marché intérieur[211], cette finalité anime désormais également les domaines de la liberté, de la justice et de la sécurité intérieure avec l'objectif d'établir un espace commun de « liberté, de sécurité et de justice »[212]. Ce type d'intégration n'est pas sans conséquence sur les souverainetés territoriales des États membres. En effet, elle suppose une transformation de l'exercice des souverainetés nationales, qui doit dans ce

---

207. Sur la base des art. 260, § 2, TFUE et 279 TUFE dans le cadre de mesures provisoires.

208. Règlement (UE, Euratom) 2020/2092 du Parlement européen et du Conseil du 16 décembre 2020 relatif à un régime général de conditionnalité pour la protection du budget de l'Union, *JOUE*, L 433I, 22 décembre 2020, pp. 1-10.

209. E. DUBOUT, *Droit constitutionnel de l'Union européenne, op. cit.*, p. 164.

210. CJUE, 18 décembre 2014, avis 2/13, ECLI:EU:C:2014:2454, pt 192. Sur la notion d'espace européen, voy. A. WEYEMBERGH, « L'espace pénal européen : état des lieux et perspectives », in D. HANF et R. MUNOZ (dir.), *La libre circulation des personnes : états des lieux et perspectives*, Bruxelles, Peter Lang, 2007, p. 53 ; C. RIZCALLAH, *Le principe de confiance mutuelle en droit de l'Union européenne : un principe essentiel à l'épreuve d'une crise des valeurs*, Bruxelles, Bruylant, 2020, pp. 463 et s.

211. Art. 3, § 3, TUE.

212. Art. 3, § 2, TUE.

cadre s'envisager de manière davantage inclusive qu'exclusive. L'exercice du pouvoir par les États membres n'est plus strictement compartimenté par le critère territorial. Si celui-ci préserve une certaine importance – plus ou moins selon le domaine envisagé – il s'efface dans certains cas au profit d'autres critères, notamment en raison de règles du droit de l'Union mettant en œuvre les libertés de circulation.

L'un des principes juridiques cardinaux qui implique, dans certains domaines, un tel passage vers un exercice inclusif de la souveraineté est le principe de confiance mutuelle. En effet, ce principe entraîne – nous allons le démontrer – une relativisation des souverainetés territoriales exclusives des États membres. Or, il repose entre autres sur le principe d'égalité entre les États membres. Ce dernier a donc, en droit de l'Union, des conséquences sur les souverainetés des États membres non seulement pour ce qui concerne les relations verticales entre l'Union et les États membres, mais également d'un point de vue horizontal, c'est-à-dire pour ce qui concerne les relations qui se nouent entre eux.

Par définition, la création d'un espace sans frontières va de pair avec une relativisation de la territorialité. Elle implique, en effet, le décloisonnement des ordres juridiques nationaux : dans la mesure où l'on souhaite atténuer les frontières intérieures tant physiques que juridiques, le territoire ne doit plus être l'unique critère de référence pour ce qui concerne l'exercice de l'autorité publique. Tant les marchandises, les services, que les citoyens et certains actes de puissance publique ont vocation à pouvoir librement circuler au sein de l'espace européen sans frontières intérieures. De ce fait, la souveraineté des États membres est directement impactée : ils sont en effet tenus d'accepter les conséquences, sur leur territoire, d'actes ou de décisions pris par leurs pairs. Réciproquement, l'exercice de leurs compétences est également voué à recevoir une certaine portée extraterritoriale. Les États exercent ainsi leurs souverainetés de manière inclusive, en ce sens qu'ils acceptent, sur leur territoire, des manifestations résultant de l'exercice, par d'autres États membres, de leur propre souveraineté.

L'un des instruments phares du droit de l'Union permettant ce décloisonnement est le principe de confiance mutuelle entre les États membres. En effet, il permet d'atteindre une certaine unité en dépit de l'absence d'uniformité normative et institutionnelle sur l'espace européen. La gouvernance sur l'espace européen est largement partagée par les États membres, tant d'un point de vue substantiel (les droits nationaux demeurent en partie substantiellement différents), que d'un point de vue procédural (l'administration de ces droits, comprise comme « l'ensemble des procédés par lesquels le droit se réalise et passe dans les faits »[213], demeure l'apanage d'organes nationaux). Le principe de confiance mutuelle, lorsqu'il est d'application, a vocation à atténuer les barrières territoriales qui pourraient provenir de cette fragmentation. Ce processus est rendu possible par la présomption de compatibilité des « solutions juridiques »[214] nationales que le principe de confiance mutuelle impose[215] : en vertu de ce principe, en effet, des lois générales, des jugements, des décisions administratives ou encore des pratiques existant dans un État membre doivent être présumées compatibles dans les autres États membres de sorte à pouvoir y sortir des effets juridiques extraterritoriaux. Malgré la sauvegarde des diversités substantielles et procédurales nationales, les frontières qui séparent les États membres sont fictivement estompées afin que – à gros traits – la solution juridique de l'État A ne rencontre pas d'obstacle pour pénétrer l'ordre juridique de l'État B. En d'autres mots, l'État B devra faire confiance à la loi, la décision administrative ou judiciaire ou la pratique émise ou tolérée dans l'État membre A, et accepter que des conséquences juridiques y soient attachées sur son territoire.

Une telle fongibilité des solutions juridiques nationales est, par ailleurs, reconnue tant au profit des particuliers, lorsqu'ils font eux-mêmes usage des libertés de circulation, qu'à la puissance publique, lorsqu'elle prétend régir des situations qui se trouvent en dehors de son territoire. Ainsi, un individu qui exerce, par exemple, une profession réglementée peut se déplacer dans l'espace européen tout en continuant à exercer son métier parce que son diplôme devra être reconnu dans un autre État membre. Il peut également importer un bien qu'il a produit dans son État d'origine dans un autre État membre sans, en principe, rencontrer d'obstacles tels que l'imposition de nouvelles normes techniques. S'il a par ailleurs déjà été jugé pénalement pour une infraction, il peut se déplacer dans l'Union européenne sans craindre de se faire juger une seconde fois pour les mêmes faits, le premier jugement devant être considéré comme valide dans l'État membre où il se déplace.

---

213. L. Azoulai, « Pour un droit de l'exécution de l'Union européenne », in J. Dutheil de La Rochère (dir.), *L'exécution du droit de l'Union, entre mécanismes communautaires et droits nationaux*, Bruxelles, Bruylant, 2009, p. 1.
214. Peuvent entrer dans la catégorie de « solution juridique nationale » aussi bien des normes nationales d'application générale, que des actes, des pratiques ou des situations juridiques répétés ou ponctuels.
215. Sur le mécanisme présomptif imposé par le principe de confiance mutuelle, voy. C. Rizcallah, *Le principe de confiance mutuelle en droit de l'Union européenne : un principe essentiel à l'épreuve d'une crise des valeurs op. cit.*, pp. 181 et s.

Pour ce qui concerne l'exercice de l'autorité publique, la possibilité d'exporter certains actes de puissance publique constitue un corollaire nécessaire des libertés de circulation dont jouissent les individus : il est indispensable que les États membres soient aptes à appréhender certaines situations qui se déroulent en tout ou en partie en dehors de leurs frontières dans la mesure où le principe de confiance mutuelle facilite la mobilité de ces situations (que ce soit par la mobilité d'un individu, d'un bien, d'un service…). Pour prendre un exemple, le mécanisme du mandat d'arrêt européen qui permet à un État membre de requérir l'arrestation et la remise d'un individu dans un autre État membre est une mesure d'accompagnement nécessaire à la libre circulation des personnes dans l'espace européen. Sans celui-ci, tout individu ayant commis une infraction dans un État membre pourrait se déplacer, sans difficulté, dans un autre État membre de manière à fuir la justice de l'État dans lequel il a commis ladite infraction, amplifiant par-là le risque d'impunité. Grâce au mécanisme du mandat d'arrêt européen, cet État pourra requérir l'arrestation de cette personne dans l'État d'exécution, qui ne pourra refuser d'exécuter le mandat d'arrêt européen que sur la base d'une liste exhaustive de motifs d'interprétation restrictive[216]. Hors ces exceptions, les États membres sont tenus d'exécuter les mandats d'arrêts européens émis par leurs pairs et, ainsi, de concourir à la mise en œuvre coercitive d'un acte émis par un autre État membre. De manière analogue, un jugement rendu en matière civile par un État membre pourra voir ses conséquences étendues à d'autres États de l'espace européen par le biais des instruments de droit de l'Union qui imposent le principe de reconnaissance mutuelle. Ici aussi, dans les conditions déterminées par ces instruments, les États membres peuvent être tenus d'exécuter un jugement étranger, sans pouvoir contrôler ni son opportunité, ni sa compatibilité avec le droit de l'Union ou son droit national.

Le principe de confiance mutuelle ne dispose néanmoins ni d'un effet direct ni d'une portée absolue. Pour être d'application, il doit être mis en œuvre par un instrument de droit primaire ou de droit dérivé. Sans cela, la confiance ne devra pas être témoignée et l'estompement de la souveraineté territoriale exclusive ne surviendra pas. Par ailleurs, lorsqu'il est d'application, il est accompagné d'exceptions, dont l'étendue et le contenu varient selon les domaines, qui permettent aux États membres de réaffirmer leur autorité sur leur territoire en refusant de témoigner leur confiance à une solution juridique étrangère. L'atténuation de la souveraineté territoriale n'est donc que relative : la souveraineté demeure, mais son exercice devient dans certains cas de figure inclusif.

---

216. Art. 3 et 4 de la décision-cadre du Conseil du 13 juin 2002 relative au mandat d'arrêt européen et aux procédures de remise entre États membres, *JOCE*, L 190, 18 juillet 2002, pp. 1-20.

Sur le principe, la constitution d'un espace sans frontières dans l'Union européenne va ainsi de pair avec une déterritorialisation – relative et limitée – de l'exercice, par les États membres, de leur souveraineté. En d'autres termes, l'on peut considérer que la conception traditionnelle classique de la souveraineté, territoriale et exclusive, est transformée, par le biais du principe de confiance mutuelle dans certaines circonstances en une souveraineté inclusive, étant donné que ses manifestations peuvent se détacher du territoire de l'État qui l'exerce.

Or, nous l'avons souligné, l'un des fondements sur lequel repose le principe de confiance mutuelle est le principe d'égalité entre les États membres[217]. En effet, comme le souligne Koen Lenaerts, le principe d'égalité des États membres devant le droit de l'Union se distingue du principe classique d'égalité en droit international public en ce qu'en droit de l'Union, il comprend la prémisse selon laquelle tous les États membres partagent et sont également engagés à respecter les valeurs de l'article 2 du TUE[218]. C'est précisément sur cette prémisse que le principe de confiance mutuelle est fondé[219]. Parce que les États membres sont supposés partager, sur un pied d'égalité, les valeurs de l'article 2 du TUE, ils doivent se faire confiance et accepter les effets extraterritoriaux des compétences exercées par leurs pairs. En raison du principe d'égalité, les États membres ne sont en effet en principe pas en mesure de contrôler la compatibilité, avec le droit de l'Union, de solutions juridiques émises par leurs pairs. L'avocat général Ruiz-Jarabo Colomer a en ce sens souligné, à propos de la confiance mutuelle que doivent se témoigner les États membres en matière de droit international privé, qu'« il est également inhérent au principe de confiance réciproque que les questions déterminant la compétence des tribunaux d'un État soient résolues selon des règles uniformes ou, ce qui revient au même, que chaque juridiction se trouve, à cette fin, sur *un pied d'égalité avec les autres* »[220]. Un État membre ne pourrait donc lui-même condamner un autre État membre pour la violation du droit de l'Union ; ni refuser de se conformer à ses obligations qui découlent du droit de l'Union, à l'égard d'un État membre qui ne respecterait pas le cas échéant les siennes. Les États membres sont en effet égaux devant le droit de l'Union, l'un d'eux ne pouvant dès lors se prévaloir d'une autorité sur l'un de ses pairs afin d'évaluer la conformité de ses actions avec celui-ci. S'il éprouve des doutes

---

217. K. LENAERTS, « La vie après l'avis : Exploring the principle of mutual (yet not blind) trust », *CMLR*, 2017, p. 808.

218. *Ibid.*, p. 809.

219. CJUE, 18 décembre 2014, avis 2/13, ECLI:EU:C:2014:2454, pt 168.

220. Concl. av. gén. RUIZ-JARABO COLOMER, du 20 novembre 2003, dans l'affaire *Turner*, aff. C-159/02, ECLI:EU:C:2003:632, pt 33 (nous soulignons).

quant au respect du droit de l'Union par l'un de ses pairs, il peut référer la question à la Cour de justice, ultime garante des traités, en intentant un recours en constatation de manquement à l'encontre de l'État dont il soupçonne une conduite illégale[221].

En d'autres mots, les dépassements « par le côté » de la souveraineté au sein de l'Union doivent être acceptés par les États membres parce que ceux-ci sont, sur un pied d'égalité, présumés partager les valeurs fondatrices de la construction européenne et qu'ils sont dès lors tenus de se témoigner une confiance mutuelle. À l'instar des relations verticales entre l'Union et les États membres, les relations horizontales que ces derniers nouent entre eux sont donc aussi impactées, en particulier pour ce qui concerne leur souveraineté territoriale, par le principe d'égalité entre États membres. À cet égard, l'on peut affirmer que la souveraineté territoriale exclusive est transformée, du fait de l'intégration européenne, en une souveraineté davantage inclusive dans la mesure où les États membres sont tenus d'accepter, sur leur territoire, les effets juridiques découlant d'un exercice de souveraineté par d'autres États membres. Un *pooling* des souverainetés nationales est ainsi créé afin d'organiser la gouvernance horizontale partagée sur l'espace européen sans frontières. Le principe de confiance mutuelle participe de cette manière à la constitution de ce que la politologue A.-M. Slaughter qualifie de *governement networks*[222], où l'exercice des pouvoirs est « dissocié de la souveraineté nationale pour s'associer à ses homologues étrangers »[223]. C'est donc en permettant aux États membres d'exercer leurs compétences par-delà leur territoire, que le principe de confiance mutuelle relativise, en partie, les frontières juridiques au sein de l'espace européen.

Conclusion

En tant que Fédération plurinationale, l'Union européenne ne peut vivre et s'épanouir qu'en cherchant en permanence un équilibre propre à gérer les inévitables tensions qui opposent son pôle plurinational et son pôle fédératif. C'est dans cet esprit que nous nous sommes attachés à redéfinir le concept de souveraineté. À la faveur d'un dialogue avec les meilleurs auteurs qui défendent la théorie selon laquelle l'Union européenne serait

---

221. Art. 259 TFUE.
222. A.-M. Slaughter, *A new world order, op. cit.*, p. 264.
223. J. Allard et A. Garapon, *Les juges dans la mondialisation : la nouvelle révolution du droit*, Paris, Seuil, 2005, p. 9.

une Fédération dans laquelle la souveraineté est en suspens, n'appartenant ni à la composante étatique ni à la composante fédérale, nous avons soutenu que le concept de souveraineté demeure pertinent pour analyser le statut des États membres de l'Union pour autant que l'on distingue et articule soigneusement les dimensions formelle, matérielle, positive, négative, exclusive et inclusive auxquelles se prête son exercice. C'est ainsi que l'on peut mesurer l'effet transformateur que la participation des États à l'Union induit sur les attributions étatiques, en ce compris le principe de souveraineté nationale. Cette transformation s'opère dans un ordre juridique où, par ailleurs, le principe d'égalité entre les États membres dans et devant les traités est supposé être respecté. Le principe d'égalité constitue en effet un principe général du droit de l'Union, qui structure son ordre juridique en ce compris pour ce qui concerne le statut des États membres.

C'est dans ce contexte que nous avons discerné, d'une part, les relations de complémentarité à géométrie variable qui se nouent entre la souveraineté et l'égalité des États membres *dans* les traités et, d'autre part, les tensions qui opposent cette souveraineté et l'égalité des États membres *devant* les traités.

Pour ce qui concerne l'égalité des États membres *dans* les traités, nous avons distingué cinq cas de figure. *Primo*, dans la composition, dominée par le pôle plurinational, des institutions de l'Union autres que le Parlement européen, la souveraineté des États membres est protégée par leur égalité formelle. *Secundo*, dans les procédures de révision des traités et dans les règles de fonctionnement du Conseil et du Conseil européen régies par le principe d'unanimité au nom de la sauvegarde du pôle plurinational, leur souveraineté formelle négative est aussi assurée par leur égalité formelle. *Tertio*, dans les règles de composition du Parlement européen, la promotion du pôle fédératif de l'Union va de pair avec un passage au second plan de la souveraineté étatique, mais le pôle plurinational ne disparaît pas pour autant de sorte que la règle de l'égalité des États membres fait l'objet d'un compromis entre une déclinaison substantielle qui tient compte du poids démographique de chacun d'entre eux et une déclinaison équitable qui vise à préserver la représentation des plus petits États. *Quarto*, dans les règles de fonctionnement du Conseil et du Conseil européen, la promotion du pôle fédératif, la souveraineté matérielle positive des États membres et la protection du pôle plurinational se traduisent aussi dans une conception substantielle de l'égalité. Celle-ci consiste dans un compromis entre l'égalité des États et l'égalité des citoyens. En définitive, le point commun des systèmes de votation assez complexes qui se sont succédé d'un traité à l'autre, consiste dans l'aménagement d'une égalité des chances ou des malchances a priori pour chacun des États membres, quelle que soit l'importance numérique de sa population, de se retrouver tantôt dans la majorité, tantôt dans la minorité. *Quinto*, dans de nombreuses dispositions des traités, on trouve encore des indices d'un phénomène d'auto-limitation lié au principe d'égalité, leurs auteurs s'étant interdit d'imposer des règles qui contreviendraient à l'égal respect de l'autonomie institutionnelle des États membres. Telles sont les relations de complémentarité à géométrie variable qui unissent la souveraineté et l'égalité des États dans les traités.

En revanche, l'égalité *devant* les traités entre directement en tension avec la souveraineté étatique, à tout le moins si cette dernière est entendue comme étant territoriale et exclusive. Cette tension se manifeste d'abord dans le cadre des relations « verticales » entre l'Union et les États membres. Le principe d'égalité des États membres devant les traités constitue en effet l'un des fondements du principe de primauté du droit de l'Union. Or, ce principe contraint les États à accepter que la suprématie de leur Constitution qui n'est autre que la manifestation juridique de leur souveraineté se concilie avec lui. Les conflits qui peuvent opposer le droit primaire ou le droit dérivé de l'Union tel qu'il est interprété par la Cour de justice de l'Union à leur Constitution telle qu'elle est interprétée par leur juridiction suprême ne peuvent pas se régler de manière univoque par la prétention absolue de cette dernière de détenir le pouvoir du dernier mot. À cet égard, la souveraineté est en effet tenue en suspens. Si dans sa facette formelle, elle appartient bel et bien aux États membres, elle ne leur donne pas le droit de bafouer la primauté du droit de l'Union, mais seulement le droit de défendre par le dialogue quelques réserves de constitutionnalité et le droit de se retirer de l'Union au cas où ce dialogue échoue. Les cours constitutionnelles doivent donc traduire dans leur langage la prétention à la primauté du droit européen que la Cour de justice énonce logiquement de son point de vue, en l'ajustant à leurs ordres juridiques respectifs, tandis que ladite Cour doit traduire dans son langage à elle la prétention à la suprématie des Constitutions que les cours constitutionnelles défendent tout aussi logiquement de leur point de vue, en l'ajustant à son ordre juridique propre.

S'il adhère à ce que nous appelons la conception inclusive de la souveraineté, l'État veillera à mettre en balance les deux principes potentiellement contradictoires que sont la protection de sa souveraineté et donc de la suprématie de sa Constitution sous le contrôle de sa juridiction constitutionnelle, d'une part, et l'application uniforme du droit de l'Union qui postule sa primauté sous le contrôle de la Cour de justice, d'autre part. Pour que cette mise en balance tende vers la meilleure concordance pratique, nous avons proposé un certain nombre de balises.

En revanche, l'État qui demeure attaché à la version exclusive de la souveraineté va multiplier les actes de résistance souverainistes contre la primauté du droit européen et mettre en péril les principes les plus fondamentaux de l'Union, à commencer par celui de l'égalité de ses États membres. Et telle est malheureusement la tendance qui s'observe aujourd'hui jusqu'à un certain point en Allemagne et plus encore en Pologne et en Hongrie, notamment.

Les relations « horizontales » entre les États membres sont elles aussi impactées par le principe d'égalité devant les traités. En effet, ce dernier fonde le principe de confiance mutuelle qui à son tour entraîne un décloisonnement entre les ordres juridiques nationaux des États membres. Parce que ceux-ci sont supposés partager, sur pied d'égalité, les valeurs de l'article 2 du TUE, ils doivent se faire confiance et accepter les effets extraterritoriaux des compétences exercées par leurs pairs. Ce décloisonnement affecte directement l'exclusivité des compétences des États sur leur propre territoire. Ils doivent accepter, sur leur territoire, des manifestations résultant de l'exercice, par d'autres États membres, de leur propre souveraineté. Réciproquement, l'exercice de leurs compétences est également voué à recevoir une certaine portée extraterritoriale.

Si le principe d'égalité des États membres devant les traités a ainsi des conséquences sur la souveraineté des États membres, que ce soit du point de vue « vertical » ou « horizontal », il nous semble que cet attribut n'en perd pas pour autant sa pertinence. En effet, les États préservent une importante série de compétences matérielles et, surtout, *la compétence de la compétence*, en ce sens que c'est souverainement qu'ils peuvent en déléguer certaines et que c'est non moins souverainement qu'ils peuvent décider de quitter l'Union. La souveraineté des États demeure donc, mais elle se trouve profondément transformée par l'intégration européenne qui en exige un mode d'exercice inclusif et non exclusif.

L'ÉGALITÉ ENTRE ÉTATS MEMBRES ET LA DÉMOCRATIE EUROPÉENNE

PROFESSEUR À L'UNIVERSITÉ DE STRASBOURG

Quand on envisage les rapports entre la démocratie européenne et l'égalité entre États membres, on se dit que ces deux notions ont, de prime abord, peu, voire rien à voir ensemble.

La démocratie européenne entendue comme forme de gouvernement désigne le système politique associant sur une base égalitaire tous les citoyens à l'exercice du pouvoir européen, que ce soit sous une forme participative ou par le biais de la désignation de représentants. Elle implique l'égalité de tous les citoyens dans l'expression du vote et aussi, sous sa forme de démocratie représentative, dans la représentation du vote.

L'égalité entre États membres de l'Union européenne est énoncée à l'article 4, paragraphe 2, TUE comme un devoir dont le respect s'impose à l'Union européenne. Elle renvoie à l'égalité souveraine des États du droit international d'une part ou à l'égalité des États membres de tout ensemble fédéral d'autre part.

L'égalité des États est au fondement du droit international[1] et le corollaire de leur souveraineté, sa conséquence : « si la souveraineté est un élément de leur statut, elle leur est à tous reconnue ; et si tous sont souverains, aucun ne peut être le sujet (l'assujetti) d'un autre ; souverainement égaux, ou également souverains, les États sont mutuellement dans une situation de parité légale »[2]. L'égalité souveraine des États trouve à s'exprimer dans le cadre de l'Union lors de l'adoption et de la révision des traités fondateurs qui requièrent toutes deux l'accord unanime des États membres.

---

1. Voy. la contribution de S. Besson dans cet ouvrage.
2. J. COMBACAU et S. SUR, *Droit international public*, 4ᵉ éd., Paris, Montchrestien, 1999, p. 229.

Quant à l'égalité des États membres d'un ensemble fédéral, elle est commune à toutes les structures institutionnelles fédérales quel que soit leur degré de centralisation ou d'intégration (Confédération, État fédéral, Fédération…). Elle est une égalité de droits, qui peut être absolue ou relative. Ce qui importe pour notre propos, c'est qu'elle est traditionnellement présentée comme une dimension du principe fédéral[3] dans une de ses facettes, qui est celle du principe de participation au pouvoir fédéral. L'égalité de droits signifie donc une égalité de représentation des États membres dans les organes fédéraux et une égale participation des États membres à la prise de décision fédérale. Elle « apparaît comme une réminiscence de l'égale souveraineté des États monades » qui, « une fois devenus des États membres […] tiennent à conserver un statut de co-États »[4]. Hamilton dans le soixante-deuxième *Federalist paper* a ainsi souligné, pour justifier l'égalité des États au sein du Sénat, que « le vote égal alloué à chaque État est en même temps la reconnaissance constitutionnelle de la portion de souveraineté qui reste aux États particuliers »[5]. Expression du principe fédéral, l'égalité des États membres est étrangère à toute dimension démocratique. Lorsqu'à mesure de la consolidation d'un ensemble fédéral, composé d'États membres démocratiques, l'impératif de démocratisation de la structure institutionnelle fédérale commence à poindre, les organes fédéraux de représentation des États membres ne sont pas considérés comme les enceintes adéquates. La solution généralement retenue pour faire droit au principe démocratique est alors de mettre en place une chambre parlementaire composée de députés élus par les citoyens dans le respect de l'égalité dans la représentation démographique du vote[6].

Au sein du système institutionnel de l'Union européenne, tandis que le Parlement européen est composé de membres élus par les citoyens de l'Union sur une base démographique[7], l'égalité de représentation des États est assurée principalement par le biais des institutions intergouvernementales que sont le Conseil européen et le Conseil. On la retrouve néanmoins également, bien qu'il s'agisse de deux institutions indépendantes des États membres, en ce qui concerne la composition de la Cour de justice[8] et, depuis le traité de Nice[9], celle de la Commission[10].

---

3. Et non du principe national.
4. O. Beaud, *Théorie de la Fédération*, Paris, PUF, 2007, p. 355.
5. A. Hamilton, J. Jay et J. Madison, *Le Fédéraliste*, trad. A. Amiel, Paris, Classiques Garnier, 2012, p. 468.
6. Voy. O. Beaud, *Théorie de la Fédération*, *op. cit.*, pp. 357-361.
7. Voy. art. 14 TUE.
8. Voy. art. 19, § 2, TUE.
9. Qui marque l'abandon par les grands États de leur second commissaire.
10. Voy. art. 17, §§ 4 et 5, TUE et décision 2013/272/UE du Conseil européen du 22 mai 2013 concernant le nombre de membres de la Commission européenne.

L'égalité des États membres et la démocratie européenne apparaissent donc *a priori* comme deux notions bien distinctes, voire étrangères l'une à l'autre. La première marque que l'Union européenne est une union d'États, la seconde que l'Union est aussi une union de citoyens. Pourtant, depuis le traité de Lisbonne à tout le moins, le droit de l'Union vient troubler cette conclusion. L'article 10, paragraphe 2, TUE souligne désormais explicitement la légitimité démocratique des institutions intergouvernementales que sont le Conseil européen et le Conseil en assimilant implicitement fondement démocratique des États membres et fondement démocratique des institutions qui en assurent la représentation : si la représentation des États membres au cœur de la structure institutionnelle de l'Union est légitime, c'est parce qu'elle assure dans le même mouvement la représentation des communautés citoyennes au fondement de tels États ; c'est parce qu'elle donne voix aux communautés politiques nationales dans la prise de décision européenne. Les deux termes du sujet ne sont donc pas si distincts que cela. L'égalité des États membres et la démocratie européenne peuvent en outre, semble-t-il, entrer en conflit[11]. L'égalité des États membres, en ce qu'elle impose sinon justifie l'égalité de représentation des États au sein des institutions de l'Union, quelle que soit l'importance de leurs populations respectives, peut aller à l'encontre de l'acception traditionnelle du principe démocratique qui exige de donner au suffrage de chaque citoyen une valeur égale. Il faut, dès lors, nous assurer si cette relation dialectique entre les deux notions s'observe dans le cadre de l'Union européenne. À cet effet, on portera l'attention sur les deux terrains privilégiés de rencontre du principe démocratique et de l'égalité entre États membres, à savoir la répartition des sièges au Parlement européen (I) et le calcul de la majorité qualifiée au Conseil (II).

I. Le principe démocratique entravé par l'égalité des États membres : la répartition des sièges au Parlement européen ?

Le Parlement européen est traditionnellement présenté comme l'institution représentative de la légitimité démocratique[12]. Pourtant, même après la transformation du mode de désignation de ses membres au profit d'une élection au suffrage universel direct, la répartition des sièges entre les

---

11. Ce n'est pas systématiquement le cas. L'Union européenne est démocratiquement légitimée dans le respect du principe d'égalité des États car l'adoption et la révision des traités requièrent le consentement unanime des États membres, consentement démocratique, les États membres étant eux-mêmes des démocraties.

12. Voy. CJCE, 29 octobre 1980, *Roquette*, aff. 138/79, EU:C:1980:249, pt 33.

États membres, si elle tenait compte de l'importance de leurs populations respectives, n'a jamais respecté une stricte proportionnalité démographique. Le résultat est notamment celui d'une nette surreprésentation des citoyens des petits États membres, conduisant à ce que le suffrage du citoyen de l'État membre le moins peuplé pèse environ douze fois plus que la voix du citoyen de l'État le plus peuplé. Il est commun de voir dans ce déséquilibre de représentation démographique une entorse au principe démocratique et à son corollaire l'égalité du vote[13]. Il est tout aussi commun de voir dans cette inégalité de représentation démographique le fruit d'un compromis entre le principe démocratique et l'égalité des États membres. Cette appréciation est-elle juste ? En vérité, cela dépend quelle légitimité démocratique le Parlement est voué à représenter. Assurément, tel est le cas si le Parlement européen est l'institution appelée à représenter les citoyens formant une unité politique ; si, en d'autres termes, le Parlement européen est le représentant d'un peuple européen au moins en devenir. Dans cette hypothèse, il peut être légitimement soutenu que le plein épanouissement de la démocratie européenne strictement entendue – c'est-à-dire au sens de pouvoir d'un peuple européen – se voit entravé par le souci d'une égale représentation des États membres ; se voit indûment entravé car, dans ce cas, le Parlement européen est bien supposé être non pas l'organe de représentation des communautés politiques nationales mais celui des citoyens de l'Union formant un seul corps politique.

Le problème de cette analyse, c'est qu'elle ne correspond pas à la réalité politique, ni même à ce que nous dit le droit positif. L'article 137 CEE indiquait que l'Assemblée est « composée de représentants des peuples des États réunis dans la Communauté »[14], formule demeurée inchangée dans l'Acte portant élection des représentants à l'Assemblée au suffrage universel direct du 20 septembre 1976 et qui resta immuable jusqu'à l'entrée en vigueur du traité de Lisbonne en dépit de l'instauration d'une citoyenneté de l'Union par le traité de Maastricht à laquelle est attaché le droit de vote et d'éligibilité aux élections européennes dans l'État membre de résidence dans les mêmes conditions que les nationaux. À prendre cette formule au sérieux, il en ressort que le Parlement européen était moins l'institution représentative de la démocratie européenne que le porte-voix d'une démoïcratie, l'organe d'expression des démocraties nationales, la manifestation institutionnelle de l'Union en tant qu'elle est une union de peuples et non une union de citoyens européens. Le corollaire logique était

---

13. Voy. CCF allemande, 30 juin 2009, *Lisbonne*, BVerfG, 2/08, pts 277-287.
14. Les représentants étant initialement des délégués des parlements nationaux désignés en leur sein.

celui de l'attribution de contingents nationaux de députés européens, l'État membre constituant le cadre électoral des élections au Parlement européen. Dans cette optique, on comprend qu'il ne s'agissait pas tant ou pas seulement d'assurer une égalité du suffrage des citoyens mais aussi une représentation adéquate des démocraties nationales et qu'en conséquence l'égalité entre États membres vint tempérer la proportionnalité démographique afin, notamment, de refléter au niveau du Parlement européen les rapports de forces politiques internes aux démocraties nationales même des plus petits États membres[15]. Ainsi, la modification apportée par le traité d'Amsterdam à l'article 2 de l'acte portant élection du Parlement européen au suffrage universel direct aux fins d'indiquer que « le nombre de représentants élus dans chaque État membre doit assurer une représentation appropriée des peuples des États réunis dans la Communauté » tendait, dans l'esprit de ses initiateurs, à assurer que « la représentation des petits États membres devait être suffisante pour permettre aux principaux courants politiques d'un État de disposer d'un siège »[16]. En ce qui concerne la représentation au Parlement européen, l'État « se profil[ait] donc comme un écran déformant devant la population, seulement considérée comme l'un de ses éléments constitutifs »[17].

Le traité de Lisbonne a-t-il changé la donne ? Tirant enfin les conséquences de l'instauration de la citoyenneté européenne et des droits politiques inhérents à son statut, le traité, après avoir souligné que « le fonctionnement de l'Union est fondé sur la démocratie représentative »[18], énonce désormais, certes, que « les citoyens sont directement représentés, au niveau de l'Union, au Parlement européen »[19], et présente « les membres du Parlement européen comme les « représentants des citoyens de l'Union »[20]. Ce faisant, le traité pourrait laisser accroire à l'avènement d'une véritable démocratie européenne dont le Parlement européen serait l'institution représentative. En bonne logique, la répartition des sièges devrait par voie

---

15. Voy. rapport Patjin du 13 janvier 1975 fait au nom de la commission politique, relatif à l'adoption d'un projet de convention instituant l'élection des membres du Parlement européen au suffrage universel direct (doc. PE 368/74), qui soulignait que la répartition des sièges proposée tout à la fois tendait à assurer un maximum de proportionnalité entre la population d'un État et le nombre de ses représentants au Parlement européen et veillait à ce que toutes les forces politiques essentielles d'un État soient représentées au Parlement européen.

16. J. P. JACQUÉ, *Droit institutionnel de l'Union européenne*, 7e éd., Paris, Dalloz, 2012, p. 257.

17. E. LAGRANGE, *La représentation institutionnelle dans l'ordre international. Une contribution à la théorie de la personnalité morale des organisations internationales*, Kluwer Law International, 2002, p. 179.

18. Art. 10, § 1, TUE.

19. Art. 10, § 2, TUE.

20. Voy. art. 14, § 2, TUE.

de conséquence respecter une stricte proportionnalité démographique. Pourtant, nous dit l'article 14, paragraphe 2, TUE, « la représentation des citoyens est assurée de façon dégressivement proportionnelle, avec un seuil minimum de six membres par État membre », étant précisé qu'« aucun État membre ne se voit attribuer plus de quatre-vingt-seize sièges ». Cela signifie que « le rapport entre la population et le nombre de sièges de chaque État membre […] varie (certes) en fonction de leurs populations respectives » mais « chaque député au Parlement européen d'un État membre plus peuplé représente davantage de citoyens que chaque député d'un État membre moins peuplé et, à l'inverse, que plus un État membre est peuplé, plus il a droit à un nombre de sièges élevé »[21]. Il résulte alors de l'application de ce principe de proportionnalité dégressive que le poids du suffrage d'un citoyen européen d'un État membre à l'autre continue à varier dans les mêmes proportions qu'avant l'entrée en vigueur du traité de Lisbonne. La subsistance de cette inégalité de représentation démographique tiendrait à la volonté maintenue de concilier le principe d'égalité des citoyens devant le vote et le principe d'égalité entre États membres[22]. Comment néanmoins expliquer que l'égalité des États membres puisse venir pondérer l'égalité de représentation des citoyens au Parlement européen, alors que celui-ci est censé les représenter et non plus représenter les peuples des États membres ? Cette « contradiction »[23] révèle qu'en dépit des assertions péremptoires du traité, la légitimité démocratique du Parlement continue d'être davantage plurielle qu'unitaire, que le Parlement, s'il apparaît moins qu'avant comme un parlement interétatique ne peut être pleinement vu comme un Parlement européen. Combinés, le cas échéant, avec le principe de la proportionnalité dégressive, plusieurs éléments le confirment. La répartition des sièges par État étant maintenue, l'État demeure l'assise électorale de la représentation européenne et le principe de proportionnalité dégressive se justifie par ce maintien de la division de l'électorat européen en électorats nationaux dont le pluralisme politique doit être représenté au Parlement européen[24]. Ce filtre étatique a, du reste, posé un obstacle juridique à l'émergence d'une véritable représentation transnationale, donc européenne qui avait motivé la suggestion de réserver, après le Brexit,

---

21. Art. 1er de la décision 2013/312/UE du Conseil européen du 28 juin 2013 fixant la composition du Parlement européen.

22. Voy. C. BLUMANN et L. DUBOUIS, *Droit institutionnel de l'Union européenne*, 7e éd., Paris, LexisNexis, 2019, p. 282 ; voy. aussi l'arrêt de la CCF allemande, 30 juin 2009, *Lisbonne*, préc., pt 284.

23. CCF allemande, 30 juin 2009, *Lisbonne*, préc., pt 296.

24. Voy. J. VON ACHENBACH, « The European Parliament as a Forum of National Interest ? A Transnationalist Critique of Jürgen Habermas' Reconstruction of Degressive Proportionality », *JCMS*, 2017, vol. 55, p. 193.

les sièges qui étaient dévolus au Royaume-Uni pour des élus sur des listes transnationales au niveau de l'Union européenne[25]. De surcroît, les élections européennes ne sont toujours pas organisées selon une procédure électorale uniforme. Si l'on ajoute l'argument politique de l'absence d'un espace public européen qui permettrait aux élections européennes de dérouler un agenda politique européen et non encore largement national, il faut convenir que la représentation au Parlement européen continue de faire l'objet d'une « médiatisation nationale »[26] et que le député européen demeure largement[27] l'émanation d'une collectivité nationale. La citoyenneté européenne ne dément pas cette conclusion. Si le traité qualifie les députés européens de représentants des citoyens européens, il ne faut pas ignorer que la citoyenneté de l'Union ne remet pas en cause l'allégeance première à la communauté nationale[28]. Elle présente en effet un caractère dérivé par rapport à la nationalité d'un État membre et ce rapport correspond à l'avancée du processus d'intégration dans l'Union car l'on sait que ce n'est que dans les fédérations consolidées que ledit rapport entre citoyenneté fédérale et citoyenneté étatique est inversé et donne la primauté à la première[29].

---

25. Il aurait fallu modifier le droit primaire, à savoir la décision 2002/772/CE du Conseil du 25 juin 2002 et du 23 septembre 2002 modifiant l'acte portant élection des représentants au Parlement européen au suffrage universel direct, pour supprimer le cadre électoral étatique (voy. J. P. JACQUÉ., « Droit institutionnel de l'Union européenne », *RTDE*, 2018, chron., p. 427, pp. 432 et 433). La proposition a été abandonnée et, finalement, 27 des 73 sièges ont été redistribués, principalement en faveur des grands États pour remédier quelque peu au déséquilibre de représentation démographique et les 46 sièges restants ont été mis en réserve en vue d'un élargissement futur de l'UE (voy. décision 2018/937 du Conseil européen du 28 juin 2018).

26. J. BOULOUIS, *Droit institutionnel des Communautés européennes*, Paris, Montchrestien, 1984, p. 49.

27. Mais pas totalement. Par exemple, un ressortissant allemand résidant en France élu député européen en France ne peut guère être considéré comme le représentant du peuple français au Parlement européen. De surcroît, une fois élu, le vote du député européen suivra le plus souvent la position du groupe politique transnational dont il est membre et ne sera donc pas déterminé par son appartenance nationale. De ce point de vue, la proportionnalité dégressive, en garantissant la représentation du pluralisme politique des électorats nationaux, permettrait leur intégration transnationale suivant les affiliations politiques européennes au Parlement européen (J. VON ACHENBACH, « The European Parliament as a Forum of National Interest ? A Transnationalist Critique of Jürgen Habermas' Reconstruction of Degressive Proportionality : The European Parliament as a Forum of National Interest ? », *op. cit.*).

28. Voy. R. BELLAMY, « "An Ever Closer Union Among the Peoples of Europe" : Republican Intergovernmentalism and Demoicratic Representation within the EU », *Journal of European Integration*, 2013, n° 5, pp. 499 et 509.

29. Voy. O. BEAUD, « Une question négligée dans le droit de la nationalité : la question de la nationalité dans la Fédération », *Jus Politicum*, 2014, n° 12 ; Ch. SCHÖNBERGER, « La citoyenneté européenne en tant que citoyenneté fédérale. Quelques leçons sur la citoyenneté à tirer du fédéralisme comparatif », *Droit & Philosophie*, 2009, n° 1, p. 255.

Dès lors, au regard de la réalité de l'Union européenne, qui est davantage celle d'une démoïcratie que d'une démocratie, peut-on à juste titre soutenir, à l'instar du *Bundesverfassungsgericht*, que le non-respect d'une stricte proportionnalité démographique en ce qui concerne la répartition des sièges au Parlement européen en vue d'assurer une certaine égalité entre les États membres contreviendrait au principe démocratique ? La question n'est pas tant de déterminer si l'égalité entre États membres peut légitimement tempérer le principe démocratique dans le cadre d'une démoïcratie. La question est plutôt celle de savoir si le principe démocratique qui suppose l'égalité de vote des citoyens dans une démocratie doit recevoir la même acception dans le cadre d'une démoïcratie ou s'il n'implique pas de prendre en compte l'égalité entre États membres, supports institutionnels des communautés démocratiques nationales[30] ? Cette question, on la retrouve lorsqu'on examine le calcul de la majorité qualifiée au sein du Conseil.

II. L'égalité des États membres altérée par l'argument démocratique : le calcul de la majorité qualifiée au Conseil

Le Conseil européen et le Conseil sont, comme le rappelle l'article 10, paragraphe 2, TUE, les institutions de l'Union représentatives des États membres. Ils constituent à ce titre le terrain d'élection de l'égalité entre États membres. De fait, une égalité de représentation est assurée au sein de ces deux institutions, chaque État membre disposant d'un représentant, quelles que soient sa taille et l'importance de sa population. Si pondération il y a, elle se situe au stade des modalités de la prise de décision, plus précisément en cas de décision à la majorité qualifiée.

On sait que les traités prévoient trois modalités de prise de décision par les Conseils : unanimité, majorité qualifiée et majorité simple. Aux termes des traités, le Conseil européen se prononce, en principe, par consensus[31] tandis que le traité de Lisbonne a fait du vote à la majorité qualifiée la règle pour la prise de décision par le Conseil[32], la majorité simple étant une modalité de vote qui n'est prévue que de manière tout à fait exceptionnelle.

---

30. Voy. en ce sens, en ce qui concerne la représentation au Parlement européen, M. van den Brink, « The European Union's demoicratic legislature », *I-CON*, 2021, vol. 19, n° 3, pp. 914 et 929. *Contra*, voy. R. Schütze, « Models of demoicracy : some preliminary thoughs », *EUI Working Papers*, LAW 2020/08, p. 45.

31. Voy. art. 15, § 4, TUE.

32. Voy. art. 16, § 3, TUE.

Avant d'en venir à l'examen de la manière dont une pondération est assurée dans le cadre du calcul de la majorité qualifiée, quelques observations liminaires s'imposent. Il est communément soutenu que l'unanimité garantit l'égalité entre États membres, de même d'ailleurs que la prise de décision par consensus[33]. Il est vrai qu'elle donne à chacun d'eux un droit de veto. Relevons néanmoins que la prise de décision à la majorité assure tout autant l'égalité, dès lors qu'exiger davantage qu'une majorité aboutit à favoriser les opposants à la décision, à donner davantage de poids à leur vote[34]. À cela s'ajoute que dans le système institutionnel de l'Union, l'obligation de vote à la majorité « est productrice de consensus »[35]. Il a, en effet, été observé qu'elle élargit le champ de la négociation des États en favorisant la recherche de compromis puisque l'éventualité d'un vote encourage la minorité à participer activement aux discussions pour obtenir que ses intérêts soient pris en compte dans la décision. Par ailleurs, ce que garantit surtout l'unanimité, c'est le respect de la souveraineté des États membres. En cela, l'unanimité a pu être perçue comme une marque du fonctionnement démocratique du Conseil[36]. Cette perception est notamment celle du Conseil constitutionnel qui voit dans l'abandon de l'unanimité au profit de la majorité qualifiée au sein du Conseil une atteinte aux conditions essentielles d'exercice de la souveraineté nationale[37]. Dans cette vision des choses, ce que garantit l'unanimité, c'est le respect de la volonté de chaque démocratie nationale. On observera toutefois à cet égard que l'unanimité au sein du Conseil est le plus souvent associée à la procédure législative spéciale de la simple consultation du Parlement européen, c'est-à-dire à une procédure qui ne confère qu'un faible poids dans la prise de décision à la voix des citoyens européens ou, plus précisément, à la voix des citoyens européens exprimée dans le cadre national de chaque État membre.

S'agissant à présent de la prise de décision par le Conseil à la majorité qualifiée[38], on sait que le calcul de la majorité qualifiée consiste à pondérer

---

33. Voy. C. Blumann et L. Dubouis, *Droit institutionnel de l'Union européenne, op. cit.,* p. 75.

34. Sur les liens entre décision majoritaire, égalité et démocratie, voy. E. W. Böckenförde, « Principes de la démocratie, forme politique et forme de gouvernement », in *Le droit, l'État et la constitution démocratique,* trad. O. Jouanjan, Paris, LGDJ, 2000, p. 278, spéc. pp. 291-293.

35. J. P. Jacqué, « Institutions de l'Union », *RTDE,* 2012, Chron., pp. 151 et 157.

36. C. Castor, *Le principe démocratique dans le droit de l'Union européenne,* Bruxelles, Bruylant, 2011, p. 380.

37. Même lorsque ce passage doit passer par l'activation par décision unanime de clauses passerelles, il pourrait mettre en cause les conditions essentielles d'exercice de la souveraineté nationale (décision n° 2007-560 DC du 31 décembre 2007, *Traité de Lisbonne,* pts 20-23).

38. Voy. J. P. Jacqué, « Le vote majoritaire au Conseil de l'Union européenne ; Une vision pragmatique », in F. Picod (dir.), *Le principe majoritaire en droit de l'Union européenne,* Bruxelles, Bruylant 2016, p. 105 ; *id.,* « Le vote au Conseil de l'Union européenne », in M. Blanquet

le poids du suffrage de chaque membre du Conseil pour prendre en compte l'importance de l'État qu'il représente. À l'origine, la solution avait consisté à attribuer un nombre de voix à chaque État en fonction de son poids démographique, économique et politique et à fixer le seuil de la majorité qualifiée de façon à éviter que les petits États membres ne détiennent à eux seuls une minorité de blocage et, inversement, que ceux-ci ne soient écrasés par l'effet d'un consensus entre les grands États membres. Le résultat était cependant celui d'une influence bien moindre des citoyens des États membres les plus peuplés sur la prise de décision. Par la suite, la repondération des voix opérée par le traité de Nice n'a permis qu'une correction mineure de ce déséquilibre démographique. Le calcul de la majorité qualifiée des voix pondérées continuait à avantager nettement les petits États et l'introduction d'un filet démographique permettant à un État membre de demander que la majorité qualifiée représentât au moins 62 % de la population européenne ne compensait qu'en faible partie la surreprésentation démographique des petits États membres.

Aussi des revendications en faveur d'une réforme du mode de calcul de la majorité qualifiée avaient-elles repris de plus belle. Comme une étude portant sur le discours des autorités allemandes l'a notamment montré[39], les arguments avancés pour justifier la nécessité d'une réforme étaient ceux de l'égalité des États et de l'égalité des citoyens, donc de la démocratie. Ces revendications ont abouti dans le traité de Lisbonne à l'abandon du système de pondération attribuant aux États membres un certain nombre de voix en fonction de leur taille au profit d'un nouveau système de double majorité, la majorité qualifiée étant désormais atteinte si la décision recueille le vote favorable d'au moins 55 % des membres du Conseil représentant des États membres réunissant au moins 65 % de la population de l'Union[40].

En quoi ce nouveau mode de calcul de la majorité qualifiée au sein du Conseil garantit-il mieux tout à la fois l'égalité des États et la démocratie ?

Examinons-le d'abord du point de vue de l'égalité entre États membres. Il peut être décomposé en « un premier vote théorique selon lequel tous les États disposent d'une seule et même voix »[41]. Certes. Mais la prise en compte dans un second temps de la population de l'Union dans le calcul de la majorité qualifiée, si elle tend à assurer l'égalité des citoyens, est

---

(dir.), *La prise de décision dans le système de l'Union européenne*, Bruxelles, Bruylant, 2011, p. 61.

39. Voy. D. PETERS, « Justifying inequality as equality : Germany and the reform of voting weights in the Council of the European Union », *Global Society*, 2020, vol. 34, p. 370.

40. Voy. art. 16, § 4, TUE et 238, § 3, TFUE.

41. C. BLUMANN et L. DUBOUIS, *Droit institutionnel de l'Union européenne, op. cit.*, p. 76.

plutôt de nature à mettre en cause l'égalité des États dans la mesure où elle confère davantage de poids au vote d'un État à la démographie plus importante. Et, le traité de Lisbonne ayant doublé le nombre d'hypothèses de vote à la majorité qualifiée du Conseil, le résultat, pourrait-on dire, serait plutôt celui d'un accroissement de l'inégalité entre les États membres dans la prise de décision[42]. En vérité, tout dépend, on le sait, du type d'égalité que l'on cherche à instaurer. L'égalité entre États, ce n'est pas nécessairement l'égalité formelle, la parité légale. Ce peut être aussi une égalité relative consistant à traiter différemment des situations différentes. En droit international, l'égalité souveraine des États s'accommode ainsi de la constitution de situations légales différenciées reflétant les différences de situation comme l'illustre la répartition des droits de vote au FMI. Il en va de même de l'égalité des États dans les systèmes fédéraux quel que soit leur degré d'intégration. Louis le Fur relève ainsi que, dans une confédération, « le plus souvent, tous les États ont, quels que soient leur importance et le chiffre de leur population, le même nombre de représentants. Cette disposition (est) assez naturelle en théorie, puisque la confédération d'États constitue une union entre États souverains, une union de droit international par conséquent, et que, l'égalité de droits de tous les États est le principe fondamental de droit international »[43]. Pour autant, il estime qu'il serait « inadmissible » de placer « le trait distinctif de la confédération d'États dans la complète égalité de droit des États, par opposition à ce qui aurait lieu dans l'État fédéral, où cette égalité peut n'être pas absolue »[44]. En attestent les différences de représentation des États au sein de la seconde chambre de l'ancienne Confédération germanique[45] alors qu'au sein du Sénat des États-Unis d'Amérique prévaut l'égale représentation des États[46].

---

42. M. BLANQUET, « Article I-5 », in L. BURGORGUE-LARSEN, A. LEVADE et F. PICOD (dir.) *Traité établissant une Constitution pour l'Europe. Commentaire article par article*, Bruxelles, Bruylant, 2007, p. 96, spéc. p. 103.

43. Voy. L. LE FUR, *État fédéral et confédération d'États*, Paris, Éd. Panthéon Assas, [1896] 2000, p. 523.

44. *Ibid.*, p. 722.

45. L. LE FUR, *État fédéral et confédération d'États, op. cit.*, pp. 106 et 722. Différence de représentation qui perdure au sein du Bundesrat de l'actuel État fédéral allemand (voy. art. 51, § 2, de la Loi fondamentale du 23 mai 1949). Voy. aussi l'art. 150, § 2, de la Constitution suisse du 18 avril 1999.

46. Voy. art. 1er, section 3, de la Constitution du 17 septembre 1787. On sait que cette égalité de représentation des États au sein de la seconde chambre est un des termes du « compromis du Connecticut ». Pour trancher le débat au sujet de la représentation des États dans le pouvoir législatif fédéral qui opposait au sein de la convention de Philadelphie les grands États qui souhaitaient une représentation proportionnelle à l'importance de chaque État et les petits États qui réclamaient l'égalité de représentation, les délégués du Connecticut Roger Sherman et Oliver Ellsworth proposèrent un système dual de représentation : une chambre des représentants où

Qu'en est-il du mode de calcul de la majorité qualifiée au regard de la démocratie ? On l'a rappelé plus haut, alors que, dans les systèmes fédéraux, le référent démocratique est traditionnellement largement absent des assemblées représentatives des États, l'article 10, paragraphe 2, TUE, en soulignant le caractère démocratique des États membres, donc de leurs représentants au sein des institutions intergouvernementales, a fait sortir les Conseils de l'orbite de la pure représentation interétatique pour les faire entrer dans le champ démocratique. Le nouveau mode de calcul de la majorité qualifiée confirmerait cette (ré)orientation : un plus grand respect du principe démocratique découlerait de la prise en compte dans le calcul de la population de l'Union, dans la mesure où serait ainsi assurée une meilleure égalité des citoyens[47]. En d'autres termes, le renforcement démocratique procéderait de l'ajout d'une nouvelle catégorie de sujets politiques dans le processus de décision du Conseil, à savoir les citoyens. Mais à nouveau, comme pour la répartition des sièges au Parlement européen et de manière encore plus frappante, une ambiguïté, voire une contradiction apparaît. L'exigence d'une majorité qualifiée de la population globale de l'Union renvoie au modèle d'une démocratie européenne constituée par des citoyens formant un seul et même corps politique, même si ici elle aboutit à donner davantage de poids aux représentants de certains États. En revanche, l'article 10, paragraphe 2, TUE proclame la légitimité démocratique nationale des Conseils. Il fait des membres des Conseils des représentants des démocraties nationales et renvoie, ce faisant, au modèle d'une demoïcratie. Dès lors, si faire varier le poids du vote de chaque membre du Conseil en fonction de l'importance de la population de l'État qu'il représente peut, on l'a vu, se réclamer d'une certaine conception de l'égalité, la question demeure de savoir si cela est requis par le principe démocratique ou même seulement compatible avec celui-ci. À l'aune du modèle de la demoïcratie, il semble bien que la réponse doive être négative. Les partisans d'un tel modèle ont indiqué que celui-ci s'accommodait mal de l'instauration d'une représentativité démographique[48]. De même, en effet, que la démocratie comme pouvoir d'un peuple suppose l'égalité de vote des citoyens, la demoïcratie implique l'égalité de vote des communautés

---

chaque État aurait un nombre de sièges proportionnel à sa population et un Sénat représentant les États sur une base strictement égalitaire.

47. Voy. C. Castor, *Le principe démocratique dans le droit de l'Union européenne, op. cit.*, pp. 400-407 ; S. Roland, « De la démocratie en Europe ? Réflexions sur la morphologie du pouvoir dans l'Union européenne après l'entrée en vigueur du traité de Lisbonne », *Annuaire du droit de l'Union européenne*, 2012, pp. 289 et 306.

48. Voy. K. Nicolaïdis, « Demos et Demoï : fonder la constitution », *Lignes*, février 2004, pp. 88 et 107 ; *id.*, « We, the Peoples of Europe… », *Foreign Affairs*, 2004, n° 6, pp. 97 et 107. *Contra*, voy. R. Schütze, « Models of demoicracy : some preliminary thoughts », *op. cit.*, p. 44.

politiques nationales au sein des institutions qui les représentent, chaque demos national devant être vu comme un corps politique unitaire pourvu d'une égalité de droits avec ses semblables[49]. Du moins en est-il ainsi lorsqu'on considère les demoï uniquement comme auteurs de la décision. Néanmoins si on les considère aussi comme les destinataires de la décision, alors peut-être que la taille de la population d'un demos doit se répercuter sur la part qui lui est attribuée dans la prise de décision afin d'assurer que tous les demoï en soient à égalité les bénéficiaires et qu'ainsi la demoïcratie soit un gouvernement pour les peuples.

Comme Habermas en avait eu l'intuition[50], l'ambivalence des relations qu'entretiennent l'égalité des États membres et le principe démocratique dans l'Union européenne est révélatrice de la double nature démocratique de l'Union européenne, à la fois union de citoyens et union de peuples ; double nature démocratique qui se reflète non seulement dans son système institutionnel mais encore, de façon plus originale, dans l'organisation et le fonctionnement propres à chaque institution.

---

49. Voy. K. NICOLAÏDIS, « European demoicracy and its crisis », *JCMS*, 2013, pp. 351 et 356 ; M. VAN DEN BRINK, « The European Union's demoicratic legislature », *op. cit.*, p. 929 ; F. CHENEVAL et F. SCHIMMELFENNIG, « The case for demoicracy in the European Union », *JCMS*, 2013, n° 2, pp. 334 et 343. Voy. toutefois, la contribution de S. BESSON dans cet ouvrage : si l'auteure plaide en faveur de l'égalité de représentation des États au sein des organisations internationales comme élément de la légitimité démocratique de ces dernières, il devrait s'agir d'une égalité relative pour tenir compte, notamment, des différences démographiques entre les peuples des États et ainsi assurer aussi l'égalité politique de leurs citoyens.

50. Même si on peut ne pas adhérer à son idée de pouvoir constituant mixte (voy. J. HABERMAS, « Citizen and State Equality in a Supranational Political Community : Degressive Proportionality and the *Pouvoir Constituant Mixte* », *JCMS*, 2017, vol. 55, n° 2, p. 171).

L'ÉGALITÉ DES ÉTATS MEMBRES
DANS LES RELATIONS EXTÉRIEURES
DE L'UNION EUROPÉENNE

Christine KADDOUS

Professeure, LL.M. (Cambridge), Chaire Jean Monnet ad personam, et directrice
du Centre d'études juridiques européennes (CEJE) de l'Université de Genève
et du Master of Advanced Studies in European and International Governance
(MEIG programme)

Envisagé pour la première fois dans le traité établissant une Constitution pour l'Europe, le principe d'égalité des États membres a été repris, après l'échec du projet constitutionnel, dans le cadre du traité de Lisbonne.

Il est consacré aujourd'hui à l'article 4, paragraphe 2, TUE. Plusieurs facettes spécifiques le distinguent du principe de l'égalité souveraine des États applicable en droit international, même si celui-ci a aussi évolué au cours du temps.

En droit international, l'égalité souveraine des États trouve son expression dans l'article 2, paragraphe 1er, de la charte des Nations unies[1] ainsi que dans l'acte final d'Helsinki[2]. Selon ce principe, « tous les États jouissent de l'égalité souveraine. Ils ont des droits et des devoirs égaux et sont des membres égaux de la communauté internationale, nonobstant les différences d'ordre économique, social, politique ou d'une autre nature »[3]. Le principe a évolué avec l'instauration d'activités nouvelles au sein des organisations internationales. Les conférences diplomatiques de type classique existent toujours. Elles servent à dénouer des situations complexes et à composer

---

1. J. Crawford, *Brownlie's Principles of public international law*, 8e éd, Oxford, OUP, 2012, p. 447.
2. Acte final de la Conférence sur la sécurité et la coopération en Europe, Helsinki, le 1er août 1975, partie I intitulée « Égalité souveraine, respect des droits inhérents à la souveraineté ».
3. La déclaration relative aux principes du droit international touchant les relations amicales et la coopération entre les États conformément à la Charte des Nations unies, annexe à la résolution 2626 (XXV) de l'Assemblée générale des Nations unies du 24 octobre 1970.

avec des intérêts politiques divers. Parallèlement, on a vu se développer des enceintes qui ont permis d'élaborer des textes, des procédés et des mécanismes, qui visent à régir la société internationale elle-même. Petit à petit, le principe d'égalité des États s'est dissocié des notions de souveraineté, d'indépendance, d'unanimité, ou d'égale représentation[4]. Cette évolution s'est faite lorsque la communauté internationale a admis le changement d'un scénario d'États indépendants vers un scénario d'interdépendance des États[5]. Cette reconnaissance a été décisive pour permettre aux organisations internationales d'envisager l'introduction d'exceptions au principe d'égalité des États, sans pourtant le rejeter complètement.

L'Union européenne, quant à elle, s'est largement départie de l'adage « un État, un siège, une voix ». Dans l'Union, les États membres ont librement consenti à limiter leur souveraineté en ratifiant les traités constitutifs. L'éloignement du principe d'égalité des États de celui de souveraineté s'est accentué avec l'acceptation du concept de l'exercice partagé de la souveraineté. Cet exercice en commun de la souveraineté au sein de l'Union a permis de développer l'intégration européenne. Ce phénomène est observé dans l'Union européenne aussi bien sur le plan interne que sur le plan externe.

Conformément à l'article 4, paragraphe 2, TUE, l'Union respecte l'égalité des États membres devant les traités. Les tests classiques, que sont la représentation des États membres au sein des institutions et les procédures de prise de décision, permettent d'apprécier la mise en application du principe de l'égalité des États au sein de l'Union européenne.

Le principe de l'égalité souveraine (un État, un siège, une voix) est appliqué dans la représentation de chaque État membre au Conseil européen et au Conseil de l'Union ainsi que dans la règle de la présidence du Conseil assurée, à tour de rôle, par chaque membre pendant une période de six mois, selon un système de rotation prédéterminé et parfaitement égalitaire[6]. Ce principe est aussi au cœur de la règle des droits de vote lorsque le Conseil de l'Union décide à la majorité des membres qui le composent[7] ou lorsqu'un État exerce son droit de veto, dans les domaines où le Conseil de l'Union ou le Conseil européen doit agir sur la base d'une décision à l'unanimité[8].

---

4. B. BOUTROS-GHALI, *Le principe d'égalité des États et les organisations internationales*, Cours à l'Académie de droit international de La Haye, vol. 100, Leyde, Brill, 1960, pp. 1-74, p. 14.
5. R. P. ANAND, *Sovereign Equality of States in International Law*, Hope India Publications Gurgaon, p. 25, cité par L. S. ROSSI, « The Principle of Equality Among Member States of the European Union », in L. S. ROSSI et F. CASOLARI (éds), *The Principle of Equality in EU Law*, Berlin, Springer, 2017, pp. 3-42, p. 7.
6. Art. 16 TUE et art. 236 TFUE.
7. Art. 238, § 1, TFUE.
8. Art. 238 et 235 TFUE.

De même, selon cette règle parfaitement égalitaire, la Commission européenne est composée d'un commissaire par État membre, la Cour de justice d'un juge par État membre et le Tribunal de l'Union désormais de deux juges par État membre. En revanche, la répartition des sièges de députés au sein du Parlement européen est le reflet d'une représentation inégale des États, le nombre de députés étant proportionnel à l'importance de l'État membre.

La prise de décision à la majorité qualifiée au Conseil de l'Union révèle également une inégalité formelle des États membres, puisque la décision sera considérée adoptée lorsqu'il y a vote favorable de 55 % des États membres, représentant au moins 65 % de la population de l'Union[9]. Il convient de constater que la représentation inégale des États au sein de certaines institutions et l'aménagement des conditions de vote (formule des majorités qualifiées) ont permis de trouver un certain équilibre dans l'Union tout en s'écartant de l'égalité formelle des États membres. Les pondérations ainsi apportées au principe de l'égalité formelle ont pu restituer une égalité substantielle là où l'égalité formelle créait des inégalités entre les États membres.

L'égalité inscrite à l'article 4, paragraphe 2, TUE, envisagée comme une égalité des États membres devant les traités, impacte aussi l'action extérieure de l'Union européenne. Il convient de rappeler que l'attribution graduelle des compétences à l'Union européenne dans ce domaine s'est faite avec plus de résistance que sur le plan interne. En particulier, la politique étrangère et de sécurité commune reste l'un des domaines reconnus où les questions de souveraineté imprègnent fortement l'action des États membres. L'attribution des compétences dans le domaine de l'action extérieure a aussi été réalisée de manière différenciée selon les politiques. Comme sur le plan interne, l'interaction entre la portée de la compétence de l'Union, la nature de celle-ci, et les procédures de vote (unanimité, majorité qualifiée ou majorité simple) au sein du Conseil constitue la base dans l'équilibre recherché en matière de répartition des compétences externes entre l'Union et ses États membres[10]. L'action extérieure offre un champ d'examen de l'égalité des États membres sous divers aspects.

---

9. Art. 16, § 4, TUE et art. 238, § 3, TFUE.
10. Voy. sur ces questions, J. WOUTERS et P. SCHMITT, « Le principe majoritaire dans les politiques externes de l'Union européenne », in F. PICOD (dir.), *Le principe majoritaire en droit de l'Union européenne*, coll. « Droit de l'Union européenne », Bruxelles, Bruylant, 2016, pp. 135-154.

La capacité de représentation de l'Union et des États membres sur la scène internationale en est un. Cette capacité (de représentation) comprend le droit de légation actif et passif, la capacité de l'Union et des États membres de disposer de représentations diplomatiques et consulaires dans des États tiers, mais également la capacité de recevoir des représentations diplomatiques et consulaires d'États tiers au siège des institutions et dans les États membres de l'Union européenne. La capacité de représentation comprend également le volet de la participation de l'Union européenne et/ou des États membres, ou uniquement de certains d'entre eux, dans les organisations internationales (I).

La négociation et la conclusion d'accords internationaux par l'Union avec des États tiers et/ou des organisations internationales constituent un autre aspect de mesure de l'application du principe de l'égalité des États membres dans le domaine de l'action extérieure de l'Union (II).

Les divers modes de prise de décision au sein du Conseil pour l'ouverture des négociations, la signature ainsi que la conclusion des accords internationaux sont des indicateurs importants de la présence ou de l'absence du principe d'égalité des États membres. En outre, la participation de ceux-ci, aux côtés de l'Union, en tant que parties contractantes aux accords internationaux que celle-ci conclut avec des États tiers ou des organisations internationales entre aussi en considération dans l'appréciation de l'égalité des États membres. Ce dernier aspect soulève aussi la question de la mixité des accords, que celle-ci soit complète ou incomplète.

Enfin, il conviendra d'examiner, et cela n'est pas négligeable, le principe d'égalité des États membres dans le traitement fait par la Commission européenne, en tant que gardienne des traités, des procédures d'infraction qu'elle ouvre à l'encontre des États membres pour violation du droit de l'Union européenne dans le domaine de l'action extérieure (III).

I. Égalité des États membres et capacité de représentation de l'Union et des États membres

La capacité de représentation se manifeste essentiellement par l'existence de ce qu'il est convenu d'appeler le droit de légation, actif et passif, et par la capacité de l'Union européenne et de ses États membres à participer à des organisations internationales.

A. *Droit de légation actif et passif*

Les traités UE et FUE ne font pas mention du droit de légation. Toutefois, le protocole n° 7 sur les privilèges et immunités de l'Union européenne indique, dans son article 16, que « l'État membre sur le territoire duquel est situé le siège de l'Union accorde aux missions des États tiers accréditées auprès de l'Union les immunités et privilèges diplomatiques d'usage ».

On distingue en doctrine le « droit de légation passif » du « droit de légation actif »[11]. On entend par la première notion, les missions diplomatiques d'États tiers accréditées auprès de l'Union européenne. Le droit de légation passif vise en principe deux choses différentes. Il se réfère, d'une part, aux missions diplomatiques des États tiers auprès de l'Union européenne, lesquelles sont en charge des relations de leur État avec l'Union européenne, et, d'autre part, aux missions diplomatiques des États tiers auprès de chaque État membre (ou de certains d'entre eux seulement), lesquelles sont en charge des relations bilatérales de leur État avec respectivement les États membres en question. En l'espèce, ces dernières missions sont dénommées le plus souvent « ambassades ».

La sélectivité, opérée par les États tiers, des États membres auprès desquels ils souhaiteraient asseoir leur représentation diplomatique, si cette sélectivité devait exister, ne trouve pas de fondement dans une inégalité quelconque des États membres de l'Union. Elle repose uniquement sur le choix politique, et peut-être, économique de l'État tiers concerné de distinguer ou non les responsabilités diplomatiques respectives entre son État et l'Union, d'une part, et, entre son État et l'État membre sur le territoire duquel est situé le siège de l'Union, d'autre part. Le choix de la distinction ou de la jonction appartient pleinement à l'État tiers concerné.

S'agissant du droit de légation actif, l'Union européenne dispose désormais de délégations dans les États tiers ou auprès de certaines organisations internationales. Ce droit est expressément prévu à l'article 221 TFUE. Ces délégations de l'Union européenne dans les États tiers et auprès des organisations internationales assurent la représentation

---

11. Sur ces questions, voy. not. J.-V. LOUIS, « La personnalité juridique internationale de la Communauté et de l'Union européenne », in *Commentaire Mégret, Relations extérieures*, Bruxelles, Éditions de l'Université de Bruxelles, vol. 12, 2005, pp. 25-56 ; P. J. KUIJPER, J. WOUTERS, F. HOFFMEISTER, G. DE BAERE et Th. RAMOPOULOS (éds), *The Law of EU External Relations, Cases, Materials and Commentary on the EU as an International Legal Actor*, Oxford, OUP, 2015, pp. 21-48 ; D. BOUVIER, *La représentation internationale de l'Union européenne*, coll. « Droit de l'Union européenne – thèses », Bruxelles, Bruylant, 2020.

de l'Union. Elles sont placées sous l'autorité du haut représentant de l'Union pour les affaires étrangères et la politique de sécurité. Ces délégations, 144 à travers le monde[12], agissent en étroite coopération avec les missions diplomatiques et consulaires des États membres. Le traité UE prévoit, à l'article 27, que dans l'accomplissement de son mandat, le haut représentant s'appuie sur un service européen pour l'action extérieure. Ce service travaille en collaboration avec les services diplomatiques des États membres[13]. Son organisation et son fonctionnement sont fixés dans une décision du Conseil[14]. Les délégations sont des missions diplomatiques et sont généralement responsables d'un seul pays, mais certaines représentent l'Union auprès de plusieurs pays. L'Union dispose également de délégations auprès d'organisations internationales telles que, par exemple, les Nations unies (ONU) et l'Organisation mondiale du commerce (OMC).

L'exercice du droit de légation actif de chaque État membre de l'Union relève de sa propre compétence. Il détermine souverainement dans quels États tiers ou auprès de quelles organisations internationales il souhaite disposer d'une représentation diplomatique ou consulaire. Il peut arriver cependant que certains États membres ne soient pas en mesure d'envisager une mission diplomatique dans tous les États tiers autour du monde et décident de s'associer aux délégations de l'Union pour certaines de leurs activités pour des raisons d'économie de personnel et/ou de moyens.

Même si des différences peuvent exister en matière de représentations des États membres dans les États tiers ou auprès des organisations internationales, celles-ci ne portent pas sur ce que nous avons défini comme entrant dans le thème de l'égalité des États membres dans les relations extérieures.

Plus intéressante en matière d'égalité des États membres au sein de l'Union européenne est la question de la participation de l'Union et de ses États membres à des organisations internationales.

---

12. Rapport annuel du SEAE, « Annual Activity Report 2020 », p. 10, sur le site : https://eeas.europa.eu/sites/default/files/final_2020_eeas_aar_for_web.pdf, consulté en dernier lieu le 28 février 2022.
13. Il convient également de mentionner la déclaration ad article 27 du traité EU, qui fait référence aux travaux qui devaient être lancés par la Commission européenne et les États membres en vue d'entamer les travaux préparatoires relatifs au SEAE.
14. Décision 2010/427/UE du Conseil, du 26 juillet 2010, fixant l'organisation et le fonctionnement du service européen pour l'action extérieure, *JOUE*, L 201, 3 août 2010, p. 30.

B. *Participation à des organisations internationales*

Conformément à l'article 216, paragraphe 1, TFUE, l'Union peut conclure un accord avec un ou plusieurs États tiers ou organisations internationales. Les relations que l'Union développe avec les organisations internationales sont visées, plus spécifiquement, à l'article 220 TFUE. Cette dernière disposition se réfère à « toute coopération utile » avec les organes des Nations unies et leurs institutions spécialisées, le Conseil de l'Europe, l'OSCE et l'OCDE. Il est également mentionné dans cette disposition que l'Union assure, en outre, les liaisons opportunes avec d'autres organisations internationales. Sont ainsi envisagées les possibilités d'une coopération de l'Union avec d'autres organisations internationales dans des domaines spécifiques, tels qu'en matière d'environnement (art. 191 TFUE), de coopération au développement (art. 211 TFUE) ou de coopération économique, financière et technique avec des États tiers (art. 212 TFUE), pour ne citer que quelques exemples.

Toutefois, l'ensemble de ces dispositions du traité FUE ne prévoient pas expressément la possibilité pour l'Union européenne de participer à des organisations internationales. Cette possibilité a cependant été reconnue, sur la base de la jurisprudence, dans l'avis 1/76. La Cour de justice a reconnu la capacité de la Communauté, de participer à une organisation internationale. Selon la Cour, la Communauté a non seulement la capacité d'entrer dans des relations contractuelles avec un État tiers, mais encore la compétence, dans le respect du traité, de concourir avec cet État à la mise en place d'une structure organique appropriée, telle que l'établissement public international qu'il était projeté de créer, en l'occurrence, le « Fonds européen d'immobilisation de la navigation intérieure »[15]. Cette affirmation dans l'avis 1/76 est une reconnaissance de la capacité de participer à des organisations internationales, applicable aujourd'hui à l'Union européenne.

En l'état actuel du droit international, la pratique démontre que la grande majorité des organisations internationales réservent, en général, la qualité de membre aux seuls États. Cette situation rend évidemment difficile la participation de l'Union européenne. Cette participation peut prendre deux formes : celle d'un statut d'observateur et celle d'un statut de membre à part entière.

---

15. Avis 1/76, 26 avril 1977, *Projet d'accord relatif à l'institution d'un Fonds européen d'immobilisation de la navigation intérieure*, EU:C:1977:63, pt 5.

La question de l'appréciation de l'application du principe de l'égalité des États membres se pose dans des termes différents si l'Union européenne est observatrice ou si elle est membre à part entière de l'organisation internationale. Cette question soulève aussi des interrogations complémentaires si l'Union est membre de l'organisation internationale conjointement à tous ses États membres ou conjointement à seulement certains d'entre eux. Il convient dès lors d'examiner ces différentes constellations : l'Union européenne n'est pas membre de l'organisation, mais tous ses États membres le sont ; l'Union et ses États membres sont conjointement membres de l'organisation internationale ; l'Union européenne est seule membre de l'organisation internationale ; l'Union est membre de l'organisation avec seulement une partie de ses États membres, et enfin l'Union européenne n'est pas membre de l'organisation internationale et seulement certains des États membres le sont.

Il y a de nombreuses organisations internationales où l'Union européenne n'est pas membre mais où elle dispose d'un statut d'observateur. L'Union dispose de ce statut d'observateur dans les Nations unies et les institutions spécialisées[16] et tous les États membres de l'Union sont membres des Nations unies. L'Union dispose depuis 2011 d'un statut d'observateur avancé auprès de l'Assemblée générale des Nations unies[17]. Alors que tous les États membres de l'Union participent à l'Assemblée générale des Nations unies, seuls certains d'entre eux participent au Conseil de sécurité. En vue d'appréhender cette situation, le traité UE contient une règle importante de gouvernance. L'article 34 TUE prévoit en effet qu'au sein des organisations internationales et lors des conférences internationales auxquelles tous les États membres de l'Union ne participent pas, ceux qui y participent défendent les positions de l'Union européenne. Le traité UE prévoit également, en vertu de l'article 34, paragraphe 2, alinéa 2, TUE,

---

16. L'Union européenne dispose du statut d'observateur à l'Organisation internationale du travail (OIT), à l'organisation mondiale de la santé (OMS), et à l'Organisation mondiale de la propriété intellectuelle (OMPI). Pour un examen de ces questions, voy. Chr. KADDOUS, « The European Union in International Organisations – Functional Necessity or General Aspiration? », in Chr. KADDOUS (éd.), *The European Union in International Organisations and Global Governance*, Oxford, Hart, 2015, pp. 1-22. Il y a de nombreux autres écrits sur le sujet, voy. not. les ouvrages suivants ainsi que les nombreuses références qui y sont faites : B. VON VOOREN, S. BLOCKMANS et J. WOUTERS (éds), *The EU's role in Global Governance*, Oxford, OUP, 2013 ; P. J. KUIJPER, J. WOUTERS, F. HOFFMEISTER, G. DE BAERE et Th. RAMOPOULOS (éds), *The Law of EU External Relations, Cases, Materials and Commentary on the EU as an International Legal Actor*, Oxford, OUP, 2015, Chapters 2 and 5 ; R. A. WESSELS et J. ODERMATT (éds), *Research Handbook on the European Union and International Organisations*, Cheltenham, Edward Elgar, 2019.

17. A/RED/65/276, résolution adoptée par l'Assemblée générale le 3 mai 2011, « Participation de l'Union européenne aux travaux de l'Organisation des Nations Unies », https://undocs.org/pdf?symbol=fr/A/RES/65/276.

que les États membres qui sont aussi membres du Conseil de sécurité des Nations unies se concerteront et tiendront les autres États membres ainsi que le haut représentant pleinement informés. Ces États défendront, ainsi dans l'exercice de leurs fonctions, les positions et les intérêts de l'Union européenne, sans préjudice des responsabilités qui leur incombent en vertu des dispositions de la charte des Nations unies.

L'exemple des Nations unies permet d'observer des différences d'application du principe de l'égalité des États membres au sein même de l'organisation, en fonction de l'organe examiné. Alors que la participation des États membres de l'Union européenne à l'Assemblée générale des Nations unies présente une représentation égale des États membres, la participation au Conseil de sécurité des Nations unies, où seuls certains États membres sont présents révèle une inégalité flagrante entre les États membres. Le principe d'égalité de traitement des États membres de l'Union n'est que partiellement sauvegardé dans le cadre des Nations unies. Cette inégalité ne découle pas d'une application des règles du droit de l'Union, mais des règles de l'organisation internationale. Les répercussions en termes politiques et d'exercice de puissance sont immenses dans l'élaboration et la mise en œuvre de la politique étrangère et de sécurité commune.

Prenons un autre exemple, celui de l'Organisation maritime internationale (OMI). L'OMI est l'institution spécialisée des Nations unies en charge d'assurer la sécurité et la sûreté des transports maritimes et de prévenir la pollution des mers par les navires[18]. Un de ses buts est d'encourager et de faciliter l'adoption de normes au niveau mondial[19], qui lorsqu'elles sont adoptées, doivent être mises en œuvre par les États participants. La convention OMI ne contient pas de clause prévoyant l'adhésion d'organisations régionales d'intégration économique. L'Union européenne n'est pas membre de l'OMI et ne dispose même pas du statut d'observateur auprès de cette organisation. Seuls les États membres peuvent devenir membres de l'organisation[20]. En vertu d'un accord de coopération avec l'OMI, la Commission européenne dispose toutefois d'un statut d'observateur au sein de l'organisation depuis 1974[21].

---

18. L'OMI a été instituée par la convention relative à la création d'une organisation maritime consultative intergouvernementale, adoptée par la conférence maritime des Nations unies à Genève, le 6 mars 1948, entrée en vigueur en 1958, ci-après convention OMI, voy. https://www.imo.org/fr/about/Conventions/Pages/Convention-on-the-International-Maritime-Organization.aspx.

19. Art. 1 de la convention OMI.

20. Art. 4 de la convention OMI.

21. L'article 66 de la convention OMI prévoit la possibilité pour l'OMI « [...] de collaborer avec d'autres organisations intergouvernementales, qui sans être des institutions spécialisées des Nations Unies, ont des intérêts et des activités apparentées aux buts qu'elle poursuit ». Aussi

L'OMI a été au centre d'une affaire *Commission c/ Grèce*, dans laquelle ont été discutées la question de la répartition des compétences entre l'Union et ses États membres dans le domaine de la sécurité maritime et du contrôle de la conformité des navires à certaines règles, ainsi que celle de la représentation extérieure de l'Union au sein d'une organisation internationale dont l'Union n'est pas membre[22]. Dans l'arrêt rendu en 2009, la Cour de justice a eu l'occasion de rappeler que l'absence de la qualité de membre d'une organisation internationale de la Communauté européenne n'empêchait pas que la compétence externe de cette dernière puisse être effectivement exercée, notamment par l'intermédiaire des États membres agissant solidairement dans l'intérêt de la Communauté[23]. En l'occurrence, la Grèce n'aurait pas dû soumettre une proposition de règle à l'OMI dans un domaine relevant de la compétence exclusive de l'Union européenne. La Grèce a agi dans son propre intérêt, sans tenir compte de l'intérêt général de l'Union dans le domaine en question, et *a fortiori* sans considérer l'intérêt des autres États membres de l'Union non plus. Le mécanisme même de l'établissement de la position de l'Union à prendre dans une instance créée par un accord international ou dans une organisation internationale n'a pas été respecté. La Grèce n'a, dans cette affaire, agi ni en tant que mandataire de l'Union, ni en tant que mandataire des autres États membres de l'Union. Même si dans l'OMI, la règle de l'égalité des États membres de l'Union est formellement respectée par la participation de tous les États membres, l'attitude de la Grèce démontre la variété des défis que peut soulever la participation de l'Union européenne ou de ses États membres à des organisations internationales[24].

Le statut de membre à part entière de l'Union européenne dans des organisations internationales soulève, lui également, diverses difficultés. Le fait que les chartes constitutives des organisations internationales

---

la Commission européenne a conclu en 1974 un accord de coopération avec l'OMI, au titre de l'ancien article 229 du traité CEE. Cet accord prévoit le droit de la Commission de participer, en qualité d'observatrice, aux travaux de l'OMI, y compris ses comités. La Commission ne dispose d'aucun droit de vote au sein de l'OMI.

22. CJUE, 12 février 2009, *Commission c/ Grèce*, aff. C-45/07, EU:C:2009:81.

23. *Ibid.*, pt 31. Cette affirmation avait été une première fois formulée dans l'*avis 2/91* au sujet de l'OIT, Avis 2/91 du 19 mars 1993, EU:C:1993:106, pt 5 : « En tout état de cause, il convient de relever que si, en vertu de la constitution de l'OIT, la Communauté ne peut pas conclure elle-même la convention n° 170, sa compétence externe pourrait, le cas échéant, être exercée par l'intermédiaire des États membres agissant solidairement dans l'intérêt de la Communauté ».

24. Dans un contexte différent, celui de la participation de l'Union et des États membres à la Convention de Stockholm sur les polluants organiques persistants, la Commission a demandé à la Cour de justice de constater que la Suède, en ayant proposé unilatéralement d'ajouter une substance à l'annexe de la convention, a manqué à ses obligations découlant du principe de coopération loyale. CJUE, 20 avril 2010, *Commission c/ Suède*, aff. C-246/07, EU:C:2010:203.

réservent généralement le statut de membre aux seuls États a pu nécessiter la modification de ces chartes en vue de permettre la participation de l'Union européenne, étant entendu que celle-ci dispose des compétences dans le domaine d'activité de l'organisation internationale. Au-delà de ces difficultés fondamentales de nature institutionnelle, les États membres ont toujours été réticents, et ils le sont encore aujourd'hui, à ce que l'Union européenne reprenne les droits et obligations qui découlent pour eux de ces organisations. En règle générale, les États sont prêts à ce que l'Union européenne rejoigne l'organisation internationale à leurs côtés, mais pas qu'elle les remplace. Ces résistances de nature politique sont venues s'ajouter et s'ajoutent aux difficultés institutionnelles susmentionnées. Cela étant, on peut distinguer deux cas de figure : le cas où l'Union européenne cherche à devenir membre d'une organisation internationale qui existait déjà au moment de la création de l'Union (ou de la Communauté économique européenne) et le cas où l'Union devient un membre fondateur d'une nouvelle organisation internationale. Le premier cas de figure peut être illustré par la participation de l'Union européenne à l'Organisation des Nations unies pour l'alimentation et l'agriculture (FAO) dès 1991, et le second cas, est celui de la participation de l'Union européenne en tant que membre fondateur de l'Organisation mondiale du commerce (OMC) dès 1995.

Lorsque l'Union européenne et ses États membres sont conjointement parties à une organisation internationale, comme cela est le cas pour l'OMC et la FAO, la question de la participation à l'organisation et les modalités de cette participation sont au cœur de la discussion du principe de l'égalité des États membres. Cette participation conjointe pose des défis à l'intérieur de l'Union européenne, en particulier en matière de définition de la politique européenne dans le domaine d'activité en cause. Elle pose également des défis à l'intérieur de l'organisation internationale, en particulier quant à la question de savoir qui de l'Union ou des États membres peuvent exercer les droits liés à la qualité de membre.

Sur le plan interne à l'Union européenne, la politique commerciale commune est un domaine qui relève de la compétence exclusive de l'Union[25]. Les institutions de l'Union définissent cette politique sur la base des articles 206 et 207 TFUE. Les décisions en la matière sont adoptées en règle générale à la majorité qualifiée au sein du Conseil de l'Union européenne. On est en présence d'une pondération des voix, qui constitue, de fait, une inégalité formelle des États membres dans la prise de décision. Lorsque, en revanche, les décisions doivent être prises selon la règle de l'unanimité

---

25. Art. 207 et art. 3, lettre e), TFUE.

dans le cadre de la politique commerciale commune[26], le principe de l'égalité des États membres est pleinement sauvegardé. Sur le plan interne à l'organisation internationale, l'Union européenne et ses États membres peuvent se trouver dans la situation de devoir voter au sein de l'OMC. Même si, en vertu de l'article IX de l'accord instituant l'OMC[27], celle-ci conserve la pratique de prise de décisions par consensus suivie en vertu du GATT 1947, il peut arriver qu'il ne soit pas possible d'aboutir à une décision par consensus. La décision sur la question sera alors prise aux voix. L'Union européenne, qui a succédé à la Communauté européenne, en tant que membre originel de l'OMC[28], exercera son droit de vote et disposera d'un nombre de voix égal au nombre de ses États membres, qui sont membres de l'OMC. Après le Brexit, cela correspond à un nombre de 27 voix. L'égalité des États membres de l'Union européenne est ainsi préservée dans le mode de calcul du nombre de voix lors des prises de décision au sein de l'OMC.

La FAO, agence spécialisée des Nations unies, fondée en 1945, a admis la Communauté économique européenne en tant que membre, aux côtés de ses États membres, par une décision du 26 novembre 1991, adoptée en vertu de l'article II, paragraphes 3 et 5, de l'acte constitutif de la FAO[29]. L'adhésion de la Communauté européenne à la FAO a été accompagnée

---

26. Art. 207, § 4, al. 2 et 3, TFUE.

27. L'article IX, § 1, prévoit que : « L'OMC conservera la pratique de prise de décisions par consensus suivie en vertu du GATT de 1947. Sauf disposition contraire, dans les cas où il ne sera pas possible d'arriver à une décision par consensus, la décision sur la question à l'examen sera prise aux voix. Aux réunions de la Conférence ministérielle et du Conseil général, chaque Membre de l'OMC disposera d'une voix. Dans les cas où les Communautés européennes exerceront leur droit de vote, elles disposeront d'un nombre de voix égal au nombre de leurs États membres qui sont Membres de l'OMC. Les décisions de la Conférence ministérielle et du Conseil général seront prises à la majorité des votes émis, à moins que le présent accord ou l'Accord commercial multilatéral correspondant n'en dispose autrement ». Voy. https://www.wto.org/french/docs_f/legal_f/04-wto_f.htm#article IX.

28. L'article XI, § 1, prévoit que : « Les parties contractantes au GATT de 1947 à la date d'entrée en vigueur du présent accord, et les Communautés européennes, qui acceptent le présent accord et les Accords commerciaux multilatéraux et pour lesquelles des Listes de concessions et d'engagements sont annexées au GATT de 1994 et pour lesquelles des Listes d'engagements spécifiques sont annexées à l'AGCS, deviendront Membres originels de l'OMC ». Voy. https://www.wto.org/french/docs_f/legal_f/04-wto_f.htm#article XI.

29. L'article II, § 3, prévoit que : « La conférence peut, à la majorité des deux tiers des suffrages exprimés et sous réserve que la majorité des États Membres de l'Organisation soient présents, décider d'admettre à la qualité de membre de l'Organisation toute organisation d'intégration économique régionale répondant aux critères fixés au par. 4 du présent article, qui a déposé une demande d'admission accompagnée d'un instrument officiel par lequel elle accepte les obligations de l'Acte constitutif en vigueur au moment de l'admission. Sous réserve des dispositions du par. 8 du présent article, toute référence faite dans le présent Acte constitutif aux États Membres s'applique également à toute Organisation Membre, sauf dispositions contraires ». L'article II, § 5, prévoit que : « Chaque organisation d'intégration économique régionale qui dépose une demande d'admission à l'Organisation présente, en même temps que sa demande, une déclaration de compétence précisant les questions pour lesquelles ses États Membres lui ont transféré compétence ».

d'une déclaration de compétences de la Communauté au regard des matières dont traite l'acte constitutif de la FAO[30]. Cette déclaration énumère les domaines où la Communauté est seule compétente et les domaines pour lesquels la Communauté a des compétences dans les domaines qui relèvent des secteurs d'activités de la FAO. Il découle de l'Acte constitutif que tout changement dans la répartition des compétences entre l'Union européenne et ses États membres doit être notifié à la FAO[31].

S'agissant des droits de vote, l'acte constitutif prévoit, dans son article II, paragraphe 8, qu'une organisation membre, aujourd'hui l'Union européenne, exerce les droits liés à sa qualité de membre en alternance avec ses États membres qui sont membres de la FAO, conformément aux règles fixées par la Conférence et dans les domaines de leurs compétences respectives. En vertu de l'article II, paragraphe 10, de l'acte constitutif, l'Union dispose, pour les questions relevant de sa compétence, d'un nombre de voix égal au nombre de ses États membres. Lorsque l'Union exerce son droit de vote, ses États membres n'exercent pas le leur et inversement.

Une communication de la Commission de 2013 explique la nécessité d'une mise à jour de la déclaration des compétences et des nouveaux arrangements entre le Conseil de l'Union et la Commission pour l'exercice des droits de l'Union et de ses États membres liés à leur qualité de membres de la FAO[32]. La coordination interne entre l'Union et ses États membres a été le terrain de nombreux défis. L'arrangement interne en vue de la préparation et de l'exercice des droits liés à la qualité de membre au sein de la FAO a été révisé en 1992 et 1995 pour clarifier certaines pratiques en matière de prise de parole et de droit de vote. La Cour de justice a d'ailleurs eu l'occasion de préciser que de tels arrangements sont juridiquement contraignants pour les institutions de l'Union[33]. Dans son arrêt *Commission c/ Conseil*, la Cour a eu à se prononcer sur un conflit entre le Conseil et la Commission concernant le droit de vote à la FAO pour conclure un accord international en matière

---

30. L'article XLIV du règlement général de l'OAA stipule qu'au moment de leur adhésion, les organisations d'intégration économique régionale soumettent une déclaration spécifiant les sujets dont traite l'acte constitutif pour lesquels compétence leur a été transférée par leur États membres. Voy. la déclaration : https://eur-lex.europa.eu/legal-content/FR/TXT/PDF/?uri=CELEX:51991PC0387&qid=1646414889403&from=FR.

31. Art. II, § 7, de l'acte constitutif de la FAO. La succession de l'Union à la Communauté a aussi été notifiée après l'entrée en vigueur du traité de Lisbonne.

32. Communication de la Commission au Conseil, « Le rôle de l'Union européenne dans l'Organisation des Nations unies pour l'alimentation et l'agriculture (FAO) après le traité de Lisbonne : mise à jour de la déclaration des compétences et des nouveaux arrangements entre le Conseil et la Commission pour l'exercice des droits de l'Union et de ses États membres liés à leur qualité de membres de la FAO », COM/2013/0333 final.

33. CJCE, 19 mars 1996, *Commission c/ Conseil*, aff. C-25/94, EU:C:1996:114.

de pêche[34]. Dans le cadre de l'activité de l'Union et des États membres au sein d'une organisation internationale, le devoir de coopération, aujourd'hui inscrit à l'article 4, paragraphe 3, TUE, est d'application générale et ne dépend pas du caractère exclusif ou non de la compétence concernée ni du droit éventuel, pour les États membres de contracter des obligations envers des États tiers[35]. La Cour de justice a aussi eu l'occasion d'affirmer l'importance du respect de ce principe aussi bien dans le processus de négociation et de conclusion que dans l'exécution des engagements assumés[36]. L'exercice des droits au sein d'une organisation internationale telle que la FAO ou l'OMC sont des illustrations de l'exécution des engagements pris par l'Union et ses États membres au sein de ces organisations internationales.

Lorsque l'Union européenne est seule membre de l'organisation internationale, sans ses États membres, cela signifie que le domaine d'activité de l'organisation internationale relève de la compétence exclusive de l'Union européenne et qu'aucun État membre ne participe à l'organisation aux côtés de l'Union. En cela, malgré l'absence totale des États membres de l'Union dans l'organisation internationale, l'égalité formelle entre eux est garantie dans la représentation externe de l'Union. Dans ce cas de figure, la question de l'égalité des États membres se pose essentiellement dans les termes de la participation des États à la définition de la position commune de l'Union européenne qui sera exprimée au sein de l'organisation. Cette politique sera déterminée sur la base de la règle de l'unanimité ou de la majorité qualifiée au sein du Conseil de l'Union, en fonction du domaine d'activité concerné. Cette hypothèse renvoie à l'analyse déjà effectuée ci-dessus relativement à la pondération des voix pour une prise de décision au sein du Conseil de l'Union à la majorité qualifiée.

Pour brosser un tableau complet des hypothèses pouvant se présenter, il convient encore de mentionner le cas où l'Union européenne serait membre d'une organisation internationale, conjointement avec seulement certains

---

34. La Cour de justice a considéré que le projet d'accord concernait pour l'essentiel un sujet qui ne relevait pas de la compétence exclusive de la Communauté et qu'en attribuant le droit de vote pour adopter ce projet aux États membres, le Conseil a violé les dispositions de l'arrangement qu'il était tenu de respecter (arrêt du 19 mars 1996, pt 50).

35. CJUE, 20 avril 2010, *Commission c/ Suède*, aff. C-246/07, EU:C:2010:203, pt 71.

36. Selon la Cour, « [l]orsqu'il apparaît que la matière d'un accord ou d'une convention relève pour partie de la compétence de la Communauté et pour partie de celle des États membres, il importe d'assurer une coopération étroite entre ces derniers et les institutions communautaires tant dans le processus de négociation et de conclusion que dans l'exécution des engagements assumés. Cette obligation de coopération découle de l'exigence d'une unité de représentation internationale de la Communauté », délibération 1/78, 14 novembre 1978, *Rec.*, p. 2151, pts 34-36 (par analogie avec le traité CEEA) ; avis 2/91, 19 mars 1993, *Rec.*, p. I-1061, pt 36 ; avis 1/94, 15 novembre 1994, *Rec.*, p. I-5267, pt 108 ; et arrêt du 19 mars 1996, *Commission c/ Conseil*, aff. C-25/94, *Rec.*, p. I-1469, pt 48.

de ses États membres, ainsi que le cas où l'Union européenne ne serait pas membre de l'organisation internationale mais seulement certains de ses États membres le seraient.

L'Union européenne est membre, aux côtés d'une partie de ses États membres, de l'Organisation intergouvernementale pour les transports internationaux ferroviaires (OTIF). L'OTIF a pour mission de favoriser, améliorer et faciliter le trafic international ferroviaire[37]. La Convention relative aux transports internationaux ferroviaires (COTIF) est le texte constitutif de l'OTIF. L'adhésion à la COTIF est ouverte à chaque État sur le territoire duquel est exploitée une infrastructure ferroviaire[38]. L'adhésion est aussi ouverte aux organisations régionales d'intégration[39]. L'Union européenne a adhéré à l'OTIF en 2011[40]. Une déclaration relative à l'exercice des compétences a été faite au moment de l'approbation de l'accord d'adhésion[41]. Par ailleurs, tous les États membres de l'Union sont membres de l'OTIF, sauf Chypre et Malte. L'Union européenne exerce les droits dont disposent ses membres en vertu de la convention dans la mesure où ils couvrent des matières relevant de sa compétence. En vue de l'exercice du droit de vote et du droit d'objection, l'Union européenne dispose d'un nombre de voix égal à celui de ses membres qui sont également États membres de l'OTIF[42]. Il est précisé, dans l'accord entre l'OTIF et l'Union européenne, qu'en ce qui concerne les décisions relatives aux matières relevant de la compétence exclusive de l'Union, celle-ci exerce les droits de vote de ses États membres. En ce qui concerne les décisions relatives aux matières pour lesquelles l'Union a une compétence partagée avec ses États membres, soit l'Union soit ses États membres votent[43]. L'absence de Chypre et Malte fait que deux États membres de l'Union ne participent pas à l'organisation internationale. L'égalité des États membres dans la participation à l'organisation internationale et dans la représentation externe

---

37. Art. 2 de la convention relative aux transports internationaux ferroviaire, version consolidée, COTIF 1999, https://otif.org/fileadmin/new/3-Reference-Text/3A-COTIF99/COTIF_1999_01_07_2019_corrige_31.07.2019_fr.pdf.

38. Art. 37 COTIF.

39. Art. 38 COTIF.

40. Accord entre l'OTIF et l'Union européenne concernant l'adhésion de l'Union à la COTIF du 9 mai 1980, dans la teneur du protocole de Vilnius du 3 juin 1999, https://otif.org/fileadmin/user_upload/otif_verlinkte_files/04_recht/02_COTIF/AG_10-5_ad1_f.pdf.

41. La déclaration est annexée à la décision 2013/103 du Conseil du 16 juin 2011 relative à la signature et à la conclusion de l'accord entre l'Union européenne et l'Organisation intergouvernementale pour les transports internationaux ferroviaires concernant l'adhésion de l'Union européenne à la convention relative aux transports internationaux ferroviaires (COTIF) du 9 mai 1980, telle que modifiée par le protocole de Vilnius du 3 juin 1999, *JOUE*, L 51, 23 février 2013, p. 1.

42. Art. 38, § 3, COTIF.

43. Art. 6 de l'accord entre l'OTIF et l'Union européenne.

n'est pas assurée. Toutefois, les motifs à l'origine de la non-participation de ces deux États membres ne découlent pas d'une application des règles du droit de l'Union. La participation de l'Union européenne et de vingt-cinq de ses États membres, ce qui constitue une inégalité formelle des États, ne porte cependant pas préjudice au principe de l'égalité des États membres de l'Union. La question de la compétence de l'Union européenne, de la position commune de l'Union définie dans une décision du Conseil et le fait pour un État membre de voter au sein de l'OTIF contre la position définie ont fait l'objet de deux arrêts importants rendus par la Cour de justice de l'Union européenne[44]. L'Allemagne a manqué aux obligations qui lui incombaient en vertu de la décision définissant la position commune de l'Union européenne à la réunion de l'OTIF et en vertu du principe de coopération loyale inscrit à l'article 4, paragraphe 3, TUE.

Enfin, il y a le cas de figure où l'Union européenne n'est pas membre de l'organisation internationale, et où seulement certains de ses États membres le sont. L'Organisation internationale de la vigne et du vin (OIV) en est une illustration. En l'espèce, vingt États membres de l'Union sont membres de l'OIV. L'égalité des États membres n'est certes pas assurée dans la représentation extérieure de l'Union et de ses États membres. La représentation est, le plus souvent, exercée de manière fonctionnelle par les États membres pour lesquels le domaine d'activité de l'organisation est d'importance. Même si l'Union européenne n'est pas membre de l'organisation, il convient de souligner qu'elle y jouit d'un statut d'« invité », au sens de l'article 5, paragraphe 2, du règlement intérieur de l'OIV. La Commission européenne est aussi autorisée à assister aux réunions des groupes d'experts et des commissions de l'OIV et à intervenir lors de celles-ci, dans les conditions précisées dans le règlement intérieur. La question de la participation de l'Union européenne et des États membres aux travaux de l'OIV a été analysée par la Cour de justice dans un arrêt de 2014[45].

Dans son arrêt *Allemagne c/ Conseil*, intéressant à divers égards, la Cour a notamment affirmé que l'article 218, paragraphe 9, TFUE est applicable dans le contexte d'un accord international, tel que l'accord OIV, qui a été conclu par des États membres et pas par l'Union elle-même[46]. L'Allemagne et six autres États membres avaient soutenu la non-application de l'article 218, paragraphe 9, TFUE pour des accords internationaux auxquels l'Union

---

44. CJUE, 5 décembre 2017, *Allemagne c/ Conseil*, aff. C-600/14, EU:C:2017:935 ; CJUE, 27 mars 2019, *Commission c/ Allemagne*, aff. C-620/16, EU:C:2019:256.
45. CJUE, 7 octobre 2014, *Allemagne c/ Conseil*, aff. C-399/12, EU:C:2014:2258.
46. *Ibid.*, pt 50.

européenne ne serait pas partie en tant que telle. Il convient de noter que dans l'OIV, seuls certains États membres de l'Union participent à l'organisation. Le principe de l'égalité des États membres n'est dès lors pas sauvegardé dans la participation à l'organisation internationale. L'inégalité des États membres ne découle toutefois pas d'une application d'une règle du droit de l'Union. Les intérêts de l'Union et de ses États membres sont préservés par les États membres, participants à l'OIV. De manière plus concrète, la décision attaquée dans l'affaire susmentionnée définissait la position de l'Union lors de l'assemblée générale de l'OIV de juin 2012. La décision prévoyait que la position commune de l'Union sera exprimée par les États membres, qui sont également membres de l'OIV, agissant conjointement dans l'intérêt de l'Union. Il convient de souligner que le domaine concerné, dans cette affaire, était celui de la politique agricole commune, et plus particulièrement celui de l'organisation commune des marchés vitivinicoles, un domaine très largement réglementé par le législateur de l'Union, en vertu de l'article 43 TFUE. À cet égard, la Cour a souligné que lorsque le domaine concerné relève d'une compétence de l'Union, l'absence de participation de l'Union à l'accord international en cause ne l'empêche pas d'exercer cette compétence en établissant, dans le cadre de ses institutions, une position à prendre en son nom dans l'instance créée par cet accord, notamment par l'intermédiaire des États membres parties audit accord agissant solidairement dans son intérêt[47]. Ainsi, la non-participation de l'Union en tant que membre de l'OIV, ainsi que l'absence de certains de ses États membres au sein de l'organisation, sont « compensées » par la représentation de l'Union par ses États membres, aussi membres de l'OIV, en tant que « mandataires », lorsque des positions communes ont été définies par l'Union. Les États membres, participants à l'OIV, expriment ces positions communes et défendent l'intérêt de l'Union européenne, et de l'ensemble des États membres de celle-ci, au sein de l'organisation internationale.

II. Égalité des États membres et conclusion d'accords internationaux

La conclusion d'accords internationaux par l'Union européenne et/ou ses États membres avec des États tiers se fait, comme on le sait, sur la base de la répartition des compétences entre l'Union et ses États membres dans les divers domaines couverts par les traités.

---

47. CJUE, 7 octobre 2014, *Allemagne c/ Conseil*, aff. C-399/12, préc., pt 52 ; voy. égal. CJUE, 12 février 2019, *Commission c/ Grèce*, aff. C-45/07, EU:C:2009:81, pts 30 et 31 et avis 2/91, EU:C:1993:106, pt 5.

La question de l'égalité des États membres se pose, dans ce contexte, dans les mêmes termes que pour la participation de l'Union et/ou des États membres dans une organisation internationale. Il convient d'examiner si la participation des États membres aux accords internationaux se fait de manière égalitaire ou si certaines circonstances requièrent une différenciation. Dans cette dernière hypothèse, il conviendra d'examiner si cette exigence est requise sur la base de dispositions du droit de l'Union européenne, sur la base de dispositions nationales ou de dispositions internationales qui impactent sur la participation des États membres en tant que parties contractantes.

La mixité complète (participation de tous les États membres conjointement avec l'Union européenne à un accord international) ou la mixité partielle (participation de seulement une partie des États membres à l'accord international aux côtés de l'Union) sont un terrain propice à l'examen de l'application de l'égalité des États membres en matière d'action extérieure.

La mixité partielle a été envisagée et affirmée tôt dans la jurisprudence de la Cour de justice. Dans l'avis 1/76 relatif à la navigation fluviale sur le Rhin[48], la Cour de justice a considéré que la compétence pour conclure l'accord relatif à l'institution d'un Fonds européen d'immobilisation de la navigation sur le Rhin relevait de la compétence exclusive de la Communauté (aujourd'hui l'Union). Toutefois, en raison de l'existence de la convention de Mannheim (1868) pour la navigation sur le Rhin et de la convention de Luxembourg au sujet de la canalisation de la Moselle (1956), et des liens que ces conventions ont avec la convention rhénane et ainsi que le fait que six États membres y étaient parties, il convenait d'envisager la participation de ces six États membres aux côtés de la Communauté. La mixité partielle était, en l'occurrence, justifiée par l'existence de ces conventions internationales antérieures à l'accord envisagé en matière fluviale sur le Rhin. En cela, l'égalité formelle des États membres en matière de conclusion de l'accord international envisagé n'était pas assurée. Toutefois, les motifs de la mixité et la sélectivité dans la mixité sont, en l'occurrence, liés à la substance de l'accord envisagé et à la participation de ces six États membres aux conventions internationales antérieures, lesquelles allaient être modifiées par le nouvel accord envisagé[49]. En l'occurrence, l'inégalité des États membres ne découlait pas de l'application de règles du droit de l'Union européenne, mais des règles du droit international.

---

48. Avis 1/76 du 26 avril 1977, *Projet d'accord relatif à l'institution d'un Fonds européen d'immobilisation de la navigation intérieure*, EU:C:1977:63.
49. Avis 1/76 du 26 avril 1977, *Projet d'accord relatif à l'institution d'un Fonds européen d'immobilisation de la navigation intérieure*, EU:C:1977:63, pts 6 et 7.

L'organisation mondiale de la propriété intellectuelle (OMPI) est aussi un terrain propice pour l'examen de l'application du principe de l'égalité des États membres dans le domaine des relations extérieures. Parmi les vingt-six accords internationaux administrés par l'OMPI, l'Union européenne est partie à neuf d'entre eux, même si elle n'est pas elle-même membre de l'OMPI et que seuls ses États membres sont membres de l'organisation. Certains de ces accords ont été conclus par l'Union et tous ses États membres. C'est le cas pour le traité de l'OMPI sur le droit d'auteur[50], le traité de l'OMPI sur les interprétations et exécutions et les phonogrammes[51]. Dans ces deux cas, il s'agit d'une mixité complète. D'autres accords ont été conclus par l'Union et seulement certains de ses États membres. Peut notamment être mentionnée dans ce cadre la convention internationale pour la protection des obtentions végétales[52], à laquelle Chypre, la Grèce, le Luxembourg et Malte ne sont pas parties[53].

Le traité de Marrakech visant à faciliter l'accès des aveugles, des déficients visuels et des personnes ayant d'autres difficultés de lecture des textes imprimés aux œuvres publiées a, quant à lui, fait l'objet de l'avis 3/15[54]. Alors que ce traité avait été signé par treize États membres de l'Union européenne, la Commission européenne a demandé à la Cour de justice de se prononcer sur la question de savoir si l'Union disposait en la matière d'une compétence exclusive pour conclure ledit traité. La Cour a répondu de manière positive, considérant que l'ensemble des obligations prévues par le traité de Marrakech relevaient d'un domaine déjà couvert en grande partie par des règles communes de l'Union et que la conclusion de ce traité était susceptible d'affecter ces règles ou d'en altérer la portée[55]. Le traité de Marrakech est un exemple d'accord international, conclu au sein de l'OMPI, et auquel seule l'Union européenne est partie, sans ses États membres, puisque le domaine couvert par le traité relève d'une compétence exclusive de l'Union[56].

---

50. Décision 2000/278 du Conseil, du 16 mars 2000, relative à l'approbation, au nom de la Communauté européenne, du traité de l'OMPE sur le droit d'auteur et du traité de l'OMPI sur les interprétations et exécutions et sur les phonogrammes, *JOCE*, L 89, 11 avril 2000, p. 6.

51. *Ibid.*

52. Décision 2005/523 du Conseil, du 30 mai 2005, approuvant l'adhésion de la Communauté européenne à la Convention internationale pour la protection des obtentions végétales, révisée à Genève le 19 mars 1991, *JOUE*, L 192, 22 juillet 2005, p. 63.

53. Liste des membres, voy. site : https://www.upov.int/edocs/pubdocs/fr/upov_pub_423.pdf.

54. Avis 3/15, du 14 février 2017, *Traité de Marrakech visant à faciliter l'accès des aveugles, des déficients visuels et des personnes ayant d'autres difficultés de lecture des textes imprimés aux œuvres publiées*, EU:C:2017:114.

55. *Ibid.*, pt 129.

56. Décision 2018/254 du Conseil, du 15 février 2018, relative à la conclusion, au nom de l'Union européenne, du traité de Marrakech visant à faciliter l'accès des aveugles, des déficients visuels et des personnes ayant d'autres difficultés de lecture des textes imprimés aux œuvres publiées, *JOUE*, L 48, 21 février 2018, p. 1.

La participation variée de l'Union européenne avec la totalité de ses États membres, ou seulement certains d'entre eux, résulte en une application différenciée des conventions élaborées au sein de l'OMPI. Cette différentiation crée une inégalité des effets des conventions sur le territoire des États membres de l'Union européenne avec des conséquences multiples pour les opérateurs économiques.

Le plus souvent, les cas de mixité partielle, et notamment ceux évoqués ci-dessus, sont des cas où la participation, sélective, des États membres de l'Union européenne intervient dès le stade de la signature de l'accord international et est décidée par les États membres eux-mêmes selon qu'ils veulent ou non participer à l'accord international. Or, la mixité partielle peut intervenir dans d'autres circonstances. Il convient de mentionner le cas de figure où l'accord international est signé par l'Union européenne et l'ensemble de ses États membres, et que l'approbation par l'Union européenne est achevée, alors que le processus de ratification dans un ou plusieurs États membres pose problème. Cette hypothèse a été évitée de justesse dans le cas de l'accord d'association entre l'Union européenne et l'Ukraine, lequel a soulevé des difficultés lors de sa ratification par les Pays-Bas[57]. L'accord CETA, qui a été signé par l'Union européenne et tous ses États membres, est appliqué de manière provisoire par l'Union[58]. Tous les États membres de l'Union ne l'ont pas encore ratifié[59]. Si l'un des États membres ne devait pas ratifier l'accord, l'accord ne pourrait pas entrer en vigueur. Au-delà de la conséquence cruciale qui découlerait de ce refus pour l'entrée en vigueur de l'accord international, l'égalité des États membres dans la participation à l'accord CETA ne serait plus assurée. Il convient toutefois de noter que, dans cette hypothèse également, si une solution de mixité partielle devait aboutir, ce que nous ne pensons pas possible pour un accord de libre-échange de cette importance, l'inégalité des États membres dans le cadre de cet accord international ne découlerait pas de l'application des règles du droit de l'Union européenne, mais de celle des règles constitutionnelles nationales de l'État membre concerné. La non-ratification par cet État membre de l'accord international dans le respect de ses règles constitutionnelles nationales le préviendrait de participer à cet accord international, envisagé comme un

---

57. Voy. not. Chr. Kaddous, « Les accords mixtes », in N. Aloupi, C. Flaesch-Mougin, Chr. Kaddous et C. Rapoport (dir.), *Les accords internationaux de l'Union européenne* (Commentaire J. Mégret, 3ᵉ éd.) Bruxelles, Editions de l'Université de Bruxelles, 2019, pp. 301-345, pp. 317-319, et la doctrine citée ; G. Van der Loo et R. Wessel, « The non-ratification of mixed agreements : legal consequences and solutions », *CMLR.*, 2017, pp. 735-770.

58. Décision (UE) 2017/38 du Conseil, du 28 octobre 2016, relative à l'application provisoire de l'accord économique et commercial global (AECG) entre le Canada, d'une part, et l'Union européenne et ses États membres, d'autre part, *JOUE*, L 11, 14 janvier 2017, p. 1080.

59. Pour la liste des Etats membres qui ont ratifié, voy. https://www.consilium.europa.eu/fr/documents-publications/treaties-agreements/agreement/?id=2016017.

accord mixte entre l'Union européenne et ses États membres, d'une part, et le Canada, d'autre part. Cette situation juridique résulte en l'attribution à cet État membre du pouvoir de faire échouer, à lui seul, l'entrée en vigueur d'un accord international voulu par l'Union européenne et les autres États membres. Le pouvoir ainsi attribué à cet État membre est comparable à un droit de veto. L'État qui ne ratifie pas l'accord international devient en quelque sorte un « super » État membre, capable d'empêcher l'Union et les autres États membres d'aller de l'avant avec la conclusion de l'accord international envisagé. Formellement, il s'agit du respect du principe d'égalité des États membres dans le processus de ratification des accords mixtes. Le résultat peut surprendre car le respect du principe d'égalité des États aboutit, dans ce cas de figure, à aller à l'encontre de la volonté de l'Union et de tous les autres États membres dans la conclusion d'un accord international, qui a été préalablement accepté et signé par ledit État membre. Les exemples de l'accord d'association entre l'Union européenne et l'Ukraine et de l'accord CETA illustrent parfaitement l'interaction entre les règles du droit de l'Union européenne, du droit international et des règles constitutionnelles nationales des États membres.

III. Égalité des États membres et procédures d'infraction du droit de l'Union menées par la Commission européenne

Conformément à l'article 17 TUE, la Commission européenne promeut l'intérêt général de l'Union et prend les initiatives appropriées à cette fin. Elle veille à l'application des traités et des mesures adoptées par les institutions en vertu de ceux-ci.

Dans une communauté ou une union de droit, ni les États membres ni les institutions n'échappent au contrôle de la conformité de leurs actes à la charte constitutionnelle de base que sont les traités[60].

En tant que gardienne des traités, la Commission européenne veille au respect du droit de l'Union notamment par les États membres. Si elle estime qu'un État membre a manqué à une des obligations qui lui incombent en vertu des traités, elle dispose de la voie du recours en constatation de manquement afin d'agir contre lui devant la Cour de justice. Cette voie de droit a été utilisée à plusieurs reprises par la Commission européenne dans le domaine des relations extérieures, en particulier s'agissant du domaine du droit des investissements.

---

60. CJCE, 23 avril 1986, *Parti écologiste « Les Verts » c/ Parlement européen*, aff. 294/83, EU:C:1986:166, pt 23.

La Commission européenne a introduit des actions en constatation de manquement à l'encontre de trois États membres, à savoir l'Autriche[61], la Finlande[62] et la Suède[63]. Les arrêts rendus en 2009 ont mis en évidence l'incompatibilité des accords bilatéraux d'investissement conclus par ces États membres avec des États tiers avant l'adhésion de ces États membres à l'Union européenne. Ces accords bilatéraux d'investissement ne permettaient pas aux États membres d'exercer leurs droits et de remplir leurs obligations en tant que membres de l'Union en ce qui concerne le respect des dispositions en matière de libre circulation des capitaux et de l'application de mesures restrictives urgentes que le Conseil de l'Union pouvait être amené à prendre à l'égard de tiers en rapport avec des investissements. Or, ces accords d'investissement auraient dû être aménagés, conformément à l'article 351, alinéa 2, TFUE (ancien art. 307, al. 2, TCE) en vue de supprimer les incompatibilités qu'ils présentaient avec le droit de l'Union. Les États membres en cause n'avaient pas pris les mesures appropriées pour éliminer lesdites incompatibilités et avaient ainsi manqué à leurs obligations en vertu de l'article 351 TFUE.

Notre propos ici ne vise pas spécifiquement le droit des investissements, mais le pouvoir de la Commission européenne, en tant que gardienne des traités, de veiller au respect du droit de l'Union européenne par tous les États membres et d'exercer son pouvoir d'action de manière égale à l'encontre des États membres qui se trouveraient dans une même situation. Bien que la Cour de justice n'ait pas encore précisé comment le principe d'égalité des États membres devant les traités, ancré à l'article 4, paragraphe 2, TUE, doit être interprété, on peut partir du postulat, en suivant l'avocate générale J. Kokott, que la jurisprudence relative au principe de l'égalité de traitement vaut également pour eux[64]. Ce principe requiert que des situations comparables ne soient pas traitées de manière différente et que des situations différentes ne soient pas traitées de manière égale, à moins qu'un tel traitement ne soit objectivement justifié[65]. Or, cela n'a pas été le cas. La conclusion d'accords bilatéraux d'investissement par des États membres avec des États tiers, du

---

61. CJCE, 3 mars 2009, *Commission c/ Autriche*, aff. C-205/06, EU:C:2009:118.

62. CJCE, 19 novembre 2009, *Commission c/ Finlande*, aff. C-118/07, EU:C:2009:715.

63. CJCE, 3 mars 2009, *Commission c/ Suède*, aff. C-249/06, EU:C:2009:119.

64. Concl. av. gén. J. KOKOTT, du 25 mars 2021, dans l'affaire C-22/20, *Commission c/ Suède*, EU:C:2021:250, pt 35. La Cour de justice, dans son arrêt, rendu en septembre 2021, n'a toutefois pas interprété l'article 4, § 2, TUE, CJUE, 2 septembre 2021, *Commission c/ Suède*, aff. C-22/20, EU:C:2021:669.

65. CJCE, 19 octobre 1977, *Ruckdeschel e.a.*, aff. C-117/76 et C-16/77, EU:C:1977:160, pt 7 ; CJCE, 3 mai 2007, *Advocaten voor de Wereld*, aff. C-303/05, EU:C:2007:261, pt 56 ; CJUE, 12 mai 2011, *Luxembourg c/ Parlement et Conseil*, aff. C-176/09, EU:C:2011:290, pt 31 ; et CJUE, 8 décembre 2020, *Pologne c/ Parlement et Conseil*, aff. C-626/18, EU:C:2020:1000, pt 93.

type de ceux en cause dans les arrêts de 2009, n'a pas été uniquement le fait des trois États membres qui ont fait l'objet des recours en constatation de manquement. D'autres États membres disposaient et/ou disposent encore d'accords bilatéraux d'investissement du même type avec des États tiers, alors qu'ils n'ont pas fait l'objet de recours en constatation de manquement de la part de la Commission européenne. Même s'il est vrai qu'entre temps, le législateur européen a adopté le règlement n° 1219/2012[66], lequel prévoit l'établissement de dispositions transitoires et d'adaptation pour les accords bilatéraux d'investissements conclus entre des États membres et des États tiers, il n'en demeure pas moins que la Commission européenne a été sélective dans le choix des États membres qui allaient faire l'objet de recours en constatation de manquement.

Cet exemple nous amène à observer qu'au-delà du respect en tant que tel de la règle de l'égalité des États membres, inscrite désormais dans l'article 4, paragraphe 2, TUE, il convient de renforcer l'indépendance des institutions garantes du respect de l'intérêt général, en particulier celle de la Commission européenne. Celle-ci a vu son rôle d'institution supranationale évoluer graduellement, à regret, vers celui d'une institution intergouvernementale. La règle d'un commissaire par État membre, maintenue malgré la réduction du nombre de commissaires qui était envisagée dans le cadre du traité établissant une Constitution pour l'Europe et du traité de Lisbonne, a certainement été un catalyseur dans cette évolution. La Commission devrait retrouver son rôle original, qui était le sien au moment de la création du projet d'intégration européenne. Elle devrait disposer des pouvoirs nécessaires pour s'assurer que tous les États membres respectent de manière égale les règles des traités, quels que soient la taille de ces États membres ou le poids politique qu'ils représentent au sein de l'Union. Le changement souhaité semble avoir été initié avec la Commission européenne qui a pris ses fonctions en 2019.

CONCLUSION

Les relations extérieures de l'Union européenne regroupent des matières aussi diverses que la politique commerciale commune ou la politique étrangère et de sécurité commune, lesquelles sont soumises à des règles de fonctionnement fondamentalement différentes. Un équilibre subtil a

---

66. Règlement UE n° 1219/2012 du Parlement européen et du Conseil du 12 décembre 2012 établissant des dispositions transitoires pour les accords bilatéraux d'investissement conclus entre des États membres et des pays tiers, *JOUE*, L 351, 20 décembre 2012, p. 40.

toutefois été trouvé par les États membres entre la portée des compétences de l'Union, la nature de ces compétences et le choix des modes de prise de décision. Cet équilibre repose sur l'intérêt que peuvent avoir les États membres à renforcer l'intégration européenne dans un domaine particulier et, corollairement, leur acceptation de transférer totalement ou partiellement leur souveraineté dans ce même domaine. Sur cette base, le vote à la majorité qualifiée a pu être introduit, comme règle générale, pour la définition de la politique commerciale commune, alors que le vote à l'unanimité a été maintenu en matière de politique étrangère et de sécurité commune. Comme nous avons pu l'observer, l'Union européenne s'est affranchie du principe de l'égalité souveraine des États membres dans un certain nombre de domaines. L'approche pragmatique développée sur le plan interne dans la définition des politiques extérieures de l'Union trouve un écho, sur le plan externe, dans la représentation de l'Union et de ses États membres sur la scène internationale.

En matière de capacité de représentation, le droit de légation passif et le droit de légation actif sont exercés par l'Union européenne dans le respect du principe d'égalité des États membres. Si sélectivité il y a dans le cadre du droit de légation passif, elle trouve son origine dans le choix politique et/ou économique de l'État tiers, et certainement pas dans le non-respect du principe d'égalité des États membres par l'Union européenne. En outre, le droit de légation actif de l'Union est accompagné du droit de légation actif des États membres. Ceux-ci déterminent souverainement dans quels États tiers ou auprès de quelles organisations internationales ils souhaitent disposer d'une représentation.

La participation de l'Union européenne et/ou de ses États membres à des organisations internationales apporte un éclairage particulièrement intéressant sur l'application du principe d'égalité des États membres. Alors que la grande majorité des organisations internationales réservent, en général, la qualité de membre aux seuls États, la pratique s'est développée d'une participation de l'Union à des organisations internationales, aux côtés de tous ou seulement de certains de ses États membres, en tant qu'observatrice ou en tant que membre à part entière. De nombreuses constellations sont possibles (on en a identifié cinq), mais l'impact sur le principe d'égalité des États membres de l'Union européenne diffère selon l'organisation internationale étudiée. La situation est différente dans les Nations unies, l'OMI, l'OMC, la FAO, l'OTIF ou l'OIV. Un dénominateur commun se dégage toutefois. Lorsqu'il n'y a pas application ou respect du principe de l'égalité des États membres dans la représentation de l'Union et/ou des États membres dans une organisation internationale, le motif à l'origine de cette situation juridique ne résulte pas de l'application ou de l'inapplication d'une règle de droit de l'Union européenne. Il tient à l'application de la charte constitutive de l'organisation internationale, ou à un choix politique et/ou économique fait par l'État membre de ne pas participer à l'organisation internationale. Si l'on considère que l'article 4, paragraphe 2, TUE n'implique qu'une obligation pour l'Union européenne, le principe d'égalité des États membres peut être considéré comme respecté.

Le principe de coopération loyale occupe une place primordiale dans la gestion de la participation de l'Union européenne et/ou de ses États membres dans les organisations internationales. La formule de l'avis 1/94 est centrale. Il importe pour les États membres et les institutions d'assurer une coopération étroite entre eux, tant dans le processus de négociation et de conclusion que dans l'exécution des engagements assumés[67]. Cette obligation découle de l'exigence d'une unité de représentation internationale de l'Union.

En matière de conclusion d'accords internationaux, la mixité complète, qui implique la participation de tous les États membres conjointement avec l'Union européenne à un accord international, prend pleinement en compte le principe d'égalité des États membres. En revanche, la mixité partielle, qui implique la participation de seulement une partie des États membres à l'accord international aux côtés de l'Union, va par essence à l'encontre du principe d'égalité des États. Les défis liés à la mixité partielle sont multiples, comme nous avons pu l'observer. Mais, comme souligné au sujet de la participation aux organisations internationales, le motif à l'origine de l'inégalité des États membres tient non pas à l'application ou à la non-application d'une règle de droit de l'Union, mais à la volonté des États membres de ne pas être liés par un accord international, en ne le signant pas ou en ne le ratifiant pas. Il s'agit, dans les deux cas de figure, de l'exercice par les États membres de leurs droits liés à la souveraineté.

Enfin, sur les procédures d'infraction initiées dans le domaine des relations extérieures, à l'exemple des accords bilatéraux d'investissement, il conviendrait de veiller au renforcement de l'indépendance de la Commission européenne. Elle est la garante du respect de l'intérêt général et devrait appliquer le principe d'égalité des États membres dans le lancement des procédures en constatation de manquement contre les États

---

67. Avis 1/94, du 15 novembre 1994, *Rec.*, p. I-5267, pt 108.

en situation d'infraction. Il faut s'assurer que des situations comparables ne soient pas traitées de manière différente et que des situations différentes ne soient pas traitées de manière égale, à moins qu'un tel traitement ne soit objectivement justifié[68].

---

68. CJCE, 19 octobre 1977, *Ruckdeschel e.a.*, aff. 117/76 et 16/77, EU:C:1977:160, pt 7 ; CJCE, 3 mai 2007, *Advocaten voor de Wereld*, aff. C-303/05, EU:C:2007:261, pt 56 ; CJUE, 12 mai 2011, *Luxembourg c/ Parlement et Conseil*, aff. C-176/09, EU:C:2011:290, pt 31 ; et CJUE, 8 décembre 2020, *Pologne c/ Parlement et Conseil*, aff. C-626/18, EU:C:2020:1000, pt 93.

ÉGALITÉ ET DIFFÉRENCIATION ENTRE ÉTATS MEMBRES DE L'UNION EUROPÉENNE

par

Bruno DE WITTE

Professeur à l'Université de Maastricht et à l'Institut universitaire européen

Certains mécanismes d'intégration différenciée qui se sont multipliés au fil du temps peuvent apparaître peu conformes à l'idée d'égalité entre États membres, et cela de deux manières contrastées : soit parce qu'ils positionnent un ou plusieurs États dans une position privilégiée par rapport aux autres, soit parce qu'ils excluent un ou plusieurs États de la pleine participation aux politiques de l'Union. Un exemple du premier type est la possibilité dont dispose l'Irlande de participer ou non à de nouvelles mesures dans le domaine de la Justice et des affaires intérieures selon un mécanisme très flexible de *opt-in/opt-out* qui avait été conçu surtout, à l'origine, pour le Royaume-Uni ; même quand l'Irlande ne participe pas à certaines initiatives de l'Union, elle peut profiter de la plus-value qui en résulte pour elle[1]. Un exemple du deuxième type est la position de la Bulgarie, de la Roumanie, de la Croatie et de Chypre par rapport à l'espace Schengen. Alors que ces États ont été soumis, dès leur adhésion à l'Union, à l'obligation d'adopter la plupart des règles de l'acquis Schengen, la partie la plus attractive de cet acquis que constitue la suppression des contrôles aux frontières intérieures ne s'applique pas encore à eux, contrairement à leurs souhaits.

---

1. Voy., par exemple, le travail que l'Agence européenne pour l'asile accomplit « gratuitement » pour l'Irlande, notamment en produisant des rapports sur la situation actuelle dans les pays d'origine des réfugiés. Le point 62 du préambule du règlement en question précise que « l'Irlande ne participe pas à l'adoption du présent règlement et n'est pas liée par celui-ci ni soumise à son application » (règlement 2021/2303 du Parlement européen et du Conseil du 15 décembre 2021 relatif à l'Agence de l'Union européenne pour l'asile et abrogeant le règlement (UE) n° 439/2010, *JOUE*, L 468/1, 2021).

Ces dispositifs s'accommodent donc mal avec l'*idée* de l'égalité des États membres. Cela ne signifie pas pour autant qu'il y ait violation de la règle constitutionnelle protégeant l'égalité des États membres. Cette règle, inscrite dans l'article 4, paragraphe 2, du TUE, fait partie du droit primaire, mais une grande partie des mécanismes d'intégration différenciée se trouve également consacrée, parfois de manière fort détaillée, dans le texte des traités. Dans la mesure où elle est ainsi consacrée, la différenciation ne peut, en toute logique juridique, être contraire au principe de l'égalité entre États. Ainsi la position privilégiée de l'Irlande dans le domaine de la Justice et des affaires intérieures est-elle prévue et réglementée dans le protocole n° 21 aux traités, et la non-application temporaire à certains États de la libre circulation aux frontières résulte-t-elle de dispositions expresses dans leurs traités d'adhésion qui ont force de droit primaire.

Pourtant, les choses ne sont pas toujours aussi simples. Il existe bien des formes de différenciation qui ne sont pas, ou pas entièrement, réglementées par le droit primaire et dont la conformité avec le principe de l'égalité entre États membres peut donc être soulevée en droit.

On peut, à ce sujet, distinguer entre les différenciations par exemption et les différenciations par exclusion. Dans le premier cas de figure, l'État membre choisit de ne pas participer à une politique de l'Union et cette exemption librement choisie ne lui permet pas, ensuite, d'invoquer une violation du principe d'égalité à son encontre. Dans le deuxième cas de figure, l'État membre n'a pas choisi la non-participation, mais a été exclu (et reste exclu) par les autres contre son gré et pourrait alors invoquer le principe d'égalité. Sur base de cette distinction entre différenciation voulue et différenciation subie, passons rapidement en revue les principales formes d'intégration différenciée.

Commençons avec le cas de l'acquis de Schengen, et de la position particulière de la Roumanie, de la Bulgarie, de la Croatie et de Chypre que nous évoquions plus haut. Ce traitement particulier appartient à un type plus général qui est la différenciation transitoire suite à l'adhésion d'un État à l'Union européenne, et qui a trait notamment (mais pas seulement) à la libre circulation des travailleurs. Dans la mesure où elle est prévue par les traités d'adhésion, la légalité de cette différenciation ne peut être contestée devant la Cour de justice. Cependant, l'entrée de nouveaux États dans l'espace Schengen présente des caractéristiques particulières par rapport aux autres différenciations post-adhésion, dont la durée est prédéterminée dans le traité d'adhésion. La suppression des contrôles aux frontières (et donc la pleine participation au régime de Schengen) résulte, elle, d'une décision ultérieure prise par les institutions de l'Union, qui n'est pas automatique mais dépend de la vérification « que les conditions nécessaires à l'application de toutes les parties concernées de l'acquis sont remplies dans l'État » en question[2]. Cette décision est prise par le Conseil statuant à l'unanimité des membres « à part entière » de Schengen. Ceci donne à chaque État membre un droit de veto, que la France notamment n'a pas manqué d'utiliser jusqu'à présent face à la Bulgarie et la Roumanie. Cette situation peut apparaître problématique du point de vue de l'égalité des États et le Parlement européen pousse pour que cesse cette situation contraire au principe même de l'espace européen sans frontières[3]. Un refus persistant de la part du Conseil de faire pleinement accéder ces États, s'il n'est pas justifié par des raisons objectives, serait ainsi une violation de l'égalité de traitement de ces États.

L'accès des nouveaux États membres à l'Union économique et monétaire est également soumis à des conditions et à des décisions ultérieures par les institutions de l'Union. Les conditions sont formulées de manière plus nette que dans le cas de Schengen, puisqu'ils prennent la forme des critères de convergence définis à l'article 140 du TFUE. Cependant, ces critères laissent toujours une marge d'interprétation (notamment celui qui exige que la situation des finances publiques soit soutenable), et si le Conseil devait refuser l'admission d'un nouvel État sur base d'une évaluation contestable de son degré de convergence, l'État en question pourrait invoquer le principe d'égalité entre États à l'encontre de la décision du Conseil. Bien entendu, une telle situation ne s'est pas encore produite, puisque les États ayant frappé à la porte de la zone euro ont tous été accueillis sans guère de problèmes.

Examinons ensuite une autre forme de différenciation, la coopération renforcée. Celle-ci est instaurée par des actes législatifs au cas par cas. Son usage est soumis à de multiples conditions inscrites dans les traités. Le respect de l'égalité des États membres ne figure pas en tant que tel parmi les conditions mais il apparaît en filigrane dans certaines d'entre elles. En effet, le régime de la coopération renforcée vise à éviter la constitution d'un noyau dur ou d'une Europe à plusieurs vitesses, et pour cela offre des garanties aux États non participants. La coopération renforcée doit respecter l'acquis, et donc le droit de l'Union tel qu'il s'applique aux États non-participants,

---

2. Voy. le protocole relatif aux conditions et modalités d'adhésion de la République de Bulgarie et de la Roumanie à l'Union européenne, art. 4, § 2, *JOUE*, L 157/29, 2005. Pour la Croatie et Chypre, les actes d'adhésion respectifs contiennent des dispositions similaires.
3. Résolution du Parlement européen du 8 juillet 2021 sur le rapport annuel sur le fonctionnement de l'espace Schengen, P9_TA(2021) 0350, pt 7.

et surtout elle doit rester ouverte à tous les États membres qui veulent se joindre à l'initiative à un moment postérieur. L'article 328 du TFUE précise d'ailleurs que « la Commission et les États membres participant à une coopération renforcée veillent à promouvoir la participation du plus grand nombre possible d'États membres ». C'est la Commission qui admet de nouveaux États dans une coopération renforcée, mais le Conseil peut passer outre à un refus de la Commission par un vote à la majorité qualifiée. Il me paraît que le principe d'égalité des États membres a vocation à s'appliquer dans un tel cas, pour empêcher le refus arbitraire de la Commission ou du Conseil de faire entrer de nouveaux participants dans une coopération renforcée. L'État en question pourrait engager, dans ce cas, un recours en carence devant la Cour de justice.

Dans le domaine de la défense, il existe un régime spécifique de coopération renforcée connu comme la coopération structurée permanente (CSP). Celle-ci est prévue par l'article 42, paragraphe 6, du TUE qui dispose que « les États membres qui remplissent des critères plus élevés de capacités militaires et qui ont souscrit des engagements plus contraignants en la matière en vue des missions les plus exigeantes, établissent une coopération structurée permanente dans le cadre de l'Union ». Contrairement à la coopération renforcée générale, cette CSP ne semble donc pas ouverte à tous les États sur un pied de parfaite égalité, mais semble requérir une certaine capacité en matière de défense que, logiquement parlant, tous ne possèdent pas. La CSP, telle que l'envisagea le traité de Lisbonne, ne fut finalement lancée qu'en décembre 2017[4]. Alors que l'on estima, encore peu de mois avant son lancement, que seuls entre dix et quinze États seraient capables et disposés à participer à la CSP, ce sont finalement vingt-cinq États (tous sauf le Royaume-Uni, le Danemark et Malte) qui étaient au rendez-vous au moment du lancement. Puisque la participation du Danemark est empêchée par son *opt-out* en matière de défense inscrit en droit primaire, le seul État membre qui reste actuellement en dehors de la CSP est Malte. Les conditions de « capacité » listées dans l'article 42, paragraphe 7, du TUE, n'ont donc, en réalité, nullement limité le choix discrétionnaire de tous les États membres de participer ou non

---

4. Décision (PESC) 2017/2315 du Conseil du 11 décembre 2017 établissant une coopération structurée permanente (CSP) et fixant la liste des États membres participants, *JOUE*, L 331/57, 2017 ; et l'acte de mise en œuvre de la décision (PESC) 2018/340 du Conseil du 6 mars 2018 établissant la liste des projets à mettre sur pied dans le cadre de la CSP, *JOUE*, L 65/24, 2018. La rapidité de l'évolution au cours de l'année 2017 (post-référendum sur le Brexit) est illustrée par le fait que le document de réflexion de la Commission européenne, publié seulement quelques mois auparavant, ne mentionne même pas la CSP (Commission européenne, « Document de réflexion sur l'avenir de la défense européenne », COM(2017) 315, 7 juin 2017).

à la CSP. Aucune invocation du principe d'égalité entre États membres n'a d'ailleurs été nécessaire pour pouvoir rejoindre la CSP. Ce caractère inclusif de la CSP est accompagné d'une approche « modulaire » qui permet à chaque État de choisir les projets collaboratifs au sein de la CSP auxquels il souhaite participer, ou auxquels il est capable de participer[5]. Un inventaire fait en 2020 montra qu'aucun des vingt-cinq États parties à la CSP ne participa dans tous les quarante-sept projets individuels, et que la participation à ces projets individuels pouvait varier entre deux et vingt-quatre États[6].

Une autre variante de la coopération renforcée est la « coopération rapprochée » instaurée au sein de l'Union bancaire. Puisque le mécanisme de surveillance unique (MSU) créé en 2012 donne un rôle central à la Banque centrale européenne, conformément à la base juridique pour la création du MSU (art. 127, § 6, du TFUE), il était logique que le mécanisme s'appliquerait en principe aux seuls États ayant adopté l'euro. Cependant, les pays de la zone euro pouvaient avoir intérêt à ce que le nouveau mécanisme s'applique également aux États dont la monnaie n'est pas l'euro, et certains de ces derniers pouvaient également y voir un avantage[7]. En outre, tous les États membres de l'UE sont soumis à la réglementation commune des marchés financiers (le *single rule-book*), qui fait partie du droit du marché intérieur. Il fut donc décidé que les États hors zone euro pourraient participer au nouveau mécanisme de surveillance avec un statut particulier qui est celui de la « coopération rapprochée ». Cette ouverture comporte des arrangements institutionnels compliqués : puisque les actes de surveillance bancaire doivent nécessairement (en vertu du texte du TFUE) être adoptés par le Conseil des gouverneurs de la BCE, où les États non-euro ne sont pas représentés, il a fallu inventer des garanties procédurales détaillées pour la protection des intérêts spécifiques de ces derniers sans qu'ils soient mis sur un pied d'égalité avec les États de la zone euro[8]. Cette inégalité de traitement

---

5. Voy. à ce sujet A. HAMONIC, « Union européenne et défense : un État membre de (presque) perdu, dix innovations de retrouvées », *RTDE*, 2019, pp. 783-800.
6. A. MISSIROLI et L. LONARDO, « The evolution of enhanced cooperation in the EU : from EnCo to PeSCo (2009-2019) », *Bruges Political Research Papers*, 2020, n° 80, p. 28.
7. Sur cet intérêt mutuel à étendre le champ d'application du mécanisme, voy. J.-V. LOUIS, « Coopération rapprochée, un nouveau mode de coopération renforcée ? », in B. BERTRAND, F. PICOD et S. ROLAND (dir.), *L'identité du droit de l'Union européenne – Mélanges en l'honneur de Claude Blumann*, Bruxelles, Bruylant, 2015, pp. 213-216.
8. Voy. l'article 7 du règlement n° 1024/2013 du Conseil du 15 octobre 2013 confiant à la Banque centrale européenne des missions spécifiques ayant trait aux politiques en matière de surveillance prudentielle des établissements de crédit, *JOUE*, L 287/5, 2013, et l'analyse de ce régime particulier par J.-V. LOUIS, « Coopération rapprochée, un nouveau mode de coopération renforcée ? », *op. cit.*, ainsi que par E. FERRAN, « European Banking Union and the EU single financial market : more differentiated integration, or disintegration ? », in B. DE WITTE, A. OTT et

résulte donc indirectement du droit primaire. Puisque ce dernier prévoit l'attribution de pouvoirs de surveillance à la BCE, et puisque la gouvernance de la Banque privilégie la position des États dont la monnaie est l'euro, la position privilégiée de ces derniers dans le mécanisme de surveillance n'est pas contraire à l'égalité consacrée par l'article 4, paragraphe 2, du TUE.

Pour terminer ce survol, traitons de cette autre forme, plus sauvage, d'intégration différenciée que représente la conclusion d'un accord de droit international entre un groupe d'États membres de l'Union, sur l'ancien modèle de Schengen et le modèle plus récent du traité sur le Mécanisme européen de stabilité. En dehors du champ des compétences exclusives de l'Union, les États membres conservent, en principe, un pouvoir de décision autonome mais également la possibilité de conclure des accords entre eux. Cette dernière possibilité offre l'option pour un groupe d'États membres de « décrocher » de l'Union et de lancer une politique commune en marge de l'Union qui constitue ainsi une forme d'intégration différenciée utilisant les ressources du droit international. L'adoption de tels « accords-satellites » est soumise à l'obligation de respect du droit de l'Union en vertu de la primauté de cette dernière qui s'exerce non seulement face au droit de chaque État séparément mais aussi – et logiquement – face au droit commun que créent certains de ces États en agissant ensemble. Cette forme de différenciation est notamment soumise au respect du principe de loyauté inscrit à l'article 4, paragraphe 3, du TUE[9].

La question peut être posée si le principe de l'égalité entre États membres requiert que les États participant à un tel accord-satellite aient l'obligation d'ouvrir leur coopération de droit international à tous les États membres qui voudraient y participer. Ceci n'est pas le cas. Les États participants ont la liberté de se choisir l'un l'autre, et d'exclure d'autres États de leur cercle. En effet, en concluant un tel accord, les États parties exercent leur compétence nationale et ne sont donc pas soumis au respect de l'article 4, paragraphe 2, TUE, qui s'adresse aux institutions de l'Union. En réalité, cette formule particulière d'intégration différenciée perdrait beaucoup de son intérêt si elle était soumise aux mêmes conditions d'ouverture à tous que nous avons rencontrées dans le régime de la coopération renforcée.

E. Vos (dir.), *Between flexibility and disintegration : The trajectory of differentiation in EU law*, Cheltenham, Edward Elgar, 2017, p. 263.

9. Voy. A. Miglio, « Differentiated integration and the principle of loyalty », *European Constitutional Law Review*, 2018, p. 475.

Prenons, en guise d'illustration de ce point, le débat qui eut lieu pendant les derniers mois de 2020, quand la Hongrie et la Pologne prirent en otage le plan de relance post-Covid de l'Union. Ces États menacèrent d'utiliser leur droit de veto pour empêcher l'adoption de la nouvelle décision ressources propres qui faisait partie de l'échafaudage complexe permettant la mise en place du plan de relance. À l'époque, le secrétaire d'État français aux affaires européennes Clément Beaune avait prévenu que « nous regarderons, s'il le faut en dernier ressort, comment avancer sans les pays qui bloquent »[10], notamment par le biais de l'adoption du plan de relance par un accord intergouvernemental entre vingt-cinq États (et donc sans la Hongrie et la Pologne). Cela ne fut pas nécessaire car un compromis pénible fut trouvé permettant l'accord de la Hongrie et de la Pologne sur le plan de relance et sur la nouvelle décision ressources propres[11], mais ce débat et ces spéculations avaient rappelé l'existence de cette forme « sauvage » d'intégration différenciée qu'est l'adoption d'un accord de droit international entre un groupe d'États membres. Par rapport à la coopération renforcée, la coopération « hors-traités européens » a donc cette particularité que le principe de l'égalité des États membres n'a pas vocation à s'appliquer et que les États participants à l'accord sont libres d'exclure et de continuer d'exclure certains États membres de l'Union (comme, dans le cas de figure du plan de relance, la Hongrie et la Pologne)[12]. Dans la mesure donc où un tel accord « satellite » est compatible avec le reste du droit de l'Union (et notamment respecte les compétences exclusives de l'Union), il constitue une solution de recours qui permet de faire avancer l'intégration européenne sans trop se soucier du principe d'égalité des États membres.

Dans ce même ordre d'idées, on voit resurgir de temps en temps l'idée de former, à l'intérieur de l'Union européenne, une Europe à deux vitesses, composée d'un noyau dur d'États qui iraient de l'avant, vers une intégration plus poussée dans un certain nombre de domaines, en laissant les autres États au bord de la route. Selon les règles actuelles du droit primaire, cela ne serait guère possible par l'instrument de la coopération renforcée, justement à cause de l'égalité entre États membres qui est protégée par le régime juridique de cette coopération renforcée. L'Europe à deux

---

10. « Plan de relance : l'UE en quête d'une parade pour lever les veto de Varsovie et Budapest », *Le Monde*, 21 novembre 2020. Voy. égal. : « Von der Leyen threatens EU recovery fund without Hungary and Poland », *Politico*, 2 décembre 2020.

11. Voy. A. ILIOPOULOU-PENOT, « L'instrument pour la relance Next Generation EU : "Where there is a political will, there is a legal way" ? », *RTDE*, 2021, pp. 527-532.

12. Le recours à la coopération renforcée avait également été invoqué, mais cette solution aurait buté sur les garanties de l'égalité des États évoquées plus haut. Voy. not. G. VERHOFSTADT, « We need to call Orban's bluff by going ahead without him », *EU Observer*, 18 novembre 2020.

vitesses pourrait alors être créée seulement par la conclusion d'accords internationaux supplémentaires entre les États de l'avant-garde, mais ces pays ne pourraient pas utiliser les institutions de l'Union européenne pour structurer leur coopération, car ce serait là une dénaturation des fonctions de ces institutions et, en même temps, une atteinte à l'égalité entre États membres. Il faudrait donc créer une organisation nouvelle regroupant les pays de l'avant-garde, dotée d'institutions propres[13]. On voit aisément la confusion que créerait cette dislocation de l'Union européenne en deux enceintes institutionnelles, une regroupant tous les États membres de l'Union, et l'autre seulement ceux participant à l'avant-garde. Cette vision n'est donc guère attrayante et la chance qu'elle se réalise est quasi inexistante.

Nous pouvons conclure cette brève analyse en constatant que l'intégration différenciée est compatible avec le principe juridique de l'égalité entre États membres dans toute la mesure où cette différenciation est prévue par le droit primaire de l'Union. Cependant, ces règles de droit primaire peuvent elles-mêmes être formulées de telle sorte qu'elles offrent une certaine protection pour l'égalité entre États, comme c'est le cas pour la coopération renforcée. Le principe d'égalité a, par contre, pleine vocation à s'appliquer lorsque la création ou le maintien de la différenciation dépend d'un acte de droit dérivé. Les institutions de l'Union adoptant un tel acte sont liées par le principe d'égalité entre États, ce qui signifie qu'elles ne peuvent exclure des États membres contre leur gré sauf pour des raisons objectives reconnues par le droit primaire.

---

13. Voy. l'élaboration d'une telle hypothèse dans un ouvrage de Jean-Claude Piris écrit en 2012 (à l'époque où l'État membre à « neutraliser » était encore le Royaume-Uni, et non la Hongrie ou la Pologne) : J. C. PIRIS, *The future of Europe : towards a two-speed EU ?*, Cambridge, CUP, 2012.

L'ÉGALITÉ ENTRE LES ÉTATS MEMBRES DANS LE TITRE VIII DE LA TROISIÈME PARTIE DU TRAITÉ FUE CONSACRÉ À LA POLITIQUE ÉCONOMIQUE ET MONÉTAIRE

par

Francesco MARTUCCI

Professeur à l'Université Paris 2 – Panthéon-Assas

Lorsque le Professeur Dubout a proposé le sujet de l'égalité entre les États membres dans l'Union économique et monétaire, une première réaction a été celle du doute. À y regarder de plus près, la thématique de l'égalité entre les États membres est une « *terra incognita* » de l'Union économique et monétaire. Les travaux de référence en la matière n'abordent guère cette question ; il suffit pour s'en convaincre de constater l'absence d'occurrence de l'égalité dans la réflexion pionnière de Chiara Zilioli et Martin Selmayr[1], dans l'ouvrage incontournable de Jean-Victor Louis[2] ou encore dans la somme remarquable de Fabian Amtenbrink et Christoph Herrmann[3]. Toutefois, au doute a très rapidement succédé une idée suscitée par l'évocation d'un souvenir. Est en effet venu à l'esprit le questionnaire élaboré par les organisateurs du XXVIIe Congrès de la Fédération internationale de droit européen (FIDE) qui s'est déroulé à Budapest en 2016 et dont le premier panel était consacré à l'Union bancaire[4]. La question 5.1 portait ainsi sur la confrontation au principe d'égalité entre les États membres du mécanisme de surveillance unique, dont le règlement (UE) n° 1024/2013 a limité originellement le champ d'application territorial aux seuls établissements

---

1. C. Zilioli et M. Selmayr, *The Law of the ECB*, Oxford, OUP, 2001.
2. J.-V. Louis, *L'Union européenne et sa monnaie*, 3e éd., coll. « Institut d'Études européennes – I.E.E. – Politiques économiques et sociales », Bruxelles, Éditions de l'Université de Bruxelles, 2009.
3. F. Amtenbrink et Ch. Herrmann (éds), *EU Law of Economic & Monetary Union*, Oxford, OUP, 2020.
4. G. Bándi *et al.* (éds), *European Banking Union*, Congress Proceedings, vol. 1, The XXVII FIDE Congress in Budapest, La Haye, Wolters Kluwer, 2016.

bancaires dont le siège se situe dans un État ayant adopté l'euro, tout en permettant d'établir, par la suite, des coopérations rapprochées avec les autorités de surveillance des autres États membres[5]. La question 21 portait quant à elle sur les implications d'une telle différenciation pour les institutions financières selon que celles-ci sont ou non établies dans des États membres participant au mécanisme de surveillance unique. Que la question de l'égalité entre les États membres se soit posée pour l'Union bancaire et ait été quasiment ignorée pour l'Union économique et monétaire est révélateur à bien des égards et appelle une série de remarques liminaires.

La première tient au champ de la présente étude qui traite à la fois de l'Union bancaire et de l'Union économique et monétaire. Si les deux unions sont distinctes, elles entretiennent une affinité élective. Tout d'abord, base juridique du règlement établissant le Mécanisme de surveillance unique, l'article 127, paragraphe 6, TFUE fait pleinement partie intégrante du titre VIII, de la troisième partie du traité FUE, consacré à la politique économique et monétaire. Aussi faut-il traiter dans cette contribution de l'Union bancaire, d'autant qu'elle apportera grandement à la réflexion. Ensuite, si l'Union économique et monétaire intéresse la matière monétaire, celle de l'Union bancaire s'avère également au cœur du marché intérieur ; or, si différenciation il y a, comme on le verra, elle pose, ou plutôt repose, la question, éludée, d'une intégration économique avec ou sans projet politique.

La seconde remarque conduit à recontextualiser les dispositions du droit primaire et dérivé dont la présente contribution se saisit. L'Union économique et monétaire et l'Union bancaire ont été conçues à des périodes bien distinctes. Le projet d'une monnaie unique est ancien et, sans remonter jusqu'au rapport Barre ou au plan Werner, il est loisible de situer son avènement entre l'Acte unique européen et le traité de Maastricht, à un moment donc où l'unité de l'ordre juridique communautaire était un dogme aussi incontesté que prégnant. Si la Cour de justice avait consacré l'égalité entre États membres en tant que principe, c'était pour toute velléité du Royaume-Uni d'une Europe à la carte. En effet, l'arrêt *Commission c/ Royaume-Uni* avait exclu une interprétation d'une disposition de l'accord d'adhésion du Royaume-Uni telle qu'elle aurait établi « une inégalité persistante entre les États membres originaires et les nouveaux États membres » de nature à méconnaître le « principe de l'égalité des États

---

5. Règlement (UE) n° 1024/2013 du Conseil du 15 octobre 2013 confiant à la BCE des missions spécifiques ayant trait aux politiques en matière de surveillance prudentielle des établissements de crédit, *JOUE*, L 287, 29 octobre 2013, p. 63.

membres devant le droit communautaire » en prolongeant indéfiniment la période transitoire[6]. L'égalité entre les États membres s'avère ainsi étroitement liée à la question de la différenciation, comme le Professeur Louis l'avait anticipé[7].

Aussi faut-il insister sur la circonstance que le traité de Maastricht a levé le tabou avec la consécration d'*opt out* pour le Danemark et le Royaume-Uni en matière monétaire. Pour la première fois, du moins pour un domaine entier de compétence, le droit primaire a consacré une exception pour deux États membres. A également été prévu un régime dérogatoire pour les États membres n'ayant pas atteint le degré de convergence durable requis pour adopter la monnaie unique. L'Union économique et monétaire a été conçue dans la perspective que tous les États membres – hors *opt out* britannique et danois – y participent. La situation dérogatoire n'avait vocation qu'à être temporaire à l'origine. Après l'élargissement du 1ᵉʳ mai 2004, il est devenu progressivement patent que l'état de dérogation s'est pérennisé pour nombre d'États membres au point que le traité de Lisbonne a ajouté au chapitre du titre VIII portant « dispositions transitoires » un chapitre relatif aux « dispositions propres aux États membres dont la monnaie est l'euro » ; autrement dit, le droit primaire reconnaît le caractère pérenne de la différenciation monétaire dans l'Union européenne.

C'est donc dans ce contexte que l'Union bancaire a été établie, non sans que la situation de crise y soit étrangère, bien au contraire. En pleine crise bancaire et de dette souveraine dans la zone euro, la Commission a proposé une feuille de route en vue de réaliser l'Union bancaire pour les seuls États ayant adopté la monnaie unique[8]. Finalement, les mécanismes de surveillance et de résolution uniques sont ouverts également aux États membres n'ayant pas adopté l'euro dès lors qu'une coopération rapprochée est mise en place[9]. L'Union bancaire constitue ce faisant une intégration différenciée d'un type nouveau. D'une part, le mécanisme de coopération renforcée n'a pas été mis en œuvre. Il est vrai que n'aurait pas été remplie la condition selon laquelle une telle coopération peut être autorisée uniquement lorsque le processus législatif a échoué au Conseil. D'autre

---

6. CJCE, 29 mars 1979, *Commission c/ Royaume-Uni*, aff. 231/78, ECLI:EU:C:1979:101, pts 17 et 18.

7. J.-V. Louis, « Allocution d'ouverture », in *L'intégration différenciée*, Journée d'études du 13 décembre 1985, Bruxelles, Éditions de l'ULB, 1986, pp. 5-13. Voy. A. Angelaki, *La différenciation entre les États membres de l'Union européenne*, coll. « Droit de l'Union européenne – Thèses », Bruxelles, Bruylant, 2020.

8. Communication de la Commission, « Feuille de route pour une union bancaire », 12 septembre 2012, COM/2012/510.

9. Voy. *infra*.

part, cette différenciation n'est pas prévue par le droit primaire parce que l'article 127, paragraphe 6, TFUE, qui fonde le Mécanisme de surveillance unique, ne fait pas partie des dispositions dont l'application est exclue pour les États membres n'ayant pas adopté l'euro[10]. Cela explique au demeurant que ceux-ci aient obtenu que le mécanisme ne soit pas cantonné à la seule zone euro.

Selon la Cour de justice, l'article 4, paragraphe 2, TUE exige que « les nouveaux États membres soient traités à égalité avec les anciens États membres »[11]. Un avocat général a ajouté que le principe d'égalité entre les États membres exclut « les inégalités non justifiées entre les États membres »[12]. On retient dès lors une définition classique du principe d'égalité qui implique de traiter de façon analogue des situations comparables à moins que la différence de traitement soit justifiée par un motif d'intérêt général. En tant qu'intégration différenciée, Union économique et monétaire et Union bancaire interrogent le principe d'égalité entre les États membres. Par essence, une différence de traitement est induite par la différenciation dont on se demande si elle est compatible avec l'article 4, paragraphe 2, TUE. Cela nous conduit à envisager deux séries de questions pour l'Union économique et monétaire et l'Union bancaire. En premier lieu, il convient de mettre en exergue les fondements de la différence (I). En second lieu, on verra qu'une certaine unité ressort de la pratique (II).

I. Les fondements de la différence

Alors que, dans l'Union économique et monétaire, la différenciation est fondée sur le droit primaire (A), dans l'Union bancaire, elle puise ses sources dans des actes législatifs (B).

A. *La différenciation fondée sur le droit primaire dans l'Union économique et monétaire*

L'Union économique et monétaire a été conçue comme étant doublement asymétrique. D'une part, alors que le volet monétaire constitue un domaine de compétence exclusive de l'Union, le volet économique demeure du

---

10. Art. 139 TFUE.
11. CJUE, gde ch., 26 juin 2012, *Pologne c/ Commission*, aff. C-336/09 P, ECLI:EU:C:2012:386, spéc. pt 37.
12. *Ibid.*, concl., ECLI:EU:C:2011:860, pt 35.

ressort des États membres. D'autre part, au sein du volet monétaire, la compétence n'a été transférée à l'Union que par les États membres participant à la troisième phase de l'Union économique et monétaire. Il en résulte nécessairement des différences de traitement dont il nous appartient d'apprécier la compatibilité avec l'article 4, paragraphe 2, TUE.

Dans leur ouvrage, Chiara Zilioli et Martin Selmayr distinguaient trois groupes d'États membres dans l'Union économique et monétaire les « *ins* », les « *pre-ins* » et les « *outs* »[13]. Les « *ins* » sont ceux qui participent à la troisième phase de l'Union économique et monétaire ; ce sont donc onze États membres originellement en 1999, rejoints par huit autres États, la Lituanie ayant été le dernier à adopter la monnaie unique en 2015. Depuis, les velléités de participer à la zone euro ont été tempérées, les crises successives des années 2000 et 2010 ayant montré qu'une entrée prématurée n'est pas opportune d'un point de vue macroéconomique. Les « *outs* » désignent initialement le Danemark et le Royaume-Uni ; en droit positif, seul le premier relève d'un *opt out* fondé par le protocole n° 16[14] en vertu duquel il bénéficie d'une dérogation ayant pour effet de lui rendre applicables tous les articles et toutes les dispositions des traités et des statuts du SEBC et de la BCE faisant référence à une dérogation ; la procédure pour mettre fin à la dérogation prévue à l'article 140 TFUE n'est entamée qu'à la demande du Danemark. C'est là une différence avec les « *pre-ins* » pour lesquels l'examen prévu par l'article 140 TFUE pour lever la dérogation a lieu tous les deux ans. Il est en effet exigé que pour adopter la monnaie unique, l'État membre doive respecter les critères de convergence énoncés par l'article 140 TFUE (stabilité des prix, soutenabilité des finances publiques, participation au mécanisme de change européen et stabilité des taux d'intérêt à long terme et indépendance de la banque centrale nationale). Aussi longtemps que ces critères ne sont pas respectés, l'État membre fait l'objet d'une dérogation dont la portée est déterminée par l'article 139 TFUE.

Dans la mesure où les statuts dérogatoires de l'État « *out* » et des États « *pre-ins* » sont consacrés par le droit primaire, on peut considérer qu'aucune violation du droit de l'Union n'est caractérisée. En effet, le protocole n° 16 et l'article 140 TFUE ont la même valeur juridique que l'article 4, paragraphe 2, TUE. Dans sa thèse, A. Angelaki se fait cependant l'écho d'une discussion portant sur la question de savoir jusqu'à quel point des régimes dérogatoires peuvent être prévus[15]. Alors que J. Wouters

---

13. C. ZILIOLI et M. SELMAYR, *The Law of the ECB, op. cit.*, pp. 134 et s.
14. Protocole (n° 16) sur certaines dispositions relatives au Danemark.
15. A. ANGELAKI, *La différenciation entre les États membres de l'Union européenne, op. cit.*, § 153.

estime que le principe fondamental de l'égalité de traitement pourrait, dans cette perspective, restreindre les choix des États à l'autorisation de certains *opt out*, le point de vue n'est pas partagé par K. Lenaerts et P. van Nuffel[16]. L'opinion exprimée par A. Angelaki est à cet égard pertinente ; l'article 48 TUE ne fixe pas de limites matérielles à la révision et la Cour de justice n'est pas compétente pour contrôler la validité des révisions du traité selon la procédure ordinaire[17]. Il demeure que l'approche retenue par J. Wouters pose la question d'une supra-constitutionnalité. Peut-on considérer que l'égalité entre États membres revêtirait une force normative supérieure à celle du droit primaire ? Ce serait sans doute franchir un seuil d'intégration constitutionnelle qui ne correspond pas à la réalité de la construction juridique telle que, du moins, la Cour de justice l'a exprimée dans l'avis 2/13[18]. L'Union n'est pas un État au sens du droit international et demeure fondée sur des traités internationaux dont les maîtres sont les États membres. Ces derniers sont ainsi libres de convenir des règles qui s'appliquent à tous et de celles qui ne visent que certains. Cela explique ainsi la différenciation croissante dans le droit de l'Union européenne, fruit d'une dialectique constructive entre l'approfondissement et l'élargissement.

L'unité n'en reste pas moins recherchée dans l'Union économique et monétaire. Ainsi, lorsqu'il s'est agi de relancer cette dernière, la Commission a affirmé que « l'approfondissement de l'Union européenne doit reposer sur le cadre institutionnel et juridique des traités, dans un souci de légitimité, d'égalité entre les États membres et d'efficacité »[19]. On en déduit que le statut de « *out* » doit être exceptionnel et que celui de « *pre-ins* » a vocation à demeurer temporaire.

Seul le Danemark bénéficie d'un statut « *out* » consacré par le droit primaire. En cas d'adhésion d'un nouvel État membre, il conviendrait que celui-ci négocie et obtienne un « *opt out* » expressément prévu par l'accord d'adhésion ou, mieux, par un protocole adjoint aux traités sur l'Union européenne et sur le fonctionnement de l'Union européenne. En revanche,

---

16. A. Angelaki, *La différenciation entre les États membres de l'Union européenne, op. cit.*, citant J. Wouters, « Constitutional Limits of differentiation : the Principle of Equality », in B. de Witte, D. Hanf et E. Vos (éds), *The Many Faces of Differentiation in EU Law*, Oxford/New York/Anvers, Intersentia, 2001, pp. 324 et 325 ; K. Lenaerts et P. Van Nuffel, « Advanced Integration and the Principle of Equality of Member States within the European Union », in Chr. Kaddous (dir.), *Les principes fondamentaux de la Constitution européenne*, coll. « Dossiers de droit européen », n° 15, Genève/Bruxelles/Paris, Helbing & Lichtenhahn/Bruylant/LGDJ, 2006, p. 251.

17. A. Angelaki, *La différenciation entre les États membres de l'Union européenne, op. cit.*, §§ 154 et 155.

18. CJUE, ass. plén., 18 décembre 2014, *Avis 2/13*, ECLI:EU:C:2014:2454.

19. Communication de la Commission, « Projet détaillé pour une Union économique et monétaire véritable et approfondie. Lancer un débat européen », 10 janvier 2013, COM/2012/777.

pour les États membres de l'Union européenne, un « *opt out* » ne peut être obtenu, du moins en principe, sans révision du droit primaire. La question n'est pas hypothétique et conduit à distinguer deux situations.

D'une part, bien connue, est celle de la Suède dont on sait qu'elle ne participe pas à la troisième phase de l'Union économique et monétaire alors qu'en pratique, elle respecte trois des quatre conditions de l'article 140 TFUE, mais s'obstine à ne pas garantir la totale indépendance de sa banque centrale et à ne pas participer au mécanisme de change européen. Aussi la BCE et la Commission ne peuvent-elles que constater, tous les deux ans, que la Suède ne remplit pas ces deux critères de sorte que la dérogation dont elle fait l'objet ne peut être abrogée[20]. La question a été discutée de savoir si un tel refus de la Suède de maintenir une situation de « *pre-in* » ne constitue pas un moyen détourné de bénéficier d'un « *opt out* » non prévu par le droit primaire[21]. Parmi les arguments, figure la rupture d'égalité avec les autres États « *pré-in* » puisque la Suède ne se soumet pas à l'obligation d'adopter la monnaie unique.

D'autre part, lorsqu'en 2015, en pleine crise de dette souveraine dans la zone euro, a été envisagé un « Grexit », entendu comme l'hypothèse d'une sortie de la Grèce de la zone euro, les solutions juridiques étaient cependant limitées. *A priori*, la Grèce aurait dû se retirer de sa propre initiative, en application de l'article 50 TUE et adhérer à nouveau en obtenant un « *opt out* » pour l'Union économique et monétaire. On peut se demander s'il aurait été envisageable d'abroger la décision constatant que la Grèce remplissait les critères pour l'adoption de la monnaie unique et abrogeant la dérogation dont cet État membre faisait l'objet[22]. Dans cette seconde option, se serait notamment posée la question du respect de l'égalité entre États membres puisqu'on aurait pu faire valoir que la Grèce n'est pas nécessairement le seul État à ne plus respecter les critères de l'article 139 TFUE ; par exemple, la France faisait en 2015 l'objet d'une procédure pour déficit excessif, ce qui signifie qu'elle ne respectait pas le critère de la soutenabilité des finances publiques.

---

20. Commission européenne, « Convergence Report 2020 », European Economy, Institutional Paper, 129, 2020, pp. 22-24.

21. On se permet de renvoyer à F. Martucci, *L'ordre économique et monétaire de l'Union européenne*, avant-propos J.-V. Louis, préface D. Carreau, coll. « Droit de l'Union européenne », Bruxelles, Bruylant, 2015, pp. 873 et 874 ; voy. aussi Ch. Proctor, « Substantive Legal Obligations of Euro Area Member States », in F. Amtenbrink et Ch. Herrmann (éds), *EU Law of Economic & Monetary Union*, op. cit., §§ 10.58 à 10.61.

22. Décision 2000/427/CE du Conseil du 19 juin 2000 conformément à l'article 122, § 2, du traité pour l'adoption par la Grèce de la monnaie unique au 1er janvier 2001, *JOUE*, L 167, 7 juillet 2000, p. 19.

En consacrant le chapitre 4 du titre VIII de la troisième partie du traité sur le fonctionnement de l'Union européenne aux « Dispositions propres aux États membres dont la monnaie est l'euro », le traité de Lisbonne a pérennisé la distinction entre États « *ins* » et États « *pre-ins* » ou « *out* ». L'article 138 TFUE constitue la base juridique permettant au Conseil, « afin d'assurer la place de l'euro dans le système monétaire international », d'adopter « les positions communes concernant les questions qui revêtent un intérêt particulier pour l'union économique et monétaire au sein des institutions et des conférences financières internationales compétentes » (§ 1er) ainsi que « les mesures appropriées pour assurer une représentation unifiée au sein des institutions et conférences financières internationales » (§ 2). La disposition n'a jamais été mise en œuvre, alors que la Commission a proposé une décision concernant la représentation unifiée de la zone euro au sein du Fonds monétaire international[23]. L'article 137 TFUE consacre l'existence de l'Eurogroupe auquel le protocole n° 17 confère la nature d'« enceinte informelle »[24]. L'article 136 TFUE constitue la base juridique permettant au législateur de l'Union d'adopter les mesures concernant les États membres dont la monnaie est l'euro « pour renforcer la coordination et la surveillance de leur discipline budgétaire » et « élaborer, pour ce qui les concerne, les orientations de politique économique, en veillant à ce qu'elles soient compatibles avec celles qui sont adoptées pour l'ensemble de l'Union, et en assurer la surveillance ». Sur ce fondement, ont été adoptés les règlements du *six Pack*[25] et du *two Pack*[26] qui s'appliquent uniquement aux États de la zone euro.

Corrélativement, les États « *pre-ins* » et « *out* » bénéficient de dispositifs qui ne s'appliquent pas à la zone euro. En effet, les articles 143 et 144 TFUE visent explicitement les difficultés dans la balance des paiements d'un État membre faisant l'objet d'une dérogation et prévoient, à leur endroit, un

---

23. Proposition de décision du Conseil arrêtant des mesures en vue d'établir progressivement une représentation unifiée de la zone euro au sein du Fonds monétaire international, 23 octobre 2015, COM/2015/603.

24. Protocole n° 14 sur l'Eurogroupe.

25. Règlement du Parlement européen et du Conseil du 16 novembre 2011 (UE) n° 1173/2011 sur la mise en œuvre efficace de la surveillance budgétaire dans la zone euro, *JOUE*, L 306, 23 novembre 2011, p. 1 ; règlement (UE) n° 1174/2011 établissant des mesures d'exécution en vue de remédier aux déséquilibres macroéconomiques excessifs dans la zone euro, *JOUE*, L 306, 23 novembre 2011, p. 8.

26. Règlement (UE) n° 472/2013 du Parlement européen et du Conseil du 21 mai 2013 relatif au renforcement de la surveillance économique et budgétaire des États membres de la zone euro connaissant ou risquant de connaître de sérieuses difficultés du point de vue de leur stabilité financière, *JOUE*, L 140, 27 mai 2013, p. 1 ; règlement (UE) n° 473/2013 établissant des dispositions communes pour le suivi et l'évaluation des projets de plans budgétaires et pour la correction des déficits excessifs dans les États membres de la zone euro, *JOUE*, L 140, 27 mai 2013, p. 11.

mécanisme de concours mutuel et une clause de sauvegarde. Cela a conduit à un paradoxe puisque, afin de surmonter la crise financière de 2008, des États n'ayant pas adopté l'euro (Hongrie, Lettonie et Roumanie) ont bénéficié d'un concours mutuel au titre de l'article 143 TFUE alors que le traité n'avait rien prévu pour les États de la zone euro. Aussi ont été improvisés des instruments d'assistance financière avant que soit établi le Mécanisme européen de stabilité par un traité conclu en 2012 entre les dix-neuf États de la zone euro. Si l'adjonction d'un troisième paragraphe à l'article 136 TFUE a garanti la compatibilité d'un tel mécanisme d'assistance financière avec le droit de l'Union, le Mécanisme européen de stabilité demeure régi par un traité de droit international public. Autrement dit, la différence puise sa source dans un accord *inter se* conclu par une partie des États membres. C'est au demeurant également le cas du traité sur la stabilité, la coordination et la gouvernance conclu en 2012 entre vingt-cinq États membres. Le recours par les États membres au droit international pour approfondir l'intégration n'est certes pas inédit ; on peut toutefois se demander dans quelle mesure cela pose la question du respect de l'égalité entre États membres. Serait-il envisageable de contester la conclusion par les États membres d'un accord international portant sur les matières relevant du droit de l'Union, en invoquant notamment le moyen d'une violation de l'article 4, paragraphe 2, TUE ? Si cette disposition est essentiellement envisagée dans un rapport vertical entre l'Union et les États membres, on peut se demander si elle a vocation à s'appliquer dans des rapports horizontaux entre États membres. En tout état de cause, si les traités prévoient l'implication d'institutions de l'Union, comme c'est le cas pour le traité établissant le Mécanisme européen de stabilité et le traité sur la stabilité, la coordination et la gouvernance, celles-ci sont tenues de respecter l'article 4, paragraphe 2, TUE.

Parce qu'elle se déploie dans le cadre constitutionnel dressé par le droit primaire, la différenciation prévue pour la zone euro ne pose pas de difficultés au regard du principe d'égalité entre les États membres.

B. *La différenciation fondée sur l'acte législatif dans l'Union bancaire*

La différenciation législative s'est concrétisée dans l'Union bancaire. Dans la version initiale du projet telle que prévue par la feuille de route de septembre 2012, la Commission européenne avait en effet réservé l'Union bancaire à la seule zone euro au motif que celle-ci devait faire face à des « risques spécifiques »[27]. Les États membres n'ayant pas adopté l'euro ont réagi à cette proposition, estimant que leurs banques pourraient être lésées par rapport aux établissements de crédit de la zone euro. Ils ont en conséquence obtenu la faculté d'intégrer les mécanismes uniques de l'Union bancaire, lorsqu'ils en expriment la volonté. C'est pourquoi, le règlement (UE) n° 1024/2013 prévoit qu'il s'applique à tout « État membre participant », défini comme « un État membre dont la monnaie est l'euro ou un État membre dont la monnaie n'est pas l'euro mais qui a établi une coopération rapprochée au sens de l'article 7 »[28].

Il convient à cet égard de s'attarder sur cette chinoiserie institutionnelle que constitue la coopération rapprochée[29]. L'article 7 du règlement (UE) n° 1024/2013 habilite la BCE de mettre en place une coopération rapprochée avec les autorités compétentes des États membres participants dont la monnaie n'est pas l'euro, permettant ainsi aux établissements de crédit de ces États de relever du Mécanisme de surveillance unique et, donc, du Mécanisme de résolution unique. C'est ainsi que la Bulgarie et la Croatie ont rejoint les deux mécanismes de l'Union bancaire en 2020 puisqu'une coopération rapprochée a été instaurée entre la BCE et les autorités de surveillance de ces deux États[30]. L'instrument des coopérations rapprochées permet ce faisant d'appliquer la « *wait and see approach* » retenue par les États « *pre-ins* », à l'instar de la République tchèque[31]. La singularité de cette différenciation appelle néanmoins quelques réflexions quant au respect du principe d'égalité entre les États membres.

Le règlement (UE) n° 1024/2013 a été adopté sur le fondement de l'article 127, paragraphe 6, TFUE. Si le règlement (UE) n° 806/2014 a été adopté sur la base de l'article 114 TFUE, son champ d'application est calqué sur celui du règlement (UE) n° 1024/2013. Tant l'article 127, paragraphe 6,

---

27. Feuille de route pour une union bancaire, préc., pt 1.
28. Art. 2, § 1, du règlement (UE) n° 1024/2013, préc.
29. Voy. J.-V. LOUIS, « Coopération rapprochée, un nouveau mode de coopération renforcée? », in *L'identité du droit de l'Union européenne, Mélanges en l'honneur de Claude Blumann*, Bruxelles, Bruylant, 2015, pp. 203-221 ; *Building bridges : central banking law in an interconnected world ECB Legal Conference 2019*, Francfort, BCE, 2019 : A. ENRIA, « The institution of "close cooperation" in the SSM : an introduction », pp. 279-282 ; « Close cooperation in the SSM », pp. 283-295 ; R. M. LASTRA, « Close cooperation in the SSM » ; N. MOLONEY, « Close cooperation : the SSM institutional framework and lessons from the ESAs », pp. 296-313 ; J.-H. BINDER, « Participation of non-euro area Member States in the SRM : centralized decision-making, decentralized implementation – shared responsibilities », pp. 314-330.
30. Décisions (UE) 2020/1015 et (UE) 2020/1016 de la BCE du 24 juin 2020 sur l'instauration d'une coopération rapprochée entre la BCE et la Българска народна банка (banque nationale de Bulgarie), et entre la BCE et la *Hrvatska narodna banka*, L 224I, 13 juillet 2020.
31. Ministry of Finance of the Czech Republic, Impact Study of Participation or Non-Participation of the Czech Republic in the Banking Union, 2015, p. 14.

TFUE que l'article 114 TFUE s'appliquent à tous les États membres puisque ces deux dispositions ne sont pas visées par l'article 139 TFUE. De surcroît, l'article 127, paragraphe 6, TFUE requiert l'unanimité au Conseil, de sorte qu'on peut raisonnablement penser que les États membres n'ayant pas adopté l'euro, ont pu faire valoir leurs intérêts et points de vue au cours du processus décisionnel. Si différenciation il y a, elle serait donc le fruit d'une servitude volontaire. Est-elle contestable au regard de l'article 4, paragraphe 2, première phrase, TUE en ce que le régime spécifique applicable aux États membres n'ayant pas adopté l'euro constituerait une rupture d'égalité entre les États membres en violation de l'article 4, paragraphe 2, TUE ?

Selon une jurisprudence constante, la discrimination consiste non seulement dans l'application de règles différentes à des situations comparables mais également dans l'application d'une même règle à des situations différentes. Toute la question avec l'Union bancaire consiste à déterminer s'il existe une différence de situation entre les États de la zone euro et les États membres n'ayant pas adopté la monnaie unique. Cette différence de situation réside dans la circonstance que les mécanismes de surveillance et de résolution uniques sont conçus comme le prolongement de la monnaie unique de sorte qu'il serait logique de les réserver aux seuls États ayant adopté l'euro. Il demeure que l'Union bancaire est tout autant un parachèvement du marché intérieur des services bancaires. Dans ses conclusions du 19 octobre 2012, le Conseil européen a ainsi affirmé que « [l]e processus devant mener à une union économique et monétaire renforcée devrait s'appuyer sur le cadre institutionnel et juridique de l'Union et être caractérisé par l'ouverture et la transparence à l'égard des États membres dont la monnaie n'est pas l'euro ainsi que par le respect de l'intégrité du marché intérieur »[32]. Il a également insisté sur l'importance « d'assurer l'égalité de traitement entre les États membres qui participent au MSU et ceux qui n'y participent pas, dans le respect total de l'intégrité du marché unique des services financiers »[33]. La motivation du règlement (UE) n° 1024/2013 a explicitement repris ces préoccupations exprimées par le Conseil européen[34].

Dès lors, l'appréciation du respect de l'article 4, paragraphe 2, première phrase, TUE conduit à deux remarques complémentaires. D'une première part, on peut considérer que l'adoption de la monnaie constitue un critère

---

32. Concl. du Conseil européen, 19 octobre 2012, pt 5.
33. *Ibid.*, pt 8.
34. Considérant 10 du règlement (UE), n° 1024/2013, préc.

pertinent pour distinguer les États participants aux mécanismes uniques des autres États membres ; autrement dit, le fait d'atteindre un degré de convergence durable au sens de l'article 140 TFUE ou, du moins, de s'en approcher suffisamment, caractérisait l'élément de distinction. Cependant, l'argument ne tient pas dès lors qu'il existe l'instrument des coopérations rapprochées et que celui-ci a été activé. Il s'avère que les seules conditions contrôlées pour qu'une telle coopération soit mise en place, sont celles énoncées par l'article 7, paragraphe 2, du règlement (UE) n° 1024/2013 qui ne tiennent nullement compte d'une évolution de la situation des États en cause, au regard de la convergence durable exigée pour adopter la monnaie unique[35]. D'une seconde part, la différence entre États participants aux mécanismes de surveillance et de résolution uniques et États non participants ne s'avère pas, à la lecture des conclusions du Conseil européen, de la feuille de route de la Commission et du règlement (UE) n° 1024/2013, véritablement justifiée par un motif d'intérêt général. Le législateur de l'Union n'a pas clairement explicité les raisons qui fondent le fait de réserver initialement les deux mécanismes à la zone euro. Il demeure que les États n'ayant pas adopté l'euro ont accepté cette exclusion initiale. En revanche, il est insisté, dans la continuité des conclusions du Conseil européen du 19 octobre 2012, sur deux éléments : d'une part, le « règlement uniforme » qui régit l'accès à l'activité bancaire et l'exercice par les établissements de crédit de leurs activités s'applique de la même manière dans l'ensemble de l'Union européenne[36] ; d'autre part, non seulement les mécanismes uniques sont ouverts aux États membres n'ayant pas adopté l'euro, mais des moyens leur sont reconnus afin de faire valoir leurs intérêts dans la mise en œuvre de la surveillance et de la résolution dans les États participants. C'est donc davantage la pratique de la différenciation qui a vocation à assurer une égalité potentielle entre les États membres.

---

35. « a) l'État membre concerné notifie aux autres États membres, à la Commission, à la BCE et à l'ABE sa demande de coopération rapprochée avec la BCE pour l'exercice des missions visées aux articles 4 et 5 et qui concerne l'ensemble des établissements de crédit établis sur son territoire, conformément à l'article 6 ;
b) dans sa notification, l'État membre concerné s'engage :
– à veiller à ce que son autorité compétente nationale ou son autorité désignée nationale respecte toute orientation et toute demande formulées par la BCE, et
– à fournir toute information sur les établissements de crédit établis sur son territoire qui serait exigée par la BCE aux fins d'une évaluation complète de ces établissements de crédit ;
c) l'État membre concerné a adopté la législation nationale nécessaire pour faire en sorte que son autorité compétente nationale soit tenue d'adopter toute mesure concernant des établissements de crédit demandée par la BCE, conformément au paragraphe 4 ».
36. Voy. *infra*.

II. LA PRATIQUE DE L'UNITÉ

Alors que, dans l'Union économique et monétaire, des différences de traitement ressortent ponctuellement de la pratique institutionnelle (A), elles s'avèrent essentiellement neutralisées dans l'Union bancaire (B).

A. *La pratique institutionnelle de l'Union économique et monétaire*

L'intégration dans la zone euro a atteint un tel degré que, les États membres s'effaçant, l'égalité entre eux n'est guère un sujet problématique. Relevant d'une compétence exclusive de l'Union, la monnaie et la politique monétaire sont uniques de sorte que, de prime abord, les États membres participant à la troisième phase sont régis par les mêmes règles. En réalité, on relève des manifestations d'une différence de traitement entre les États membres qui sont davantage le reflet de la dénationalisation induite par l'intégration monétaire. La compétence monétaire est exercée dans la zone euro dans le cadre institutionnel spécifique de l'Eurosystème. Celui-ci est composé de la Banque centrale européenne et des dix-neuf banques centrales nationales. Or, celles-ci ne sont pas toutes traitées de la même manière. D'une part, si le capital de la Banque centrale européenne est détenu par les banques centrales nationales, il fait l'objet de souscriptions dont le montant varie selon les États membres. L'article 29 des statuts du Système européen de banques centrales fixe la clé de répartition pour la souscription au capital dont le calcul se fait selon une méthode de pondération qui tient compte de la population et du PIB de l'État membre[37]. Cette clé de répartition est également utilisée pour déterminer les transferts d'avoirs de réserve de change à la BCE (art. 30 des statuts). La somme des revenus monétaires des banques centrales nationales ainsi que les bénéfices ou pertes nets de la BCE sont répartis entre elles proportionnellement à leurs parts libérées dans le capital de la BCE[38]. Derrière la question technique, il y a des enjeux de taille depuis que la politique monétaire a évolué. On pense ainsi tout particulièrement aux achats de titres de dette publique dont les programmes

---

37. Art. 29, § 1 : « La clé de répartition pour la souscription au capital de la BCE, fixée pour la première fois en 1998 lors de la mise en place du SEBC, est déterminée en attribuant à chaque banque centrale nationale une pondération dans cette clé, qui est égale à la somme de :
– 50 % de la part de l'État membre concerné dans la population de l'Union l'avant-dernière année précédant la mise en place du SEBC ;
– 50 % de la part de l'État membre concerné dans le produit intérieur brut de l'Union aux prix du marché, telle qu'elle a été constatée au cours des cinq années précédant l'avant-dernière année avant la mise en place du SEBC ».
38. Art. 32, § 5, et 33, § 1, des statuts du SEBC.

décidés par la BCE ont prévu une répartition nationale[39]. L'idée est en effet que la banque centrale nationale achète les titres de son État membre afin d'éviter qu'une autre banque centrale n'ait, le cas échéant, à supporter les pertes liées au défaut étatique.

Les gouverneurs des banques centrales nationales sont membres du Conseil des gouverneurs lequel décide en actionnant un système de vote singulier. L'article 10.2 des statuts prévoit que, si les membres du directoire de la Banque centrale européenne disposent d'une voix, le nombre de gouverneurs nationaux disposant du droit de vote est de quinze. En conséquence, est prévu un système de rotation relativement sophistiqué fondé sur le classement des États membres en groupes basés sur des critères précis tenant compte du PIB de l'État membre et du bilan des institutions financières monétaires[40]. Sont ainsi formés des groupes en fonction de la taille de leur économie et de leur secteur financier. En pratique, ce système de rotation conduit à privilégier certaines banques centrales nationales par rapport à d'autres. Dans le premier groupe, on trouve l'Allemagne, la France, l'Italie, l'Espagne et les Pays-Bas qui se partagent quatre droits de vote. Dans le second groupe, les autres banques centrales disposent de onze droits de vote. Si les gouverneurs votent à tour de rôle selon une rotation mensuelle, cela crée des disparités entre, par exemple, les gouverneurs de la *Bundesbank* et de la banque centrale de Lettonie. Aussi longtemps que les décisions du Conseil des gouverneurs étaient adoptées par consensus, cette différence ne posait aucune difficulté. Toutefois, lorsque la Banque centrale européenne a adopté des mesures non conventionnelles, notamment celles destinées à l'achat de titres de dette souveraine sur les marchés secondaires, il y a eu recours au vote. On se demande néanmoins s'il y a lieu d'y voir une limite à l'égalité entre les États membres. La zone euro est une intégration si poussée que la politique monétaire s'en trouve totalement dénationalisée ; en d'autres termes, il n'y a plus d'États membres dans la zone euro, il n'y a que des banques centrales nationales qui défendent un intérêt général unique. Cela explique par exemple la singularité de l'arrêt *Rimšēvičs* dans lequel la Cour de justice a annulé la décision d'une autorité nationale mettant un terme au mandat du gouverneur de la *Latvijas Banka*, en raison de

---

39. Art. 5 de la décision (UE) 2020/440 de la BCE du 24 mars 2020 relative à un programme temporaire d'achats d'urgence face à la pandémie (BCE/2020/17), *JOUE*, L 91, 25 mars 2020, p. 1. Art. 6, § 4, de la décision (UE) 2020/188 de la BCE du 3 février 2020 concernant un programme d'achats d'actifs du secteur public sur les marchés secondaires (BCE/2020/9) (refonte).

40. Il s'agit de la taille de la part de l'État membre de la banque centrale nationale concernée dans le PIB et dans le bilan agrégé total des institutions financières monétaires des États membres dont la monnaie est l'euro et des parts dans le produit intérieur brut total aux prix du marché et dans le bilan agrégé total des institutions financières monétaires font l'objet respectivement d'une pondération de 5/6 et de 1/6.

l'atteinte à l'indépendance de la banque centrale nationale[41]. La contestation en Allemagne des programmes d'achats de dette souveraine sur les marchés secondaires a cependant rappelé, avec les conséquences que l'on sait pour les rapports de systèmes, à quel point la politique monétaire demeure une question centrale pour les démocraties nationales.

La gouvernance économique est par essence moins inégalitaire que l'union monétaire. En effet, les articles 121 et 126 TFUE s'appliquent à tous les États membres. Toutefois, l'article 139, paragraphe 2, TFUE précise que les grandes orientations des politiques économiques comportent une partie spécifiquement consacrée à la zone euro (art. 121, § 2, TUFE) et que les paragraphes 9 et 11 de l'article 126 TFUE ne s'appliquent pas aux États faisant l'objet d'une dérogation, lesquels échappent ce faisant au volet répressif du Pacte de stabilité et de croissance. Celui-ci prévoit au demeurant des règles en partie différentes selon que l'État a adopté ou non la monnaie unique. Par exemple, si les États de la zone euro doivent adresser annuellement un programme de stabilité à la Commission, les États faisant l'objet d'une dérogation envoient quant à eux un programme de convergence[42]. De surcroît, l'Eurogroupe est en principe composé des seuls ministres des Finances de la zone euro, même si des formations élargies ont vu le jour, comme par exemple pendant la crise sanitaire du printemps 2020. En substance, les exigences de coordination des politiques économiques et de discipline budgétaire sont plus fortes pour les États de la zone euro. En introduisant l'article 136 TFUE, le traité de Lisbonne a donné une base constitutionnelle à cette différenciation puisqu'il est expressément prévu que les règles de coordination des politiques économiques et de discipline budgétaire peuvent être renforcées pour la zone euro, ce qui a été au demeurant fait avec le *six Pack* et le *two Pack*. Selon l'article 139, paragraphe 4, TFUE, les droits de vote des membres du Conseil représentant les États membres faisant l'objet d'une dérogation sont suspendus lors de l'adoption par le Conseil des mesures adressées aux États membres dont la monnaie est l'euro dans le cadre de la surveillance multilatérale (art. 121, § 4) et des mesures relatives aux déficits excessifs concernant les États membres dont la monnaie est l'euro (art. 126, §§ 6, 7, 8, 12 et 13). La pratique institutionnelle permet cependant de ne pas tenir à l'écart les États faisant l'objet d'une dérogation. Ainsi que le souligne le Professeur Louis qui se réfère à un auteur ayant participé aux négociations du traité :

---

41. CJUE, gde ch., 26 février 2019, *Ilmārs Rimšēvičs et Banque centrale européenne (BCE) c/ République de Lettonie*, aff. C-202/18 et C-238/18, ECLI:EU:C:2019:139.
42. Art. 3 et 7 du règlement (CE) n° 1466/97 du Conseil du 7 juillet 1997 relatif au renforcement de la surveillance des positions budgétaires ainsi que de la surveillance et de la coordination des politiques économiques, *JOUE*, L 209, 2 août 1997, p. 1.

« Si le traité distinguait clairement entre États intégrés pleinement dans l'union monétaire et États faisant l'objet d'une dérogation, en aucune façon, il ne condamnait ces derniers à un ostracisme institutionnel contraire au principe de l'universalité des institutions communautaires. En effet, l'État, faisant l'objet d'une dérogation, participe aux délibérations de toutes les institutions « politiques « mais se voit privé du droit de vote dans certains cas, limitativement énoncés »[43].

L'exclusion du vote des États membres n'ayant pas adopté l'euro pour l'adoption des mesures visées par l'article 136, paragraphe 1er, TFUE a un impact concret limité. Par exemple, les recommandations relatives aux grandes orientations de politiques économiques de la zone euro sont adoptées sans vote après avoir été inscrites sur la liste des points A de l'ordre du jour du Conseil ECOFIN. Partie intégrante du semestre européen, elles ont été discutées au sein du COREPER en même temps que les programmes nationaux de réforme présentés par tous les États membres. Les États faisant l'objet d'une dérogation participent aux délibérations du Conseil qui adoptent les actes prévus par l'article 126 TFUE pour la mise en œuvre duquel il n'est généralement pas procédé à un vote au sein du Conseil ECOFIN. Le constat est analogue pour les décisions mettant l'État membre en demeure de prendre les mesures nécessaires pour mettre fin au caractère excessif du déficit, conformément à l'article 126, paragraphe 9, TFUE. La mise en œuvre de l'article 136 TFUE n'a pas conduit à exclure les États n'ayant pas adopté l'euro dans la mesure où ces décisions ont été inscrites au point A de l'ordre du jour du Conseil ECOFIN.

En revanche, s'avère plus problématique la différence de traitement à l'intérieur de la zone euro en ce qu'elle n'est nullement prévue par la zone euro. Faut-il voir un hasard dans la circonstance que l'article 4, paragraphe 2, première phrase, TUE trouve son origine dans une demande faite par le Portugal de consacrer le principe d'égalité entre les États membres dans l'article I-5 du projet de traité établissant une Constitution pour l'Europe ? On se souvient que la première procédure pour déficit excessif avait été engagée à l'encontre du Portugal en 2002. Ce dernier a fait l'objet d'une procédure d'alerte rapide[44], alors que l'Allemagne était

---

43. J.-V. Louis, *L'Union européenne et sa monnaie, op. cit.*, p. 73. L'auteur se réfère à M. Conthe, « La Unión Económca y Monetaria », in *España y el Tratado de la Unión Europea*, Madrid, 1994, p. 307.

44. Commission assesses updated stability programme of Portugal (2002-2005), 30 January 2002, Press Release IP/02/165 ; Recommendation for a Council opinion in accordance with the third paragraph of Art. 5 of Council Regulation (EC) No. 1466/97 of 7 July 1997 on the Updated Stability Programme for Portugal, 2002-2005, SEC/2002/0114.

parvenue, pour des considérations apparemment politiques, à négocier au sein du Conseil ECOFIN le non-déclenchement de l'alerte rapide[45]. En effet, Le Conseil n'a pas voté la recommandation de la Commission visant le déclenchement de l'alerte rapide. Dans son avis sur le programme de stabilité de l'Allemagne, le Conseil s'est seulement « félicité de la ferme volonté du gouvernement allemand de veiller à ce que la valeur de référence de 3 % du PIB soit respectée ». Le Conseil a explicité son point de vue dans une déclaration sur la situation budgétaire de l'Allemagne, dont la Commission a pris « note » par une autre déclaration[46]. Cet événement a marqué les esprits et a nourri l'image d'une différence entre les « grands » pays et les « petits » pays dans la zone euro. D'un point de vue économique, il est indéniable que les performances économiques d'un État, mais également ses capacités de résilience en temps de crise, sont tributaires de sa taille[47]. D'un point de vue politique, la question est davantage celle de savoir si les règles de convergence des politiques économiques et de discipline budgétaire sont appliquées de la même manière par les institutions de l'Union européenne.

À défaut de pouvoir se livrer dans le cadre de cette contribution à une analyse exhaustive de la mise en œuvre du Pacte de stabilité et de croissance, il est tout de même loisible de souligner la nécessaire différenciation dans l'appréciation des situations. Le juriste cède à l'économiste et lorsqu'il s'agit d'évaluer une situation macroéconomique, nécessairement, une approche économie par économie, et donc État par État, voire région par région, est retenue. En droit, il est difficile d'affirmer que les États font l'objet d'une rupture d'égalité dans l'appréciation du respect des règles de la gouvernance économique. Quant au poncif des « grands » et « petits » pays, il ne tient pas à l'épreuve des faits puisque la France a justement, avec la Grèce, fait l'objet de la plus longue procédure pour déficits excessifs. En tout état de cause, la mise en œuvre du Pacte de stabilité et de croissance implique l'exercice d'un pouvoir discrétionnaire par la Commission et le Conseil[48] et se traduit, en règle générale, par l'adoption d'actes juridiquement non contraignants (avis et recommandations). Dans l'hypothèse où viendraient

---

45. Voy. P. MARCHAT, « Le Pacte de stabilité et de croissance et l'Allemagne », *RMCUE*, avril 2002, n° 457, p. 227 ; M. SELMAYR, « Ende der Stabilitätskultur ? », *Europablätter*, 2002, n° 3, pp. 131-134.

46. Conseil ECOFIN, 2407ᵉ session, 12 février 2002, PV/CONS 4 ECOFIN 53 6196/02, pp. 4-6. Lors de cette session du Conseil, le gouvernement allemand a contesté la vision trop juridique et mécanique du Pacte prônée par la Commission et défendu la nécessité d'une appréciation plus complexe. Pour défendre cette position, l'Allemagne a obtenu les soutiens britannique, français et italien afin d'éviter le déclenchement de la procédure.

47. O. ALOUINI, « Taille des pays, performance économique et économie politique de la zone euro », *Revue de l'OFCE*, 2010, vol. 112, n° 1, pp. 191-212.

48. CJCE, ass. plén., 13 juillet 2004, *Commission c/ Conseil*, aff. C-27/04, ECLI:EU:C:2004:436.

à être contestés des actes contraignants, comme par exemple des sanctions, l'article 4, paragraphe 2, première phrase, TUE serait vainement invocable. Au demeurant, dans l'esprit de la modernisation du Pacte de stabilité et de croissance, la réflexion s'est tout particulièrement portée sur la flexibilisation des instruments, destinée à mieux épouser la situation économique de chaque État membre[49]. À cet égard, la crise sanitaire s'est avérée instructive car, pour la première fois, tous les États membres ont été touchés d'une façon relativement analogue de sorte qu'on a créé l'instrument de relance pour l'ensemble de l'Union. *NextGeneration EU* est en effet mobilisable pour les États membres, à la condition que ceux-ci le demandent.

B. *La pratique législative dans l'Union bancaire*

La différenciation induite par l'Union bancaire soulève une aporie, du moins en apparence. Comment réserver la surveillance et la résolution uniques à des États participants, alors que le marché intérieur des services bancaires inclut tous les États membres ? La question n'a pas été éludée au moment où l'Union bancaire a été proposée. A été en particulier souligné l'impact en matière de « *level playing field* » de cette différenciation puisqu'on peut considérer que le fait pour une banque d'être soumise à la surveillance de la BCE ou de l'autorité nationale en coopération avec la BCE lui confère un avantage compétitif ; de même, le fait de pouvoir bénéficier du MRU en cas de défaillances contribue à renforcer la réputation de la banque sur le marché. En conséquence, l'effet concret de l'Union bancaire est de faciliter l'accès au marché des établissements bancaires de la zone euro. À l'inverse, on peut penser que l'Union bancaire permet justement de limiter le « biais national » de la surveillance et de la résolution bancaires, consistant pour les États à favoriser leurs propres champions nationaux, comme ce fut le cas par exemple avec l'affaire du Crédit Lyonnais en France.

À y regarder de plus près, les différences entre les États participants aux mécanismes uniques et les autres États membres sont moins tranchées qu'on ne le pense de prime abord. En effet, le Conseil européen avait insisté en 2012 sur l'« importance primordiale d'établir un corpus réglementaire unique sur lequel se fondera la surveillance centralisée »[50]. Le règlement (UE) n° 1024/2013 insiste quant à lui sur ce « corpus règlementaire unique complet et détaillé pour les services financiers, qui vaille pour l'ensemble

---

49. Voy. par exemple Commission européenne, « Reflection paper on the deepening of the economic and monetary union », COM(2017) 291, 31 mai 2017.
50. Concl. du Conseil européen, 19 octobre 2012, pt 7.

du marché intérieur »[51]. Ce corpus réglementaire unique n'est autre que le « règlement uniforme », composé par la directive CRD IV, le règlement CRR et la directive BRRD, qui s'appliquent à tous les États membres[52]. Cela conduit à harmoniser, voire uniformiser sur certains points, les règles applicables dans l'ensemble des États membres de sorte qu'est favorisée une convergence matérielle de l'activité bancaire dans le marché intérieur. Dans la mesure où les bases juridiques du règlement uniforme sont les articles 53 et 114 TFUE, tous les États membres sont impliqués dans le processus décisionnel. Les actes délégués et d'exécution que la Commission adopte, et ils sont abondants, s'appliquent à tous les États membres. Enfin, l'activité de l'Autorité bancaire européenne, notamment dans la production d'une *soft law*, n'est pas circonscrite à l'intérieur des seuls États participants. À cet égard, à la demande du Royaume-Uni[53], la gouvernance de l'Autorité bancaire européenne a fait l'objet de modifications en vue d'assurer un équilibre « et une représentation adéquate des États membres non participants devrait être assurée »[54]. Ainsi, l'article 44 du règlement (UE) n° 1093/2010 instituant l'Autorité bancaire européenne a été modifié afin que des règles de vote au sein de cette autorité permettent d'éviter que les États de l'Union bancaire ne votent en bloc. En conséquence, les établissements des États membres non participants aux mécanismes uniques sont soumis aux mêmes règles que ceux des États participants.

C'est donc dans la conduite de la surveillance et de la résolution que des différences de traitement pourraient émerger. Il est vrai qu'en pratique, on peut constater un décalage entre la norme de surveillance et la manière dont

---

51. Considérant 10 du règlement (UE) n° 1024/2013, préc.

52. Directive 2013/36/UE du Parlement européen et du Conseil du 26 juin 2013 concernant l'accès à l'activité des établissements de crédit et la surveillance prudentielle des établissements de crédit et des entreprises d'investissement, modifiant la directive 2002/87/CE et abrogeant les directives 2006/48/CE et 2006/49/CE, *JOUE*, L 176, 27 juin 2013, p. 338 ; règlement (UE) n° 575/2013 du Parlement européen et du Conseil du 26 juin 2013 concernant les exigences prudentielles applicables aux établissements de crédit et aux entreprises d'investissement et modifiant le règlement (UE) n° 648/2012, *JOUE*, L 176, 27 juin 2013, p. 1 ; directive 2014/59/UE du Parlement européen et du Conseil du 15 mai 2014 établissant un cadre pour le redressement et la résolution des établissements de crédit et des entreprises d'investissement et modifiant la directive 82/891/CEE du Conseil ainsi que les directives du Parlement européen et du Conseil 2001/24/CE, 2002/47/CE, 2004/25/CE, 2005/56/CE, 2007/36/CE, 2011/35/UE, 2012/30/UE et 2013/36/ UE et les règlements du Parlement européen et du Conseil (UE) n° 1093/2010 et (UE) n° 648/2012, *JOUE*, L 173, 12 juin 2014, p. 190.

53. HM Government, « Review of the Balance of Competences between the United Kingdom and the European Union – Economic and Monetary Policy », 2014, p. 47.

54. Considérant 19 du règlement (UE) n° 1022/2013 du Parlement européen et du Conseil du 12 décembre 2013 modifiant le règlement (UE) n° 1093/2010 instituant une Autorité européenne de surveillance (Autorité bancaire européenne) en ce qui concerne des missions spécifiques confiées à la Banque centrale européenne en application du règlement (UE) n° 1024/2013, *JOUE*, L 187, 29 octobre 2013, p. 5.

elle est appliquée par le régulateur. Le Brexit est à cet égard révélateur car si le Royaume-Uni s'est retiré avec le même corpus réglementaire que les États, il a été dès 2017 affirmé que le régulateur britannique retiendrait sa propre interprétation des règles[55]. Afin d'éviter que des divergences apparaissent au sein du marché intérieur dans la surveillance et la résolution, il convient que la situation des États membres non participants soit pleinement prise en compte. À cet effet, des dispositifs existent.

Tout d'abord, les mécanismes de surveillance et de résolution reposent sur un principe d'ouverture à tous les États membres. Ainsi, la coopération rapprochée peut être aisément actionnée par l'État non participant. En revanche, les conditions dans lesquelles la BCE peut résilier la coopération rapprochée s'avèrent quelque peu attentatoires aux droits des États n'ayant pas adopté l'euro, d'autant que la BCE est dotée de pouvoirs considérables à l'encontre de cet État (avertissement, suspension, résiliation). Néanmoins, parce que les États membres participants dont la monnaie n'est pas l'euro ne sont pas représentés au Conseil des gouverneurs tant qu'ils n'ont pas adopté l'euro en vertu du traité FUE et qu'ils ne peuvent bénéficier pleinement d'autres mécanismes prévus pour les États membres dont la monnaie est l'euro, le règlement prévoit des garanties supplémentaires dans le processus de décision qui devraient être utilisées dans des cas exceptionnels dûment justifiés (demander la résiliation immédiate de la coopération rapprochée après avoir informé le Conseil des gouverneurs de leur désaccord motivé avec un projet de décision du Conseil de surveillance, par exemple).

Ensuite, le règlement (UE) n° 1024/2013 prévoit que les institutions de l'Union et les autorités nationales compétentes doivent « pleinement tenir compte de l'unité et de l'intégrité du marché intérieur et en remplissant à cet égard un devoir de diligence, un traitement égal étant réservé aux établissements de crédit pour éviter les arbitrages réglementaires »[56]. De plus, « toute mesure, proposition ou politique du CRU, du Conseil, de la Commission ou d'une autorité de résolution nationale dans le cadre du MRU est entreprise en tenant pleinement compte de l'unité et de l'intégrité du marché intérieur »[57]. Afin de coordonner au mieux la surveillance dans le marché intérieur, la BCE et les autorités compétentes des États membres non participants concluent un protocole d'accord relatif à la coopération dans l'exécution de leurs missions de surveillance dans le

---

55. House of Lords, European Union Committee, 11th Report of Session 2017-19, HL Paper 66, *Brexit : the future of financial regulation and supervision.*
56. Art. 1er, § 1er, du règlement (UE) n° 1024/2013, préc.
57. Art. 6, § 2, du règlement (UE) n° 806/2014, préc.

cadre du droit de l'Union[58]. Selon le règlement (UE) n° 1024/2013, « pour les établissements de crédit établis dans un État membre non participant qui établissent une succursale ou fournissent des services transfrontaliers dans un État membre participant, la BCE s'acquitte [...] des missions pour lesquelles les autorités compétentes nationales sont compétentes en vertu des dispositions pertinentes du droit de l'Union »[59]. La disposition revient à prévoir une substitution d'action de la BCE à l'autorité compétente de l'État non participant. Dans ses considérants, le règlement MSU rappelle cependant que « les actes adoptés par la BCE en vertu du présent règlement ne devraient conférer aucun droit ni imposer aucune obligation aux États membres non participants [...], sauf lorsque ces actes sont conformes aux dispositions pertinentes du droit de l'Union »[60]. De plus, des dispositifs sont prévus afin d'éviter que les États non participants soient lésés par le MSU ou le MRU.

* * *

L'étude du titre VIII de la troisième partie du traité FUE ne permet pas de conclure à des atteintes au principe d'égalité entre les États membres consacré par l'article 4, paragraphe 2, première phrase, TUE. Certes, tant l'Union économique et monétaire que l'Union bancaire constituent des intégrations différenciées dans lesquelles des groupes d'États membres, au demeurant distincts dans les deux unions, sont régis par des règles différentes. Toutefois, le fondement normatif de cette différenciation garantit le respect de l'égalité. Quant à la pratique, elle relève davantage d'une volonté d'unité dans la construction du marché intérieur et de la gouvernance économique.

---

58. Art. 3, § 6, du règlement (UE) n° 1024/2013, préc.
59. Art. 4, § 2, du règlement (UE) n° 1024/2013, préc.
60. Considérant n° 50 du règlement (UE) n° 1024/2013, préc.

PARTIE III
ÉCLAIRAGES

L'ÉGALITÉ DES ÉTATS MEMBRES DE L'UNION EUROPÉENNE : UN NOUVEAU DÉPART EN DROIT INTERNATIONAL DE L'ORGANISATION DES ÉTATS ?

par

Samantha BESSON[*]

Professeure au Collège de France
Titulaire de la Chaire Droit international des institutions,
et Professeure à l'Université de Fribourg, Suisse

« Nous, Peuples des Nations unies résolus, [...], à *proclamer à nouveau notre foi* dans les droits fondamentaux de l'homme, dans la dignité et la valeur de la personne humaine, *dans l'égalité de droits* des hommes et des femmes, ainsi que *des nations, grandes et petites* » (Préambule de la charte des Nations unies du 26 juin 1945)

« Un ordre international démocratique et équitable exige, entre autres choses, la réalisation des éléments suivants [...] g) *La promotion et la consolidation d'institutions internationales* transparentes, *démocratiques*, justes et comptables de leurs actes dans tous les secteurs de coopération, en particulier *par l'application du principe de la pleine et égale participation à leurs mécanismes décisionnels* » (Assemblée générale des Nations unies, résolution 75/178, *Promotion d'un ordre international démocratique et équitable*, 28 décembre 2020 (UN Doc. A/RES/75/178), paragraphe 6, g))

[*] Je tiens à remercier Edouard Dubout de son invitation à contribuer à ce volume, Leo Tiberghien de son assistance à la recherche, et Nadia Signorell de son aide à la mise en forme de ce chapitre et à sa relecture.

INTRODUCTION

Il est commun, entre juristes européanistes, de traiter de questions de droit de l'Union européenne en tant que questions spéciales, voire *sui generis*[1], par rapport à leur traitement de droit international dit « traditionnel ». C'est notamment le cas par rapport à leur analyse en droit des organisations internationales dites « intergouvernementales » ou « classiques ». Ces organisations internationales sont en effet souvent considérées par les européanistes, et selon une opposition bien trop manichéenne, comme fondées sur l'égalité souveraine de leurs États membres, comme visant une coopération apolitique entre ces États, et comme fonctionnant à l'unanimité[2], tandis que l'Union européenne serait une organisation « supranationale », caractérisée par l'intégration politique de ses États membres, par un régime démocratique et majoritaire, et par une organisation de type fédéral[3].

À ce jour, le traitement de la question (nouvelle, ou du moins renouvelée)[4] de l'égalité des États membres en droit de l'Union européenne par rapport à l'égalité (classique) dite « stricte » ou « absolue » des États membres des organisations internationales n'échappe malheureusement pas à la règle[5].

Cette manière de procéder, aussi répandue soit-elle, est d'autant plus regrettable que le droit de l'Union européenne fait non seulement partie intégrante du droit international et ne peut dès lors s'expliciter sans lui[6], y compris, mais pas uniquement, lorsqu'il s'agit des relations extérieures des États membres de l'Union européenne. Surtout, ce type d'approche est aussi à proscrire lorsqu'il s'agit de comparer l'Union européenne à d'autres

---

1. Voy. déjà CJCE, 5 février 1963, *Van Gend en Loos*, aff. C-26/62, ECLI:EU:C:1963:1, pt 23 sur l'ordre juridique de l'Union européenne *qua* « nouvel ordre juridique de droit international ».
2. Voy. par ex. L. S. Rossi, « The Principle of Equality Among Member States of the European Union », in L. S. Rossi et F. Casolari (éds), *The Principle of Equality in EU Law*, Cham, Springer, 2017, p. 15.
3. Voy. par ex. *ibid.*, p. 4.
4. Voy. la contribution d'E. Dubout dans ce volume.
5. Voy. par ex. S. Jolivet, « L'égalité des États membres de l'Union européenne : Vers une conception de l'égalité étatique autonome du droit international ? », *RDUE*, 2015, n° 3, p. 386 ; L. S. Rossi, « The Principle of Equality Among Member States of the European Union », *op. cit.*, pp. 4 et 15. *Contra* : C. D. Classen, « Die Gleichheit der Mitgliedstaaten und ihre Ausformungen im Unionsrecht », *Europarecht*, 2020, vol. 55, n° 3, pp. 255-269 ; P. Eleftheriadis, *A Union of Peoples*, Oxford, OUP, 2020, pp. 20, 21 et 131 ; A. von Bogdandy et S. Schill, « Art. 4 EUV », in E. Grabitz, M. Hilf et M. Nettesheim (éds), *Das Recht der Europäischen Union : Kommentar*, vol. I, Munich, C. H. Beck, 2011.
6. Voy. par ex. E. Stein, « International Integration and Democracy : No Love at First Sight », *AJIL*, 2001, vol. 95, n° 3, pp. 489-534.

organisations internationales[7] dans la mesure où le droit international de l'organisation des États est l'un des régimes les plus fragmentés et contestés du droit international contemporain[8]. Et ce, en raison de la multiplicité et diversité des organisations internationales aujourd'hui à l'œuvre sur la scène internationale[9], que ce soit en concurrence ou parfois même en coopération les unes avec les autres. De nombreuses organisations internationales ont, en effet, d'autres membres que les États ; permettent une représentation non-exclusivement gouvernementale des peuples de ces États ; ont adopté des modes de décision faisant la part belle aux institutions privées ou groupes informels ; fonctionnent tantôt à l'unanimité et tantôt à la majorité des États (pour deux tiers d'entre elles) ; et, surtout, se caractérisent par des modes d'organisation institutionnelle, voire de décision consacrant l'inégalité entre leurs États membres, soit légalement par le jeu de correctifs inégalitaires (par exemple économiques, financiers ou militaires) soit en pratique par diverses formes d'exclusion, voire de hiérarchisation entre États[10].

---

7. S'il y a une continuité entre organisations internationales et entre l'Union européenne et les autres organisations internationales, c'est bien parce que le point de rupture institutionnelle se situe plutôt entre un État et une organisation internationale, et donc entre un État européen et l'Union européenne (ce que rappelle d'ailleurs la Cour de justice de l'Union européenne, voy. CJUE, 18 décembre 2014, *Avis 2/13*, EU:C:2014:2454, pt 156). Cette opposition quant à la nature juridique d'une institution (État/organisation internationale ; (i)) ne doit pas être confondue avec une opposition quant à l'organisation (par ex. fédérale ou non ; (ii)) ou au régime (par ex. démocratique ou non ; (iii)), puisque que tant un État qu'une organisation internationale peut être fédéral(e) et démocratique. Sur ce dernier point, l'égalité des peuples qui caractérise une organisation internationale (voy. F. CHENEVAL, *The Government of the Peoples : On the Idea and Principles of Multilateral Democracy*, New York, Palgrave Macmillan, 2011 ; S. BESSON et J. L. MARTÍ, « Legitimate Actors of International Law-Making : Towards a Theory of International Democratic Representation », *Jurisprudence*, 2018, vol. 9, n° 3, pp. 504-540) est remplacée par une égalité des citoyens membres d'un peuple dans un État ou, du moins, par une combinaison entre cette égalité des citoyens et une égalité des peuples constitutifs du peuple de l'État fédéral (voy. J. HABERMAS, « Citizen and State Equality in a Supranational Political Community : Degressive Proportionality and the *Pouvoir Constituant Mixte* », *JCMS*, 2017, vol. 55, n° 2, pp. 171-182 ; R. SCHÜTZE, « Models of Demoicracy : Some Preliminary Thoughts », *European University Institute Working Papers*, août 2020). Sur cette discussion en droit de l'Union européenne, voy. aussi les contributions de D. Ritleng et F. Cheneval dans ce volume.
8. Voy. par ex. J. KLABBERS, *An Introduction to International Organizations*, 3ᵉ éd., Cambridge, Cambridge University Press, 2015 ; A. GOLIA et A. PETERS, « The Concept of International Organization », in J. KLABBERS (éd.), *Cambridge Companion to International Organization Law*, Cambridge, Cambridge University Press, 2022, pp. 25-49.
9. Voy. sur cette question, les différentes contributions dans L. DUBIN et M.-C. RUNAVOT, *Le phénomène institutionnel international dans tous ses états : transformation, déformation ou réformation ?*, Paris, Pedone, 2014.
10. Sur l'inégalité « institutionnalisée » dans les organisations internationales, soit par exclusion soit par hiérarchisation, voy. M. ZÜRN, « Institutionalisierte Ungleichheit : Jenseits der Alternative "Global Governance" versus "American Empire" », *WZB Vorlesung*, 2006, vol. 48, n° 4, pp. 680-704 ; L. A. VIOLA, D. SNIDAL et M. ZÜRN, « Sovereign (In)equality in the Evolution of the International System », in S. LEIBFRIED *et al.* (éds), *The Oxford Handbook of Transformations of the State*, Oxford, OUP, 2015, pp. 221-236 et 226 et s. ; J. VON BERNSTORFF, « The Decay of the International Rule of Law Project (1990-2015) », in H. KRIEGER, G. NOLTE et A. ZIMMERMANN (éds), *The International Rule Of Law. Rise or Decline ?*, Oxford, OUP, 2019, pp. 33-55 ; L. A. VIOLA,

En bref, la juriste internationaliste serait bien en peine de présenter ce que pourrait être « le » régime « classique » ou « traditionnel » de l'égalité des États membres d'une organisation internationale, un régime unique à l'aune duquel nous pourrions ensuite distinguer et évaluer la pratique européenne sur la question, entre européanistes[11].

Ce que cette internationaliste peut faire, en revanche, et ce qu'elle se propose de faire ici, est de situer la question de l'égalité des États membres de l'Union européenne au sein de ce qui mériterait de devenir un débat de droit international sur l'égalité des États membres des organisations internationales. J'utilise le conditionnel ici parce que ce débat n'existe plus, mais a existé, et ce tant parmi les internationalistes qu'au sein des organisations internationales. Il a même été au demeurant fort animé au moment de la création de l'Organisation des Nations unies (ONU) et notamment de l'entrée en vigueur de l'article 2, paragraphe 1er, de la charte des Nations unies (CNU), puis durant les années de la décolonisation qui ont suivi et durant lesquelles l'autodétermination des peuples, l'indépendance des États et leur égalité souveraine au sein des organisations internationales allaient de pair[12].

The Closure of the International System : How Institutions Create Political Equalities and Hierarchies, Cambridge, Cambridge University Press, 2020, p. 4. Voy. aussi P. H. KOOIJMANS, *The Doctrine of the Legal Equality of States : An Inquiry into the Foundations of International Law*, Leyde, A. W. Sythoff, 1964 sur l'« hégémonie légalisée ».

11. Voy. par ex. S. JOLIVET, « L'égalité des États membres de l'Union européenne : Vers une conception de l'égalité étatique autonome du droit international ? », *op. cit.* ; L. S. ROSSI, « The Principle of Equality Among Member States of the European Union », *op. cit.*

12. Voy. par ex. R. A. KLEIN, *Sovereign Equality among States : The History of an Idea, op. cit.* ; R. P. ANAND, « Sovereign Equality of States in the United Nations », *Indian Journal of International Law*, 1967, n° 7, pp. 185-200 ; T. M. FRANCK, « Equality and Inequality of States in the United Nations », in J. R. PENNOCK et J. W. CHAPMAN (éds), *Equality*, Abingdon, Routledge, [1967] 2017, pp. 306-314 ; R. W. GREGG, « Equality of States within the United Nations », in J. R. PENNOCK et J. W. CHAPMAN (éds), *Equality*, Abingdon, Routledge, [1967] 2017, pp. 288-305 ; P. H. KOOIJMANS, *The Doctrine of the Legal Equality of States, op. cit.* ; B. BOUTROS-GHALI, *Le principe d'égalité des États et les organisations internationales*, Cours de l'Académie de droit international de La Haye, vol. 100, Leyde, Brill, 1960, pp. 9-71 ; B. BROMS, *The Doctrine of Equality of States as Applied in International Organizations*, thèse, Helsinki, University of Helsinki, 1959 ; W. SCHAUMANN, *Die Gleichheit der Staaten : Ein Beitrag zu den Grundprinzipien des Völkerrechts*, Vienne, Springer, 1957 ; R. DRAGO et G. FISCHER, « Pondération dans les organisations internationales », *Annuaire français de droit international*, 1956, vol. 2, pp. 529-547 ; E. McINTYRE, « Weighted Voting in International Organizations », *International Organizations*, 1954, vol. 8, n° 4, pp. 484-497 ; R. PADIRAC, *L'égalité des États et l'organisation internationale*, Paris, Librairie générale de droit & de jurisprudence, 1953 ; H. A. SCHWARZ-LIEBERMANN VON WAHLENDORF, *Mehrheitsentscheid und Stimmenwägung : Eine Studie zur Entwicklung des Völkerverfassungsrechts*, Tübingen, Mohr, 1953 ; H. WEINSCHEL, « The Doctrine of the Equality of States and its Recent Modifications », *AJIL*, 1951, vol. 45, n° 3, pp. 417-442 ; A. VAN WYNEN THOMAS et A. THOMAS, « Equality of States in International Law : Fact or Fiction ? », *Virginia Law Review*, 1951, vol. 37, n° 6, pp. 791-824 ; C. W. JENKS, « Some Constitutional Problems of International Organizations », *British Yearbook of International Law*, 1945, vol. 22, n° 11, pp. 11-72 ; H. KELSEN, « The Principle of Sovereign

Malheureusement, depuis les années 1980, la discussion s'est tarie en droit international de l'organisation des États[13], du moins par opposition à ce qui prévaut dans d'autres disciplines relatives aux relations internationales où le rôle de l'égalité des États est aujourd'hui au cœur des réflexions[14]. La question de l'égalité souveraine des États membres des organisations internationales a fait les frais, tout d'abord, de la critique de la souveraineté de ces États[15] et, c'est lié, d'une approche fonctionnaliste des organisations internationales qui dilue la souveraineté de leurs États membres dans les fonctions de ces organisations et rend le principe de leur égalité souveraine

Equality of States as a Basis for International Organization », *Yale Law Journal*, 1944, vol. 53, n° 2, pp. 207-220 ; E. D. W. DICKINSON, *The Equality of States in International Law*, Cambridge, Harvard University Press, 1920, pp. 310 et 311 ; S. GOEBEL, *The Equality of States in the History of Law*, New York, Columbia University Press, 1923. Pour une discussion historico-critique, voy. G. SIMPSON, *Great Powers and Outlaw States : Unequal Sovereigns in the International Legal Order*, Cambridge, Cambridge University Press, 2004 ; G. SIMPSON, « Great Powers and Outlaw States Redux », *Netherlands Yearbook of International Law*, 2012, vol. 53, pp. 83-98 ; M. MAZOWER, *Governing the World*, New York, Penguin, 2012.

13. Voy. toutefois : J. L. DUNOFF, « Is Sovereign Equality Obsolete ? Understanding Twenty-First Century International Organizations », *Netherland Yearbook of International Law*, 2012, vol. 43, p. 103 ; J. KOKOTT, « States, Sovereign Equality », *Max Planck Encyclopedia of Public International Law*, 2011 ; U. K. PREUSS, « Equality of States : Its Meaning in a Constitutionalized Global Order », *Chicago Journal of International Law*, 2008, vol. 9, n° 1, pp. 17-49 ; R. P. ANAND, *Sovereign Equality of States in International Law*, Gurgaon, Hope India Publications, 2008 ; T. H. LEE, « International Law, International Relations Theory, and Preemptive War : The Vitality of Sovereign Equality Today », *Law and Contemporary Problems*, 2004, vol. 67, n° 4, pp. 147-167 ; A. D. EFRAIM, *Sovereign (In)equality in International Organizations*, La Haye, Martinus Nijhoff, 2000 ; B. KINGSBURY, « Sovereignty and Inequality », *European Journal of International Law*, 1998, vol. 9, n° 4, pp. 599-625.

14. Voy. par ex. en relations internationales ou en philosophie politique : M. LOUIS et L. MAERTENS, *Why International Organizations Hate Politics : Depoliticizing the World*, Londres/New York, Routledge, 2021 ; L. A. VIOLA, *The Closure of the International System : How Institutions Create Political Equalities and Hierarchies*, *op. cit.* ; A. ANSONG, « Democracy in the World Trade Organization : Are some Members more Equal than Others ? », *International Organizations Law Review*, 2017, vol. 14, n° 1, pp. 154-195 ; V. POULIOT, *International Pecking Orders : The Politics and Practice of Multilateral Diplomacy*, Cambridge, Cambridge University Press, 2016 ; A. GRIGORESCU, *Democratic Intergovernmental Organizations ? : Normative Pressures and Decision-Making Rules*, Cambridge, Cambridge University Press, 2015 ; L. A. VIOLA, D. SNIDAL et M. ZÜRN, « Sovereign (In)equality in the Evolution of the International System », *op. cit.* ; A. HURRELL et N. LEES, « International Organizations and the Idea of Equality », in B. REINALDA (éd.), *Routledge Handbook of International Organization*, Londres, Routledge, 2013, pp. 116-118 ; F. PETITEVILLE, « Bilan contrasté des organisations internationales », in B. BADIE et D. VIDAL (dir.), *Un monde d'inégalités*, Paris, La Découverte, 2017, pp. 121-131 ; F. CHENEVAL, *The Government of the Peoples : On the Idea and Principles of Multilateral Democracy*, *op. cit.* ; M. ZÜRN, « Institutionalisierte Ungleichheit : Jenseits der Alternative "Global Governance" versus "American Empire" », *op. cit.* ; A. HURRELL, « Power, Institutions, and the Production of Inequality », in M. BARNETT et R. DUVALL (éds), *Power in Global Governance*, Cambridge, Cambridge University Press, 2005, pp. 33-58 ; J. G. IKENBERRY, *After Victory*, Princeton, Princeton University Press, 2001 ; K. N. WALTZ, *Theory of International Politics*, Long Grove, Waveland Press, 1979.

15. Voy. B. KINGSBURY, « Sovereignty and Inequality », *op. cit.*, p. 623.

(en apparence) sans pertinence[16]. L'intérêt des juristes internationalistes pour l'égalité des États s'est aussi étiolé suite à la reconnaissance directe (de l'égalité) des droits de la personne humaine en droit international et en raison de la participation grandissante d'autres institutions que les États, tant publiques (comme les villes) que privées (comme les organisations non-gouvernementales), aux procédures de délibération, voire de décision des organisations internationales[17].

La discussion s'est non seulement tarie entre juristes spécialistes du droit des organisations internationales, mais la mise en œuvre institutionnelle du principe d'égalité des États membres n'a jamais été menée à terme au sein des organisations internationales créées après-guerre. À l'exception de l'Union européenne où cet effort constant de réalisation de l'égalité a entraîné une succession de réformes visant à une représentation plus égalitaire des peuples et des régions des États membres au sein de ses organes depuis 1957[18], le principe d'égalité des États membres n'a entraîné que peu de réformes institutionnelles au sein des autres organisations internationales une fois leurs différents organes institués. Pire, les réformes ou, du moins, les quelques accommodements institutionnels adoptés depuis au sein de ces organisations n'ont fait qu'institutionnaliser encore davantage les inégalités entre États membres au profit des plus puissants[19], d'abord en droit puis hors du droit. Ce fut d'abord le cas des puissances d'après-guerre, mais cette possibilité est désormais revendiquée et exercée à leur tour par les nouvelles puissances[20].

---

16. Voy. par ex. U. K. PREUSS, « Equality of States : Its Meaning in a Constitutionalized Global Order », *op. cit.*, pp. 20 et 44 ; J. L. DUNOFF, « Is Sovereign Equality Obsolete ? Understanding Twenty-First Century International Organizations », *op. cit.* ; G. GORDON, « Legal Equality and Innate Cosmopolitanism in Contemporary Discourses of International Law », *Netherlands Yearbook of International Law*, 2012, vol. 43, pp. 183-203 ; L. S. ROSSI, « The Principle of Equality Among Member States of the European Union », *op. cit.*, pp. 7-9 (pour le contraire, voy. toutefois : p. 15) ; R. P. ANAND, *Sovereign Equality of States in International Law*, *op. cit.*, p. 25 ; T. H. LEE, « International Law, International Relations Theory, and Preemptive War : The Vitality of Sovereign Equality Today », *op. cit.* ; H. WEINSCHEL, « The Doctrine of the Equality of States and its Recent Modifications », *op. cit.* ; E. D. W. DICKINSON, *The Equality of States in International Law*, *op. cit.*, pp. 334-336.

17. Voy. A. HURRELL et N. LEES, « International Organizations and the Idea of Equality », *op. cit.*, p. 112.

18. Voy. L. S. ROSSI, « The Principle of Equality Among Member States of the European Union », *op. cit.*, pp. 10-15.

19. Sur la coexistence structurelle et institutionnelle, voire le renforcement mutuel de l'égalité et de l'inégalité des États membres au sein des organisations internationales, voy. L. A. VIOLA, *The Closure of the International System : How Institutions Create Political Equalities and Hierarchies*, *op. cit.*, pp. 5 et 222-226 ; L. A. VIOLA, D. SNIDAL et M. ZÜRN, « Sovereign (In)equality in the Evolution of the International System », *op. cit.*, pp. 226 et s. ; A. HURRELL et N. LEES, « International Organizations and the Idea of Equality », *op. cit.*, pp. 106 et 113.

20. Voy. A. HURRELL et N. LEES, « International Organizations and the Idea of Equality », *op. cit.*, p. 116.

Dans ce chapitre, il s'agira, tout d'abord, de déterminer où en est restée la discussion relative à l'égalité des États en droit international et ce que ce principe implique (I). J'évoquerai ensuite les modalités de l'égalité des États membres en droit international de l'organisation et différentes raisons pour les inégalités institutionnalisées par le droit des organisations internationales (II). Enfin, j'expliquerai en quoi l'entrée en vigueur de l'article 4, paragraphe 2, du traité sur l'Union européenne (TUE) en 2009 et le débat européen qui nous occupe dans cet ouvrage constituent une occasion unique de relancer la discussion en droit international de l'organisation et comment il faudrait re-politiser ce droit de manière à prendre l'égalité des États et des peuples qu'ils instituent au sérieux (III).

L'argument proposé ici s'insère dans un projet plus vaste de quête de légitimité démocratique, et notamment de meilleure représentativité des organisations internationales[21]. Il s'agit en effet de proposer des réformes du droit international de l'organisation à même non seulement de protéger l'égalité des États, mais par ce biais, et au travers de différents correctifs et compléments de l'égalité des États, l'égalité politique des peuples de ces États[22]. Par la force des choses, dès lors, ce chapitre touchera quelques-uns des autres thèmes de l'ouvrage, dont celui de la souveraineté et de la démocratie notamment[23], et le fera en proposant une interprétation démocratique du droit international[24]. Il n'y sera pas en revanche question de droit des relations extérieures de l'Union européenne auxquelles est consacré un chapitre distinct dans l'ouvrage[25].

Il s'ensuit aussi, *a fortiori*, que le présent chapitre ne pourra pas traiter, avec la même profondeur, de la totalité des aspects de l'égalité des États en droit international. Ce principe présente en effet la même multitude de facettes que le principe de droit de l'Union européenne, et se décline sous toutes les mêmes oppositions (individuelle/collective, juridique/politique, formelle/matérielle, dans/devant le droit, etc.) que celles qui sont discutées

---

21. Voy. S. BESSON et J. L. MARTÍ, « Legitimate Actors of International Law-Making : Towards a Theory of International Democratic Representation », *op. cit.*, pp. 504-540 ; S. BESSON et J. L. MARTÍ, « Cities as Democratic Representatives in International Law-Making », in H. AUST et J. NIJMAN (éds), *Research Handbook on International Law and Cities*, Londres, Edward Elgar, 2021, pp. 341-353 ; S. BESSON, « Democratic Representation within International Organizations: From International Good Governance to International Good Government », *International Organizations Law Review*, 2022, à paraître ; S. BESSON et J. L. MARTÍ, *Democratic International Law-Making*, Cambridge, Cambridge University Press, 2023, à paraître.
22. *Cf.* aussi F. CHENEVAL, *The Government of the Peoples : On the Idea and Principles of Multilateral Democracy*, *op. cit.*
23. Voy. les contributions de H. Dumont avec C. Rizcallah et de D. Ritleng dans ce volume.
24. Voy. la contribution de F. Cheneval dans ce volume.
25. Voy. la contribution de Chr. Kaddous dans ce volume.

dans cet ouvrage en relation au droit de l'Union européenne[26]. Comme en droit de l'Union européenne, d'ailleurs, il est essentiel de ne pas voir en l'égalité des États en droit international le remède à tous les maux. Outre sa complexité propre, il soulève aussi des difficultés comparables dans ses rapports aux autres principes de droit international que sont la souveraineté (« identité nationale », « compétences » et « responsabilités » de l'article 4 du TUE), la solidarité, la bonne foi (« coopération loyale » de l'article 4 du TUE), l'État de droit, ou encore la différenciation normative.

I. Du droit international de l'égalité souveraine des États et des inégalités de droit international

A. *Le droit international de l'égalité souveraine des États*

Le principe de l'égalité des États est, selon la Cour internationale de Justice (CIJ), « l'un des principes fondamentaux de l'ordre juridique international » contemporain[27]. Il est posé en dogme (ou « axiome », voire « présupposé », disent certains[28]), et donc au fondement[29] de l'ordre juridique international par lequel les États sont institués.

C'est ce qu'a d'ailleurs confirmé expressément l'article 2, paragraphe 1er, de la CNU en 1945 : cet article affirme que l'égalité, dite « souveraine » selon la formule inaugurée à ce moment-là[30], des États est au fondement de l'organisation des Nations unies. À cet égard, il est intéressant de souligner que le Préambule de la charte indique que les membres des Nations unies « renouvellent », par l'adoption de la charte, leur « proclamation de foi » dans l'égalité des États, rappelant ainsi non seulement le caractère fiduciaire de l'ordre juridique et institutionnel international, mais aussi le caractère général de cette égalité et de son champ d'application personnel, y compris

---

26. Voy. en droit de l'Union européenne, S. Jolivet, « L'égalité des États membres de l'Union européenne : Vers une conception de l'égalité étatique autonome du droit international ? », *op. cit.*, pp. 392 et s. ; voy. la contribution d'E. Dubout dans ce volume.

27. Voy. CIJ, 3 février 2012, *Immunités juridictionnelles de l'État (Allemagne c/ Italie)*, *Rec. CIJ*, 2012, p. 99, pt 57.

28. Voy. J. Kokott, « States, Sovereign Equality », *op. cit.*, p. 1 ; U. K. Preuss, « Equality of States : Its Meaning in a Constitutionalized Global Order », *op. cit.*, pp. 26 et 27 ; M. G. Kohen, « Article 2, paragraphe 1 », in J.-P. Cot, A. Pellet et M. Forteau (dir.), *La Charte des Nations Unies : Commentaire article par article*, 3ᵉ éd., Paris, Economica, 2005, pp. 399 et 400.

29. Voy. opinion dissidente du juge Weeramantry, « Licéité de la menace ou de l'emploi d'armes nucléaires », avis consultatif, 8 juillet 1996, *Rec. CIJ*, 1996, p. 226, pt 526.

30. Sur la nouveauté du terme en 1945, voy. B. Fassbender, « Article 2, paragraphe 1 », in B. Simma, D.-E. Khan, G. Nolte et A. Paulus (éds), *The Charter of the United Nations : A Commentary*, vol. I, Oxford, OUP, 2012, p. 47.

hors du groupe des États membres des Nations unies[31]. Ce principe vaut, par extension, pour toutes les organisations internationales et ce, que le principe figure expressément ou non dans leurs traités constitutifs : l'égalité des États est l'un des principes fondateurs du droit international des États, comme de l'organisation internationale ultérieure des relations entre ces mêmes États[32]. Il structure dès lors les rapports entre États dans toutes leurs relations, bilatérales ou multilatérales et organisées ou non[33].

En fait, c'est en posant l'égalité de la pluralité des États qu'il institue que le droit international peut garantir leur souveraineté en tant qu'indépendance (des autres États, et par extension de leurs institutions communes au sein des organisations internationales)[34]. C'est ce faisant que le droit international devient le droit égal de tous les États indépendamment de leur taille, puissance ou fortune (qui étaient et sont encore très variables), et qu'il peut se distinguer du droit d'un empire, du droit du plus fort (*par in parem non habet imperium*)[35]. C'est ce qui explique d'ailleurs le rapport conceptuel entre égalité et souveraineté, un rapport qui interdit de subordonner ensuite l'égalité à la souveraineté ou de l'en dériver (d'où la notion d'« égalité souveraine » à l'article 2, paragraphe 1er, de la CNU, et non pas de « souveraineté égale »)[36].

Au vu du rôle fondamental de l'égalité des États en droit international, l'on comprend bien pourquoi l'égalité souveraine des États apparaît en même temps que le droit international dans l'Europe du XVIIe siècle, précisément au moment où ces États sont institués ensemble en tant que tels et en dépit de toutes leurs différences (p. ex. géographiques, démographiques, économiques, militaires) dans les ruines du Saint-Empire

---

31. Voy. aussi M. G. KOHEN, « Article 2, paragraphe 1 », *op. cit.*, p. 405 et, *a fortiori*, art. 78 de la charte des Nations unies (CNU).

32. Voy. opinion dissidente du juge QUINTANA, « Certaines dépenses des Nations Unies (article 17, paragraphe 2, de la Charte) », avis consultatif, 20 juillet 1962, *Rec. CIJ*, 1962, p. 151, pts 47 et s., 239 et 248. Voy. aussi CIJ, « Réparations des dommages subis au service des Nations Unies », avis consultatif, *Rec. CIJ*, 1949, p. 174, pt 179.

33. Voy. aussi M. G. KOHEN, « Article 2, paragraphe 1 », *op. cit.*, p. 414 ; J. E. NIJMAN et W. G. WERNER, « Legal Equality and the International Rule of Law », *Netherlands Yearbook of International Law*, 2012, vol. 43., pp. 3-24 et 16. Voy. aussi déclaration du juge SHI, « Licéité de la menace ou de l'emploi d'armes nucléaires », avis consultatif, *Rec. CIJ*, 1996, p. 226, pt 278.

34. Voy. H. KELSEN, « The Principle of Sovereign Equality of States as a Basis for International Organization », *op. cit.*, p. 208 ; U. K. PREUSS, « Equality of States : Its Meaning in a Constitutionalized Global Order », *op. cit.*, pp. 20-23.

35. Voy. E. DE VATTEL, *Le droit des gens : Principes de la loi naturelle, appliqués à la conduite et aux affaires des Nations et des Souverains*, vol. I, Londres, 1758, chap. 1, § 4.

36. Voy. H. KELSEN, « The Principle of Sovereign Equality of States as a Basis for International Organization », *op. cit.*, pp. 208 et s. ; U. K. PREUSS, « Equality of States : Its Meaning in a Constitutionalized Global Order », *op. cit.*, p. 27 ; M. G. KOHEN, « Article 2, paragraphe 1 », *op. cit.*, pp. 402-404.

romain germanique[37]. D'abord une égalité entre États européens, les seuls États considérés comme « civilisés », elle accompagne ensuite l'entreprise de civilisation du droit international, par la colonisation dès le XVIIIe siècle, puis par la décolonisation et le développement des autres États dès le XXe siècle[38]. Dès le début du XXe siècle, l'égalité souveraine de tous les États est revendiquée et garantie, d'abord en droit international régional (p. ex. à l'art. 4 de la Convention de Montevideo en 1933 et à l'art. 10 de la charte de l'Organisation des États américains en 1948), puis en droit international universel dès 1945 avec sa garantie dans la charte des Nations unies.

Certes, il est en apparence difficile d'expliquer des siècles d'inégalités de droit dans un ordre juridique international pourtant fondé sur l'égalité des États depuis le XVIIe siècle[39]. L'explication tient en fait à la conception de la souveraineté de l'État dont l'égalité est garantie et à son évolution au fil du temps.

Ainsi, la souveraineté des États est-elle tout d'abord conçue sur le modèle de l'autonomie privée des personnes physiques, dans le modèle anthropomorphe d'origine chrétienne, puis jusnaturaliste et libérale qui a présidé à l'analogie et à la transposition de l'égalité entre personnes autonomes à l'égalité entre États souverains au XVIIe siècle (par exemple dans la société des nations de Vattel[40]). C'est ce qui explique d'ailleurs qu'elle puisse faire selon les auteurs de cette époque, l'objet d'une renonciation contractuelle au profit d'autres États (par exemple chez Grotius[41]). Par la suite, et dès le XIXe siècle et aux prises avec le standard de civilisation, seuls certains peuples institués d'une certaine manière sont considérés comme des États souverains dignes d'égalité[42]. À cela s'ajoutent bien sûr

---

37. Voy. L. A. VIOLA, *The Closure of the International System : How Institutions Create Political Equalities and Hierarchies*, *op. cit.*, pp. 14 et 15.

38. Voy. S. BESSON, « Du droit de civilisation européen au droit international des civilisations : instituer un monde des régions », *Swiss Review of International and European Law*, 2021, vol. 31, n° 3, pp. 373-400.

39. Voy. A. HURRELL et N. LEES, « International Organizations and the Idea of Equality », *op. cit.*, pp. 107 et 108 ; L. A. VIOLA, *The Closure of the International System : How Institutions Create Political Equalities and Hierarchies*, *op. cit.*, p. 146 sur l'« universalisme relatif » de l'égalité des États chez Vattel.

40. Voy. E. DE VATTEL, *Le droit des gens : Principes de la loi naturelle, appliqués à la conduite et aux affaires des Nations et des Souverains*, vol. I, *op. cit.*, pp. 18 et 19. Voy. aussi Abbé GRÉGOIRE, *Déclaration du droit des gens*, présenté à la Convention nationale dans sa séance du 4 floréal an III, 1793-1795.

41. Voy. U. K. PREUSS, « Equality of States : Its Meaning in a Constitutionalized Global Order », *op. cit.*, pp. 18 et 19 ; L. A. VIOLA, *The Closure of the International System : How Institutions Create Political Equalities and Hierarchies*, *op. cit.*, p. 140.

42. À noter que la distinction entre États « civilisés », « non-civilisés » et « sauvages » du XIXE siècle s'est perpétuée sous d'autres formes (par ex. celle du « développement » économique, démocratique ou technologique), mettant en péril, pour les mêmes raisons, le respect de leur

les inégalités de fait, et notamment de puissance entre États (de l'Europe du Congrès de Vienne en 1815 aux conférences de La Haye en 1889 et 1907, puis à la Société des Nations en 1919[43]) et les entorses à l'égalité de droit et devant le droit qu'elles ont permis d'imposer dans les faits, mais aussi dans le droit[44].

C'est d'ailleurs encore cet accent sur la souveraineté dans certaines discussions modernes[45], puis contemporaines[46] de l'égalité souveraine qui explique, comme nous le verrons, que la transformation de la souveraineté de l'État au sein des organisations internationales, d'indépendance à interdépendance[47], puisse être considérée (à tort) comme justifiant aussi une transformation de l'égalité de ces États, voire leur inégalité souveraine.

Ce qui est ensuite décisif à l'universalisation de l'égalité souveraine dès le début du xxᵉ siècle, et à son ancrage ensuite en 1945 dans la charte des Nations unies, c'est, tout d'abord, le développement des droits de l'homme et de la démocratie au sein des États occidentaux.

En effet, le lien est noué dès ce moment-là entre l'autonomie individuelle et la souveraineté populaire dans une démocratie et, dès lors, entre l'égalité des citoyens et l'égalité des peuples, et par extension l'égalité des États. On retrouve d'ailleurs ce lien dans le Préambule de la charte des Nations unies qui proclame sa foi dans « l'égalité de droits *des hommes et des femmes*,

---

droit à l'égalité. Voy. aussi M. G. KOHEN, « Article 2, paragraphe 1 », *op. cit.*, p. 413 ; L. ESLAVA et S. PAHUJA, « The State and International Law : A Reading from the Global South », *Humanity Journal*, 2018, vol. 11, n° 1, pp. 118-138 ; S. BESSON, « Du droit de civilisation européen au droit international des civilisations : instituer un monde des régions », *op. cit.*

43. Voy. L. OPPENHEIM, *International Law*, vol. 1, Londres, Green & Co., [1905] 1947, p. 244 ; J. KOKOTT, « States, Sovereign Equality », *op. cit.*, p. 7.

44. Voy. G. SIMPSON, *Great Powers and Outlaw States : Unequal Sovereigns in the International Legal Order*, *op. cit.* ; M. CRAVEN, « What Happened to Unequal Treaties ? The Continuities of Informal Empire », *Nordic Journal of International Law*, 2005, vol. 74, n° 3, pp. 335-382 ; G. SIMPSON, « Great Powers and Outlaw States Redux », *op. cit.* ; A. HURRELL et N. LEES, « International Organizations and the Idea of Equality », *op. cit.*, p. 108.

45. Voy. L. OPPENHEIM, *International Law*, vol. 1, *op. cit.*, p. 161.

46. Voy. J. L. DUNOFF, « Is Sovereign Equality Obsolete ? Understanding Twenty-First Century International Organizations », *op. cit.*, pp. 99-127.

47. Voy. L. S. ROSSI, « The Principle of Equality Among Member States of the European Union », *op. cit.*, pp. 7-9 ; J. L. DUNOFF, « Is Sovereign Equality Obsolete ? Understanding Twenty-First Century International Organizations », *op. cit.*, p. 103 ; G. GORDON, « Legal Equality and Innate Cosmopolitanism in Contemporary Discourses of International Law », *op. cit.*, pp. 183-203 ; U. K. PREUSS, « Equality of States : Its Meaning in a Constitutionalized Global Order », *op. cit.*, pp. 20 et 44 ; R. P. ANAND, *Sovereign Equality of States in International Law*, *op. cit.*, p. 25 ; T. H. LEE, « International Law, International Relations Theory, and Preemptive War : The Vitality of Sovereign Equality Today », *op. cit.* ; H. WEINSCHEL, « The Doctrine of the Equality of States and its Recent Modifications », *op. cit.* ; E. D. W. DICKINSON, *The Equality of States in International Law*, *op. cit.*, pp. 334-336.

ainsi que *des nations*, grandes et petites »[48]. Une fois les droits de l'homme et la démocratie considérés comme des garanties universelles, l'égalité des peuples et des États peut s'universaliser. En fait, il est possible de faire le même lien entre l'égalité de souveraineté, à l'origine conçue comme la volonté de la personne du souverain, et le consentement à l'obligation de droit international[49], et l'évolution ensuite de ce dernier, en même temps que la souveraineté étatique devient populaire, vers une égalité de participation collective à l'élaboration du droit international[50]. On parle aussi d'ailleurs, dès ce moment-là, de droit (égal) à l'autodétermination[51] des peuples ou nations (*cf.* aussi art. 1er, § 2, et art. 55 de la CNU), qu'ils soient institués en États ou pas encore, dans le cadre de la décolonisation.

Un autre facteur décisif dans l'universalisation de l'égalité des États dès 1945 tient précisément à l'organisation des États en nouvelles institutions, les organisations internationales.

C'est notamment le cas lorsque ces dernières sont universelles et en principe ouvertes à tous les États du monde, comme l'ONU. L'universalité ainsi institutionnalisée a en effet fait de ces organisations internationales les garantes institutionnelles de l'égalité de droit entre leurs États membres, puis à travers eux de l'égalité entre les peuples de ces États[52]. Bien sûr, comme nous le verrons, cette garantie institutionnelle qui s'est ajoutée à la garantie juridique de l'égalité souveraine des États n'a pas toujours été mise en œuvre[53], voire est même devenue avec le temps la source d'inégalités « institutionnalisées »[54].

---

48. Voy. M. G. KOHEN, « Article 2, paragraphe 1 », *op. cit.*, p. 400. Sur ce même rapport entre égalité des États et égalité des peuples, voy. H. KELSEN, « The Principle of Sovereign Equality of States as a Basis for International Organization », *op. cit.*, pp. 52 et 53.

49. Voy. S. BESSON, « State Consent and Disagreement in International Law-Making : Dissolving the Paradox », *Journal of International Law*, 2016, vol. 29, n° 2, pp. 289-316.

50. Voy. S. BESSON et J. L. MARTÍ, « Legitimate Actors of International Law-Making : Towards a Theory of International Democratic Representation », *op. cit.*, pp. 504-540.

51. Sur la dérivation de l'auto-détermination de l'égalité politique et donc de la démocratie, voy. T. CHRISTIANO, « Replies to David Alvarez, David Lefowitz, and Micheal Blake », *Law, Ethics and Philosophy*, 2016, vol. 221, n° 4, pp. 221-236 ; S. BESSON, « The 'Human Right' to Democracy in International Law – Coming to Moral Terms with a Equivocal Legal Practice », in A. VON ARNAULD, K. VON DER DECKEN et M. SUSI (éds), *The Cambridge Handbook of New Human Rights*, Cambridge, Cambridge University Press, 2020, pp. 481-489.

52. Voy. A. HURRELL et N. LEES, « International Organizations and the Idea of Equality », *op. cit.*, pp. 116-118 ; L. A. VIOLA, D. SNIDAL et M. ZÜRN, « Sovereign (In)equality in the Evolution of the International System », *op. cit.*, pp. 226 et s. ; L. A. VIOLA, *The Closure of the International System : How Institutions Create Political Equalities and Hierarchies*, *op. cit.*, p. 4.

53. Voy. S. BESSON, *Reconstruire l'ordre institutionnel international*, *Leçons inaugurales du Collège de France*, Paris, Collège de France et Fayard, 2021, §§ 20-21 et 71.

54. Pour ce terme, voy. L. A. VIOLA, D. SNIDAL et M. ZÜRN, « Sovereign (In)equality in the Evolution of the International System », *op. cit.*, pp. 226 et s. ; L. A. VIOLA, *The Closure of the International System : How Institutions Create Political Equalities and Hierarchies*, *op. cit.*, p. 4.

Ce n'est pas le lieu d'entrer dans les détails des origines occidentales de l'égalité souveraine des États en droit international. Comme celles de l'égalité interindividuelle, les origines d'abord chrétiennes et de droit naturel[55], puis anthropomorphiques et libérales[56], et enfin démocratiques de l'égalité souveraine des États sont suffisamment évidentes désormais. Elles ont toutes présidé, chacune à leur époque et parfois de manière conjointe, à la consolidation de l'édifice contemporain du droit international de l'État. Bien comprendre ces origines, toutefois, c'est se donner les clefs des réformes des organisations internationales nécessaires à assurer, par le respect de l'égalité des États, le respect de l'égalité politique en droit international, comme je l'expliquerai. C'est aussi se doter des moyens de percer à jour les soubassements de certains des arguments contemporains contre l'égalité des États. Ainsi, il n'est pas rare que l'analogie avec l'égalité interindividuelle soit brandie à nouveau pour aller à l'encontre de l'égalité des États au sein des organisations internationales, voire afin de fonder des arguments d'égalité entre États et d'autres « personnes » du droit international, et même entre ces « personnes » comme les organisations internationales notamment[57]. J'y reviendrai dans la troisième section de ce chapitre.

B. *Égalité et inégalités des États en droit international*

Au fondement du droit international de l'État, l'égalité souveraine est une égalité de droit : tant une égalité *dans* le droit international (qui la garantit sous la forme d'une capacité égale à se voir reconnaître divers droits et obligations dans différents domaines) que *devant* ce droit (qui est appliqué également à tous les États par toutes ses autorités d'application).

---

55. Certains auteurs s'en revendiquent encore : par ex. P. H. KOOIJMANS, *The Doctrine of the Legal Equality of States : An Inquiry into the Foundations of International Law*, *op. cit.* ; J. E. NIJMAN et W. G. WERNER, « Legal Equality and the International Rule of Law », *op. cit.*, p. 8.

56. Certains auteurs s'en revendiquent encore : par ex. S. BEAULAC, « The Rule of Law in International Law Today », in G. PALOMBELLA et N. WALKER (éds), *Relocating the Rule of Law*, Oxford, Hart, 2009, pp. 197-223. *Contra :* J. WALDRON, « Are Sovereigns Entitled to the Benefit of the International Rule of Law ? », *European Journal of International Law*, 2011, vol. 22, n° 2, pp. 315-343.

57. Voy. J. L. DUNOFF, « Is Sovereign Equality Obsolete ? Understanding Twenty-First Century International Organizations », *op. cit.*, p. 103 ; U. K. PREUSS, « Equality of States : Its Meaning in a Constitutionalized Global Order », *op. cit.*, pp. 17-49.

Le principe d'égalité souveraine des États est d'ailleurs spécifié sous la forme de différents principes dérivés de droit international, comme ceux de la personnalité juridique, de l'immunité de juridiction et d'exécution[58], du principe de non-intervention ou de l'intégrité territoriale. On en trouve une présentation détaillée, mais non-exhaustive dans la Déclaration sur les relations amicales entre États de 1974[59], déclaration qui consolide les acquis égalitaires de la décolonisation et les généralise à toute la communauté internationale des États.

Le respect de l'égalité des États, par tous les autres, passe par le respect, de bonne foi comme le rappelle la Déclaration sur les relations amicales de 1974, de l'autorité du droit international et de sa primauté sur le droit interne. C'est ce droit en effet qui garantit l'égalité souveraine des États[60]. L'égale primauté du droit international ou la généralité de son autorité étant garante de l'égalité souveraine des États en tant que « sujets » (c'est-à-dire « soumis ») au droit international, le respect de cette égalité passe par celui du droit international. Pour autant, bien sûr, que ce droit soit adopté selon des procédures qui respectent l'égalité des États, c'est-à-dire leur droit égal de participation (y compris de consentir, lorsque le consentement est applicable) à l'élaboration du droit international.

Il est certes possible de prévoir des limitations ou exclusions de l'égalité des États, tant dans le droit international que devant ce droit. La différenciation normative en droit international (que ce soit dans les relations bilatérales ou multilatérales entre États, d'ailleurs) n'est donc pas en soi contraire à l'égalité des États. Elle peut même être requise à des fins de compensation des inégalités matérielles ou de fait entre États.

Cependant, ces inégalités dans ou devant la loi doivent être prévues par le droit international, d'une part, et adoptées selon des procédures qui garantissent l'égale participation de tous les États, d'autre part[61]. La même

---

58. Voy. CIJ, 3 février 2012, *Immunités juridictionnelles de l'État (Allemagne c/ Italie)*, *op. cit.*, pt 99.
59. Assemblée générale des Nations unies, résolution 2625 (XXV), « Déclaration relative aux principes du droit international touchant à des relations amicales et la coopération entre les États conformément à la Charte des Nations unies », 24 octobre 1974 (UN doc. A/C.6/L.492), pp. 131-135.
60. La garantie de l'égalité souveraine par le droit international permet en effet de garantir l'indépendance des États les uns envers les autres, mais pas, bien entendu, envers le droit international qui garantit cette indépendance. Voy. aussi H. KELSEN, « The Principle of Sovereign Equality of States as a Basis for International Organization », *op. cit.*, pp. 208 et s.
61. Voy. CIJ, 21 mars 1984, *Plateau continental (Libye c/ Malte)*, *Rec. CIJ*, 1985, p. 3, pt 53. Voy. aussi H. KELSEN, « The Principle of Sovereign Equality of States as a Basis for International Organization », *op. cit.*, p. 209.

chose vaut pour la justification de différences de traitement entre États[62]. En outre, certaines dimensions de l'égalité des États sont considérées comme absolues, et ne peuvent en aucun cas être limitées. C'est le cas de l'égalité « institutionnelle »[63] elle-même, celle qui requiert un droit égal de participation à l'adoption du droit international et à l'organisation institutionnelle des relations entre États. C'est pour cette raison d'ailleurs que ce droit est habituellement considéré comme une norme de *jus cogens*[64], sur le modèle de ce qui vaut pour le principe d'égalité individuelle en droit international des droits de l'homme[65]. Quant à savoir si cette égalité impérative entre États s'étend du domaine institutionnel ou politique au domaine matériel, et notamment économique et social, de manière à inclure une forme d'égalité redistributive, comme ce serait le cas de l'égalité individuelle dans un État démocratique, la question est régulièrement soulevée, mais demeure sans réponse à ce jour[66].

Cela dit, et comme en droit interne, l'égalité n'est pas toujours respectée en pratique en droit international[67]. Surtout, il ne s'agit que d'une égalité de droit, et non de fait.

---

62. Voy. rapport de la Commission du droit international sur les travaux de sa 13ᵉ session, *Relations et immunités consulaires*, 1ᵉʳ mai au 7 juillet 1961, A/CN.4/141.

63. J'évite ici le terme égalité « fonctionnelle » qui est trop vague et polysémique (comp. par ex. B. BOUTROS-GHALI, *Le principe d'égalité des États et les organisations internationales*, *op. cit.*, pp. 9-71 avec L. A. VIOLA, D. SNIDAL et M. ZÜRN, « Sovereign (In)equality in the Evolution of the International System », *op. cit.*). Surtout, ce terme a le tort d'amener dans son sillage la conception fonctionnaliste de la souveraineté et donc de l'égalité souveraine de l'État, une conception qui a contribué à l'organisation inégalitaire des OI contemporaines, comme nous le verrons.

64. Voy. par ex. rapport de la Commission du droit international sur les travaux de sa 71ᵉ session, *Conséquences juridiques des normes impératives du droit international général (Jus cogens)*, 2019, (A/74/10), p. 216, conclusion 23, liste non-exhaustive, h) : droit à l'autodétermination. Pour la Suisse, cette restriction au droit (égal) à l'autodétermination est trop limitative. Dans la Déclaration faite par la Délégation suisse le 28 octobre 2019 devant la sixième Commission de l'Assemblée générale des Nations unies, « La Suisse a considéré les principes suivants comme faisant également partie du *jus cogens* : *le principe d'égalité des États*, […], l'interdiction de l'inégalité de traitement […]. Par conséquent, nous encourageons la Commission à analyser soigneusement la pratique des États, dont celle de la Suisse, afin d'élargir sa liste illustrative ». *Cf.* aussi M. G. KOHEN, « Article 2, paragraphe 1 », *op. cit.*, p. 402. *Contra :* B. FASSBENDER, « Article 2, paragraphe 1 », *op. cit.*, p. 65.

65. Voy. S. BESSON, « Human Rights in Relation », in S. SMET (éd.), *Human Rights Conflicts*, Oxford, OUP, 2017, pp. 23-37.

66. Voy. A. HURRELL et N. LEES, « International Organizations and the Idea of Equality », *op. cit.*, pp. 110 et 111 ; J. KOKOTT, « States, Sovereign Equality », *op. cit.*, p. 43 ; G. SIMPSON, *Great Powers and Outlaw States : Unequal Sovereigns in the International Legal Order*, *op. cit.*, p. 57 ; B. BOUTROS-GHALI, *Le principe d'égalité des États et les organisations internationales*, *op. cit.*, pp. 69 et 70.

67. Voy. M. G. KOHEN, « Article 2, paragraphe 1 », *op. cit.*, pp. 404 et 405.

En fait, l'écart entre une inégalité de fait entre États, plus ou moins puissants[68], et une égalité de droit est encore plus important en droit international qu'en droit interne[69]. C'est d'ailleurs cette différence qui rend l'égalité des États en droit d'autant plus essentielle, comme le confirme la Déclaration sur les relations amicales entre États de 1974. En pratique, toutefois, les États puissants se dispensent souvent de respecter l'égalité souveraine des États moins puissants, voire obtiennent même de ces derniers qu'ils consentent à ce traitement inégal dans et devant le droit international. D'où l'importance d'une protection effective du droit égal de participation à l'élaboration du droit international. C'est particulièrement le cas en droit des organisations internationales, et j'y reviendrai dans la prochaine partie.

Enfin, et comme au sein du droit d'un État fédéral, il se peut qu'il y ait des tensions en droit international entre l'égalité des citoyens et l'égalité des peuples, et en l'occurrence l'égalité des États par lesquels ces peuples s'instituent et au sein desquels ces individus sont institués en citoyens. L'égalité politique des citoyens et des peuples n'est en effet pas transitive. L'égalité des États peut ainsi contribuer à accroître l'inégalité des citoyens, et vice-versa[70].

Contrairement à ce qui vaut dans un État fédéral, toutefois, et même si le droit international garantit les deux formes d'égalité, y compris sous la forme de normes de « *jus cogens* », il ne peut pas donner et ne donne pas, en l'absence d'un État ou du moins d'une institution mondiale commune à tous les peuples, la priorité à l'égalité des citoyens sur celle des peuples[71]. Tout au plus peut-il organiser leur cohérence autant que faire se peut, notamment au travers de la protection internationale des droits de l'homme. À travers le lien qu'il établit entre autonomie individuelle et autodétermination populaire, le principe international de démocratie peut aussi permettre de concilier l'égalité politique des citoyens et l'égalité entre États sur le plan

---

68. Voy. E. DE VATTEL, *Le droit des gens : Principes de la loi naturelle, appliqués à la conduite et aux affaires des Nations et des Souverains*, vol. I, *op. cit.*, préliminaires, § 18. Voy. aussi Assemblée générale des Nations unies, résolution 2625 (XXV), « Déclaration relative aux principes du droit international touchant à des relations amicales et la coopération entre les États conformément à la Charte des Nations unies », 24 octobre 1974 (UN doc. A/C.6/L.492), pp. 131-135.

69. Voy. U. K. PREUSS, « Equality of States : Its Meaning in a Constitutionalized Global Order », *op. cit.*, p. 19.

70. Voy. J. E. NIJMAN et W. G. WERNER, « Legal Equality and the International Rule of Law », *op. cit.*, pp. 17 et s.

71. Sur cette question en droit de l'Union européenne, voy. J. HABERMAS, « Citizen and State Equality in a Supranational Political Community : Degressive Proportionality and the *Pouvoir Constituant Mixte* », *op. cit.*, pp. 171-182 ; R. SCHÜTZE, « Models of Demoicracy : Some Preliminary Thoughts », *op. cit.* ; voy. la contribution de F. Cheneval dans ce volume.

international, comme à l'échelle de chaque État[72]. Je reviendrai sur ce que cela implique pour les correctifs et compléments démocratiques de l'égalité des États en droit international de l'organisation dans la troisième section.

II. De l'égalité institutionnelle des États membres des organisations internationales à leurs inégalités institutionnalisées

A. *L'égalité institutionnelle des États membres des organisations internationales et les inégalités légalisées*

Le droit international de l'organisation des États est un droit qui s'est développé au cours du XXe siècle, mais surtout dès sa deuxième moitié, menant non seulement à la multiplication des organisations internationales, mais aussi à l'appartenance de chaque État à des organisations internationales très différentes.

C'est ce qui explique que si ces organisations internationales sont bel et bien alors devenues les garantes institutionnelles de l'égalité de droit de leurs États membres au sein de chaque organisation internationale, comme je l'ai expliqué précédemment, elles sont aussi désormais la source d'inégalités de fait supplémentaires entre les États. En fait, ces inégalités existent aussi au sein de chaque organisation internationale : l'égalité des États membres y est non seulement renforcée dans la mesure où leur égalité de droit peut s'appuyer sur un cadre institutionnel, mais elle se conjugue aussi avec de nombreuses inégalités institutionnelles qu'appelle le bon fonctionnement de l'organisation.

Certes, et en soi, l'égalité souveraine des États s'applique-t-elle au sein de ces organisations internationales comme en dehors. En effet, le propre d'une organisation internationale est de mettre en commun un certain nombre de compétences étatiques, organisant ainsi différemment l'exercice de la souveraineté et de l'indépendance de chaque État membre. Cette transformation de la souveraineté des États, qui, comme je l'ai indiqué dans la section précédente, a déjà eu lieu à plusieurs reprises au cours des siècles d'ailleurs, n'implique toutefois pas un abandon de l'égalité de cette

---

72. Voy. aussi J. KOKOTT, « States, Sovereign Equality », *op. cit.*, pp. 50-54 ; F. CHENEVAL, *The Government of the Peoples : On the Idea and Principles of Multilateral Democracy, op. cit.*, pp. 144, 145 et 160.

souveraineté[73]. L'organisation commune des États au sein de l'organisation internationale doit bien plutôt se faire dans le respect de l'égalité de ces États désormais caractérisés par leur qualité de membres d'un ensemble institutionnel plus vaste. On peut même considérer que c'est précisément parce que la souveraineté des États s'exerce aujourd'hui collectivement et de manière organisée que leur égalité dans cette organisation collective en devient d'autant plus importante[74].

Cela implique, d'une part, que l'égalité des États membres, peu importe leur degré d'ancienneté, soit respectée dans la procédure d'adoption du traité constitutif de l'organisation, mais aussi dans ses procédures d'organisation interne[75]. Ainsi, les organes communs doivent-ils, en principe, comprendre, premièrement, un nombre égal de représentants des États membres (égalité dite de représentation ; « un État, un siège ») et, deuxièmement, leur attribuer un nombre égal de voix (égalité dite de vote ; « un État, une voix »[76]).

À moins bien sûr que les États aient renoncé à ces deux formes d'égalité, ce qui arrive fréquemment. C'est ce qui explique, par exemple, que dans certains organes exécutifs des organisations internationales, le nombre d'États représentés soit plus réduit et ne soit pas proportionnel au nombre d'États membres par opposition à leurs organes législatifs dans lesquels tous les États membres sont représentés dans la mesure où ils élisent les États qui seront représentés dans les organes exécutifs. Aujourd'hui, en outre, deux tiers des organisations internationales ont recours au vote à la majorité.

73. Voy. aussi B. KINGSBURY, « Sovereignty and Inequality », *op. cit.*, pp. 599-625 ; M. G. KOHEN, « Article 2, paragraphe 1 », *op. cit.*, p. 402. *Contra* : L. S. ROSSI, « The Principle of Equality Among Member States of the European Union », *op. cit.*, pp. 7-9 ; J. L. DUNOFF, « Is Sovereign Equality Obsolete ? Understanding Twenty-First Century International Organizations », *op. cit.*, p. 103 ; G. GORDON, « Legal Equality and Innate Cosmopolitanism in Contemporary Discourses of International Law », *op. cit.*, pp. 183-203 ; U. K. PREUSS, « Equality of States : Its Meaning in a Constitutionalized Global Order », *op. cit.*, pp. 20 et 44 ; R. P. ANAND, *Sovereign Equality of States in International Law*, *op. cit.*, p. 25 ; T. H. LEE, « International Law, International Relations Theory, and Preemptive War : The Vitality of Sovereign Equality Today », *op. cit.* ; H. WEINSCHEL, « The Doctrine of the Equality of States and its Recent Modifications », *op. cit.* ; E. D. W. DICKINSON, *The Equality of States in International Law*, *op. cit.*, pp. 334-336.
74. Voy. aussi P. H. KOOIJMANS, *The Doctrine of the Legal Equality of States : An Inquiry into the Foundations of International Law*, *op. cit.*, p. 200 ; J. E. NIJMAN et W. G. WERNER, « Legal Equality and the International Rule of Law », *op. cit.*, p. 16.
75. Voy. B. BOUTROS-GHALI, *Le principe d'égalité des États et les organisations internationales*, *op. cit.*, pp. 22 et s.
76. Voy. CPJI, *Interprétation de l'article 3, paragraphe 2, du traité de Lausanne (Frontière entre la Turquie et l'Irak)*, Avis consultatif du 12 novembre 1925, *Publications CPJI*, Série B, n° 12, p. 29.

Il n'y a rien là de très surprenant. En fait, il est assez courant en démocratie de considérer que le principe de majorité doive être préféré à l'unanimité (et notamment au veto qui empêche toute délibération) pour des raisons égalitaires[77] ou, dans un État démocratique fédéral, que certains organes (notamment exécutifs) soient composés d'un nombre de membres non proportionnel au nombre d'États fédérés. Il est important toutefois que toutes ces modifications de l'égalité des États membres de l'organisation internationale soient adoptées au terme d'une procédure à laquelle ils peuvent participer également[78], et surtout qu'elles puissent être justifiées pour des motifs égalitaires (par exemple l'égalité des peuples ou des citoyens de ces États) et distinguées dès lors de formes d'exclusion ou de hiérarchies inégalitaires qui sont, comme nous le verrons, très communes dans les organisations internationales. Il est essentiel aussi que les correctifs de certaines des conséquences inégalitaires du vote à la majorité soient introduites[79], comme divers mécanismes de protection contre les minorités permanentes[80].

D'autre part, l'égalité des États membres doit ensuite se retrouver dans le droit de l'organisation internationale, comme devant ce droit et ses organes d'application. Cela vaut donc entre eux, comme face à l'organisation elle-même[81]. À nouveau, des inégalités peuvent bien entendu être prévues en droit des OI, et selon des procédures d'adoption de ce droit qui soient égalitaires.

En fait, la question du respect de l'égalité des États a structuré l'organisation des premières organisations internationales, du Concert des Nations en Europe aux Nations unies, en passant par les conférences de La Haye, puis la Société des Nations[82]. C'est surtout après 1945, et

---

77. Voy. J. WALDRON, *Law and Disagreement*, Oxford, OUP, 1999, chap. 5. Voy. aussi S. BESSON et J. L. MARTÍ, « Legitimate Actors of International Law-Making : Towards a Theory of International Democratic Representation », *op. cit.*, p. 514.
78. Voy. F. CHENEVAL, *The Government of the Peoples : On the Idea and Principles of Multilateral Democracy*, *op. cit.*, p. 52.
79. Voy. B. BOUTROS-GHALI, *Le principe d'égalité des États et les organisations internationales*, *op. cit.*, p. 56.
80. Voy. S. BESSON et J. L. MARTÍ, « Legitimate Actors of International Law-Making : Towards a Theory of International Democratic Representation », *op. cit.*, pp. 527 et 535 ; F. CHENEVAL, *The Government of the Peoples : On the Idea and Principles of Multilateral Democracy*, *op. cit.*, pp. 146-148.
81. Voy. aussi B. FASSBENDER, « Article 2, paragraphe 1 », *op. cit.*, p. 48. Pour une distinction, toutefois, voy. C. D. CLASSEN, « Die Gleichheit der Mitgliedstaaten und ihre Ausformungen im Unionsrecht », *op. cit.*, pp. 255-269.
82. Voy. par ex. R. A. KLEIN, *Sovereign Equality among States : The History of an Idea*, *op. cit.* ; R. P. ANAND, « Sovereign Equality of States in the United Nations », *op. cit.*, pp. 185-200 ; T. M. FRANCK, « Equality and Inequality of States in the United Nations », in J. R. PENNOCK et J. W. CHAPMAN (éds), *Equality*, *op. cit.*, pp. 306-314 ; R. W. GREGG, « Equality of States within the

l'établissement du système des Nations unies, toutefois, que les modalités d'organisation égalitaire des organisations internationales, en particulier des organisations internationales universelles et ouvertes à tous les États du monde, sont devenues un enjeu de première importance, notamment pour les États issus de la décolonisation dont l'indépendance nouvellement acquise rendait la question du respect de leur égalité essentielle.

Ce qui caractérise toutefois les organisations d'après-guerre, et ce malgré leur diversité organisationnelle bien entendu, c'est la recherche d'un équilibre entre l'égalité institutionnelle des États membres et le fonctionnement efficace de ces institutions en pratique[83].

D'où un certain nombre de compromis, adoptés par tous les États membres et de manière égalitaire sous la forme de traités constitutifs[84], visant soit à limiter le nombre de représentants étatiques par organe ou, du moins, dans certains organes (dérogeant ainsi au principe « un État, un siège »), soit à limiter le nombre de voix de ces représentants ou à les pondérer (voire à les qualifier par divers systèmes de double majorité) pour donner davantage de poids à certains États (dérogeant ainsi au principe « un État, une voix »). Ces inégalités « légalisées »[85] ont aussi parfois été combinées et utilisées conjointement au sein de chaque organisation.

United Nations », *op. cit.*, pp. 288-305 ; P. H. KOOIJMANS, *The Doctrine of the Legal Equality of States : An Inquiry into the Foundations of International Law*, *op. cit.* ; B. BOUTROS-GHALI, *Le principe d'égalité des États et les organisations internationales*, *op. cit.*, pp. 9-71 ; B. BROMS, *The Doctrine of Equality of States as Applied in International Organizations*, *op. cit.* ; W. SCHAUMANN, *Die Gleichheit der Staaten : Ein Beitrag zu den Grundprinzipien des Völkerrechts*, *op. cit.* ; R. DRAGO et G. FISCHER, « Pondération dans les organisations internationales », *op. cit.*, pp. 529-547 ; E. McINTYRE, « Weighted Voting in International Organizations », *op. cit.* ; R. PADIRAC, *L'égalité des États et l'organisation internationale*, *op. cit.* ; H. A. SCHWARZ-LIEBERMANN VON WAHLENDORF, *Mehrheitsentscheid und Stimmenwägung : Eine Studie zur Entwicklung des Völkerverfassungsrechts*, *op. cit.* ; H. WEINSCHEL, « The Doctrine of the Equality of States and its Recent Modifications », *op. cit.* ; A. VAN WYNEN THOMAS et A. THOMAS, « Equality of States in International Law : Fact or Fiction ? », *op. cit.* ; C. W. JENKS, « Some Constitutional Problems of International Organizations », *op. cit.* ; H. KELSEN, « The Principle of Sovereign Equality of States as a Basis for International Organization », *op. cit.* ; E. D. W. DICKINSON, *The Equality of States in International Law*, *op. cit.*, pp. 310 et 311 ; S. GOEBEL, *The Equality of States in the History of Law*, *op. cit.* Pour une discussion historico-critique, voy. G. SIMPSON, *Great Powers and Outlaw States : Unequal Sovereigns in the International Legal Order*, *op. cit.* ; G. SIMPSON, « Great Powers and Outlaw States Redux », *op. cit.* ; M. MAZOWER, *Governing the World*, *op. cit.*

83. Voy. sur cette égalité dite « relative » ou « inégalité fonctionnelle », B. BOUTROS-GHALI, *Le principe d'égalité des États et les organisations internationales*, *op. cit.*, pp. 30 et s.

84. Voy. pour les justifications égalitaires potentielles de ces différents compromis institutionnels, *ibid.*, pp. 37 et s.

85. Voy. P. H. KOOIJMANS, *The Doctrine of the Legal Equality of States : An Inquiry into the Foundations of International Law*, *op. cit.*

Les critères sur lesquels se fondent ces inégalités institutionnelles varient beaucoup d'une organisation à une autre et sont souvent fonction de son champ d'activité[86]. Il s'agit notamment du degré de participation financière de certains États au budget de l'organisation internationale ; de la puissance économique, technique ou militaire de ces États ; ou encore de leur positionnement dans le paysage géopolitique comme le fait qu'ils fassent partie des vainqueurs d'un conflit mondial. C'est ce qui s'est fait, par exemple, au sein du Conseil de sécurité des Nations unies avec son système de membres permanents, résistant donc à toute rotation égalitaire[87], et le droit de veto de ces membres. On mentionnera aussi la pondération des voix au sein des organes du Fonds monétaire international ou de la Banque mondiale.

B. *Les inégalités institutionnalisées en droit international de l'organisation des États*

Depuis lors, les inégalités se sont malheureusement accentuées au sein des organisations internationales. À la différence de ce qui avait cours au moment de la création de nombre de ces organisations internationales dans l'immédiat après-guerre, toutefois, ces inégalités institutionnelles ne sont plus aujourd'hui le fruit de procédures égalitaires d'adoption de nouveaux modes d'organisation. Au contraire, elles sont la plupart du temps « institutionnalisées » sans pour autant être « légalisées »[88].

Si l'égalité des États demeure le principe fondamental de l'organisation des États d'un point de vue formel et légal, et que ce soit explicite ou non, de nombreuses organisations internationales ont entre-temps informellement institutionnalisé l'inégalité de leurs États membres[89]. La capacité des organisations internationales à protéger l'égalité entre les États dont elles sont pourtant les garantes institutionnelles, à travers les différents mécanismes institutionnels évoqués dans la section précédente, a donc laissé la place à leur capacité oligarchique de multiplier ces inégalités. Et pourtant, fort curieusement, le débat académique autour de

---

86. Voy. B. BOUTROS-GHALI, *Le principe d'égalité des États et les organisations internationales, op. cit.*, pp. 53 et s.

87. Sur la difficulté d'une justification égalitaire de la hiérarchisation permanente de certains États membres sur d'autres, voy. *ibid.*, p. 39.

88. Sur les dangers de la « désinstitutionnalisation » du droit, mais aussi de la « délégalisation » des institutions en droit international, voy. S. BESSON, *Reconstruire l'ordre institutionnel international. Leçons inaugurales du Collège de France, op. cit.*, §§ 56-58.

89. Voy. L. A. VIOLA, D. SNIDAL et M. ZÜRN, « Sovereign (In)equality in the Evolution of the International System », *op. cit.*, p. 230.

l'organisation inégalitaire des organisations internationales est aujourd'hui presque inexistant en droit international[90]. Quant à la pratique des réformes institutionnelles internes à ces organisations, même si elle se fait rare, elle n'est plus guidée, excepté dans l'Union européenne, par un souci de mise en œuvre de l'égalité des États membres.

Concernant le débat, premièrement, les raisons du dédain des juristes internationalistes contemporains pour l'égalité des États membres sont multiples.

Tout d'abord, certains internationalistes, et pas des moindres, ont considéré que l'égalité souveraine des États ne s'appliquerait pas, ou plus, et par principe, au sein des organisations internationales dont le propre serait de limiter, voire de modifier leur souveraineté et, par extension, leur égalité souveraine[91]. Cette perspective est erronée, je l'ai dit, puisqu'il ne s'agit là que d'une réorganisation institutionnelle des mêmes États, mais cette fois au sein d'un tout institutionnel dont ils deviennent membres à égalité (à

---

90. Voy. toutefois J. L. DUNOFF, « Is Sovereign Equality Obsolete ? Understanding Twenty-First Century International Organizations », *op. cit.*, p. 103 ; J. KOKOTT, « States, Sovereign Equality », *op. cit.* ; U. K. PREUSS, « Equality of States : Its Meaning in a Constitutionalized Global Order », *op. cit.*, pp. 17-49 ; R. P. ANAND, *Sovereign Equality of States in International Law*, *op. cit.* ; T. H. LEE, « International Law, International Relations Theory, and Preemptive War : The Vitality of Sovereign Equality Today », *op. cit.* ; A. D. EFRAIM, *Sovereign (In)equality in International Organizations*, *op. cit.* ; B. KINGSBURY, « Sovereignty and Inequality », *op. cit.*, pp. 599-625. Pour une tentative de relancer le débat en droit international (quoique sous l'angle de la réception de l'ouvrage de P. H. KOOIJMANS, *The Doctrine of the Legal Equality of States : An Inquiry into the Foundations of International Law*, *op. cit.*), voy. J. E. NIJMAN et W. G. WERNER, « Legal Equality and the International Rule of Law », *op. cit.* Les quelques discussions contemporaines portent généralement et portent principalement sur l'article 2, § 1er, CNU : par ex. M. G. KOHEN, « Article 2, paragraphe 1 », *op. cit.*, pp. 399 et 400 ; CECOJI (éd.), *Le principe de l'article 2, paragraphe 1 de la Charte des Nations Unies : entre théorie et pratique*, Poitiers, Presses universitaires juridiques de Poitiers, 2014 ; B. FASSBENDER, « Article 2, paragraphe 1 », *op. cit.* ; A. BLECKMANN, « Art. 2 Ziff. 1 », in B. SIMMA (éd.), *Charta der Vereinten Nationen : Kommentar*, Munich, C. H. Beck, 1991. Les ouvrages généraux de droit international de l'organisation mentionnent la question (lorsque c'est le cas) en passant, et principalement en lien avec les droits de représentation et de vote : par ex. H. G. SCHERMERS et N. M. BLOKKER, « International Organizations or Institutions, Voting Rules and Procedures », *Max Planck Encyclopedia of Public International Law*, 2006, pp. 781-887 ; E. DAVID, *Droit des organisations internationales*, Bruxelles, Bruylant, 2016, pp. 301-304 ; C. F. AMERASINGHE, *Principles of the Institutional Law of International Organizations*, 2e éd., Cambridge, Cambridge University Press, 2005, pp. 148-154 ; P. SANDS et P. KLEIN, *Bowett's Law of International Institutions*, 6e éd., 2009, Londres, Sweet & Maxwell, pp. 268-280.

91. Voy. par ex. U. K. PREUSS, « Equality of States : Its Meaning in a Constitutionalized Global Order », *op. cit.*, pp. 20 et 44 ; J. L. DUNOFF, « Is Sovereign Equality Obsolete ? Understanding Twenty-First Century International Organizations », *op. cit.*, p. 103 ; G. GORDON, « Legal Equality and Innate Cosmopolitanism in Contemporary Discourses of International Law », *op. cit.*, pp. 183-203 ; L. S. ROSSI, « The Principle of Equality Among Member States of the European Union », *op. cit.*, pp. 7-9 (pour le contraire, voy. toutefois : p. 15) ; R. P. ANAND, *Sovereign Equality of States in International Law*, *op. cit.*, p. 25 ; T. H. LEE, « International Law, International Relations Theory, and Preemptive War : The Vitality of Sovereign Equality Today », *op. cit.* ; H. WEINSCHEL, « The Doctrine of the Equality of States and its Recent Modifications », *op. cit.* ; E. D. W. DICKINSON, *The Equality of States in International Law*, *op. cit.*, pp. 334-336.

l'instar du modèle fédéral sur le plan étatique où l'égalité demeure pourtant de mise), y compris à égalité dans la modification et la combinaison de leur souveraineté[92].

Une autre explication tient à la conjonction entre le constitutionnalisme qui, dès le tournant du millénaire, a dominé les discussions de la légitimité du droit international[93], d'une part, et le fonctionnalisme qui est aujourd'hui encore l'approche majoritaire des organisations internationales et de leur droit[94], d'autre part. Tandis que le premier a contribué à séparer les questions matérielles de légitimité du droit international des questions institutionnelles et donc de toute considération politique en droit international[95], le second a achevé de dépolitiser le droit des organisations internationales[96]. Alors que le premier a fait de l'égalité des États une question relevant du principe de la *rule of law* internationale dans laquelle elle s'est fondue sans égard aux questions institutionnelles[97], le second l'a tout bonnement éliminée en abordant la souveraineté des États membres d'une organisation internationale non plus comme une émanation de la souveraineté populaire, mais comme un ensemble de fonctions gouvernementales interchangeables, à déléguer aux organisations internationales comme à toute autre institution, y compris privée d'ailleurs, ce qui explique le degré de privatisation des organisations internationales aujourd'hui[98].

---

92. Voy. par ex. M. G. Kohen, « Article 2, paragraphe 1 », *op. cit.*, pp. 402-404.

93. Voy. par ex. U. K. Preuss, « Equality of States : Its Meaning in a Constitutionalized Global Order », *op. cit.*, pp. 20 et 44.

94. Voy. par ex. J. L. Dunoff, « Is Sovereign Equality Obsolete ? Understanding Twenty-First Century International Organizations », *op. cit.*, pp. 99-127.

95. Voy. la critique de S. Besson, « Sovereign States and their International Institutional Order : Carrying Forward Dworkin's Work on the Political Legitimacy of International Law », *Jus Cogens*, 2020, vol. 2, n° 2, pp. 111-138 ; J. von Bernstorff, « The Decay of the International Rule of Law Project (1990-2015) », *op. cit.* ; A. Peters, « Constitutional Theories of International Organizations », in R. Bellamy et J. King (éds), *The Cambridge Handbook of Constitutional Theory*, Cambridge, Cambridge University Press, 2022, à paraître.

96. Voy. la critique de M. Louis et L. Maertens, *Why International Organizations Hate Politics : Depoliticizing the World*, *op. cit.* ; S. Besson, « Democratic Representation within International Organizations. From International Good Governance to International Good Government », *op. cit.*

97. Voy. la critique de J. von Bernstorff, « The Decay of the International Rule of Law Project (1990-2015) », *op. cit.* ; R. Collins, *The Institutional Problem in Modern International Law*, Oxford/Portland, Hart, 2016.

98. Voy. la critique de S. Besson, *Reconstruire l'ordre institutionnel international, Leçons inaugurales du Collège de France*, *op. cit.*, §§ 80-83 ; S. Besson, « The Public of International Law : A Farewell to Functions », *American Journal of International Law Unbound*, 2021, vol. 115, pp. 307-311 ; S. Besson, « Democratic Representation within International Organizations. From International Good Governance to International Good Government », *op. cit.*

À ces différentes raisons, enfin, il faut ajouter encore l'émergence d'autres institutions que les États sur la scène internationale et l'importance croissante de la personne humaine en droit international. D'une part, d'autres institutions publiques (p. ex. les villes), mais surtout privées (par exemple les organisations non-gouvernementales) concurrencent désormais les États au sein des organisations internationales, y compris, nous le verrons, à des fins d'inclusion démocratique, et remettent dès lors en cause la pertinence de leur égalité[99]. D'autre part, l'importance de la protection des droits de la personne humaine, et la remise en cause (erronée) de la souveraineté (même populaire) qui y est souvent associée[100], mais aussi l'opposition (factice) entre la protection universelle de l'individu et l'autodétermination de sa communauté politique[101] ont aussi contribué à séparer l'égalité des individus de celle des États et à valoriser la première davantage que la seconde.

Quant à la pratique interne des organisations internationales, deuxièmement, ce qui la caractérise depuis les années 1980 n'est plus la recherche d'un équilibre entre égalité des États et fonctionnement interne, au prix de certains compromis acceptés par tous et fondés en droit, comme ce fut le cas dans l'immédiat après-guerre. Au contraire, l'inégalité des États membres est devenue la règle sans pourtant que tous les États membres, et notamment les plus « petits » ou les plus « faibles », en aient convenu légalement[102].

L'institutionnalisation informelle de ces inégalités s'est faite de diverses manières. Pour reprendre la distinction empruntée à Lora Anne Viola[103], certaines sont « exclusives » de certains États membres. D'autres, au contraire, n'excluent pas, mais introduisent tout de même une « hiérarchie » entre eux. De manière générale, cette institutionnalisation informelle des inégalités entre États membres des organisations internationales a pu s'opérer notamment grâce à la technicisation des organisations

---

99. Voy. la critique de A. HURRELL et N. LEES, « International Organizations and the Idea of Equality », *op. cit.*, p. 107 ; S. BESSON, *Reconstruire l'ordre institutionnel international, Leçons inaugurales du Collège de France, op. cit.*, §§ 60-62.

100. Voy. la critique de C. LAFONT, « Sovereignty and the International Protection of Human Rights », *Journal of Political Philosophy*, 2015, vol. 24, n° 4, pp. 427-445.

101. Voy. A. HURRELL et N. LEES, « International Organizations and the Idea of Equality », *op. cit.*, p. 112.

102. Voy. aussi B. BOUTROS-GHALI, *Le principe d'égalité des États et les organisations internationales, op. cit.*, p. 36.

103. Voy. L. A. VIOLA, *The Closure of the International System : How Institutions Create Political Equalities and Hierarchies, op. cit.*, pp. 4, 187 et s. et 228 et s.

internationales à des fins de dépolitisation[104] et, c'est lié, à la privatisation de leurs sources de financement, de leurs procédures de décision et de leurs opérations[105].

D'une part, l'institutionnalisation d'inégalités *exclusives* en pratique. Ces exclusions informelles en pratique peuvent prendre différentes formes.

Il s'agit, tout d'abord, de la création d'organisations internationales régionales concurrentes et chargées des mêmes questions que l'organisation internationale universelle. C'est notamment ce qu'ont fait les États membres de l'OMC les plus puissants économiquement en s'organisant sur le plan régional de manière à renforcer leur puissance économique et à maintenir le déséquilibre économique entre eux et d'autres États membres, mais sans pour autant devoir introduire d'exclusions formelles au sein du traité constitutif de l'OMC[106]. La multiplication récente des organisations internationales régionales sous les organisations internationales universelles confirme cette tendance à l'exclusion sélective de certains États membres n'appartenant pas à une région et, par conséquent, à la promotion de l'égalité de certains États (régionaux) au prix de l'inégalité de tous au sein des organisations internationales universelles.

Ensuite, il faut aussi mentionner la délégation de compétences règlementaires ou opérationnelles des organisations internationales à des clubs informels d'États, voire à des experts techniques ou encore à des agences privées[107]. La participation égale, et par défaut, des États dans les organes interétatiques (dits « politiques ») des organisations internationales est ainsi de plus en plus fréquemment contournée par la délégation de compétences de ces organes à des secrétariats ou à des organes « techniques » institués au sein des organisations internationales, mais sans que l'égalité des États d'origine des experts techniques ne soit respectée au

---

104. Voy. par ex. M. LOUIS et L. MAERTENS, *Why International Organizations Hate Politics : Depoliticizing the World, op. cit.* ; S. BESSON, « Democratic Representation within International Organizations. From International Good Governance to International Good Government », *op. cit.*

105. Voy. par ex. A. BERMAN, « Between Participation and Capture in International Rule-Making : The WHO Framework of Engagement with Non-State Actors », *European Journal of International Law*, 2021, vol. 32, n° 1, pp. 227-254.

106. Voy. L. DUBIN et M.-C. RUNAVOT, « Représentativité, efficacité, légitimité : Des organisations internationales en crises ? », in E. LAGRANGE et J.-M. SOREL (éds), *Droit des organisations internationales*, Paris, LGDJ, 2013, pp. 77-103, 82-84.

107. Voy. J. VON BERNSTORFF, « Procedures of Decision-Making and the Role of Law in International Organizations », in A. VON BOGDANDY, R. WOLFRUM, J. VON BERNSTORFF, P. DANN et M. GOLDMANN (éds), *The Exercise of Public Authority by International Public Institutions : Advancing International Institutional Law*, Heidelberg, Springer, 2010, pp. 786-789, 795 et s. ; L. A. VIOLA, *The Closure of the International System : How Institutions Create Political Equalities and Hierarchies, op. cit.*, p. 172.

sein de ces organes. Une autre tendance est à la délégation de ces mêmes compétences à des clubs informels d'États (tels que les différents « G ») situés en dehors des organisations internationales, voire à des réseaux d'experts ou des agences privées. Ces deux types de délégation externe permettent à certains États puissants, sous couvert du choix dit « neutre » de l'expertise, voire du marché, au lieu de la politique, d'exercer une influence supérieure aux autres en raison, par exemple, de leurs ressources technoscientifiques supérieures ou de leur proximité financière de certaines de ces agences privées.

D'autre part, l'institutionnalisation d'inégalités *hiérarchiques* en pratique. Ces pratiques n'excluent pas certains États membres au profit d'autres, mais introduisent des hiérarchies informelles entre eux.

C'est le cas, tout d'abord, du rôle du consensus. Certaines organisations internationales ont en effet remplacé le système de vote formel (y compris à la majorité) fondé sur le principe égalitaire « un État, une voix » par un mode de décision moins égalitaire et moins transparent : le consensus[108]. Ce dernier permet aux États puissants d'exercer une influence inégale sur la recherche du consensus autour des coalitions et réseaux auxquels ils appartiennent. L'on mentionnera ensuite le recours croissant à la standardisation et, plus généralement, au *soft law* au lieu des instruments légaux institués par le droit de l'organisation internationale. Ces procédures s'affranchissent du principe de la participation égale à l'élaboration du droit qui lie les États et favorisent dès lors souvent les États les plus puissants au sein de l'organisation internationale[109]. Enfin, il faut mentionner le financement des organisations internationales. Le fait de rendre les organisations internationales dépendantes de donations volontaires de certains États membres, voire de mécènes privés plus particulièrement liés à certains États (notamment en raison de leur nationalité) donne à ces États membres un statut privilégié dans les procédures de décision de l'organisation internationale[110].

---

108. Voy. J. von BERNSTORFF, « Procedures of Decision-Making and the Role of Law in International Organizations », *op. cit.*, pp. 792-794.

109. Voy. sur le *soft law* et les « petits » États, L. LANGER, « Implications of Soft Law Regimes for Small States : The Experience of Switzerland and Liechtenstein », *Swiss Law Review of International and European Law*, 2020, vol. 30, n° 2, pp. 235-264.

110. Voy. K. DAUGIRDAS et G. L. BURCI, « Financing the World Health Organization : What Lessons for Multilateralism ? », *International Organizations Law Review*, 2019, vol. 16, n° 2, pp. 299-338 ; S. WILLIAMS, « A Billion Dollar Donation : Should the United Nations Look a Gift Horse in the Mouth ? », *Georgia Journal of International & Comparative Law*, 1999, vol. 27, pp. 425-455 et 449.

Enfin, ce qui rend ces inégalités institutionnalisées en pratique difficile à contrer, si telle devait être la volonté de certains États membres de ces organisations internationales et de leurs populations, tient au rôle que tiennent désormais à y jouer les nouvelles puissances.

Ces dernières revendiquent en effet leur égalité souveraine afin de pouvoir bénéficier du même système inégalitaire dont ont pu profiter les puissances précédentes au sein des organisations universelles. Elles aspirent à une sorte d'« égalité dans l'inégalité » institutionnelle et invoquent ironiquement leur droit à cette égalité dont les exceptions inégalitaires n'ont même plus à être justifiées légalement. C'est ce qui ressort, par exemple, des déclarations conjointes de la Chine et de la Russie depuis 2016[111]. C'est aussi ce qui découle de leur pratique dans les organisations internationales régionales qu'elles ont contribué à instituer afin de gagner en influence internationale[112], et dont l'organisation est formellement égalitaire, mais matériellement inégalitaire[113].

III. DE L'ÉGALITÉ DES PEUPLES EN DROIT INTERNATIONAL DE L'ORGANISATION DES ÉTATS

A. De l'importance démocratique de l'égalité des États : l'égalité des États corrigée

Au vu de ce qui vient d'être dit de l'état de l'égalité en droit international de l'organisation des États en général, il n'est pas surprenant que les États membres de l'Union européenne aient tenu à voir ce principe expressément garanti en droit primaire de l'Union européenne en 2009. Et ce, alors même que le principe n'avait jamais cessé d'être discuté ni de guider les réformes institutionnelles de l'organisation interne communautaire, puis unionale depuis 1957. Il faut en effet y voir la réponse au retour des méthodes de décision intergouvernementales en droit de l'Union européenne et, par ce biais, d'une forme de « gouvernement des exécutifs » nationaux au sein de

---

111. Voy. *Joint Statement by the Foreign Ministers of China and Russia on Certain Aspects of Global Governance in Modern Conditions*, 23 mars 2021, pts 1 et 4.
112. Voy. par ex. A. V. OBYDENKOVA et A. LIBMAN (éds), *Authoritarian Regionalism in the World of International Organizations*, Oxford, OUP, 2019.
113. Voy. A. HURRELL et N. LEES, « International Organizations and the Idea of Equality », *op. cit.*, p. 116 ; L. A. VIOLA, *The Closure of the International System : How Institutions Create Political Equalities and Hierarchies*, *op. cit.*, pp. 171 et 228.

certaines institutions de l'Union européenne[114], voire du gouvernement des quelques exécutifs nationaux les plus puissants[115].

Faudrait-il aussi y reconnaître le premier signe d'un éventuel retour des proclamations de foi en l'égalité en droit international de l'organisation des États, et peut-être sa généralisation à d'autres organisations internationales ?

On peut l'espérer, ne serait-ce que pour contribuer à (re-)politiser les organisations internationales, et renforcer la légitimité démocratique du droit international qu'elles adoptent[116]. C'est d'ailleurs ce qu'ont demandé et obtenu certains États du Sud dans la résolution de l'Assemblée générale de décembre 2020 citée en ouverture de ce chapitre[117]. Ce n'est qu'à ce prix en effet que les inégalités institutionnalisées entre États membres des organisations internationales ne feront pas le lit des nouvelles puissances, d'une part, et que la voix des peuples et des citoyens des États pourra être entendue au sein des organisations internationales, freinant ainsi le mouvement de repli national désormais à l'œuvre, d'autre part.

Afin de préparer ce retour du principe de l'égalité en droit international de l'organisation des États, il est utile toutefois de préciser en quoi l'égalité des États membres d'une organisation internationale doit être considérée comme partie intégrante de la garantie de l'égalité politique en droit international et comment cette garantie peut être mise en œuvre.

En soi, et comme je l'ai expliqué ailleurs, le principe d'égalité politique est considéré comme l'un des principes constitutifs de la légitimité démocratique internationale, même s'il y en a d'autres, bien sûr, comme le principe de contrôle populaire effectif et ultime, le principe de délibération et le principe du respect des droits de l'homme[118]. Selon ce principe, les citoyens et les peuples doivent se voir attribuer une part égale dans la détermination

---

114. Voy. S. JOLIVET, « L'égalité des États membres de l'Union européenne : Vers une conception de l'égalité étatique autonome du droit international ? », op. cit., pp. 392-396.

115. Voy. F. FABBRINI, « States' Equality v States' Power : The Euro-Crisis, Inter-state Relations and the Paradox of Domination », CYELS, 2015, vol. 17, pp. 3-35 ; L. S. ROSSI, « The Principle of Equality Among Member States of the European Union », op. cit., pp. 18 et 19.

116. Voy. S. BESSON et J. L. MARTÍ, « Legitimate Actors of International Law-Making : Towards a Theory of International Democratic Representation », op. cit., pp. 504-540 ; S. BESSON et J. L. MARTÍ, « Cities as Democratic Representatives in International Law-Making », op. cit. ; S. BESSON, « Democratic Representation within International Organizations. From International Good Governance to International Good Government », op. cit. ; S. BESSON et J. L. MARTÍ, Democratic International Law-Making, op. cit.

117. Voy. Assemblée générale des Nations unies, résolution 75/178, Promotion d'un ordre international démocratique et équitable, 28 décembre 2020, UN Doc. A/RES/75/178, § 6, g).

118. Voy. S. BESSON et J. L. MARTÍ, « Legitimate Actors of International Law-Making : Towards a Theory of International Democratic Representation », op. cit., p. 510.

du droit qui les lie, que ce soit directement ou, de manière plus plausible sur le plan international, par l'intermédiaire de leurs représentants. Cela signifie qu'aucun citoyen ou peuple ne devrait être en mesure d'imposer ses vues unilatéralement ni de disposer d'un pouvoir politique nettement supérieur à celui des autres dans l'élaboration du droit international.

En l'absence d'un *demos* mondial et d'un État démocratique mondial correspondant et dans lequel une représentation des citoyens de ce *demos* pourrait être assurée[119], c'est d'abord (et même si ce n'est pas exclusivement, comme nous le verrons) au travers de la participation égale des États démocratiques à l'élaboration du droit international que la représentation démocratique internationale peut avoir lieu et que l'égalité politique dans cette représentation peut être assurée.

Garantir l'égalité souveraine des États membres d'une organisation internationale permet en effet de garantir l'égalité politique dans l'adoption du droit international : d'abord, l'égalité politique des peuples qu'ils instituent et représentent, puis, indirectement en raison du lien entre l'autonomie individuelle et l'autodétermination populaire, l'égalité politique des citoyens, membres de ces peuples. Comme je l'ai expliqué précédemment, le lien qui a été fait dès la deuxième moitié du XXe siècle en droit international, et notamment dans la charte des Nations unies, entre l'égalité des individus et l'égalité des peuples au travers du lien entre l'autonomie individuelle et l'autodétermination populaire ont permis d'aborder l'égalité des États en tant qu'égalité de leurs peuples souverains ainsi institués.

Certes, l'égalité des citoyens et celle de leurs États ne sont pas totalement transitives. Le fait de traiter les États et leurs peuples, même lorsqu'ils sont démocratiques, de manière égale peut ne pas conduire à traiter tous les individus, citoyens de ces États, de manière égale[120]. La garantie de l'égalité des États en droit international fait néanmoins de la représentation par des États égaux la meilleure approximation de la représentation égale des citoyens de ces États[121]. Non seulement les États correspondent-ils à des communautés politiques et à des *demoï* déjà institués. Ils sont aussi les principales institutions capables de remplir les conditions de fait de l'égalité politique et de la démocratie, c'est-à-dire le partage d'enjeux égaux

---

119. Voy. R. A. DAHL, « Can International Organizations Be Democratic ? A Skeptic's View », in I. SHAPIRO et C. HACKER-CÓRDON (éds), *Democracy's Edges*, Cambridge, Cambridge University Press, 1999, pp. 19-36.

120. Voy. L. A. VIOLA, D. SNIDAL et M. ZÜRN, « Sovereign (In)equality in the Evolution of the International System », *op. cit.*, pp. 231 et 232.

121. Voy. S. BESSON et J. L. MARTÍ, « Legitimate Actors of International Law-Making : Towards a Theory of International Democratic Representation », *op. cit.*, pp. 508-511.

et interdépendants entre les membres d'une communauté et la capacité de gouvernement effectif de cette communauté[122], deux conditions protégées par le droit international de l'État[123].

Il est important de souligner toutefois que cette approche de la légitimité démocratique internationale ne peut être réduite au type de « démocratie interétatique » proposé par certains auteurs et surtout certains États (généralement non démocratiques). Ces derniers considèrent à tort l'égalité des États et le principe « un État, une voix » dans l'élaboration du droit international comme la seule exigence de la légitimité démocratique internationale. Au contraire, dans une perspective démocratique, lorsque les États participent à l'élaboration du droit international, notamment en tant que membres d'organisations internationales, c'est en tant que représentants de leurs peuples, et non en tant que tels et en eux-mêmes[124].

Il s'ensuit que divers correctifs démocratiques sont nécessaires dans les diverses procédures d'élaboration du droit international, et ce même dans des conditions d'égalité parfaite des États[125]. La représentation égale par les États, tant sur le plan de la représentation institutionnelle elle-même que du vote au sein de ces institutions, doit être corrigée de manière à représenter les peuples (qu'instituent ces États en apparence identiques) dans toute leur diversité et de manière ainsi à véritablement assurer l'égalité politique de leurs citoyens. Parmi les défauts de la représentation strictement égalitaire par les États qu'il est nécessaire de compenser, il faut en effet mentionner les trois déficits démocratiques suivants : les différences démographiques entre États ; les inégalités de pouvoir entre États et l'existence de minorités permanentes ; et l'inégalité de distribution géographique des conceptions. En bref, il s'agit ainsi de rendre l'égalité des États plus égalitaire parce que davantage proportionnelle aux peuples dont l'égalité est en jeu.

---

122. Voy. T. Christiano, « The Legitimacy of International Institutions », in A. Marmor (éd.), *The Routledge Companions to Philosophy of Law*, New York, Routledge, 2015, pp. 380-394.

123. Voy. S. Besson, « Investment Citizenship and Democracy in a Global Age : Towards a Democratic Interpretation of International Nationality Law », *Swiss Review of International and European Law*, 2019, vol. 29, pp. 525-547.

124. Voy. S. Besson, « The Authority of International Law – Lifting the State Veil », *Sydney Law Review*, 2009, vol. 31, n° 3, pp. 360-363 ; J. Waldron, « Are Sovereigns Entitled to the Benefit of the International Rule of Law ? », *op. cit.*

125. Voy. S. Besson et J. L. Martí, « Legitimate Actors of International Law-Making : Towards a Theory of International Democratic Representation », *op. cit.*, pp. 535 et 536.

Il existe de nombreux correctifs envisageables à ces trois défauts de la représentation étatique du point de vue de l'égalité politique. Certains de ces mécanismes existent déjà au sein de certaines organisations internationales, mais mériteraient d'être généralisés et utilisés conjointement dans toutes les organisations internationales.

L'on mentionnera, premièrement, la pondération démographique du nombre de représentants dans les organes de l'organisation internationale et/ou du nombre de voix au sein de ces organes. Il peut s'agir d'organes dits « législatifs » de l'organisation internationale, bien sûr, mais aussi des organes plus « exécutifs »[126]. Il faut aussi mentionner, deuxièmement, les mécanismes qui permettent de lutter contre la minorisation permanente d'États moins puissants que les autres, notamment en assurant un tournus au sein des organes qui comprennent un nombre inégal d'États membres ou en introduisant des quotas d'États (par exemple « petits », « pauvres », etc.) dans certains organes où ils sont habituellement sous-représentés.

Enfin, pour représenter les conceptions culturelles ou civilisationnelles présentes dans le monde de manière proportionnelle, un correctif de représentation régionale (qui ne se réduit pas à un critère géographique, cependant[127]) peut être introduit. Ce serait le cas, par exemple, d'une représentation par groupes régionaux au sein des organes des organisations internationales où tous les États ne peuvent pas être représentés également[128], d'un système de double majorité (États-régions), ou encore d'une association égalitaire des organisations internationales régionales au sein des procédures décisionnelles ou de mise en œuvre des organisations internationales universelles[129]. Comme je l'ai expliqué ailleurs, la représentation régionale permet de contrebalancer la représentation étatique, et vice-versa, de manière à éviter les dominations que chacune

---

126. Sur la séparation des pouvoirs au sein des organisations internationales, voy. J. VON BERNSTORFF, « Authority Monism in International Organisations : A Historical Sketch », in J. MENDES et I. VENZKE (éds), *Allocating Authority : Who Should do What in European and International Law ?*, Oxford/Portland, Hart, 2018, pp. 99-113 et 100 ; M. CULLEN, « Separation of Powers : Institutional Structure and the Rule of Law », *International Organizations Law Review*, 2020, vol. 17, n° 3, pp. 492-530.

127. Voy. S. BESSON, « Du droit de civilisation européen au droit international des civilisations : instituer un monde des régions », *op. cit.*, pp. 396 et 397.

128. Voy. B. BOUTROS-GHALI, *Le principe d'égalité des États et les organisations internationales*, *op. cit.*, pp. 47-52 ; M. FORTEAU, « International Organizations or Institutions, Regional Groups », *The Max Planck Encyclopedia of Public International Law*, 2008.

129. Voy. S. BESSON, « Du droit de civilisation européen au droit international des civilisations : instituer un monde des régions », *op. cit.* ; D. CHALMERS, « Regional Organizations and the Reintegrating of International Law », *European Journal of International Law*, 2019, vol. 30, n° 1, pp. 163-167.

peut entraîner à elle seule. Pour cela, toutefois, elle devrait notamment être coordonnée de manière égalitaire au sein de l'organisation universelle des Nations unies[130].

Il va de soi, bien sûr, que l'égalité des États ne suffit pas, même avec ces correctifs, à assurer la légitimité démocratique du droit international. Elle doit être complétée par d'autres mécanismes visant à assurer le respect des autres principes démocratiques que sont : la représentation populaire effective et ultime, et donc le caractère démocratique des États eux-mêmes ; la délibération ; et le respect des droits de l'homme[131].

B. *De la représentation multiple des peuples en droit international : l'égalité des États complétée*

Si l'égalité des États doit être renforcée pour des raisons démocratiques au sein des organisations internationales, et divers correctifs mis en place simultanément, l'égalité politique des citoyens et des peuples représentés ne sera toutefois assurée que si d'autres institutions complètent la représentation de ces derniers qu'assurent les États. Peu importe la qualité des correctifs de proportionnalité de l'égalité des États, en effet, certains citoyens et peuples ne pourront être représentés de manière suffisamment égalitaire que par d'autres institutions que les États[132]. C'est notamment le cas des citoyens et groupes qui n'appartiennent pas à la majorité de leur peuple respectif ; des peuples sans État ou sans État démocratique ; ou encore des peuples d'États constamment minorisés ou généralement peu puissants.

La légitimité démocratique internationale des organisations internationales et du droit qu'elles contribuent à élaborer ne pourra donc être assurée qu'au prix de la représentation conjointe des mêmes citoyens et peuples au sein de leurs organes et procédures par d'autres institutions que les États. Cela vaut tant pour d'autres institutions publiques, comme

---

130. Voy. S. Besson, « Du droit de civilisation européen au droit international des civilisations : instituer un monde des régions », *op. cit.*, p. 399.

131. Voy. S. Besson et J. L. Martí, « Legitimate Actors of International Law-Making : Towards a Theory of International Democratic Representation », *op. cit.*, pp. 508-511. Voy. S. Besson, « Democratic Representation within International Organizations. From International Good Governance to International Good Government », *op. cit.* pour des propositions détaillées.

132. Voy. S. Besson et J. L. Martí, « Legitimate Actors of International Law-Making : Towards a Theory of International Democratic Representation », *op. cit.*, pp. 517-518.

les organisations internationales bien sûr, mais aussi les villes[133], que pour des institutions privées, comme les organisations non-gouvernementales. Ces autres institutions publiques et privées s'invitent d'ailleurs déjà dans les processus de délibération, voire parfois, même si c'est plus rare, de décision des organisations internationales.

Ainsi, et pour prendre l'exemple de la représentation par les villes, les organisations internationales pourraient contribuer à compenser le déficit égalitaire de représentation par des États faibles ou minorisés en organisant la représentation parallèle et coordonnée par des villes puissantes (et généralement plus densément peuplées, ce qui contribue également à corriger les déséquilibres démographiques de la représentation purement étatique) situées dans ces États[134]. Ce fut le cas, par exemple, du rôle joué par des villes brésiliennes comme Brasilia dont l'inclusion lors de la 21ᵉ conférence des parties (COP21) à Paris en 2015 a permis au Brésil de renforcer sa position au sein de ces négociations multilatérales.

J'ai développé ce projet de « système de représentation internationale multiple » dans diverses publications préparées avec mon collègue José Luis Martí[135]. Comme je l'ai expliqué ailleurs, les organisations internationales offrent un cadre institutionnel idoine pour mettre en œuvre ce système, permettant non seulement l'encadrement institutionnel nécessaire de la représentation par ces multiples institutions publiques et privées autres que les États, mais aussi leur articulation autour du pivot de l'égale représentation par les États membres de ces organisations internationales[136].

Il est essentiel en effet de saisir, premièrement, que la qualité de représentant démocratique de ces diverses institutions publiques et privées ne va pas de soi, et notamment qu'elles doivent être organisées de manière à respecter les quatre principes démocratiques évoqués précédemment, y compris le principe d'égalité politique. C'est précisément le rôle des organisations internationales et de leurs États membres que de veiller à ce que ce soit le cas au sein du droit international de l'organisation.

---

133. Voy. S. BESSON et J. L. MARTÍ, « Cities as Democratic Representatives in International Law-Making », *op. cit.*, pp. 341-353.
134. Voy. *ibid.*, pp. 347-350.
135. Voy. S. BESSON et J. L. MARTÍ, « Legitimate Actors of International Law-Making : Towards a Theory of International Democratic Representation », *op. cit.*, pp. 529-533 ; S. BESSON et J. L. MARTÍ, « Cities as Democratic Representatives in International Law-Making », *op. cit.* ; S. BESSON et J. L. MARTÍ, *Democratic International Law-Making, op. cit.*
136. Voy. S. BESSON, « Democratic Representation within International Organizations. From International Good Governance to International Good Government », *op. cit.*

Actuellement, le droit de la plupart des organisations internationales ne prévoit pas ou peu d'obligations organisationnelles de la part des villes et/ou organisations non-gouvernementales impliquées dans leurs procédures de délibération, voire de décision. Et pourtant il est clair que ces institutions, publiques ou privées, souffrent, elles aussi, de déficits importants du point de vue de l'égalité politique : elles sont inégalement puissantes (économiquement et politiquement), inégalement présentes à travers le monde, et inégales d'un point de vue démographique. Elles peuvent donc représenter davantage certaines personnes ou certains groupes que d'autres et induire de ce fait de nombreuses inégalités politiques au sein des organisations internationales qui les associent[137].

Divers correctifs institutionnels sont donc à prévoir de manière urgente, notamment par les États membres de ces organisations internationales qui demeurent les institutions publiques de représentation égalitaire privilégiée des peuples de ce monde. Ainsi, les organisations internationales pourraient-elles exiger que la participation d'organisations non-gouvernementales dans le cadre des processus législatifs des organisations internationales soit conditionnée à une couverture universelle de tous les peuples ou régions. L'accréditation des organisations non-gouvernementales par les organisations internationales devrait aussi exiger qu'elles soient organisées et contrôlées démocratiquement par les personnes qu'elles prétendent représenter, et qu'elles veillent à ne pas sur- ou sous-représenter certaines personnes.

Deuxièmement, il est essentiel d'articuler la représentation par ces autres institutions, tant publiques que privées, autour de la représentation publique au sein des organisations internationales par les États membres de ces organisations, et notamment l'égalité de ces derniers.

Actuellement, la participation de ces autres institutions, notamment les organisations non-gouvernementales, aux processus de délibération, voire de décision des organisations internationales se fait de manière pragmatique et sans référence aucune à la représentation par les États des mêmes peuples et citoyens. Étant donné l'absence d'articulation politique claire entre l'égalité des États membres et celles des peuples au sein de la majorité des organisations internationales, cela ne devrait pas nous surprendre. Et pourtant l'association de ces autres institutions, publiques et privées, est généralement justifiée par une référence vague, et généralement

---

137. Voy. S. BESSON et J. L. MARTÍ, « Legitimate Actors of International Law-Making : Towards a Theory of International Democratic Representation », *op. cit.*, pp. 537-538.

creuse, à la nécessité d'une plus grande « inclusion » ou « participation » des « parties prenantes » (*stakeholders*)[138] aux procédures d'adoption du droit des organisations internationales, évoquant même parfois une forme de « démocratie directe »[139].

Non seulement ces mécanismes prétendument « participatifs » ne sont-ils pas très efficaces. Ils sont surtout consultatifs (ils donnent aux institutions privées une « voix », mais pas de « vote ») et sont en fait très peu utilisés. On peut, en outre, même douter de leur caractère représentatif. Si ces institutions visent à compenser la représentation insuffisamment égalitaire des peuples et citoyens par leurs États au sein des organisations internationales, l'on s'attendrait à ce que les réformes institutionnelles visant à améliorer le respect de l'égalité politique par l'égalité des États présentées dans la section précédente prennent au moins en compte l'association institutionnelle de ces autres représentants, tant publics que privés. Il s'agirait notamment d'éviter ainsi une double-représentation ou, au contraire, une sous-représentation de certains citoyens et peuples, et toutes les inégalités politiques que cela induit[140].

Il faut noter finalement que la représentation multiple par diverses institutions publiques et privées autres que les États n'implique pas l'égalité entre ces autres institutions. Et pourtant, à l'heure où les organisations internationales nouent toujours davantage de relations entre elles, y compris des relations juridiques sous la forme de traités notamment, certains se sont demandé si l'égalité des États devait être étendue à ces relations et impliquer une égalité entre organisations internationales elles-mêmes[141].

L'histoire de l'égalité en droit international de l'État, et notamment ses origines anti-impérialistes au XVIIe siècle puis au XIXe siècle, puis surtout démocratiques dès le XXe siècle – et le fait qu'il ne s'agisse plus d'une égalité de personnalité anthropomorphe entre toutes les « personnes » de droit international –, expliquent pourquoi une telle proposition

---

138. Voy. par ex. L. DUBIN et M.-C. RUNAVOT, « Représentativité, efficacité, légitimité : Des organisations internationales en crises ? », *op. cit.*, pp. 86-88.
139. Voy. par ex. A. PETERS, « Dual Democracy », in J. KLABBERS, A. PETERS et G. ULFSTEIN (éds), *The Constitutionalization of International Law*, Oxford, OUP, 2009, pp. 263-341 ; M. KRAJEWSKI, « International Organizations or Institutions Democratic Legitimacy », *Max Planck Encyclopedia of Public International Law*, 2019, pts 19 et s.
140. Voy. S. BESSON et J. L. MARTÍ, « Cities as Democratic Representatives in International Law-Making », *op. cit.*, pp. 347-350.
141. Voy. J. L. DUNOFF, « Is Sovereign Equality Obsolete ? Understanding Twenty-First Century International Organizations », *op. cit.*, p. 121.

est prématurée[142]. Le lien démocratique entre égalité des citoyens et égalité des peuples qui s'est noué au cours du XXe siècle et le rapport correspondant entre souveraineté de l'État et souveraineté populaire font, comme je l'ai expliqué précédemment, que l'égalité souveraine des États est devenue la meilleure garantie de l'égalité politique des peuples au sein de l'ordre juridique et institutionnel international, et donc de la légitimité démocratique internationale. Cette égalité n'est pas parfaite, bien sûr, et appelle les différents correctifs et compléments qui viennent d'être mentionnés. Quoi qu'il en soit, tant que l'articulation démocratique entre les nombreuses organisations internationales et les États-peuples ne sera pas mieux institutionnalisée, l'égalité des organisations internationales ne peut pas être considérée comme liée à l'égalité des peuples, ni même comme apte à l'assurer. Elle pourrait bien au contraire renforcer les inégalités entre peuples.

La même conclusion doit valoir pour les villes globales ou d'autres institutions publiques du droit international, comme les cantons ou les régions. Tant que leur articulation démocratique aux peuples des États au sein desquels elles se situent n'est pas clarifiée[143], leur égalité de droit international est prématurée.

CONCLUSION

La garantie expresse du principe d'égalité des États membres par le traité de Lisbonne sera, il faut l'espérer, providentielle pour l'Union européenne. Il faut en effet y voir une réponse au retour, en son sein, des méthodes de décision intergouvernementales, et notamment du gouvernement de quelques-uns des exécutifs nationaux les plus puissants en Europe. Elle pourrait toutefois être tout aussi providentielle pour les autres organisations internationales où l'inégalité des États s'est progressivement « institutionnalisée » au profit des puissances d'après-guerre et fait désormais le lit des nouvelles puissances, rappelant ainsi aux premières l'importance du principe d'égalité des États.

---

142. Voy. S. BESSON, « Democratic Representation within International Organizations. From International Good Governance to International Good Government », *op. cit.*
143. Voy. S. BESSON et J. L. MARTÍ, « Cities as Democratic Representatives in International Law-Making », *op. cit.*, pp. 343 et 344.

Il y aurait là un beau retournement de l'histoire. Pour mémoire, le principe de l'égalité souveraine des États en droit international s'est imposé en droit public européen au XVIIe siècle, puis à nouveau dès la fin du XIXe siècle, en réaction à l'hégémonie impériale. C'était alors la condition de la coexistence d'une pluralité d'États indépendants. Le principe a été revendiqué par d'autres États dès le début du XXe siècle et universalisé par la charte des Nations unies. Depuis, les inégalités des États se sont malheureusement institutionnalisées au sein des organisations internationales, y compris hors de tout cadre juridique. À l'heure du retour des impérialismes et de l'instrumentalisation du droit international à leur service, mais cette fois en dehors de l'Europe et de ses alliés occidentaux et donc des puissances d'après-guerre, voir renaître le principe d'égalité des États membres des organisations internationales à nouveau du droit public européen, quoique au sein désormais de celui d'une organisation internationale européenne, l'Union européenne, est tout à fait réjouissant.

Cette renaissance de l'égalité souveraine en Europe pourrait être l'occasion d'une réelle universalisation de l'égalité des États en droit international. Et non pas au profit de quelques-uns cette fois-ci, mais de tous. En bref, la promesse d'un multilatéralisme véritablement universel.

UNE PETITE PHILOSOPHIE DE L'ÉGALITÉ DES ÉTATS

FRANCIS CHENEVAL

PROFESSEUR À L'UNIVERSITÉ DE ZURICH, SUISSE

La Confédération suisse est fière du principe de l'égalité de ses États membres, les cantons[1]. Aujourd'hui, peu de Suisses savent, ou reconnaissent, que c'est Napoléon Bonaparte qui a imposé l'idée d'égalité des États membres dans la Confédération suisse, parallèlement à l'idée d'égalité des citoyens[2].

Napoléon, « le Médiateur de la Confédération suisse », a également créé en Suisse ce qui est perçu comme un problème général dans la théorie démocratique : la contradiction entre l'idée de l'égalité des citoyens et l'égalité des États. Dès que les États prennent des décisions ensemble à la base d'une règle d'agrégation de votes cela implique une dérivation de l'égalité du pouvoir *a priori* de vote des citoyens de ces États. Dans le bref exposé qui suit, j'essaierai de montrer, *primo*, que le concept de l'égalité des États est justifiable *a priori* ; et, *secundo*, que dans un projet politique commun de plusieurs États il n'y a pas de contradiction principielle entre l'idée de l'égalité des États et l'égalité du pouvoir agentiel politique citoyen.

Mon argumentation n'est pas exhaustive. Je m'abstiendrai, par exemple, de développer des considérations conséquentialistes en faveur de l'égalité des États. Un tel raisonnement voudrait par exemple que l'égalité des États se justifie si elle conduit à la paix et à la stabilité dans un système fédéral ou international, et donc crée une utilité générale. Par rapport à cette stratégie de justification, je ne dis que ceci. L'argument utilitariste en faveur de la paix par l'égalité des États pourrait être rapidement réduit à néant si nous pouvons montrer qu'un hégémon maintient la paix mieux qu'une

---

1. Je remercie Edouard Dubout pour les commentaires constructifs apportés à une version antérieure de cet article, ainsi qu'aux participants de la Journée d'étude du Centre de droit européen « L'égalité des États membres de l'Union européenne » (29 octobre 2021, Université Panthéon-Assas) pour leurs questions et commentaires.
2. Th. MAISSEN, *Histoire de la Suisse*, coll. Histoire et civilisation, Villeneuve d'Ascq, Presses universitaires du Septentrion, 2019, chap. 7, a, 8).

communauté d'États égaux. Mon argument *a priori* ne devrait donc pas être confondu avec un argument conséquentialiste et empirique, et il est valable indépendamment d'un tel argument.

I. L'ÉGALITÉ DES ÉTATS

Pour fonder mon argumentation, je pars d'une conception contractualiste de l'État. Cela ne doit pas être mal compris. Je ne présente pas un argument selon lequel l'autorité politique de l'État est fondée sur l'idée d'un consentement explicite ou tacite des citoyens et citoyennes. L'argument contractualiste découle plutôt de l'idée que l'autorité de l'État est fondée sur certaines propositions qui peuvent être justifiées auprès de chaque personne, ou même sur des propositions que personne ne peut refuser de manière raisonnable. Personne ne peut raisonnablement refuser une autorité politique qui protège les droits fondamentaux, conçus en termes de libertés privées et de libertés de participation à la vie et aux décisions publiques. Personne ne peut raisonnablement refuser la garantie d'un espace public, et ne fut-ce que pour avoir à disposition des chemins entre les espaces privés. Personne ne peut raisonnablement refuser une garantie des biens publics nécessaires tels que la sécurité, la paix, ou la protection contre les pandémies. Nous pouvons donc fonder l'autorité de l'État sur des conditions d'équité, selon lesquelles une entité politique qui fournit des biens publics, gère durablement les biens communs et protège les droits fondamentaux peut être justifiée auprès de chaque sujet de l'État. Une telle entité étatique peut être justifiée envers chaque personne et mérite également d'être reconnue comme un État par d'autres entités comparables. En réalité, aucun État ne remplit parfaitement cette condition, mais je suppose qu'il suffit que les États remplissent raisonnablement bien cette condition normative pour mériter d'être reconnus en tant qu'États. Si tel est le cas, nous pouvons supposer que même de nombreux États existants réels sont établis en tant que contrat social, c'est-à-dire qu'ils remplissent le critère de justifiabilité contractualiste minimale. C'est dans ce sens que je soutiens que les États peuvent être compris comme des contrats sociaux. En bref, cela signifie que leur droit d'être reconnus en tant qu'État est fondé sur leur justification auprès des citoyens, dont ils protègent les droits fondamentaux, gèrent les biens communs et auxquels ils fournissent les biens publics.

Cette justification du contrat social peut être menée à bien aussi par la théorie des jeux. Dans un dilemme de prisonnier, l'équilibre Nash représente ce que Rousseau a appelé « la volonté de tous ». Il représente ce que chaque membre du jeu choisit comme meilleur résultat pour lui en tenant compte du choix possible de l'autre. L'équilibre Nash, la volonté de tous, conduit à un résultat non-optimal du point de vue de chacun. La « volonté générale », différente de la volonté de tous, est représentée par le point de vue sur le résultat optimal de l'interaction qui se produit par une règle de collaboration raisonnable[3]. Le contrat social représente la volonté générale, le point de vue du comportement raisonnable, différent du point de vue de l'interaction stratégique de tous.

L'idée de l'égalité des États n'est autre que l'idée de l'égalité des entités gérées à la base de la volonté générale. L'idée d'égalité des États découle du statut de contrat social. Tout comme les personnes humaines sont égales en tant que personnes morales, les contrats sociaux sont égaux en tant que personnes morales politiques, voire Peuples, fondés sur la volonté générale. L'égalité des États est donc une égalité de valeur *a priori* qui se fonde sur la thèse qu'il n'y a pas de raisons d'attribuer à des personnes morales des valeurs différentes. Il faut tout de suite éviter un malentendu. Nous supposons, et ceci de manière plausible, que les actions des personnes morales sont d'une qualité morale très inégale. Nous ne pensons pas que cela ait une quelconque importance lorsqu'il s'agit de déterminer notre statut moral ou statut de citoyenneté – l'égalité en tant que personnes morales avec certains droits fondamentaux. Nous ne pensons pas que le fait que les personnes ont droit à un vote dans les procédures démocratiques implique une égale valeur fonctionnelle dans la société ou une égale valeur morale de leurs actions. Des personnes, les actions desquelles ont des qualités morales très différentes, sont considérées comme égales en ce qui concerne leur statut de personne morale.

Une entité politique qui est constituée comme contrat social se voit ainsi attribuer le statut d'État. Puisqu'il est fondé sur un contrat social, ce dernier peut être considéré comme un statut de personne collective réalisant la volonté générale. C'est l'ancrage dans un contrat social qui justifie que nous considérions l'État non seulement comme une machine de domination, mais comme une entité sociale que nous pouvons considérer comme collectivité dotée d'une qualité de personne. Cela ne nous engage pas à croire que tous les États remplissent leurs devoirs contractuels de manière égale dans leurs actions, tout comme la reconnaissance de la personnalité morale des individus humains ne nous engage pas à les considérer tous comme méritant également le statut de personne morale par leurs actions. Mais

---

3. A. Sen, « Rational Fools : A Critique of the Behavioural Foundations of Economic Theory », *Philosophy and Public Affairs*, 1977, vol. 6, n° 4, p. 341.

le statut fonde l'égalité des droits et des devoirs. La reconnaissance des conditions de contrat social attribue à l'État un statut qui ne permet, *prima facie*, aucune inégalité concernant l'ensemble des droits et des devoirs qui accompagnent ce statut d'État.

En opposition à ce raisonnement qui fonde l'égalité des États dans leur statut de contrat social, nous pourrions croire que l'égalité des États n'est fondée que sur une pure fiction juridique, la fiction juridique de l'égalité des personnes juridiques. Non seulement les États sont égaux en tant que personnes juridiques, mais dans chaque catégorie de personne juridique est impliquée une idée d'égalité. Les entreprises, les syndicats, les fondations, les associations, etc. peuvent tous être considérés par le droit comme égaux dans leur catégorie. Comme dans tous ces cas, l'égalité des États serait fondée sur un acte juridique positif et seulement sur un acte juridique positif. Il ne fait aucun doute que seul le fait que le principe de l'égalité des États soit inscrit dans le droit donne à l'égalité des États autorité de loi. Mais la question est de savoir dans quelle mesure cette opération juridique peut être fondée sur un raisonnement *a priori*. Il y a une raison pour laquelle le statut de personne juridique peut être accordé à un État ou une association et non pas à une lampe. L'acte de fiction juridique, l'acte juridique positif, ne peut pas faire tout le travail ontologique et normatif pour transformer quelque chose miraculeusement en une personne. La plus-value du droit ne consiste pas en la performance de miracle ontologique, le droit ajoute la dimension du tiers[4]. Il peut certifier et stipuler le statut de personne sur la base de données ontologiques et normatives. L'État en tant que contrat social, c'est-à-dire en tant qu'entité constituée par des actions sociales de promesses et d'engagements, est ce qui sous-tend la personnalité juridique de l'État. Bref, l'État est un candidat possible à l'attribution de de la personnalité juridique sur la base d'un argument contractualiste. L'acte statuaire juridique en tant que tel ne peut pas tout simplement créer la personne du néant sans actes de constitutions de contrat social.

En ce sens, je maintiens que l'idée de l'égalité des États est philosophiquement justifiable. Notez que ce sont des conditions *a priori* qui fondent l'autorité légitime de l'État qui importent, pas des conditions contingentes comme la puissance de l'État, la surface, le nombre de citoyens, etc. Aucune de ces dernières ne justifierait l'idée de l'égalité des États. Des considérations *a posteriori* ne conduisent à l'idée de l'égalité des États que par chance, comme une montre cassée qui indique l'heure juste deux fois par jour.

---

4. Fr. Ost, *Le droit ou l'empire du tiers*, coll. Les sens du droit, Montrouge, Dalloz, 2021.

II. L'égalité des citoyens et des États

Puisque nous avons justifié l'égalité des États avec un argument contractualiste fondé sur un individualisme méthodologique et normatif, nous devons confronter l'objection d'une contradiction. De nombreux auteurs en théorie démocratique considèrent l'idée d'égalité des États comme conceptuellement incompatible avec l'idée d'égalité des citoyens en une démocratie majoritaire[5]. Ces auteurs adhèrent à un principe de majorité strict qui est fondé sur l'égalité politique formelle des citoyens, c'est-à-dire exactement un vote par personne[6]. Si on suit ce principe de manière consistante et si l'on réduit le concept de démocratie à ce principe, il faut conclure que la démocratie est incompatible avec le fédéralisme et la demoïcratie[7] parce que si des États avec un inégal nombre de citoyens ont le même pouvoir de vote formel *a priori* le pouvoir de vote des citoyens ne peut plus être égal. S'il y a égalité de représentants des États dans un conseil d'États avec pouvoir législatif, le principe d'égalité numérique, i.e. un vote par citoyen, n'est plus respecté sur le plan global. Un tel gouvernement n'est pas une démocratie dans le sens strict du terme, mais un gouvernement représentatif[8]. Notons bien : si ce verdict était le dernier mot à dire, nous ne devrions pas seulement rejeter l'idée de l'égalité des États pour conserver la démocratie. Nous devrions également rejeter l'idée de gouvernement représentatif au sein de l'État, comme l'a fait Rousseau de manière conséquente. Dès que le peuple se donne des représentants, « il n'est plus »[9]. Toute procédure de décision politique à deux niveaux, c'est-à-dire que les citoyens élisent des représentants qui décident ensuite collectivement des lois, représente une déviation de l'égalité formelle *a priori* des citoyens[10].

---

5. E. Spitz, *Majority Rule*, Chatham House Series on Change in American Politics, Chatham, Chatham House, 1984 ; Th. Christiano, *The Rule of the Many : Fundamental Issues in Democratic Theory*, Boulder, Westview Press, 1996, p. 82, http://www.getcited.org/pub/100111232.

6. R. D. Kelemen, « Federalism and Democratization », in A. Menon et M. A. Schain (éds), *Comparative Federalism : The European Union and the United States in Comparative Perspective*, Oxford, OUP, 2006, pp. 221-243.

7. K. Nicolaïdis, « Our European Demoi-Cracy : Is This Constitution a Third Way for Europe ? Papers of a Multi-Disciplinary Conference Held in Oxford in April 2003 », in *Whose Europe ? National Models and the Constitution of the European Union*, Oxford, European Studies at Oxford, 2003, pp. 137-152 ; F. Cheneval, *The Government of the Peoples : On The Idea and Principles of Multilateral Democracy*, New York, Palgrave Macmillan, 2011 ; Fr. Cheneval et F. Schimmelfennig, « The Case for Demoicracy in the European Union », *JCMS*, 2013, vol. 51, n° 2, pp. 334-350, https://doi.org/10.1111/j.1468-5965.2012.02262.x.

8. B. Manin, *Principes Du Gouvernement Représentatif*, Paris, Flammarion, 1996.

9. J.-J. Rousseau, *Du contrat social. Écrits politiques*, éd. par Fr. Bouchardy, B. Gagnebin et M. Raymond, Paris, Gallimard, 1996, p. 431.

10. P. Morriss, *Power : A Philosophical Analysis*, 2ᵉ éd., Manchester, Manchester Univ. Press, 2002, p. 192.

C'est d'autant plus vrai si les votes individuels sont répartis sur des partis servant d'intermédiaires, ou si les districts de vote ne contiennent pas tous exactement le même nombre de citoyens. Cet argument fut correctement proposé par Rousseau pour déduire l'origine *a priori* du contrat social à la base d'un consensus raisonnable de citoyens formellement égaux *a priori*, d'une volonté générale qui n'est pas une volonté de tous.

Avant d'aller plus en avant, il vaut la peine de bien se représenter ce que signifient l'égalité *a priori* et *a posteriori* du pouvoir de vote. La mesure classique du pouvoir de vote *a priori* l'équivaut à la proportion de toutes les divisions logiquement possibles où le vote d'une personne est décisif, c'est-à-dire où elle aurait pu changer le résultat si elle avait voté différemment[11]. Suivant l'exemple d'Abidazeh, dans le cadre d'une règle de majorité avec cinq votants, chaque votant est décisif dans 12 des 32 divisions possibles ; par conséquent, le pouvoir de vote *a priori* est 3/8 pour chacun. Le pouvoir de vote *a priori* est souvent interprété comme la probabilité d'un électeur d'être décisif sur la base des hypothèses (1) de vote équiprobable (la probabilité qu'un électeur vote pour une option est égale à la probabilité qu'il vote pour n'importe quelle autre option) ; et (2) d'indépendance du vote (les inclinaisons de vote ne sont pas corrélées), qui ensemble impliquent (3) des divisions équiprobables (la probabilité de n'importe quelle division est égale à celle de n'importe quelle autre). Le pouvoir de vote *a posteriori*, en revanche, est le pouvoir de vote dont un votant dispose à la lumière de la distribution réelle des préférences et des conséquences et des stratégies qui en découlent, et donc des probabilités réelles de divisions. Il s'ensuit que l'argument formel qui fonde la validité *a priori* du contrat social n'est plus valable à partir du moment où l'on relâche certaines conditions *a priori*, par exemple permettre aux citoyens de communiquer, de mettre en commun leurs votes et de former ainsi des majorités contre d'autres. Sous des conditions *a posteriori*, permettant l'action politique commune, certains citoyens risquent d'être minorisés. Si les préférences sont stables et structurelles, certains citoyens sont en permanence minorisés et d'autres forment des majorités permanentes, indépendamment de leur pouvoir de vote formel égal en tant qu'individus.

---

11. D. Felsenthal et M. Moshé, « A Priori Voting Power : What Is It All About ? », *Political Studies Review*, 2004, vol. 2, n° 1, pp. 1-23 ; A. Abizadeh, « Counter-Majoritarian Democracy : Persistent Minorities, Federalism, and the Power of Numbers », *American Political Science Review*, 2021, vol. 115, n° 3, p. 745.

L'idée d'une égalité substantielle ou informelle, et non pas seulement formelle, des citoyens[12] ne résout pas le problème de la possibilité de majorités et minorités permanentes. Les pouvoirs informels des citoyens, par exemple leurs ressources matérielles pour influencer la politique ou leurs talents rhétoriques sont en effet distribués de manière très inégale. Si nous supposons que les pouvoirs informels des citoyens sont strictement égalisés, il est toujours le cas que les citoyens créent des inégalités dès qu'ils entreprennent des actions politiques communes. Dès que les citoyens ont le droit de mettre leurs ressources ensemble, l'égalité individuelle peut se transformer en une inégalité entre les groupes de citoyens, et conséquemment entre les citoyens en tant que membres de différents groupes. En tant que membre d'un tel groupe, le pouvoir formel et statut de pouvoir agentiel du citoyen change. Dans un groupe minorisé de manière permanente, la probabilité d'un vote d'être décisif est rendue zéro. Pour les citoyens du groupe majoritaire de manière permanente le facteur tend vers 1. Aucune égalité de pouvoir agentiel ne découle d'un principe d'égalité formelle procédurale. Et il en va de même pour un principe d'égalité des ressources de pouvoir informelles. Dès que les citoyens agissent politiquement, c'est-à-dire qu'ils s'engagent dans une action politique commune en mettant ensemble leurs ressources, ils créent des inégalités de pouvoir agentiel.

L'égalité du pouvoir de vote *a priori* est précieuse dans la mesure où nous ne voulons pas traiter différemment des citoyens égaux en leur donnant un pouvoir de vote formel inégal dans une procédure. Mais si nous voulons réduire les inégalités informelles entre les citoyens pour fortifier leur pouvoir politique agentiel, l'idéal n'est pas une égalité informelle individualiste mais l'impossibilité de domination de minorités permanente par des majorités permanentes. Si nous égalisons les ressources des citoyens, nous n'avons pas respecté l'idéal d'égalité du pouvoir agentiel des citoyens, car un système d'égalité numérique ou même de ressources peut parfaitement coexister avec des majorités et des minorités permanentes.

Dans une telle perspective *a posteriori*, la mesure du pouvoir de vote peut être interprétée comme représentant la probabilité que le détenteur du pouvoir soit décisif. Si les votes ne sont pas indépendants, alors cette probabilité conditionnelle ne sera plus égale à la probabilité inconditionnelle utilisée pour le pouvoir de vote *a priori*. Par conséquent, la probabilité d'être décisif est maintenant une probabilité *a posteriori* : une probabilité en vertu

---

12. H. BRIGHOUSE, « Egalitarianism and Equal Availability of Political Influence », *Journal of Political Philosophy*, 1996, vol. 4, n° 2, pp. 118-141, https://doi.org/10.1111/j.1467-9760.1996.tb00045.x.

non seulement de la structure de décision formelle-procédurale mais aussi de la structure de la distribution des préférences et des effets potentiels de l'interaction stratégique. Pour illustrer ceci, considérons à nouveau le vote à la majorité avec cinq électeurs. Il y a 32 divisions logiquement possibles et chaque électeur est décisif dans 12 d'entre elles. La mesure du pouvoir de vote *a priori* suppose que chaque division est équiprobable – on pondère chaque instance de décisivité de manière égale – ce qui donne, sur le modèle classique 3/8 pour chaque électeur. Mais supposons maintenant que les électeurs A et B composent une minorité persistante et les électeurs C, D et E une majorité persistante – en vertu de la position qu'ils occupent dans une structure sociale telle que la condition de vie rurale, la langue primaire, etc. Supposons en outre que les membres du groupe aient des préférences parfaitement corrélées : sous réserve que A vote « oui », B votera « oui » et les électeurs C, D et E voteront « non ». Ainsi, la division dans laquelle A, B et C votent « oui » et D et E votent « non » – une division dans laquelle A est décisif – se produira avec une probabilité nulle. En fait, toutes les divisions dans lesquelles A serait décisif se produisent avec une probabilité nulle. Dans ces conditions, le pouvoir de vote de A comme celui de B, serait égal à zéro. Inversement, le pouvoir de vote de chacun des trois membres à majorité persistante serait de 1.

C'est là où l'égalité des États (ou de territoires) intervient comme facteur d'équilibrage de pouvoir agentiel des individus. L'égalité des États dans un système politique dans lequel les citoyens sont représentés collectivement vers d'autres entités de ce type peut éviter ou contrebalancer l'existence de majorités et minorités permanentes. D'un autre côté, un système unitaire, fondé uniquement sur l'idée d'un pouvoir de vote formellement égal ou de ressources individuelles égales peut rendre le pouvoir politique agentiel des citoyens très inégal[13]. Si le Liechtenstein et la France faisaient partie d'un seul corps politique avec égalité numérique et égalité de ressources des citoyens, cela mettrait le Liechtensteinois en une position de minorité permanente à cause de la stabilité *a posteriori* de certaines préférences citoyennes. Cela n'est pas seulement vrai dans des constellations multiculturelles avec des clivages forts et apparents. Cela vaut pour les formations possibles de minorités permanentes le long de clivages liés aux conditions de vie rurales ou urbaines, aux conditions du centre et de la périphérie, etc. Une subdivision territoriale et géographique des citoyens de manière inégale quant à l'espace des territoires, etc. est donc raisonnable

---

13. A. ABIZADEH, « Counter-Majoritarian Democracy : Persistent Minorities, Federalism, and the Power of Numbers », *op. cit.*, pp. 742-756.

et peut servir à nous rapprocher de l'idéal de l'égalité du pouvoir agentiel des citoyens. Si cette subdivision représente des États en tant que contrats sociaux, tel que dans l'Union européenne, nous arrivons au point où il peut être raisonnable d'établir un système fédéral d'États, dans lequel les votes des citoyens sont agrégés deux fois, une fois dans le système global et une fois agrégés au niveau des États membres. Nous pouvons bien sûr aussi envisager d'autres mesures contre-majoritaires pour égaliser le pouvoir agentiel des citoyens.

En résumé, *pro toto* le fédéralisme fondé sur une idée d'égalité d'entités territoriales inégales, n'est pas en soi anti-démocratique. Bien au contraire, il a le potentiel d'être plus démocratique parce qu'il sert à égaliser le pouvoir politique agentiel des citoyens. L'idée de l'égalité des États, judicieusement introduite dans la confédération suisse par Napoléon, est en principe une bonne idée. Elle peut protéger les citoyens dans leur contrat social ou groupe permanent minorisé contre la domination et vice versa. Si l'Union européenne introduit et respecte le principe de l'égalité des États à certains égards, cela ne signifie pas qu'elle est *a priori* non-démocratique. Au contraire, cela peut signifier qu'elle protège le pouvoir politique agentiel des citoyens des États membres en tant que citoyens européens. D'un autre côté, une entité étatique parfaitement « jacobine », censée répondre à l'idée d'égalité politique dans sa forme la plus parfaite par l'égalité des droits de vote formels, peut obtenir des résultats assez médiocres lorsqu'il s'agit de donner aux citoyens un pouvoir agentiel équilibré. À ce point s'ajoute le problème non résolu de la constitution originelle du peuple dans son territoire (« *demos problem* »). L'unité politique au sein de laquelle la démocratie doit avoir lieu est normativement sous-déterminée en ce qui concerne les limites de son adhésion et de son territoire[14]. Or, les représentants de la théorie normative de la démocratie partent souvent de l'idéal du peuple singulier, que celui-ci soit national ou mondial. La multiplicité des peuples est considérée comme une menace fondamentale pour la démocratie[15] et comme une situation qui doit être transformée par intégration en un demos et une démocratie globaux[16]. Si l'on prend en considération différents

---

14. F. CHENEVAL, *The Government of the Peoples : On The Idea and Principles of Multilateral Democracy, op. cit.*, pp. 62-72.

15. R. A. DAHL, « Can International Organizations Be Democratic ? A Skeptic View », in I. SHAPIRO et C. HACKER-CORDÓN (éds), *Democracy's Edges*, Londres/New York, Cambridge University Press, 1999, pp. 19-36.

16. D. HELD, *Democracy and the Global Order : From the Modern State to Cosmopolitan Governance*, Stanford, Stanford University Press, 1995 ; D. ARCHIBUGI, *The Global Commonwealth of Citizens Toward Cosmopolitan Democracy*, Princeton, Princeton University Press, 2008 ; Ch. LIST et M. KÖNIG-ARCHIBUGI, « Can There Be a Global Demos ? An Agency-Based Approach », *Philosophy & Public Affairs*, 2010, vol. 38, n° 1, pp. 76-110.

problèmes de constitution du démos ab origine, il apparaît même qu'une constellation de nombreux peuples égaux, se rendant des comptes les uns aux autres et interagissant dans des procédures de co-décision est normativement plus avantageuse qu'un peuple unique et renfermé sur lui-même. La pluralité et la différenciation des peuples sont plus justifiables que l'uniformisation en un peuple unique. C'est pourquoi il vaut en principe la peine de penser la démocratie sous la condition de la pluralité des peuples égaux. Le fait que l'Union européenne n'est pas une démocratie unitaire mais plutôt une « demoïcratie » ne signifie donc pas qu'elle est nécessairement non-démocratique. Il faut intervertir la présomption. L'Union européenne respectant l'égalité des peuples constitués en États est plus démocratique qu'elle ne le serait en tant que démocratie unitaire.

L'INCERTAIN PRINCIPE D'ÉGALITÉ DES ÉTATS
AUX ÉTATS-UNIS D'AMÉRIQUE

Idris FASSASSI

Professeur de droit public
Université Paris-Panthéon-Assas

> « La théorie selon laquelle tous les États ont des pouvoirs égaux doit être regardée comme défunte […]. Elle ne peut être ressuscitée que par un acte puissant de construction judiciaire »[1].

Ces propos datant de la fin du XIXe siècle appellent deux observations utiles à la compréhension du débat contemporain sur l'existence et la portée d'un principe d'égalité des États fédérés. L'une est relative au poids de l'histoire, l'autre au rôle de la Cour suprême.

En premier lieu, on ne peut manquer de noter que l'auteur, chef de file d'une école historique aujourd'hui désavouée[2] qui, à la suite de la guerre de Sécession, louait la « résistance » face aux « abus » de l'Union, reconnaît néanmoins dans cette étude menée sur l'existence d'un principe d'égalité des États en droit positif que l'issue de la guerre civile conduit, précisément, à ce que l'argument de « la souveraineté des États ne puisse être toléré dans l'arène du débat constitutionnel »[3]. La question de l'égalité des États, qui s'inscrit chez beaucoup d'auteurs dans une défense des droits des États, est en effet marquée outre-Atlantique par un contexte historique singulier lié

---

1. W. Dunning, « Are the States Equal Under the Constitution ? », *Political Science Quarterly*, 1888, vol. 3, n° 3, p. 453.
2. Un historien spécialiste reconnu de la période de la Reconstruction affirmait ainsi : « *In any event, the writings of the Dunning School did more than reflect prevailing prejudices – they strengthened and helped perpetuate them. They offered scholarly legitimacy to the disenfranchisement of southern blacks and to the Jim Crow system that was becoming entrenched as they were writing* » : E. Foner, « Foreword », in J. Smith et V. Lowery (dir.), *The Dunning School*, Kansas University Press, 2013, p. xi.
3. W. Dunning, « Are the States Equal Under the Constitution ? », *op. cit.*, p. 425.

à la guerre de Sécession, ses raisons, ainsi que la portée des XIIIe, XIVe et XVe amendements adoptés dans le cadre de la « Reconstruction »[4], dont il est difficile de se départir. La question sent donc la poudre[5] ou, à tout le moins, évoque son souvenir. Les récentes décisions de la Cour suprême accentuent le brouillage en replongeant le principe dans la question brûlante des discriminations raciales aux États-Unis[6]. Le principe d'égalité des États, reconnu récemment dans une décision invalidant une disposition phare du *Voting Rights Act*, est donc teinté, aux États-Unis, d'une dimension particulière qui soulève d'emblée la question de son articulation avec le principe d'égalité des individus et interroge la mesure dans laquelle le premier opèrerait au détriment du second.

En second lieu, on notera que l'histoire a donné raison aux propos de l'auteur qui évoquait un « acte puissant de construction judiciaire ». C'est peu dire, en effet, que le rôle de la Cour suprême a été crucial dans la reconnaissance du principe. Le principe d'« égale souveraineté » (*equal sovereignty*) des États a en effet été consacré – « inventé » diront les plus critiques[7] – par la Cour suprême au début du XXIe siècle[8] au terme d'un raisonnement qui lui-même s'appuie sur une création prétorienne antérieure, le principe de l'admission sur un pied d'égalité des États (*equal footing*), forgé au cours du XIXe siècle.

Ces décisions font apparaître un paradoxe et un certain nombre de difficultés. En effet, à lire les opinions soulignant que « l'égalité de droit constitutionnel et de pouvoir est la condition de tous les États de

---

4. Il s'agit du nom donné à la période suivant la fin de la Guerre de Sécession. Après quatre années de guerre civile, il fallait en effet « reconstruire » non seulement les États du Sud, mais aussi l'Union dans son ensemble. Voy., E. FONER, *Reconstruction : America's Unfinished Revolution, 1863-1877*, New York, Harper & Row, 1988. Deux sujets cristallisèrent plus particulièrement les oppositions : le statut des États du Sud qui avaient voulu quitter l'Union et la protection des esclaves nouvellement affranchis qui y vivaient. Le XIIIe amendement, ratifié en 1865, interdit l'esclavage : le XIVe Amendement, ratifié en 1868, modifie en profondeur la substance et la structure du corpus constitutionnel. Sa section 1 prévoit que : « toute personne née ou naturalisée aux États-Unis, et soumise à leur juridiction, est citoyen des États-Unis et de l'État dans lequel elle réside. Aucun État ne fera ou n'appliquera de lois qui restreindraient les privilèges ou les immunités des citoyens des États-Unis ; ne privera une personne de sa vie, de sa liberté ou de ses biens sans procédure légale régulière ; ni ne refusera à quiconque relève de sa juridiction l'égale protection des lois ». Le XVe Amendement, ratifié en 1870, interdit les discriminations fondées sur la race s'agissant du droit de vote.

5. Voy. « Laïcité : le mot sent la poudre » : J. RIVERO, « La notion juridique de laïcité », *Rec. Dalloz*, 1949, chron. n° XXXIII, p. 147.

6. Voy. *infra*.

7. Voy. L. LITMAN, « Inventing Equal Sovereignty », *Michigan Law Review*, 2016, vol. 104, pp. 1207 et s.

8. *Northwest Austin Municipal Utility District No. One v. Holder*, 557 U.S. 193 (2009) ; *Shelby County v. Holder*, 570 U.S. 529 (2013).

l'Union »[9], que « l'Union est une Union d'États, égaux en pouvoir, dignité et autorité »[10], ou mettant en exergue « la tradition historique selon laquelle les États jouissent d'une égale souveraineté »[11], l'on est tenté de penser que l'égalité entre États fédérés est un principe fondamental, historique, constitutif de la structure créée en 1787. Il n'en est pourtant rien. Le texte de la Constitution, telle qu'adoptée en 1787 et complétée par la suite, ne garantit nullement un principe général d'égalité. À bien le lire, l'on y trouve des marques ponctuelles, sectorielles d'égalité – comme la fameuse disposition garantissant l'égalité de représentation politique des États au Sénat[12] – dont on peut néanmoins interroger la capacité à supporter la construction d'un principe général. Voilà pour le paradoxe[13].

Les difficultés, elles, sont multiples. La première est liée à l'indétermination de l'égalité en cause. La Cour a d'ailleurs pu évoquer le « principe constitutionnel de l'égalité des États »[14], la doctrine de « l'égale admission des États »[15] ou encore le « principe d'égale souveraineté des États »[16]. Le principe est-il limité aux hypothèses restreintes, en particulier aujourd'hui, d'admission de nouveaux États ? S'agit-il de renvoyer au contraire à un principe général d'égalité, impliquant un traitement égal des États par la puissance fédérale ou, en s'appuyant sur l'égale souveraineté, s'agit-il de considérer que la puissance fédérale, sans être empêchée d'adopter des mesures différenciées à l'égard des États, ne doit toutefois pas remettre en cause leur *égale* capacité à se gouverner ? La Cour suprême n'a pas précisé les contours du principe qu'elle a consacré et l'analyse de la jurisprudence des cours fédérales inférieures ne fait qu'accroître les interrogations.

---

9. « *Equality of constitutional right and power is the condition of all the states of the Union, old and new* », *Escanaba Co. v. City of Chicago*, 107 U.S. 678, 689 (1883).

10. « *'This Union' was and is a union of States, equal in power, dignity and authority, each competent to exert that residuum of sovereignty not delegated to the United States by the Constitution itself. To maintain otherwise would be to say that the Union [...] might come to be a union of States unequal in power* », *Coyle v. Smith*, 221 U.S. 559, 567 (1911).

11. « [...] *our historic tradition that all the States enjoy 'equal sovereignty'* », *Northwest Austin Municipal Utility District No. One v. Holder*, 557 U.S. 193, 203 (2009).

12. Art. 1er, section 3, de la Constitution des États-Unis.

13. En réalité, un deuxième paradoxe apparaît si l'on envisage les ressorts de la jurisprudence de la Cour. On aurait pu s'attendre, en effet, à ce que la clause garantissant l'égale représentation des États soit le vecteur de la construction prétorienne, or la Cour s'est appuyée en réalité sur la disposition – beaucoup moins connue – relative à l'admission des nouveaux États.

14. « *In accordance with the constitutional principle of the equality of states [...]* », *United States v. Utah*, 283 U.S. 64, 75 (1931).

15. *Coyle v. Smith*, 221 U.S. 559, 567 (1911).

16. *Northwest Austin Municipal Utility District No. One v. Holder*, 557 U.S. 193, 203 (2009).

Par ailleurs, le principe d'égalité des États est au cœur d'une tension structurelle renvoyant aux différentes perspectives dans lesquelles il peut être invoqué. Il a, bien entendu, une portée préservatrice, défensive, permettant à un État de contester des mesures de la puissance fédérale, mais il peut également être mobilisé de manière offensive au soutien de l'action de la puissance fédérale, en tant que corollaire du principe de primauté du droit fédéral. Celle-ci se concrétise ainsi dans l'*égale* soumission des États fédérés au droit fédéral. L'égalité est ainsi forgée dans et par l'application du droit fédéral, dont elle vient aplanir les effets[17]. Bouclier ou épée, l'égalité des États est ainsi porteuse d'une ambivalence.

De plus, ce principe d'égalité, souvent présenté comme inhérent au projet fédéral, heurte néanmoins certaines vertus reconnues du fédéralisme. Dans l'un des passages les plus célèbres de la jurisprudence de la Cour suprême en matière de fédéralisme, le juge Brandeis louait les avantages de l'expérimentation permise par l'entreprise fédérale : « C'est l'une des plus heureuses conséquences du système fédéral qu'un seul État courageux puisse [...] servir de laboratoire et essayer de nouvelles solutions sociales et économiques sans risque pour le reste du pays »[18]. Si donc l'un des intérêts du fédéralisme est de permettre cette diversité, les États agissant comme des « laboratoires de la démocratie », l'application uniforme du droit fédéral et l'interdiction des mesures différenciées, au nom d'une certaine conception du principe d'égalité des États, entraverait cette possibilité d'expérimentation. En tout état de cause, l'observation de la pratique du Congrès révèle que celui-ci a adopté de nombreuses lois traitant différemment les États, et que les juridictions ont le plus souvent reconnu leur constitutionnalité[19].

Face aux nombreuses interrogations entourant l'existence et la portée du principe d'égalité des États, il est nécessaire de revenir au texte de la Constitution et d'envisager la manière dont la Cour suprême l'a exploité. Si la Constitution garantit effectivement une certaine forme d'égalité entre les États (I), la Cour a bâti sa jurisprudence en la matière à partir d'un principe, l'égale admission des États, que le constituant avait pourtant explicitement rejeté en 1787, et qu'elle a ensuite puissamment renouvelé à travers la notion d'*égale souveraineté*, à laquelle semble se rattacher la protection de la *dignité* des États (II).

---

17. Au regard de certaines dispositions de l'article I de la Constitution des États-Unis, l'égalité est en quelque sorte le fondement et la limite de la compétence de la puissance fédérale, en ce qu'elle ne peut agir qu'à condition de respecter l'égalité des États. Voy. *infra*.

18. « *It is one of the happy incidents of the federal system that a single courageous State may, if its citizens choose, serve as a laboratory ; and try novel social and economic experiments without risk to the rest of the country* », New State Ice Co. v. Liebmann, 285 U.S. 262, 311 (1932).

19. Voy. *infra*.

I. LA GARANTIE PAR LA CONSTITUTION
D'UNE FORME D'ÉGALITÉ ENTRE ÉTATS

Qu'il s'agisse des individus ou des États, l'égalité n'est pas véritablement garantie par le texte constitutionnel adopté en 1787. Elle est même largement absente de la Constitution. Si, s'agissant des individus, le XIVe amendement est venu garantir l'égale protection des lois, aucune révision constitutionnelle n'a consacré de manière formelle l'égalité des États[20]. À défaut donc de contenir un principe général d'égalité, le texte esquisse néanmoins des *marques* d'égalité des États dans différents domaines (A). Surtout, il garantit leur égale représentation politique au Sénat. Une attention particulière doit être portée à cette disposition, en raison de son importance dans l'adoption même de la Constitution et des discussions dont elle fait l'objet aujourd'hui, liées aux distorsions qu'elle produit (B).

A. *L'égalité esquissée*

En mettant de côté pour le moment la disposition garantissant l'égale représentation politique des États au Sénat[21], l'analyse de la Constitution met en lumière plusieurs marqueurs d'intensité différente de l'égalité des États. On distingue ainsi les marques positives de l'égalité – l'égalité étant affirmée dans certains domaines limités –, les marques négatives de l'égalité, qui renvoient à une égalité par défaut, en ce que les prérogatives reconnues des États ne sont pas différenciées, et les dispositions à partir desquelles l'égalité pourrait être déduite.

En premier lieu, certaines dispositions imposent explicitement au Congrès d'agir de manière « uniforme » dans certaines matières. Ainsi, si le Congrès est compétent pour asseoir et percevoir des taxes, ces droits et impôts devront être *uniformes* sur tout le territoire des États-Unis[22]. De même, la Constitution prévoit la compétence du Congrès pour établir une loi « uniforme » en matière de naturalisation et des lois « uniformes » concernant les faillites[23]. Ces dispositions garantissent ainsi explicitement

---

20. On notera d'ailleurs que ce sont les XIVe et XVe Amendements, garantissant entre autres l'égale protection des lois et l'interdiction des discriminations en matière de droit de vote, qui ont conféré au Congrès les compétences lui permettant, en pratique, de discriminer et d'agir de manière inégale à l'égard des États. Ainsi, la consécration constitutionnelle de l'égalité des individus s'est accompagnée de celle des instruments permettant de méconnaître celle des États.

21. Voy. *infra*.

22. Art. 1er, section 8, § 1.

23. Art. 1er, section 8, § 4.

le respect de l'égalité des États à travers l'exigence d'une législation fédérale indifférenciée en certaines matières. L'égalité est ici une limite à l'action du Congrès, en ce qu'il ne peut agir que si l'égalité est respectée. Dans son commentaire de la Constitution, Joseph Story souligne que ces dispositions répondent à l'inquiétude de certains délégués tenant à ce que les pouvoirs du Congrès puissent s'exercer au détriment de certains États en particulier[24]. Dans le même sens, la Constitution dispose également qu'« aucune préférence ne sera accordée par une quelconque réglementation commerciale ou fiscale aux ports d'un État sur ceux d'un autre »[25]. L'article IV de la Constitution peut également être lu comme garantissant l'égalité des États, à deux niveaux. Le texte dispose en effet que « Pleine foi et crédit seront accordés, dans chaque État, aux actes publics, minutes et procès-verbaux judiciaires de tous les autres États. Et le Congrès pourra, par des lois générales, prescrire la manière dont la validité de ces actes, minutes et procès-verbaux sera établie, ainsi que leurs effets ». La première phrase suggère le respect de l'égalité dans une dimension horizontale, dans les rapports entre États qui devront chacun respecter de manière égale les actes accomplis dans les autres États. La seconde phrase, elle, selon une structure similaire à celles déjà envisagées, fonde la compétence du Congrès pour légiférer à condition que cela soit par le biais d'une loi *générale*[26]. L'égalité est ici garantie dans une dimension verticale, en tant que limite à l'action de la puissance fédérale.

En second lieu, il est possible de faire découler des considérations relatives à l'égalité des Xe et XIe amendements, en ce que les États disposent des mêmes garanties relatives à la protection de leurs compétences et de leur immunité[27]. Il s'agit en quelque sorte d'une égalité par défaut, les prérogatives des États n'étant pas différenciées. Si l'égalité n'est pas explicitement consacrée, elle n'est toutefois pas déniée. En poussant l'argument plus loin,

---

24. « *[The purpose of the Clause] was to cut off all undue preferences of one State over another in the regulation of subjects affecting their common interests. Unless duties, imposts, and excises were uniform, the grossest and most oppressive inequalities, vitally affecting the pursuits and employments of the people of different States, might exist* » : J. Story, *Commentaries of the Constitution of the United States*, Boston, Little, Brown and Co., 1858, p. 673.

25. Art. 1er, section 9, § 6.

26. Voy. G. Metzger, « Congress, Article IV and interstate Relations », *Harvard Law Review*, 2007, vol. 120, p. 1518.

27. Le Xe Amendement dispose que : « Les pouvoirs qui ne sont pas délégués aux États-Unis par la Constitution, ni refusés par elle aux États, sont conservés par les États respectivement ou par le peuple », tandis que le XIe Amendement prévoit que « pouvoir judiciaire des États-Unis ne sera pas interprété comme s'étendant à un procès de droit ou d'équité entamé ou poursuivi contre l'un des États-Unis par des citoyens d'un autre État, ou par des citoyens ou sujets d'un État étranger ».

on peut d'ailleurs se demander s'il est véritablement utile de rechercher la consécration d'un principe général d'égalité dans le texte. On pourrait en effet considérer que celui-ci serait la règle, le principe par défaut découlant du statut d'État souverain des treize premiers États, que n'aurait pas altéré la Constitution de 1787. En droit international, l'égalité est en effet le corollaire de la souveraineté[28], et c'est donc dans les principes de ce droit que l'égalité des États puiserait ses origines[29]. Cet argument renverse la charge de la preuve en considérant qu'il n'est pas nécessaire de rechercher une consécration explicite à partir du moment où l'égalité des États constituait le référentiel antérieur à la Constitution et préservé par celle-ci. Se pose toutefois la question portant sur le point de savoir pourquoi l'égalité est consacrée par le texte dans certains domaines si elle est censée être présumée de manière générale. De même, à admettre l'argument, on peut néanmoins s'interroger sur le point de savoir si les XIIIe, XIVe et XVe amendements ne traduisent pas, précisément, une rupture et le rejet de ce référentiel[30].

Enfin, l'égalité pourrait être déduite de certaines dispositions de la Constitution. Les arguments reposent ici toutefois davantage sur une analyse liée à la *structure* de l'Union que sur le *texte* la créant. En d'autres termes, les dispositions évoquées ne représentent un ancrage textuel au principe d'égalité qu'au prix d'une analyse qui, déjà, dépasse le texte. À titre d'exemple, certains auteurs ont décelé une preuve de la consécration de l'égalité entre États dans le Préambule évoquant la volonté de créer « une Union plus parfaite »[31]. L'idée même d'Union, et *a fortiori* celle d'une Union plus parfaite, supposerait l'égalité de ses membres selon les tenants de cette thèse. La Cour a parfois semblé épouser cette thèse[32] qui, en tout état de cause, s'inscrit dans une lecture structurelle de la Constitution indéniablement plus porteuse que l'analyse du texte.

Si l'on s'en tient à celle-ci néanmoins, il apparaît que le texte constitutionnel ne fait qu'esquisser l'égalité des États. Les quelques matières dans lesquelles celle-ci est explicitement consacrée, comme en matière de représentation politique au Sénat, ne font d'ailleurs que souligner, en creux, l'absence de reconnaissance d'un principe général.

---

28. Voy. not. P. REUTER, « Principes de droit international public », *RCADI*, 1961, vol. 103, pp. 510-512.

29. Voy. A. BELLIA et B. CLARK, « The International Law Origins of American Federalism », *Columbia Law Review*, 2020, vol. 120, pp. 935 et s. ; E. ZOLLER, « Aspects internationaux du droit constitutionnel. Contribution à la théorie de la fédération d'États », *RCADI*, 2002, vol. 294, pp. 76 et s.

30. Voy. *supra*, note 20.

31. Voy. T. COLBY, « In Defense of Equal Sovereignty », *Duke Law Journal*, 2016, vol. 65, p. 1142.

32. *Coyle v. Smith*, 221 U.S. 559, 567-568 (1911).

B. *L'égalité consacrée : le principe d'égale représentation des États*

La reconnaissance la plus éclatante de l'égalité des États se trouve dans l'article I, section 3 disposant que « le Sénat des États-Unis sera composé de deux sénateurs pour chaque État ». Cette disposition est fondamentale dans la mesure où le compromis qu'elle traduit a permis de sortir la Convention de l'impasse dans laquelle les délégués étaient enlisés durant l'été 1787 en raison des revendications antagonistes des grands et petits États. L'égalité de la représentation politique des États au Sénat, constitutionnalisée, est ainsi le principe *constitutif* de la structure créée lors de la Convention de Philadelphie. Elle est même protégée du pouvoir de révision en ce que l'article V portant sur la modification de la Constitution dispose « qu'aucun État ne [sera], sans son consentement, privé de l'égalité de suffrage au Sénat ». L'égalité est à ce titre « verrouillée »[33]. Cette solution fait néanmoins toujours l'objet de vives discussions parce que, en accordant le même poids politique à la Californie qu'au Wyoming par exemple, elle pose l'épineuse question de « l'égalité des inégaux ».

S'agissant de la reconnaissance de ce principe, il convient de rappeler que si les articles de la Confédération avaient consacré l'égalité politique des États – en ce que chaque État disposait d'une voix au Congrès mis en place – la question de la représentation politique, appréhendée de manière générale, fut au cœur de la réflexion de James Madison dans les mois précédant la Convention de Philadelphie[34]. Le « *Virginia Plan* », le projet de Constitution discuté au début de la Convention et dont il est l'auteur principal, prévoyait ainsi la mise en place d'une Union aux pouvoirs renforcés, dotée d'un organe législatif composé de deux chambres au sein desquels la représentation serait proportionnelle à la population. James Madison justifie ainsi le fait que l'égalité de représentation des États soit abandonnée pour des raisons d'équité[35]. Cette solution avait, de manière logique, la faveur des grands États. En réaction, les délégués des petits États, craignant de tomber sous la domination des grands, défendirent un autre projet, le « *New Jersey Plan* », prévoyant une structure législative monocamérale au sein de

---

33. La protection de l'égalité de représentation au Sénat est ainsi l'une des trois limites reconnues par le texte initial de la Constitution au pouvoir de révision constitutionnelle – les autres limites concernent le fait que la traite transatlantique ne pourrait être interdite avant 1808 et la question des impôts directs. Cette protection, comme toute limite au pouvoir de révision inscrite dans une Constitution, s'expose néanmoins aux difficultés soulevées par l'hypothèse d'une double révision.

34. Voy. J. RAKOVE, « The Great Compromise : Ideas, Interests, and the Politics of Constitution Making », *The William and Mary Quarterly*, 1987, vol. 44, n° 3, pp. 424-457.

35. James Madison, 30 mai 1787, M. FARRAND (éd.), *The Records of the Federal Convention of 1787*, New Haven, Yale University Press, 1911, 3 vol., vol. 1, p. 36.

laquelle, au nom de l'égalité, chaque État disposerait d'une voix. Un délégué affirma ainsi : « Il ne saurait être contesté que les États jouissent d'une égale souveraineté [...]. Afin que la souveraineté des États soit maintenue, les représentants doivent procéder immédiatement des États et non du peuple ; et nous ne disposons pas du pouvoir de nous écarter du principe d'égale souveraineté [...] »[36]. À l'inverse, un autre délégué évoqua sa « grande surprise » de constater qu'alors qu'une représentation « juste » du peuple était en vue, certains délégués étaient prêts à la sacrifier au nom du « fantôme de la souveraineté des États », regrettant que cette « magnifique illusion » perdure[37]. D'autres délégués, sans remettre en cause la souveraineté des États, rejetaient l'argument selon lequel une représentation inégale traduirait une réduction de leur souveraineté. En d'autres termes, l'égale souveraineté n'imposerait pas la représentation égale[38].

Les délégués parvinrent finalement à un compromis salvateur, prévoyant entre autres un nombre d'élus proportionnel à la population dans l'une des chambres, et la représentation *égale* des États dans l'autre. Ce *Great Compromise* ne fut toutefois adopté qu'à la plus faible des majorités, puisque cinq États l'approuvèrent et quatre le rejetèrent. Si le vote lors de la Convention était donc assuré en bloc, par État, les délégués acceptèrent ensuite que le vote dans le futur Sénat soit individuel, et non par État ce qui, pour certains, traduisait déjà une « violation de la représentation des États » au Sénat[39].

Ce qui était censé être un compromis entre des positions antagonistes fut davantage perçu comme une défaite pour les représentants des grands États. La désapprobation de la disposition qui permit l'adoption de la Constitution est perceptible dans les écrits de James Madison soutenant la ratification de la Constitution. Dans le *Fédéraliste n° 62*, il affirme ainsi : « l'égalité de représentation au Sénat est un autre point qui, étant évidemment le résultat d'un compromis entre les prétentions opposées des grands et des petits États, *n'appelle pas une grande discussion* [...]. Il est superflu de tester, d'après des normes théoriques, une partie de la Constitution dont tout le monde admet qu'elle ne résulte pas de la théorie mais "d'un esprit

---

36. William Patterson, 16 juin 1787, *ibid.*, p. 250.
37. Rufus King, 30 juin 1787, *ibid.*, pp. 489-490.
38. « *Mr. Williamson thought that if any political truth could be grounded on mathematical demonstration, it was that if the States were equally sovereign now, and parted with equal proportions of sovereignty, that they would remain equally sovereign. He could not comprehend how the smaller States would be injured in the case, and wished some Gentleman would vouchsafe a solution of it* », *ibid.*, p. 445.
39. Luther Martin, 23 juillet 1787, M. FARRAND (éd.), *The Records of the Federal Convention of 1787*, vol. 2, p. 94.

d'amitié et de déférence et concession mutuelle que la particularité de notre situation politique rendait indispensable" […]. Un gouvernement fondé sur des principes plus en accord avec les vœux des États les plus grands n'aurait jamais été obtenu des plus petits États. Le seul choix des premiers était donc entre le gouvernement proposé ou un gouvernement bien plus critiquable. Dans cette alternative, le conseil de la prudence est d'embrasser *le moindre mal* […] et de penser plutôt aux conséquences avantageuses qui peuvent composer le *sacrifice* »[40].

Alexander Hamilton fut encore plus critique. Dans le *Fédéraliste n° 22*, examinant les tares de la Confédération en vue de justifier la ratification de la Constitution, il fustige l'égale représentation des États, pourtant préservée en partie dans celle-ci : « Le droit à un suffrage égal pour chaque État est une autre partie blâmable de la Confédération. L'idée même de proportion et la règle même d'une représentation loyale conspirent à condamner le principe qui donne au Rhode Island un poids égal dans la balance du pouvoir à celui du Massachusetts, du Connecticut ou de New York. […] La sophistique pourrait répondre que tous les souverains sont égaux et qu'une majorité de voix dans le vote des États sera une majorité de la Confédération américaine. Mais ce type de passe-passe logique ne neutralisera jamais les suggestions évidentes de la justice et du bien commun »[41].

Le principe selon lequel chaque État se voit accorder un nombre égal de sénateurs occupe donc une place particulière historiquement et politiquement, en ce que l'issue de la Convention a dépendu de sa consécration, et juridiquement, au regard des garanties à l'encontre du pouvoir de révision. Sans être remis en cause, il a toutefois été modifié par le XVIIe amendement prévoyant que les sénateurs seraient élus par le peuple et non plus désignés par les organes législatifs des États.

Aujourd'hui comme hier, il est toutefois contesté en raison des distorsions qu'il produit. L'égalité de représentation des États entraîne en effet une forte inégalité de représentation des individus et la surreprésentation des petits États heurte ici le principe démocratique. À titre d'exemple, les six cent mille habitants du Wyoming sont représentés par le même nombre de sénateurs que les quarante millions d'habitants de la Californie, et des sénateurs représentant seize pour cent de la population occupent la moitié des sièges du Sénat. La difficulté est amplifiée car cette structure inégalitaire

---

40. *Fédéraliste n° 62*, in A. HAMILTON, J. JAY et J. MADISON, *Le Féderaliste* (éd. Anne Amiel), Paris, Garnier, 2012, pp. 466-468, italiques ajoutées.
41. *Fédéraliste n° 22*, in A. HAMILTON, J. JAY et J. MADISON, *Le Féderaliste* (éd. Anne Amiel), Paris, Garnier, 2012, pp. 210 et 211.

est dupliquée, par exemple, dans le mécanisme du collège électoral élisant le Président. Elle est également accentuée en matière législative en raison de l'obstruction (*filibuster*) permettant à quarante-et-un sénateurs, représentant potentiellement neuf pour cent de la population, de s'opposer à une proposition de loi défendue par des sénateurs représentant quatre-vingt-dix pour cent de la population. Sur ces questions, les termes du débat ont, en apparence, peu évolué depuis 1787[42]. Les objections d'Alexander Hamilton, de James Madison[43] ou de James Wilson forment la substance des arguments aujourd'hui avancés. Ce dernier, dénonçant l'inégalité de l'égale représentation des États, affirma ainsi : « Pouvons-nous oublier pour qui nous établissons un gouvernement ? Est-ce pour les hommes ou pour les êtres imaginaires nommés États ? […]. Nous parlons des États, jusqu'à en oublier par qui ils sont composés »[44].

En tout état de cause, l'égalité de représentation des États au Sénat, pour importante qu'elle soit, n'a pas été le support permettant la consécration et la mise en œuvre d'un principe général d'égalité des États. Cette disposition est au contraire l'illustration d'une égalité sectorielle. Les chemins de l'égalité ne sont pas nécessairement là où on les attend, et c'est une disposition bien moins connue de la Constitution, la clause d'admission, qui a constitué le support de la reconnaissance de l'égale souveraineté des États.

II. LA CONSÉCRATION PRÉTORIENNE
DU PRINCIPE D'ÉGALE SOUVERAINETÉ DES ÉTATS

La question cruciale des relations entre les treize États originels et les nouveaux membres de l'Union a donné lieu, au XIXe siècle, à la consécration du principe de l'admission sur un pied d'égalité des nouveaux membres, à partir de la clause d'admission de la Constitution. Il en découle des conséquences concrètes concernant la portée des pouvoirs du Congrès à l'égard des membres admis (A). Cette garantie limitée de l'égalité des États a été étendue dans des décisions récentes de la Cour suprême consacrant l'égale souveraineté des États, principe dont la portée est indéniablement plus large, mais dont le contenu concret demeure en l'état incertain (B).

---

42. On pourrait soutenir que les évolutions politiques et juridiques de l'Union, les amendements formels de la Reconstruction et les changements constitutionnels sous le New Deal, ont affaibli davantage l'argument initial soutenant l'égalité de représentation au nom de la souveraineté des États.

43. Voy. *supra*.

44. James Wilson, 30 juin 1787, M. FARRAND (éd.), *The Records of the Federal Convention of 1787*, New Haven, Yale University Press, 1911, 3 vol., vol. 1, pp. 482-483.

A. Le fondement : l'égalité de traitement
lors de l'admission des États

Lors de la Convention de Philadelphie, il fut proposé d'inclure dans le texte constitutionnel une disposition prévoyant que « les nouveaux États seront admis dans les mêmes conditions que les États originels. Mais le pouvoir législatif pourra établir des conditions à l'égard des nouveaux États concernant la dette publique qui pourrait subsister »[45]. La première phrase visait donc à garantir de manière explicite l'égalité des États au moment de leur admission, à la manière de ce que prévoyait d'ailleurs l'ordonnance du Nord-Ouest de 1787 adoptée en parallèle par le Congrès de la Confédération. Cette proposition fut toutefois largement rejetée, par neuf voix contre deux, contre l'avis de James Madison qui souligna que les nouveaux États ne devraient pas entrer dans l'Union sous un statut « dégradé »[46]. Certains délégués ne firent pas mystère de leur méfiance à l'égard des potentiels nouveaux membres à l'Ouest, et de leur ferme volonté de leur refuser l'égalité de traitement[47]. Le texte finalement adopté prévoit simplement que « de nouveaux États peuvent être admis par le Congrès dans l'Union »[48].

L'égalité, rejetée explicitement par le pouvoir constituant, a été toutefois, dans un premier temps, rétablie par le Congrès dans le cadre de la procédure d'admission. Pour le dire rapidement, celle-ci débutait le plus souvent, en amont, par un acte du Congrès autorisant (*enabling act*) l'entité sollicitant l'admission ou sollicitée en ce sens, à établir un projet de Constitution. Celui-ci était examiné par le Congrès qui adoptait ensuite l'acte d'admission. Comme le souligne Peter Onuf, dans la quasi-totalité des cas

---

45. M. FARRAND (éd.), *The Records of the Federal Convention of 1787, op. cit.*, vol. 2, p. 454.

46. *Ibid.*

47. « Mr. Langdon was in favor of the motion. He did not know *but circumstances might arise which would render it inconvenient to admit new states on terms of equality* », 29 août 1787, *ibid.*, italiques ajoutées. Gouverneur Morris, à l'origine de la suppression de la disposition, évoquera d'ailleurs sa pensée dans les termes suivants : « *I always thought that, when we should acquire Canada and Louisiana it would be proper to govern them as provinces, and allow them no voice in our councils. In wording the third section of the fourth article, I went as far as circumstances would permit to establish the exclusion. Candor obliges me to add my belief, that, had it been more pointedly expressed, a strong opposition would have been made* », correspondance citée in *Dred Scott v. Sanford*, 60 U.S. 393, 507 (1856).

48. Art. IV, section 3. Sur les conditions d'admission des nouveaux États et le rapport à l'égalité, voy. E. BIBER, « The Price of Admission: Causes, Effects, and Patterns of Conditions Imposed on States Entering the Union », *American Journal of Legal History*, 2004, vol. 46, pp. 119 et s. ; P. ONUF, « New State Equality : The Ambiguous History of a Constitutional Principle », *Publius*, 1988, vol. 18, n° 4, pp. 53-69 ; O. BEAUD, *Théorie de la Fédération*, Paris, PUF, 2009, pp. 243-248 ; T. FLEURY GRAFF, *État et territoire en droit international. L'exemple de la construction du territoire des États-Unis (1789-1914)*, Paris, Pedone, 2013, pp. 385 et s.

d'admission de nouveaux États, le Congrès a inséré dans l'acte d'admission une disposition indiquant que ledit État rejoint l'Union *sur un pied d'égalité* avec les États originels[49]. Si les termes ont varié – s'agissant du Vermont et du Kentucky, premiers États admis en 1791 et 1792, les actes d'admissions précisent que l'État est admis en tant que membre « à part entière des États-Unis d'Amérique », ce qui traduit donc une « totale égalité »[50] avec les autres membres – la formule la plus révélatrice, que l'on retrouve dès 1796 dans l'acte d'admission du Tennessee et qui sera reprise ensuite, prévoit que l'État est admis sur « un pied d'égalité avec les États originaires en tout aspect »[51]. À ce stade, l'égalité – ici uniquement entendue en matière d'admission – a au mieux valeur législative.

Le principe a été, dans un second temps, constitutionnalisé par la Cour suprême, en tant que limite opposable aux conditions imposées par le Congrès au nouvel entrant[52]. En effet, le Congrès a imposé des conditions particulières au nouvel État lors de la quasi-totalité des admissions et ce dès 1803[53]. Le Congrès a le plus souvent imposé ces conditions dès la première étape, à savoir l'*enabling act* et, de manière moins fréquente, après avoir examiné le projet de Constitution, en imposant alors des modifications. On notera donc que, dès le début du XIXe siècle, le Congrès impose des conditions précises au nouvel entrant tout en affirmant dans l'acte d'admission qu'il rejoint l'Union sur un pied d'égalité. L'imposition de conditions semblait donc être compatible avec l'égalité proclamée[54]. C'est cette tension, cet écart que la Cour suprême a contrôlé en vérifiant que les premières ne méconnaissaient pas la seconde.

---

49. P. ONUF, « New State Equality: The Ambiguous History of a Constitutional Principle », *op. cit.*, p. 54.

50. O. BEAUD, *Théorie de la Fédération, op. cit.*, p. 248.

51. « *Be it enacted by the Senate and House of Representatives of the United States of America in Congress assembled, That the whole of the territory ceded to the United States by the State of North Carolina shall be one State, and the same is hereby declared to be one of the United States of America*, on an equal footing with the original States in all respects whatever, *by the name and title of the State of Tennessee* », Fourth Congress, First session, 1er juin 1796, cité in F. THORPE (éd.), *The Federal and State Constitutions*, vol. VI, Washington, Government Printing Office, 1909, p. 3414 (italiques ajoutées). La formulation retenue dans les premiers actes d'admission est détaillée dans *Coyle v. Smith*, 221 U.S. 559, 566-567 (1911). Voy. égal. E. CORWIN (éd.), *The Constitution of the United States of America. Analysis and Interpretation*, Washington, Government Printing Office, 1953, pp. 697 et s.

52. *Pollard's Lessee v. Hagan*, 44 U.S. (3 How.) 212, 223 (1845).

53. Voy. l'étude de référence d'E. BIBER, « The Price of Admission : Causes, Effects, and Patterns of Conditions Imposed on States Entering the Union », *op. cit.*

54. Non contraires à l'égalité *des États* selon le Congrès, les conditions semblent même avoir été envisagées comme un moyen d'assurer une forme d'« homogénéité » des États-Unis dans leur ensemble. Voy. sur ce point les remarques d'Eric Biber concernant les conditions relatives à l'usage de la langue anglaise ou l'interdiction de la polygamie, *ibid.*, pp. 132 et s.

Dans l'affaire *Pollard*, était en cause une disposition de l'*Enabling Act for Alabama*[55] limitant les droits de l'Alabama sur les voies navigables et certaines terres. Mettant en exergue le fait que les « nouveaux États jouissent des mêmes droits, de la même souveraineté et de la même compétence que les États originels », la Cour affirme que le Congrès ne pouvait imposer lesdites conditions[56]. L'illustration la plus emblématique de la jurisprudence de la Cour sur ce point est l'affaire *Coyle* dans laquelle le Congrès avait imposé dans l'acte d'autorisation que la capitale de l'Oklahoma demeure Guthrie. La Cour déclare la disposition contraire à la Constitution et rappelle dans des termes solennels que « l'Union est une Union d'États égaux en pouvoir, dignité et autorité, chacun étant compétent pour exercer la part résiduelle de souveraineté non déléguée aux États-Unis par la Constitution elle-même. Soutenir le contraire reviendrait à dire que l'Union, à travers le pouvoir d'admission des nouveaux États, pourrait être une Union d'États inégaux […], incluant ceux dont les compétences sont limitées uniquement par la Constitution et ceux dont les compétences ont été restreintes davantage par le Congrès »[57].

Apparaît ainsi la portée essentielle du principe d'*equal footing* qui n'interdit pas en tant que tel l'imposition de conditions. Celles-ci doivent néanmoins se rattacher aux compétences du Congrès prévues par la Constitution, de sorte que celui-ci aurait pu adopter la même mesure à l'égard d'un État originel. En pratique néanmoins, le Congrès a adopté des conditions excédant les pouvoirs qui lui sont conférés[58]. À titre d'exemple, le Congrès a imposé à la Louisiane de consacrer l'anglais en tant que langue officielle et à l'Utah d'interdire la polygamie. Le fondement constitutionnel de ces mesures est plus qu'incertain.

Le principe d'*equal footing*, malgré la force de la rhétorique mobilisée[59] et l'invocation d'une égalité générale, apparaît ainsi doublement limité. D'une part, il n'a vocation à s'appliquer qu'au moment de l'*admission*, de sorte qu'il ne saurait en principe être un obstacle aux discriminations établies

---

55. *An Act to enable the people of the Alabama Territory to form a constitution and State government, and for the admission of such State into Union on an equal footing with the original States*, Fifteenth Congress, Second Session, 2 mars 1819, reproduit in F. Thorpe (éd.), *The Federal and State Constitutions, op. cit.*, vol. I, pp. 92 et s.
56. *Pollard's Lessee v. Hagan*, 44 U.S. (3 How.) 212, 230 (1845).
57. *Coyle v. Smith*, 221 U.S. 559, 567 (1911).
58. Voy. E. Biber, « The Price of Admission : Causes, Effects, and Patterns of Conditions Imposed on States Entering the Union », *op. cit.*, p. 124.
59. Voy. à titre d'exemple la conclusion de la Cour dans l'affaire *Coyle* : « L'égalité constitutionnelle des États est essentielle à la mise en œuvre harmonieuse du cadre sur lequel la République fut organisée. Lorsque l'égalité disparaît, […] l'Union n'est plus l'Union telle qu'envisagée par la Constitution », *ibid.*, p. 580.

une fois l'État admis[60]. D'autre part, au regard des hypothèses restreintes de nouvelles admissions aujourd'hui – on connaît les discussions sur ce point concernant le District de Washington ou Porto Rico – ce principe est en quelque sorte tourné vers le passé et semble avoir perdu sa portée. La Cour suprême lui a néanmoins redonné récemment un puissant souffle qui modifie profondément sa nature et son champ.

B. *L'extension : la reconnaissance d'un principe d'égalité aux contours incertains*

L'extension de la portée du principe d'égalité a eu lieu dans deux affaires concernant le *Voting Rights Act* (VRA), la grande loi de 1965 – adoptée sur le fondement du XVᵉ amendement – visant à protéger le droit de vote contre les discriminations raciales. La section 5 du texte impose un régime particulier à certains États ou entités – du Sud essentiellement – en raison des discriminations raciales persistantes. Ces derniers ne peuvent modifier leur législation électorale qu'à la condition d'obtenir, en amont, l'autorisation des autorités fédérales. La disposition met ainsi en place une sorte de « tutelle fédérale » dont les États concernés peuvent toutefois être « libérés » (*bail out*) à condition de remplir certains critères.

Dans une première décision en 2009, *NAMUDNO v. Holder*, la Cour signale les difficultés sérieuses soulevées par ce mécanisme – sans toutefois se prononcer sur sa constitutionnalité – en se référant à un principe d'« égale souveraineté des États ». Le *Voting Rights Act* opère une discrimination entre les États « en dépit de notre tradition historique selon laquelle les États jouissent d'une égale souveraineté », affirme la Cour par la voix de son président John Roberts[61]. Au soutien de ce principe, elle mobilise dans un court paragraphe l'arrêt *Pollard*[62]. Or, comme indiqué précédemment, l'égale souveraineté invoquée dans *Pollard* et les décisions ultérieures ne vaut que pour l'admission des nouveaux États. La Cour l'avait elle-même reconnu en 1965 dans l'arrêt *Katzenbach* lorsque, se prononçant sur la constitutionnalité du *VRA*, elle avait précisément

---

60. La Cour suprême l'a explicitement reconnu en se référant à l'arrêt *Coyle* : « *The doctrine of the equality of States, invoked by South Carolina, does not bar this approach, for that doctrine applies only to the terms upon which States are admitted to the Union, and not to the remedies for local evils which have subsequently appeared. See Coyle v. Smith, 221 U. S. 559, and cases cited therein* », *South Carolina v. Katzenbach*, 383 U.S. 301, 328-329 (1966), italiques ajoutées.

61. *Northwest Austin Municipal Utility District No. 1 v. Holder*, 557 U.S. 193 (2009).

62. *Pollard's Lessee v. Hagan*, 44 U.S. (3 How.) 212 (1845).

écarté l'argument tiré de l'égalité des États. « La doctrine de l'égalité des États, invoquée par la Caroline du Sud, n'interdit pas cette approche, car cette doctrine ne s'applique qu'aux conditions dans lesquelles les États sont admis dans l'Union et non à l'égard des remèdes aux maux locaux apparus ultérieurement »[63]. En d'autres termes, l'égalité encadre l'entrée dans l'Union mais n'interdit pas au Congrès d'agir de manière différenciée par la suite pour, comme en l'espèce, remédier aux discriminations raciales persistantes. En 2009, la Cour va pourtant citer l'arrêt *Katzenbach* pour justifier une conception de l'égalité entre États qui va à l'encontre de ce que dit l'arrêt. Il est nécessaire de citer l'extrait de la décision *NAMUDNO* dans son intégralité pour saisir le mouvement à l'œuvre. La Cour affirme ainsi : « des distinctions peuvent être justifiées dans certains cas. « La doctrine de l'égalité des États […] n'interdit pas […] des remèdes pour les maux *locaux* apparus ultérieurement *Katzenbach, supra,* p. 328-329 (italiques ajoutées). Mais s'éloigner du principe fondamental d'égale souveraineté nécessite la preuve que la différence d'application géographique de la loi est suffisamment liée au problème qu'elle cible »[64].

La difficulté, ou l'habileté selon la manière de voir les choses[65], tient à ce que John Roberts affirme que, selon *Katzenbach*, la doctrine de l'égalité des États *n'interdit pas la différenciation*, alors que *Katzenbach exclut* tout simplement que la doctrine de l'égalité des États puisse être opposée aux actions du Congrès en dehors de l'admission. En d'autres termes, *NAMUDNO* propose une lecture réductrice de *Katzenbach*, qui étend la portée de l'égalité entre États en suggérant qu'elle s'applique au-delà des cas d'admission et qui fragilise déjà le *VRA*.

Dans cette première décision, la Cour entrouvre la porte menant à la neutralisation de la section 5 du *VRA* et à la transformation du principe d'égalité. Elle franchit le pas quatre ans plus tard. Dans la décision *Shelby County v. Holder*[66], la Cour, sous la plume de John Roberts, invalide la section 4 du *VRA* qui identifie les États soumis à la section 5, ce qui revient, en pratique, à priver d'effet cette dernière[67]. Le dispositif est en effet jugé

---

63. *South Carolina v. Katzenbach*, 383 U.S. 301, 328-329 (1966).
64. *Northwest Austin Municipal Utility District No. 1 v. Holder*, 557 U.S. 193, 203 (2009).
65. L'usage des parenthèses dans la citation de *Katzenbach*, sans être totalement régulier, en modifie néanmoins le sens.
66. *Shelby County v. Holder*, 570 U.S. 529 (2013).
67. La décision est obtenue par cinq voix contre quatre, la division de la Cour en l'espèce traduisant le clivage idéologique dans la mesure où l'ensemble des membres de l'aile conservatrice (le *Chief Justice* Roberts, les juges Scalia, Kennedy, Thomas, Alito sont dans la majorité, tandis que les quatre juges de l'aile progressiste sont dans la minorité. Si le juge Kennedy était bien le juge pivot de la Cour, votant dans certaines affaires avec l'aile progressiste, sur les questions de fédéralisme ses positions rejoignaient celle des membres de l'aile conservatrice).

contraire au principe d'égale souveraineté que la Cour consacre en citant le précédent *NAMUDNO*. En d'autres termes, John Roberts s'appuie sur un principe qu'il a lui-même posé[68]. Dans cette deuxième étape, l'évolution du principe est cristallisée. Certes, la Cour reconnaît cette fois que *Katzenbach* limite le principe aux hypothèses d'admission, mais elle affirme aussitôt qu'« en même temps, comme nous l'avons clairement affirmé dans *NAMUDNO*, le principe fondamental d'égale souveraineté demeure hautement pertinent pour évaluer le traitement différencié ultérieur des États »[69]. En d'autres termes, la Cour prend ici explicitement le contrepied de *Katzenbach*.

Plusieurs observations s'imposent. La première porte sur l'articulation des décisions *NAMUDNO* et *Shelby*, toutes deux rédigées par le *Chief Justice* Roberts. Ce dernier y démontre de nouveau son art de la stratégie puisque, comme en d'autres matières, il pose dans une décision intermédiaire, sous forme d'*obiter dictum*, les jalons lui permettant ensuite de justifier une évolution, un revirement ou une création.

La deuxième observation porte sur le fond de l'affaire *Shelby*, à savoir la neutralisation de la section 5 du *VRA*. Les États-Unis « ont changé », affirme la Cour, de sorte que les mesures nécessaires hier ne le sont plus aujourd'hui. La décision soulève de manière particulièrement concrète la question de la légitimité de l'intervention du juge. *Qui* est compétent pour déterminer si le *VRA* est encore justifié ? À l'argument d'une Amérique post-raciale, tel que suggéré par la Cour, répond l'argument selon lequel le Congrès a estimé la loi encore nécessaire lorsqu'il l'a renouvelée en 2006. Au terme de longues auditions et de plus de 15.000 pages de rapports, le Congrès a en effet tranché par un vote transcendant les clivages partisans, et a reconnu la nécessité de l'extension pour vingt-cinq années supplémentaires du dispositif. La censure judiciaire prononcée en 2013 amène donc à se demander si la Cour peut se prévaloir d'un pouvoir d'appréciation supérieur à celui du Congrès en la matière. La difficulté est amplifiée car le Congrès a adopté le *VRA* sur le fondement de ses pouvoirs tirés du quinzième amendement protégeant le droit de vote. Le texte, qui autorise explicitement le Congrès à intervenir pour « donner effet » à l'amendement par « une législation appropriée », fonde un pouvoir majeur, à l'égard duquel la Cour suprême fait traditionnellement preuve de déférence.

---

68. Le juge Richard Posner, figure du mouvement conservateur, affirma ainsi au sujet du principe d'égale souveraineté qu'« il s'agit là d'un principe constitutionnel dont je n'ai jamais entendu parler pour l'excellente raison [...] qu'il n'existe pas » : R. POSNER, « The Voting Rights Act ruling is about the conservative imagination », *Slate*, 26 juin 2013, accessible en ligne.

69. *Shelby County v. Holder*, 570 U.S. 529, 544 (2013).

Ces considérations ont des conséquences profondes sur le principe d'égale souveraineté lui-même. Le contexte de son évolution ou de sa création influe nécessairement sur sa réception. Parce que le principe a été consacré dans une décision neutralisant une disposition majeure d'une loi hautement symbolique protégeant le droit de vote, l'opposition entre l'égalité des États et l'égalité des individus ressurgit immanquablement. Les critiques nourries de la doctrine américaine à l'encontre du principe d'égalité doivent d'ailleurs se comprendre au regard de ce contexte.

La troisième observation porte sur le sens de l'égale souveraineté reconnue dans *Shelby*. En dépit des talents argumentatifs du *Chief Justice* Roberts visant à inscrire le principe d'égale souveraineté dans la « tradition historique », il apparaît clairement qu'il s'en démarque. *Shelby* marque ainsi un revirement qui ne dit pas son nom. La difficulté est qu'au-delà de l'affirmation selon laquelle ce principe est mobilisable pour le contrôle des discriminations entre États opérées par le Congrès, la Cour apporte très peu de précisions. S'agit-il en effet de considérer que le Congrès doit traiter de manière égale les États, sans opérer formellement de distinction et donc sans cibler certains États ? S'agit-il d'envisager les *effets* des mesures du Congrès ? S'agit-il de considérer que le Congrès, tout en pouvant adopter des mesures différenciées, ne doit pas remettre en cause l'*égale* capacité à gouverner des États ? En outre, la jurisprudence traditionnelle de la Cour en matière d'égalité est marquée par la détermination de l'intensité du contrôle opéré. Dans *Shelby*, la Cour ne précise toutefois pas le standard applicable.

La réalité est que le Congrès établit fréquemment des discriminations entre les États, qu'il s'agisse d'exempter certains États d'une réglementation fédérale, de permettre à certains États d'adopter leur propre réglementation, d'imposer des charges particulières à certains États, de faire bénéficier certains États des avantages d'un programme fédéral, d'établir des quotas différents par exemple en matière de production agricole[70]. Ainsi, le Congrès, à travers le *Professional and Amateur Sports Protection Act* (PASPA) a interdit aux États de gérer des activités de paris sportifs mais a autorisé ceux qui le faisaient avant 1990 à poursuivre leur activité, ce qui était une manière d'exempter le Nevada[71]. De même, le *Clean Air Act* accorde un traitement préférentiel à la Californie en ce que l'État, contrairement à l'ensemble des autres États, peut appliquer ses

---

70. Voy. égal. les exemples mentionnés dans l'opinion dissidente de la juge Ginsburg, in *Shelby County v. Holder*, 570 U.S. 529, 588-589 (2013).
71. 28 U. S. C. § 3704.

propres standards en matière d'émission de gaz polluant[72]. L'ensemble de ces législations est ainsi fragilisé par le souffle nouveau donné au principe d'égale souveraineté.

D'ailleurs, immédiatement après la décision *Shelby*, une cour d'appel fédérale s'est prononcée sur l'argument brandi par le New Jersey qui dénonçait l'inconstitutionnalité du *PASPA* en invoquant entre autres le principe d'égale souveraineté. La législation fédérale violerait l'égale souveraineté des États en autorisant le Nevada à faire ce que les autres États ne peuvent faire. Le raisonnement mené par la cour interpelle néanmoins[73]. Rejetant les arguments du New Jersey, la cour souligne que la législation a été adoptée sur le fondement de la clause de commerce, qui ne limite pas le Congrès à une législation « uniforme »[74]. En d'autres termes, parce que le fondement de la compétence du Congrès n'impose pas le respect de l'égalité, celui-ci échapperait aux exigences de l'égale souveraineté. Ce raisonnement neutralise le principe d'égale souveraineté qui, tel qu'esquissé dans *Shelby*, n'était en aucun cas limité aux hypothèses dans lesquelles le texte impose une législation « uniforme ». En effet, le XVe amendement n'exige pas non plus une législation uniforme, ce qui n'avait pourtant pas empêché la Cour de confronter le *VRA* au principe d'égale souveraineté. La cour d'appel semble en réalité soigneusement éviter de mobiliser le principe d'égale souveraineté, qu'elle lie au contexte éminemment particulier du *Voting Rights Act*.

Cette approche, reprise par d'autres cours inférieures, conduit à envisager le principe dégagé dans *Shelby* comme étant beaucoup plus restreint que ce que le raisonnement de la Cour suprême donnait à penser. D'ailleurs, si le *PASPA* a finalement été déclaré inconstitutionnel par la Cour suprême elle-même en 2018[75], ce n'est pas sur le fondement du principe d'égale souveraineté mais sur celui de l'*anti-commandeering doctrine*[76], fondée sur le Xe amendement, qui interdit à la puissance fédérale de « commander » les États. « En dictant ce que les organes législatifs d'un État peuvent ou ne peuvent pas faire », la législation place l'État « sous le contrôle du Congrès » précise la Cour[77]. En d'autres termes, la Cour sanctionne le dispositif en plaçant son analyse dans une dimension verticale, relative à la contrainte exercée par la puissance fédérale sur l'État, et en refusant de se placer dans

---

72. § 209, 42 U.S.C. § 7543(a)–(b)(1).
73. *National Collegiate Athletic Ass'n v. Governor of New Jersey*, 730 F.3d 208, 2013.
74. Voy. *supra*, § I, A.
75. *Murphy v. National Collegiate Athletic Association*, 138 S. Ct. 1461 (2018).
76. Voy. *New York v. United States*, 505 U.S. 144 (1992).
77. *Murphy v. National Collegiate Athletic Association*, 138 S. Ct. 1461, 1478 (2018).

une dimension horizontale, au regard de l'inégalité entre États résultat du dispositif. Il est à ce titre significatif que le principe d'égale souveraineté n'est même pas mentionné dans la décision *Murphy*.

Il apparaît donc que, depuis *Shelby*, les juridictions, y compris la Cour suprême, n'ont pas mobilisé le principe d'égale souveraineté en tant que principe général opposable aux discriminations établies par le Congrès. Les juridictions inférieures se sont même efforcées de le limiter au contexte particulier des discriminations en matière de vote.

Une autre lecture de *Shelby* conduit à en limiter la portée tout en le plaçant sous un éclairage singulier. Avant même que la décision ne soit rendue, à la lumière des mémoires et des plaidoiries, un auteur avait ainsi analysé l'affaire à travers le prisme de la dignité des États[78]. Ce qui serait en cause dans *NAMUDNO* et *Shelby*, ce n'est pas tant la question de savoir si le Congrès a outrepassé les limites de sa compétence, mais plutôt le message, la charge expressive résultant de la mesure renvoyant les neuf États soumis à la section 5 du *VRA* à leur passé discriminatoire, à un passé qui ne serait donc pas passé pour reprendre les célèbres mots de William Faulkner. En d'autres termes, la violation de l'égale souveraineté renverrait au ciblage particulier, à l'opprobre résultant d'un mécanisme au terme duquel les États doivent « supplier » (*beseech*)[79] les autorités fédérales pour pouvoir mettre en œuvre leurs lois dans une matière qui relève traditionnellement de leur compétence. La Cour rappelle d'ailleurs que le XVe amendement n'a pas pour vocation « à punir en raison du passé », mais à « assurer un meilleur avenir »[80]. Ce serait donc l'assignation punitive à ce passé porté par le *VRA*, alors même que les temps ont « changé » selon la Cour, qui permettrait de saisir le sens de l'égale souveraineté à l'œuvre dans *Shelby*.

*

* *

Dans la citation placée en tête de ces lignes, l'auteur évoquait la nécessité d'un « acte puissant de construction judiciaire » pour ressusciter l'égalité des États[81]. Les développements qui précèdent ont mis en lumière le rôle effectivement crucial joué par la Cour suprême dans l'affirmation du

---

78. J. Fishkin, « The Dignity of the South », *Yale Law Journal Online*, 2013, vol. 123, pp. 175 et s. Voy. égal. L. Litman, « Inventing Equal Sovereignty », *Michigan Law Review*, 2016, vol. 104, pp. 1252 et s.
79. *Shelby County v. Holder*, 570 U.S. 529, 544 (2013).
80. *Ibid.* p. 532.
81. Voy. *supra*, note 1.

principe d'égale admission et son extension à travers l'égale souveraineté. Si l'auteur peut soutenir que l'égalité n'existe pas, en ce que les États ne disposeraient pas de pouvoirs égaux[82], cela est sans doute dû aux confusions et incertitudes entretenues par une terminologie mouvante, voire parfois nébuleuse (« égalité des États », « égale admission », « égale souveraineté ») et à une conception hypertrophiée de l'égalité qui promet plus que ce que la pratique ne met en lumière, et même infirme. L'égalité des États, au-delà de ses quelques fondements textuels sectoriels, résulte en effet d'une lecture structurelle nécessaire de la Constitution en ce qu'elle est un axiome du fédéralisme ; le fait que sa portée concrète dans le référentiel américain soit indéniablement incertaine incite simplement à la prudence dans sa mobilisation.

---

82. « *The conclusion from all the historical facts seems to be that at no time since the formation of the present constitution have all the states of the Union been in the enjoyment of equal powers under the laws of Congress. A principle of constitutional law under our system can never be said to be fully established until it has received the positive sanction of all three co-ordinate departments of the government. Tested by this rule the theory of equal states falls to the ground* » : W. Dunning, « Are the States Equal Under the Constitution? », *op. cit.*, p. 452.

LES INÉGALITÉS ENTRE ÉTATS
MEMBRES DE L'UNION EUROPÉENNE :
UNE PERCEPTION CITOYENNE

Sylvie STRUDEL

Professeure de science politique
Université Paris 2 – Panthéon-Assas

Si l'argument de l'égalité et la question de son application entre les États membres de l'Union font l'objet de réflexions croissantes chez les spécialistes de droit communautaire, qu'en est-il lorsqu'on décentre le regard pour passer de l'autre côté du miroir et que l'on s'interroge sur les perceptions citoyennes ? Une science politique de la construction européenne a marqué, dès les années soixante, sa différence d'avec les approches juridiques[1], en développant, notamment, un corpus académique substantiel sur la question de « l'opinion publique »[2]. Le propos de cette contribution est de montrer que, depuis de longues années, une double tension « travaille » les opinions publiques en Europe. D'un côté, une défiance dans les institutions et les bienfaits supposés de la construction européenne se distribue de manière fortement inégale, en fonction de l'appartenance à tel ou tel État membre. D'un autre côté, cette même défiance peut se lire au prisme sociologique d'un « biais élitiste »[3] dans les attitudes des citoyens européens à l'égard de l'Europe et installe ce que Paul Magnette a qualifié « d'espace public orléaniste »[4]. Or, les recherches consacrées aux opinions et attitudes des citoyens à l'égard de l'intégration ont montré comment cette défiance s'est

---

1. *Cf.* le livre pionnier de D. Sidjanski, *Dimensions européennes de la science politique*, Paris, LGDJ, 1963 et pour une synthèse C. Belot, P. Magnette et S. Saurugger (dir.), *Science politique de l'Union européenne*, Paris, Economica, 2008.

2. Dont un des points de départ est la thèse de R. Inglehart, *The Socialization of Europeans*, Ann Arbor, University of Michigan, 1967. Voy. C. Belot et B. Cautrès, « Opinion publique », in C. Belot, P. Magnette et S. Saurugger (dir.), *Science politique de l'Union européenne, op. cit.*, pp. 153-174.

3. Interpétation proposée précédemment par O. Costa et P. Magnette, *Une Europe des élites ?*, Bruxelles, Éditions de l'Université de Bruxelles, 2007.

4. P. Magnette, *L'Europe, l'État et la démocratie*, Bruxelles, Éditions Complexe, 2000, chap. 3.

cristallisée dans la première moitié des années quatre-vingt-dix, notamment à l'occasion des référendums de ratification du traité de Maastricht[5]. C'est donc le problème du durcissement progressif de cette double tension inégalitaire que nous proposons d'interroger. L'enjeu de cette question résidant dans les conditions de possibilité d'un *nomos* européen[6].

L'analyse eastonienne[7], relayée par les travaux de Fritz Scharf[8], qui reste un des cadres dominant d'interprétation de l'analyse des opinions notamment en Europe, est là pour nous rappeler combien est fragile un système politique dont la légitimité repose principalement sur les « outputs » (en l'occurrence ses politiques publiques), plutôt que sur ses « inputs » (capacité des citoyens à s'identifier avec le système et à faire ensemble société).

Les premiers travaux relatifs aux opinions des citoyens sur le processus d'intégration donnent plutôt raison au peu de cas que les dirigeants nationaux et européens vont faire de l'avis de ces mêmes citoyens dans les débuts de la construction européenne. Leon Lindberg et Stuart Scheingold mettent en évidence la thèse dite du « consensus permissif »[9] selon laquelle les citoyens s'en remettraient à leurs élites pour régler les questions européennes, sur lesquelles ils n'auraient, en outre, que des opinions faiblement structurées. La rupture du « consensus permissif » est avérée à partir des années quatre-vingt-dix alors même que s'engage une mutation substantielle des Communautés européennes à partir du traité de Maastricht. Conscients des résistances citoyennes à l'Union, les dirigeants européens ont mobilisé différents registres de légitimation : après l'accent mis sur les « bénéfices » de l'intégration européenne, ils ont successivement procédé à une « parlementarisation » plus ou moins subreptice du système institutionnel de l'Union puis à une activation du mantra de la « transparence » via un développement des procédures consultatives et participatives. De fait, ces initiatives n'ont pas levé les doutes des opinions publiques sur la capacité des dirigeants européens à répondre à leurs attentes.

---

5. Faut-il rappeler la double surprise engendrée d'un côté par le « non » danois (50,7 %) le 2 juin 1992 et de l'autre par le faible « oui » français (51,04 %) le 20 septembre 1992 ?

6. J.-M. FERRY, *La question de l'Etat européen*, Paris, Gallimard, 2000.

7. D. EASTON, *Analyse du système politique*, Paris, Librairie Armand Colin, [1965] 1974.

8. F. SCHARPF, *Gouverner l'Europe*, Paris, Presses de Sciences Po, 2000.

9. L. LINDBERG et S. SCHEINGOLD, *Europe's Would Be Polity. Patterns of Change in the European Community*, New Jersey, Prentice Hall, 1970.

Notre démonstration mobilisera deux grandes enquêtes comparatives, déployée l'une à l'échelle de tous les États membres de l'Union européenne à savoir le dernier Eurobaromètre standard n° 95 publié début septembre 2021 et l'autre menée à l'échelle de trois États membres (France, Allemagne, Italie) dans le cadre du dernier baromètre de la confiance politique (vague 12) initié par le CEVIPOF – Sciences Po. Certes ces enquêtes ont un certain nombre de défauts ; notamment ceux liés aux macro-enquêtes quantitatives, anciennement et amplement documentés par les critiques constructivistes et d'autres[10], mais elles sont un peu comme la démocratie : le pire des instruments (« systèmes ») à l'exclusion de tous les autres. Elles ont le mérite d'exister et de fournir des données comparatives entre États membres. Nous verrons d'abord combien les citoyens européens manifestent une inégale confiance dans les institutions, puis à quel point ces inégalités sont indexées sur leur appartenance nationale et enfin nous observerons quelles autres logiques que nationales peuvent rendre compte de ces inégalités.

I. Une confiance dans les institutions qui s'est érodée au fil des années

Avec 49 % de confiance dans l'Union européenne, les Européens (UE 27) interrogés en 2021 dans l'Eurobaromètre 95[11] renouent avec le niveau de confiance d'avant la double crise, d'abord financière amorcée en 2008 puis humanitaire en 2015, et ce grâce à un sursaut des deux dernières années 2020-2021 (6 points de plus qu'en 2019). Cette remontée est liée à un jugement positif des citoyens européens sur la politique menée, notamment par la Commission européenne, en contexte de COVID à la fois en faveur d'une politique vaccinale commune[12], d'un soutien à une relance économique via l'instrument *NextGenerationEU* et d'un renforcement de l'affirmation des valeurs européennes avec la Conférence sur l'avenir de l'Europe lancée le 19 avril 2021.

---

10. P. Aldrin, « L'invention de l'opinion publique européenne. Genèse intellectuelle et politique de l'Eurobaromètre (1950-1973) », *Politix*, 2010, vol. 89, n° 1, pp. 79-101 ; P. Bréchon et B. Cautrès (dir.), *Les enquêtes Eurobaromètres. Analyse comparée des données socio-politiques*, Paris, L'Harmattan, 1998.
11. https://Standard_Eurobarometer_95_Spring_2021_First_results_FR.pdf.
12. https://ec.europa.eu/info/live-work-travel-eu/coronavirus-response/safe-covid-19-vaccines-europeans_en.

Graphique 1 – Confiance dans les institutions au sein de l'Union européenne

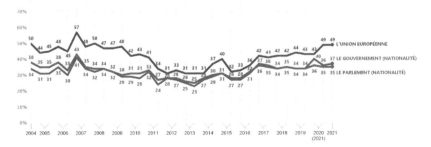

QA6a Dans quelle mesure avez-vous confiance dans certaines institutions ? Pour chacune des institutions suivantes, avez-vous plutôt confiance ou plutôt pas confiance en elle ?
(% - UE - PLUTÔT CONFIANCE)

Source : https://Standard_Eurobarometer_95_Spring_2021_First_results_FR.pdf (p 9).

En revanche, bien que parallèle, la confiance dans les gouvernements et parlements nationaux maintient son écart de près de 10 points de moins avec celle dans l'Union européenne et ne recueille qu'un peu plus du tiers de la confiance des citoyens (respectivement 37 % et 35 %). Ce score reste néanmoins meilleur que celui enregistré dans les années 2011-2013, puisqu'alors seulement un petit quart des citoyens exprimait une confiance gouvernementale.

Comment expliquer le parallélisme des deux courbes et cet écart de 10 points systématiquement favorable à la confiance dans l'Union européenne au détriment de la confiance dans les institutions nationales ? Les lecteurs pro-européens doivent renoncer à jubiler : ce supplément de faveur est, de fait, largement dû à l'éloignement et à une forme de prise de distance qu'inspire aux citoyens ce projet abstrait de paix, de prospérité et de démocratie qu'incarne l'Europe[13]. Ici l'adage est retourné : loin des yeux, près du cœur ! En effet, de nombreuses études ont montré que dès lors qu'on interroge les citoyens sur des politiques européennes spécifiques pouvant les impacter très directement, les avis se polarisent et des désaccords prononcés viennent au jour. Ce qu'illustrent directement de leur côté les scores relatifs aux institutions nationales.

Que dire de l'évolution des opinions, observable d'après le graphique 1 et au-delà ? Sur une plus longue durée, on peut, grâce à la création en 1973 des données Eurobaromètres, délimiter au moins trois périodes rendant compte

---

13. S. DUCHESNE, F. HAEGEL, E. FRAZER et V. VAN INGELGOM (éds), *Citizens' Reactions to European Integration Compared. Overlooking Europe*, Basingstoke, Palgrave Macmillan, 2013.

des évolutions du rapport des citoyens à l'Europe[14]. La première période correspond à celle du « consensus permissif » mentionné *supra*, où jusqu'au début des années quatre-vingt-dix, la plupart des citoyens manifestent une bienveillante indifférence entretenue par des opinions peu structurées vis-à-vis des politiques communautaires. De 1985 à 1991, elle sera marquée par une hausse régulière des soutiens exprimés par les citoyens face au processus d'intégration européenne piloté depuis la Commission européenne par Jacques Delors et soutenu conjointement par François Mitterrand et Helmut Kohl. Cette progression est stoppée net par « le moment Maastricht » qui ouvre la deuxième période marquée par un retournement des opinions publiques. La mise en tension des thèses souverainistes *versus* les projets intégrationnistes a contribué à rompre le « consensus permissif » et à installer à sa place un « dissensus contraignant »[15], caractérisé par de la polarisation et de la politisation autour des questions européennes. Ce faisant, les opinions des citoyens sur l'Europe sont désormais plus structurées et peuvent contribuer directement ou indirectement à influencer leurs comportements politiques[16]. Cette situation ira *crescendo* jusqu'au double « non » au référendum de ratification français et néerlandais du traité constitutionnel en mai et juin 2005. La troisième période conforte la rupture de confiance : avec les discussions autour de la ratification du traité de Lisbonne et la gestion rigoureuse et vigoureuse de la « Grande Récession » par la Troïka, les citoyens interrogés déclarant avoir confiance dans les institutions de l'Union européenne ne sont plus majoritaires (47 % en 2008) car nombre d'entre eux imputent la responsabilité de cette crise à l'Europe. Mais l'érosion de la confiance dans les institutions européennes ne saurait être analysée de manière aussi globalisante voire surplombante, il convient d'en affiner la lecture.

II. UNE DÉFIANCE INDEXÉE SUR DES FORTES DIFFÉRENCES ENTRE ÉTATS MEMBRES

Si on regarde, dans un second temps, les niveaux de « plutôt confiance » et de « plutôt pas confiance » dans l'Union européenne en fonction de l'appartenance aux divers États membres, les résultats révèlent une situation

---

14. Certains auteurs en détaillent cinq. Voy. B. CAUTRÈS, *Les Européens aiment-ils (toujours) l'Europe ?*, Paris, La Documentation française, 2014, pp. 11 et s.

15. L. HOOGHE et G. MARKS, « A postfunctionalist Theory of European Integration : from permissive consensus to constraining dissensus », *British Journal of Political Science*, 2009, vol. 39, n° 1, pp. 1-23.

16. C. BELOT, B. CAUTRÈS et S. STRUDEL, « L'Europe comme enjeu clivant : ses effets perturbateurs sur l'offre électorale et les orientations de vote lors de l'élection présidentielle de 2012 », *Revue française de science politique*, 2013, vol. 63, n° 6, pp. 1081-1112.

à la fois contrastée, partiellement contre-intuitive et surtout fluctuante (*cf.* graphiques 2 et 3). Il apparaît clairement qu'il ne saurait être question d'évoquer *une* opinion publique européenne puisque *les* opinions nationales sur l'Europe restent fortement clivées.

Contrastée, la situation l'est d'abord par l'ampleur de l'écart entre les scores : ainsi la proportion de ceux qui n'ont « plutôt pas confiance » dans l'Union européenne varie du simple au triple entre les réponses enregistrées au Portugal (18 %) d'une part et celles émanant de Grèce (62 %) d'autre part. On notera au passage la seconde place détenue par la France parmi les défiants.

Contre-intuitive, la situation l'est ensuite par la distribution des réponses. La totalité des pays fondateurs « flirte » avec des scores de « plutôt pas confiance » supérieurs à la moyenne européenne (42 %) : la France (50 %), les Pays-Bas (49 %), la Belgique (47 %), le Luxembourg (46 %), l'Allemagne et l'Italie (44 %). On constate, une fois de plus, que la thèse d'une « socialisation à l'Union européenne » se référant à l'ancienneté de la date de l'adhésion du pays à l'Union européenne s'en trouve ébranlée et affaiblie.

Enfin, la situation est fluctuante car ces positionnements ne sont pas gravés dans le marbre : ils peuvent changer en fonction des circonstances politiques et fluctuer en fonction de la conjoncture européenne et nationale. Ce que le graphique 2 ne montre pas, puisque les données sont figées sur la seule année 2021 mais ce que le graphique 3 va nous permettre d'observer *infra* à propos de la France. Si certains États membres sont restés très stables pendant de longues années, soit dans leur euroscepticisme (le Royaume-Uni en est le meilleur exemple), soit au contraire dans leur attitude pro-européenne (comme l'Allemagne ou le Luxembourg), d'autres ont significativement fluctué dans leur placement au fil du temps. Ainsi au Portugal, alors qu'en 2003 les plutôt confiants dans l'Union européenne représentent les deux tiers de l'échantillon (66 %) et en 2021 les trois quarts de celui-ci (73 %), ils ne sont en 2013 qu'un quart (24 %)[17]. Une explication est bien sûr à trouver dans les conséquences socio-économiques désastreuses d'un pilotage drastique imposé pendant trois ans par la Troïka. Un raisonnement équivalent vaut pour la Grèce, sauf qu'elle ne sort ni de la crise ni de la défiance engendrée par celle-ci.

---

17. Sources : données Eurobaromètres 2003, 2013 et 2021.

Graphique 2 – Confiance dans l'Union européenne par État membre

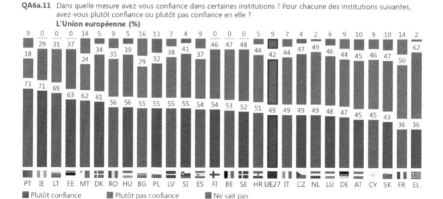

Source : https://Standard_Eurobarometer_95_Spring_2021_First_results_FR.pdf (p. 10).

Un bref focus sur le cas de la France et la mobilisation des données de la vague 12 du Baromètre de la confiance politique 2021[18], qui a d'ailleurs un certain nombre de questions communes avec les Eurobaromètres, permet de gagner en finesse d'observation (*cf.* graphique 3).

De 2009 à 2021, comme le montre le graphique 3, on observe bien à la fois un parallélisme des courbes, une défiance européenne moindre que la défiance nationale et de grandes amplitudes dans la courbe de confiance dans l'Union européenne, qui porte les traces des répercussions des crises, parfois même nationales : lendemains de la crise financière (33 %), « effet drapeau » et solidarité européenne suite aux attentats de 2015 (44 %), 23 % (crise des « gilets jaunes »), 42 % (COVID).

---

18. https://www.sciencespo.fr/cevipof/sites/sciencespo.fr.cevipof/files/OpinionWay%20 pour%20le%20CEVIPOF-Barome%cc%80tre%20de%20la%20confiance%20en%20politique%20-%20 vague12 %20-%20Rapport%20international%20(1).pdf.

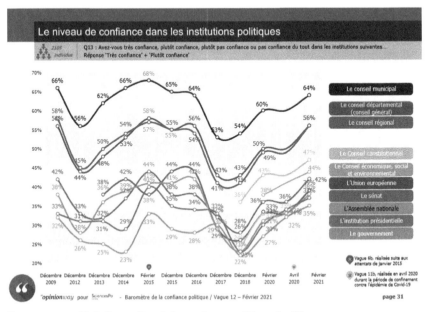

Graphique 3 – Le niveau de confiance en France dans les institutions politiques

Source : vague 12 du Baromètre de la confiance politique (p. 31).

Ces différents éléments pourraient inciter à conclure à une forte inégalité de la confiance des citoyens dans les institutions de l'Union européenne en fonction de leur appartenance à un État membre[19]. Mais nous avons aussi observé que certaines circonstances d'ampleur impactent conjointement les opinions des différents pays. Il serait effectivement simpliste de vouloir expliquer les relations des citoyens à l'Europe par la seule référence à la « culture politique » de leur État membre, même si des travaux stimulants ont montré que la prise en compte des « cadres mentaux » nationaux renseignait la complexité de ces relations[20].

On peut considérer, de manière synthétique, que si les cultures politiques et les modèles stato-sociaux propres à chaque État membre, sont bien des marqueurs nationaux des opinions publiques sur l'Europe, ces dernières sont en même temps « sensibles » à des variables transnationales. Que celles-ci

---

19. A. BRINEGAR et S. JOLLY, « Location, Location, Location. National Contextual factors and Public Support for European integration », *European Union Politics*, 2005, vol. 6, n° 2, pp. 155-180.

20. J. DIEZ-MEDRANO, *Framing Europe : Attitudes to European Integration in Germany, Spain and the United Kingdom*, Princeton, Princeton University Press, 2003.

soient institutionnelles (débats sur les traités, sur le mécano institutionnel, sur les élargissements), économiques (on a observé des corrélations entre la variation des opinions sur l'Europe et celles du PIB ou des taux de chômage) ou encore conjoncturelles. Ainsi par exemple, le rapport à l'Europe est un indicateur très sensible aux crises sanitaires, sociales, politiques : la crise de la vache folle (1995) a profondément altéré la confiance dans le marché unique chez certains, de même que la crise des réfugiés (2015) a activé des peurs sécuritaires et identitaires chez d'autres.

III. Une défiance des citoyens au miroir du « biais élitiste »[21]

Dès lors qu'on décide de s'interroger davantage sur ce qui unifie ces opinions plutôt que sur ce qui les différencie, au-delà du critère national alors s'impose un nouvel élément de différenciation. Qui à son tour installe une grille inégalitaire, mais sociologique cette fois. Les opinions des citoyens sur l'Europe se construisent de manière très segmentée. Les travaux sur l'opinion montrent que ce sont les plus diplômés et les catégories sociales les plus favorisées qui sont les plus confiants dans l'Europe et ses institutions[22]. La littérature académique atteste depuis de longues années qu'il y a bien un « biais élitiste » dominant qui explique l'attitude des européens face à l'Europe, bien résumé par la formule lapidaire de Roland Cayrol analysant la distribution sociale des votes lors des élections européennes : « l'Europe est un privilège de privilégiés »[23].

Non seulement ces effets sont liés les uns aux autres (avoir un diplôme du supérieur permet, généralement, de trouver un emploi élevé bien payé), mais ils sont aussi cumulatifs, ainsi que l'ont bien montré plusieurs travaux de Céline Belot et Bruno Cautrès[24]. Alors que la détention d'un diplôme élevé favoriserait une confiance dans l'avenir, une capacité à comprendre la complexité du mécano européen et donc un soutien bienveillant au processus d'intégration, un statut social élevé, de son côté, disposerait favorablement aux opportunités de changement et de mobilité professionnelle ouvertes par l'espace unique. Indexé essentiellement sur le niveau de diplôme et sur la position sociale (moins que sur les revenus), on pourrait dire de ce « biais élitiste » qu'il est plus capacitaire que censitaire, selon une formule de Paul Magnette.

21. O. Costa et P. Magnette, *Une Europe des élites ?*, op. cit.

22. B. Wessels, « Evaluations of the EC : Elite or Mass Driven ? », in O. Niedermayer et R. Sinnot (éds), *Public Opinion and International Governance*, Oxford, OUP, 1995, pp. 105-136.

23. R. Cayrol, « L'univers sociopolitique des électeurs européens », in P. Perrineau et C. Ysmal (dir.), *Le vote des douze*, Paris, Presses de Sciences Po, 1995, p. 194.

24. C. Belot et B. Cautrès, « Opinion publique », op. cit.

Un dernier point, d'importance pour notre propos, mérite d'être souligné. Les inégalités sociales mises en lumière se maintiennent quel que soit l'État membre d'appartenance : des CSP+ portugaises ou grecques seront toujours plus favorables à l'Union européenne que des CSP- portugaises ou grecques, même si le niveau de confiance diffère entre le Portugal et la Grèce. Autrement dit, les inégalités sociales se superposent aux inégalités territoriales et les renforcent.

Ces logiques sociologiques de transnationalisation des opinions ont été interprétées grâce à diverses grilles d'analyse dont il a été rendu compte par Céline Belot il y a vingt ans déjà[25] et qui restent heuristiques aujourd'hui[26]. Ces analyses privilégient, entre autres, soit des approches par la mobilisation cognitive[27] ou par des valeurs postmatérialistes[28], soit des thèses sur les bénéfices directs tirés du processus d'intégration[29] ou à l'inverse sur les déterminants notamment sociaux de l'euroscepticisme[30].

On pourra donc conclure qu'une double tension entre nationalisation et européanisation des opinions s'opère tant au niveau du jugement global sur l'Union européenne que des politiques sectorielles européennes. Si notre point d'observation se place dans une perspective citoyenne (celle des opinions publiques sur l'Europe), il fait signe vers une question théorique globale qui interroge le clivage entre nationalisme et post-nationalisme. Selon les termes de Hans-Peter Kriesi, un conflit entre « démarcation » et « intégration » aurait été ravivé paradoxalement par la mondialisation et l'européanisation en remettant l'État-nation au cœur des débats[31]. Ce conflit opposerait « perdants » et « gagnants » dans des antagonismes tant politiques, économiques que culturels. La « démarcation », qui mobilise les perdants, consiste à protéger les frontières et l'indépendance nationale, à défendre les acquis sociaux de l'État redistributif profitant aux plus fragiles, à « verrouiller » le terrain culturo-identitaire national. « L'intégration »,

25. C. BELOT, « Les logiques sociologiques de soutien au processus d'intégration européenne », *Revue internationale de politique comparée*, 2002, vol. 9, n° 1, pp. 11-29.

26. B. CAUTRÈS,T. CHOPIN et E. RIVIÈRE, *Un euroscepticisme à la française ?*, rapport 119/2, octobre 2021, Fondation Jacques Delors, https://institutdelors.eu/publications/un-euroscepticisme-a-la-francaise/.

27. R. INGLEHART, « Cognitive Mobilization and European Integration », *Comparative Politics*, 1970, vol., n° 1, pp. 45-70.

28. R. INGLEHART, « Changing value Priorities and European Integration », *JCMS*, 1971, n° 10, pp. 1-36.

29. M. GABEL, *Interest and Integration. Market Liberalization, Public Opinion and European Union*, Ann Arbor, Michigan University Press, 1998.

30. A. SZCZERBIAK et P. TAGGART (éds), *Opposing Europe : the Comparative Party Politics of Euroscepticism*, Oxford, OUP, 2005.

31. H.-P. KRIESI, R LACHAT, S. BORNSCHIER et E. GRANDE, *West European Politics in the Age of Globalization*, Cambridge, Cambridge University Press, 2008.

qui regroupe les « gagnants », consiste en revanche à promouvoir le dépassement du cadre national, à favoriser la concurrence économique, à promouvoir des valeurs universalistes et cosmopolites. L'exploration des opinions publiques met bien en lumière ces inégalités qui trouvent à s'incarner dans l'opposition entre « gagnants » et « perdants » du système européen. Ce faisant elle illustre un effet paradoxal de l'argument d'égalité entre États membres qui a servi à « fixer » des inégalités entre citoyens de l'Union.

TABLE DES MATIÈRES

PARTIE I
ASPECTS NORMATIFS

PARTIE II
ASPECTS INSTITUTIONNELS

PARTIE III
ÉCLAIRAGES